M. ARDOUIN 1971

LES
HABITS NOIRS

TOME SECOND

OUVRAGES DU MÊME AUTEUR :

LE POISSON D'OR.

Sous presse :

ANNETTE LAÏS, récit d'amour; deuxième tableau du *Drame de la jeunesse.*

LES
HABITS NOIRS

PAR

PAUL FÉVAL

TOME SECOND

PARIS
LIBRAIRIE DE L. HACHETTE ET Cie
BOULEVARD SAINT-GERMAIN, N° 77
—
1863
Droit de traduction réservé

DEUXIÈME PARTIE

(SUITE)

TROIS-PATTES

DEUXIÈME PARTIE.

(SUITE.)

TROIS-PATTES.

XVI

Orgie littéraire.

On a beau railler la mansarde, elle continue de faire son devoir, abritant çà et là beauté, vaillance et génie. Je sais des gens qui ne peuvent regarder sans un sourire ému ces petites fenêtres, ouvertes sous les toits. Elles dominent Paris : c'est un symbole et un présage.

Il n'y a pas nécessité absolue assurément à ce qu'un grand homme paye dix-huit francs de loyer par mois pendant toute sa vingtième année. On a vu des grands hommes bien logés dès le principe, mais c'est l'exception. N'ayez ni mépris ni peur, souriez à la mansarde, que les poëtes ont chantée, et si vous voyez d'en bas quelque mélancolique visage abaisser sur la foule un regard pensif, élevez un bon souhait vers Dieu, qui appelle à lui les enfants. Les plus excellents fruits tombent, dit-on, du sommet de l'arbre ; ces fruits qui vont mûrissant aux cimes de la forêt parisienne font parfois les délices du monde entier.

C'était une mansarde, la chambre contiguë à celle de notre héros Michel. Il y avait une table, deux petits lits de bois, six chaises, une commode ventrue qui gardait par place quelques vestiges de son placage en bois de rose, deux armoires d'attache, et une coloquinte, au lieu de pendule, au centre de la cheminée. Quelques hardes pendaient à des clous. Ce n'étaient pas des costumes somptueux.

La table supportait une écritoire, des pipes et deux verres auprès d'une carafe d'eau pure. Une seule bougie éclairait sobrement cet austère festin de l'intelligence. Nulle dorure aux lambris, point de précieuses peintures au plafond, aucun tapis de Turquie sur le carreau froid, absence complète de rideaux, drapant leurs étoffes splendides autour des lits et devant les fenêtres.

Dans ce décor simple et qu'un théâtre pourrait établir sans se livrer à des dépenses ruineuses, figurez-vous deux jeunes gens, Parisiens tous deux assurément, bien que tous deux soient nés sur les bords de l'Orne : il n'y a pas de Parisiens de Paris : deux poëtes, deux élus de l'avenir. Le premier, vêtu avec une mâle coquetterie, croise sur son caleçon les plis nombreux d'une robe de chambre en cachemire imprimé qui n'a même plus souvenir d'avoir été présentable ; le second a passé une chemise de couleur par-dessus son pantalon, laquelle chemise est nouée aux reins par une écharpe à franges d'argent, relique du bal masqué et formant cordelière.

Premier jeune homme, vingt ans, cheveux blonds, soyeux et fins, traits délicats un peu efféminés, mais du plus heureux modelé, jolie pâleur, grands yeux bleus, tapageurs et rêveurs à la fois. Pipe d'écume.

Deuxième jeune homme, pipe de porcelaine, cheveux châtain cendré, légèrement crépus, tête ronde, cou robuste et bref, nez retroussé, œil éveillé, bouche naïve, vingt-deux ans, barbe à la Périnet-Leclerc qui ne lui va pas bien. Il se nomme Étienne.

L'autre a nom Maurice et sa moustache naissante lui sied à merveille.

Étienne et Maurice forment une paire d'amis comme Échalot et Similor. Le mélodrame, fléau de Paris, les a mordus aussi cruellement que les deux protecteurs de l'enfant de carton, Saladin, mais d'une autre manière. Ce sont des gobe-mouches d'un ordre supérieur; ils ont l'honneur d'être auteurs en herbe et mettent leur imagination à la torture pour trouver une de ces innocentes machines, câblées, vissées, boulonnées, qui font sangloter, chaque soir, au marché des émotions ressemelées, les sauvages les plus civilisés de l'univers.

Ah! c'est un métier difficile encore plus que celui de gendarme! Mais ils ont de l'esprit à leur façon, beaucoup de mémoire et peu de sens commun : avec cela, on va loin au théâtre, si la funeste idée d'écrire en français ne vient pas se mettre en travers de la route!

La porte unique qui communiquait avec la chambre de Michel était peinte en brun pour former tableau. On y lisait, écrit à la craie, ce titre flamboyant du chef d'œuvre en construction :

LES HABITS NOIRS.

Et au-dessous :

Personnages de la pièce :

Olympe Verdier, grande coquette, 35 ans;
Sophie, amoureuse, 18 ans;

La marquise Gitana, rôle de genre, âge *ad libitum*;

Alba, ingénue, 15 à 16 ans, fille d'Olympe Verdier;

L'Habit Noir (pour Mélingue);

Verdier parvenu millionnaire, mari d'Olympe, accent d'Alsace;

M. Médoc (Vidocq arrangé), grand rôle de genre très-curieux;

Édouard tout court, jeune premier rôle, de 20 à 25 ans;

Comiques.

C'est déjà beaucoup que d'avoir ainsi un titre et des personnages. Le reste vient, si Dieu le veut.

Au moment où nous prenons la liberté d'entrer dans ce sanctuaire, nos deux auteurs étaient en proie à une fiévreuse animation, plutôt due à la passion sacrée de l'art qu'au contenu de la carafe. Ils discutaient fort et ferme; un profane aurait pu redouter une catastrophe.

« C'est burlesque! dit Maurice, le plus joli des deux.

— Comment, burlesque!

— Burlesque des pieds à la tête! Je maintiens le mot!

— Moi, je te dis, s'écria Étienne en prenant à poignée ses cheveux crépus, que toute la pièce est là. Une pièce à chaux et à sable! Un monument de pièce! Une cathédrale! »

Maurice haussa les épaules en murmurant:

« Est-ce que tu y entends quelque chose! »

Pour le coup, Étienne leva son pied droit avec une furibonde énergie, mais ce fut pour le poser commodément sur la table, entre l'écritoire et la carafe.

« Ma parole, reprit-il d'un ton de compassion, tu m'amuses avec tes airs de professeur.... En sais-tu plus long que moi ?

— Je l'espère, mon petit.

— Où donc aurais-tu appris le métier !

— Pas à la même école que toi, voilà ce qui est authentique. Tu ne vois que la charpente....

— Et toi, tu ne vois rien du tout ! »

Étienne, après avoir ainsi parlé, poussa un cri et sauta sur ses pieds comme si sa chaise l'eût tout à coup poignardé.

« Une idée ! » s'écria-t-il en rejetant ses cheveux crépus en arrière.

Maurice fit effort pour cacher sa curiosité, mais les enfants sont toujours battus dans cette lutte, et la curiosité perça.

« Voyons l'idée ! » murmura-t-il du bout de ses lèvres, roses comme celles d'une jeune fille.

Étienne avait un air inspiré.

« Faisons que Sophie soit la sœur d'Édouard ! » prononça-t-il solennellement.

Puis, se reprenant avec impétuosité :

« Faisons mieux, car les idées bouillonnent dans ma tête. Faisons qu'Édouard soit le fils d'Olympe Verdier ?

— Olympe n'a pas l'âge, objecta Maurice.

— Laisse donc ! Vois ta tante Schwartz ! Connais-tu beaucoup de femmes de vingt-cinq ans qui soient plus jeunes que ta tante Schwartz ?... Et pourtant....

— Écoute ! l'interrompit Maurice qui prit un air profond, l'art n'est pas là, mon pauvre garçon. Tant que tu feras abstraction de l'art....

— Où le prends-tu, l'art ? rugit Étienne en colère.

— Dans la nature.

— As-tu de quoi dîner demain?

— Il ne s'agit pas de cela....

— Tonnerre! de quoi s'agit-il? Je voudrais qu'il t'étouffe, ton art!

— Étouffât! rectifia Maurice.

— Étouffât, si tu veux, graine d'académicien!... Veux-tu faire un drame, oui ou non? »

Maurice prit son verre et le balança avec grâce comme s'il eût été plein de champagne.

« Je veux la gloire, répliqua-t-il, inspiré à son tour, la gloire, splendide guirlande dont je ceindrai le front de ma cousine Blanche. Je veux les bravos du monde entier pour qu'elle les entende. Je veux tous les lauriers de la terre pour en joncher sa route. La victoire, entends-tu, pour la mettre à ses pieds! Je ne suis pas poëte pour être poëte, encore moins pour attirer quelques louis d'or dans ma bourse vide. Qu'ai-je besoin d'or? Je vis de jeunesse et d'amour. Je suis poëte pour aimer, pour être aimé, poëte pour chanter mon culte, poëte pour encenser mon idole adorée!

— Tu crois rire, toi, l'interrompit Étienne. Une tirade comme ça, en situation, enlèverait la salle!... Taisez, la claque.... tous! tous!

— J'en ferai par jour vingt pareilles, des tirades, dit noblement Maurice. J'en ferai cent, si tu veux....

— Fais en mille et va te coucher, guitare!... c'est le lièvre qui manque à notre civet.... Du diable si nous avons besoin de la sauce!

— Animal vulgaire! prononça Maurice avec une indicible expression de dédain.

— Moitié de chanterelle! repartit Étienne. Retourne au collége, pour gagner toute ta vie le premier prix de discours français. Moi, je vois la chose en scène. Drame veut dire action : on sait son grec. Laisse-moi agir pour que tu aies l'occasion de bavarder. Ce qui nous manque, c'est une situation forte, sérieuse, capitale....

— Qu'est-ce que c'est qu'une situation ? demanda Maurice.

— C'est.... attends un peu....

— Tu n'en sais rien !

— Si fait!... suppose Sophie éprise ardemment d'Édouard et apprenant brusquement qu'elle est sa sœur.... Hein?

— Pouah !

— Voilà une situation!

— Un coup de poing sur l'œil, alors, est une situation?

— Bravo! Pour la première fois de ta vie, tu comprends! Oui, ma biche, un coup de poing sur l'œil est une situation.... et une situation est un coup de poing....

— Sur l'œil.... Je nie cela.... Une situation est la lutte des événements contre les caractères.

— Quand l'immortel Shakspeare met en scène....

— Tu m'ennuies !

— Fais verser une voiture, à propos, adroitement, heureusement....

— Seigneur! pitié !

— Alors, entamons une comédie, puisque tu es mordu par les caractères. On n'a pas encore mis à la scène le prix d'honneur du grand concours. Bon élève, bourré d'espérances, orgueil de ses oncles, exemple de son quartier, condamné à traduire jusqu'à son décès en pathos intime, les beautés de son fameux discours latin.... »

La jolie bouche de Maurice s'ouvrit, large comme un four, en un redoutable bâillement.

« Nous ne ferons jamais rien ensemble, dit-il. Je suis un poëte et tu n'es qu'un pître !

— Merci, répliqua Étienne ; traduction libre : M. Étienne Roland ne peut pas grand'chose et M. Maurice Schwartz ne peut rien du tout. Adjugé ! »

Encore un Schwartz, ô lecteur, quelle famille !

Maurice se promenait à grands pas, drapant les plis affaissés de sa pauvre robe de chambre.

« C'est le signe des temps, prononça-t-il gravement ; les vocations s'égarent. Tu aurais fait un clerc de notaire très-suffisant ; moi, j'aurais étincelé chez l'agent de change. Nous étions parfaitement dans la maison de M. Schwartz, qui nous aurait fait à tous deux une position, à cause de nos parents ; il le voulait ; c'était son mot. Nous, pas si bêtes ! nous aimons bien mieux mourir d'impuissance et de faim !

— Voilà notre pièce, parbleu ! s'écria Étienne avec l'enthousiasme le plus vif. Tu as tout un côté du génie, sans t'en douter. Du reste, les inventeurs en sont tous là. Vois Salomon de Caus qui trouva la vapeur en regardant bouillir sa tisane ! *Deux vocations égarées*, quel titre ! Et toute la vie moderne là-dessous ! Édouard pourrait nous servir, c'est clair, Sophie aussi, aussi Olympe Verdier ! Ne perdons pas nos types, diable ! Le baron Verdier serait superbe là dedans ! Et M. Médoc ! Et la marquise Gitana ! Au dénoûment, tous les notaires seraient des poëtes et tous les poëtes seraient des notaires. Allume ! »

Il saisit d'un geste convulsif sa pipe de porcelaine qu'il bourra vigoureusement.

« Je comprends les inconséquences d'Archimède, conclut-il. Quand on ne parcourt pas, en toilette de bain, les rues de Syracuse, on n'est pas digne d'avoir une idée à succès ! »

Maurice s'était arrêté devant lui, les bras croisés. Ses grands yeux bleus disaient le chemin que faisait sa pensée.

« A quoi songes-tu ? » demanda Étienne.

Maurice ne répondit point.

« C'est une belle chose à observer que l'inspiration ! dit Étienne. Je vois le drame au travers de ta boîte osseuse. Il est sombre, il est gracieux ; il est touchant, il est cruel.... il est superbe !

— Écoute ! prononça tout bas Maurice, il n'y a point de sot métier. Molière a fait *les Fourberies*. Je vois une pièce avec Arnal, Hyacinthe et Ravel.... Grassot, plutôt ! Tous les quatre.... Je donnerais une boucle de mes cheveux pour avoir une bouteille de champagne ! »

Étienne le regardait la bouche béante.

« Quoique je ne connaisse pas encore ton idée, dit-il, je déclare qu'elle te fait honneur ! Quatre comiques ! *Perge, puer !* A défaut de champagne, nous nous griserons avec notre esprit : verse !

— Voilà ! c'était dans *la Patrie*, journal du soir. Un négociant estimable, Grassot, reçoit une lettre de son correspondant de Pondichéry qui annonce un orang-outang mâle de la plus belle espèce. Effroi des dames ; Grassot les rassure par des considérations tirées de l'histoire naturelle : douceur connue de l'orang-outang, etc.... Celui-là, du reste, doit être privé. La lettre a un *post-scriptum*. Au moment où Grassot va faire la lecture du *post-scriptum*, la porte s'ouvre et un valet annonce que la personne attendue de Pondichéry vient d'arriver avec son précepteur. Hilarité des dames et des demoiselles à l'idée du précepteur de l'orang-outang mâle. Faites entrer, dit Grassot. Entrée d'Hyacinthe, précepteur, et de Ravel, jeune nabab qui vient

de Pondichéry pour épouser la fille de la maison....
ou Arnal, si tu veux. J'aimerais mieux Arnal.

— Ah! dit Étienne attendri, Ravel serait pourtant bien joli!

— Nous discuterons cela.

— A l'amiable, oui, oui. Le principal, c'est que tu as enfin une idée.... une vraie idée.... Ma parole, je la voyais poindre dans ton crâne!

— Ce mariage projeté faisait l'objet du *post-scriptum*, poursuivit Maurice; on n'a pas eu le temps de lire le *post-scriptum* et chacun l'oublie profondément, dans l'émotion inséparable d'une pareille aventure.... cela se conçoit....

— Parbleu! approuva Étienne. Au Palais-Royal!

— Arnal.... ou Ravel est un jeune homme très-timide qui n'ose ouvrir la bouche devant les dames et qui ne bouge qu'au commandement d'Hyacinthe, son précepteur....

— Quel rôle pour Hyacinthe!

— Et pour Ravel.... ou Arnal.... quel rôle! La curiosité et la stupéfaction de la famille parisienne atteignent à des proportions de comiques inconnues!

— Ça fait peur!

— Grassot témoigne au cornac sa reconnaissance pour un cadeau pareil.

— Je vois la salle épileptique!

— La mère va chercher en secret un exemplaire de Buffon, pour avoir des renseignements sur l'animal.

— Chacun répète sur tous les tons : comme il ressemble à un homme!

— La chose a transpiré.... Les domestiques savent qu'il y a un orang-outang dans la maison.

— Il a des bottes vernies, ce chimpanzé!

— Une redingote à la mode!

— Des lunettes vertes !
— Il fume !
— Il joue aux dominos !
— Drôle de bête !
— Et tout en vie !
— Mlle Célestine le trouve crânement joli !
— La tante a peur des singes, mais elle l'embrasse..
— On peut risquer la gaudriole : la censure rira.
— Chaud !
— Servez !... Il ne lui manque que la parole !
— La parole vient au denoûment : le dénoûment, c'est le *post-scriptum*....

— Compris ! cinq cents représentations, mais pas de prix à l'Académie. Maurice, ma chatte, tu nous as sauvé la vie ! »

Maurice se rassit et mit sa blonde tête entre ses mains. Étienne, jubilant, cherchait des mots, cherchait des trucs, cherchait le titre. Au plus fort de sa fièvre, Maurice l'interrompit en disant :

« C'est stupide !
— Hein ? fit Étienne abasourdi.
— Jeunesse ! jeunesse ! chanta Maurice, fleur de la vie ! parfum du ciel ! Dieu te donne-t-il à nous pour que nous t'abaissions à l'obscénité de ces vulgaires orgies ! »

XVII

Les mystères de la collaboration.

Étienne regarda Maurice en dessous.

« Tonnerre ! grommela-t-il, le vent tourne. Averse d'élégies !

— J'aimerais mieux me faire bandagiste, poursuivait Maurice, la main sur son cœur, que d'écrire le premier mot d'une pareille impiété. O mes rêves ! Et que dirait Blanche ?

— Elle rirait....

— Je ne veux pas qu'elle rie ! Sais-tu à quoi je pense ? Un rôle pour Rachel : la mère des Machabées....

— Dame ! fit Étienne, laisse-moi me mettre dans le courant. A vue de nez, ça n'est pas impossible, quoiqu'un personnage de mère.... »

C'était un caractère d'or ! Maurice reprit :

« Pas de tragédie ! un opéra plutôt ! Mme Stoltz y serait renversante !

— Je ne suis pas fort pour les vers, moi, tu sais, glissa doucement Étienne.

— Rossini n'écrit plus, soupira Maurice. Je voudrais Rossini.... Tiens ! je me fais honte à moi-même. Je suis un nain et j'ai des envies de géant.

— Ma vieille, dit Étienne dans un but évident de consolation, tu ne te rends pas justice. Tu n'es pas plus bête qu'un autre, au fond. C'est le bon sens qui manque. Si tu savais seulement ce que tu dis et ce que tu fais....

— Blanche! chanta Maurice. Que de temps perdu! Pour arriver jusqu'à toi, il faut que mon front soit coiffé de l'auréole....

— Sur l'oreille, en tapageur! gronda Étienne un peu à bout de patience. Je ferai mon affaire tout seul, vois-tu, petit, pour le théâtre de la Gaîté, avec Francisque aîné, Delaistre et Mme Abit. Tu es un dissolvant. Les meilleures choses fondent dès que tu les touches.

— Je songeais justement à fonder une machine, interrompit Maurice très-sérieusement.

— Je dis fondre et non pas fonder.... Il y a toute une réforme à faire dans notre triste langue! Elle économise les temps des verbes, ce qui favorise lâchement le calembour....

— Voilà longtemps que j'ai le plan d'une grammaire nouvelle....

— Qu'est-ce que tu voulais fonder?

— Un journal.

— J'en suis!

— Mais la grammaire n'est rien.... C'est avec un bon dictionnaire qu'on gagnerait des sommes folles!

— Faisons le dictionnaire, je veux bien!

— Que dirais-tu, toi, d'une histoire de France par ordre alphabétique?

— Ma foi.... à vue de nez....

— Mais je veux d'abord éditer mon Livre d'or de la beauté avec miniatures à la main dans le texte.... mille écus l'exemplaire.... Suppose seulement une clientèle de cinq cents femmes à la mode, duchesses ou coquines, et compte! trois millions de recette!

— Je mêle! ça me va!

— Un ouvrage qui s'adresse à mille grosses bourses seulement est une spéculation hasardeuse, ma chatte. Le théâtre tire à tout le monde : voilà le Pactole ! attention ! »

Il se renversa sur sa chaise et fourra ses mains dans ses poches. C'était signe d'oracle.

« Présent ! répondit Étienne qui salua militairement. L'entr'acte est fini : rentrons au théâtre.

— Je ne me donne pas la peine de chercher notre drame, poursuivit Maurice ; sais-tu pourquoi ?

— Non.

— Parce que je l'ai.

— Ah bah !

— Il est là : Cinq actes et un prologue.

— Dans le tiroir ?

— Dans la brochure que nous avons reçue hier soir par la poste.

— La cause célèbre ?

— Juste.... Cet André Maynotte est un type.

— Magnifique !

— Et l'histoire du brassard donne un prologue....

— Éblouissant !

— Prends la craie.

— Voilà.

— Va au tableau.

— J'y suis. »

Étienne se planta devant la porte, prêt à exécuter les ordres ultérieurs de son chef de file, mais celui-ci rêvait.

« Qui diable nous a envoyé cet imprimé ? » murmura-t-il en ouvrant le tiroir de la table.

Il y prit une de ces petites brochures à deux sous, imprimées sur papier d'emballage, qu'on ne trouve plus guère dans nos rues, remplacées qu'elles sont par le *canard* in-folio, et dont les derniers modèles sont l'Almanach liégeois et l'Histoire des quatre fils Aymon. Cette brochure était intitulée ainsi : *Procès curieux, André Maynotte ou le perfide brassard. Vol de la caisse Bancelle (de Caen), juin 1825.*

Maurice se mit à le feuilleter, pendant qu'Étienne répondait :

« Quand deux jeunes gens sont connus pour se destiner à la littérature, on leur envoie comme ça un tas de choses.... D'ailleurs, c'était à l'adresse de Michel.

— Ça rentre dans mon plan ! pensa tout haut Maurice.

— Le fait est, appuya Étienne en caressant la brochure, qu'il y a là dedans un bijou de drame !

— Là dedans ! répéta l'autre avec mépris. Il n'y a rien du tout.

— Comment !

— Pas l'ombre de quoi que ce soit !

— Eh bien ! alors.... commença le malheureux Étienne.

— Tout est là ! l'interrompit le petit blond en piquant le bout de son index sur son front. S'il y avait quelqu'un.... Suis-moi bien.... quelqu'un d'intéressé à ce que nous fissions avec cet ignoble bouquin un drame en cinq actes et dix tableaux?... Hein?

— Je ne saisis pas.

— Suppose Lesurques. Admets qu'il n'ait pas été exécuté. Il a envie de faire reviser son procès....

— C'est naturel, professa Étienne.

— Quel moyen ? la publicité ? ça saute aux yeux. Lesurques va trouver deux gaillards pleins d'avenir et leur propose cent louis....

— Dieu t'entende !

— Je repousse un tel marché, déclara noblement Maurice, surtout si Lesurques est coupable.

— Coupable ! Lesurques !

— J'ai besoin de cette hypothèse pour mon plan.

— C'est différent, marche ! »

Et Étienne, avec son imperturbable bonne foi, se mit à écouter de toutes ses oreilles.

« Au fond de cette rapsodie, reprit Maurice, j'ai déniché une phrase qui contient un problème dramatique de premier ordre. André Maynotte, dans son interrogatoire, dit ceci au juge d'instruction : Pour chaque crime, il faut à la justice un criminel, et il n'en faut qu'un.

— C'est connu comme le loup blanc.

— Tu crois !... et si nous faisions le *Voleur diplomatique ?*

— Hein ! fit Étienne affriandé. Qu'entends-tu par là ?

— J'entends un homme qui commet cent crimes et qui fournit à la justice cent criminels. »

Étienne resta comme affaissé sous le poids de l'admiration.

« Mais c'est immense, ça ! murmura-t-il.

— Et qui vieillit, entouré de l'estime générale, continuait Maurice, et qui amasse millions sur millions, quand tout à coup, à son cent-unième forfait....

— La Providence....

— Non.... Lesurques ressuscité, ou André Maynotte qui a fait le mort.... Est-ce que ton père n'a pas été juge d'instruction à Caen ?

— Mais si fait.

— Vers cette époque ?

— Précisément.

— Moi, le mien était commissaire de police. Nous aurons une foule de notes.... et je crois bien avoir entendu parler de tout ça quand j'étais petit. Ouvre l'oreille : on s'arrangera de manière à ce que la fortune du baron Verdier vienne de là. Ne t'étonne plus des tristesses d'Olympe. Édouard est le fils de la victime, et Sophie....

— Le diable m'emporte! s'interrompit-il en se levant, il y a quelque chose comme cela dans ce Michel!

— En voilà un qui nous a lâchés d'un cran! dit Étienne, non sans une nuance de rancune.

— Il souffre.... pensa tout haut Maurice, et il travaille.

— A quoi?

— Je ne sais.... et je n'oserais pas le lui demander.

— Mais ne perdons pas le fil, reprit Étienne qui ne plaisantait jamais avec l'idée. J'approuve cette mécanique-là, sais-tu? Le bon homme qui jette toujours un os à ronger à la loi est positivement curieux. C'est noir comme de l'encre, par exemple! On pourrait intituler ça : *le Vampire de Paris.* »

Maurice n'écoutait plus. Il s'était arrêté debout devant la porte où étaient tracés les noms des personnages. Il jouait machinalement avec la craie.

Sans savoir ce qu'il faisait peut-être, il se prit à tracer au bout de chaque nom un autre nom, comme cela se pratique pour distribuer les rôles aux acteurs.

Étienne, homme de soin et secrétaire de la collaboration, trempa sa plume dans l'encre pour prendre note de ce qui venait d'être dit. *Verba volant.* Il aimait à fixer toutes ces choses précieuses mais fugitives qui naissaient de la conversation quotidienne. Il écrivit : « *Le Vampire de Paris :* homme qui établit un bureau de remplacement pour le bagne et l'échafaud. Il ne fait jamais tort à la justice, qui, pour chaque crime, trouve à grignoter un coupable, de sorte que tout le monde est content. »

« Noté! dit-il en jetant la plume : trois lignes suffisent....

— Mais qu'est-ce que tu fais donc là ? » s'interrompit-il en voyant le travail de Maurice.

Celui-ci avait achevé sa besogne et le tableau était figuré ainsi désormais :

« Olympe Verdier, grande coquette, trente-cinq ans, la baronne Schwartz.

« Sophie, amoureuse, dix-huit ans, Edmée Leber.

« La marquise Gitana, rôle de genre, âge *ad libitum*, la comtesse Corona.

« Alba, ingénue, seize ans, fille d'Olympe, Blanche.

« L'Habit Noir (pour Mélingue), ???

« Verdier, parvenu millionnaire, mari d'Olympe, le baron Schwartz.

« M. Médoc (Vidocq arrangé), grand rôle de genre, M. Lecoq.

« Édouard tout court. jeune premier rôle de vingt à vingt-cinq ans, Michel. »

Maurice restait planté devant la porte et regardait ces deux listes symétriques.

« Si Michel entrait.... murmura Étienne non sans effroi.

— Michel n'entrera pas, » dit le petit blond, comme s'il se fût parlé à lui-même.

Puis, avec une colère soudaine :

« Que diable peut-il faire ? et pourquoi nous a-t-il abandonnés ?

— C'est un garçon occupé, répliqua Étienne en comptant sur ses doigts ; il y a d'abord Olympe Verdier, deuxièmement la comtesse Corona, troisièmement Edmée Leber.... »

Maurice effaça, d'un revers de main, la moitié du tableau, celle qui mettait des noms réels à la suite des noms de comédie.

« Michel est le plus fort de nous tous et de nous tous

le meilleur, prononça-t-il lentement, avec une sorte de solennelle emphase. Je ne connais pas de créature plus grande et plus noble que Michel. Michel n'a pas pu tromper une jeune fille.

— En amour.... commença Étienne d'un ton avantageux.

— Tais-toi! ce n'est pas avec des banalités qu'il faut accuser ou défendre Michel. Je sens ces choses-là, quoiqu'il me soit impossible de les expliquer ; Michel est entraîné dans un courant qui ressemble à la fatalité. Autour de lui de mystérieuses influences se croisent. Il use sa force à lutter contre des ennemis invisibles.... Crois-moi, ceci est encore un drame !

— Faisons-le, » opina Étienne aussitôt.

C'était bien, celui-là, un poëte à tout faire. Maurice restait pensif.

« S'il avait voulu, murmura-t-il après un silence, on lui aurait donné ma cousine Blanche.

— Avec ses millions? ajouta Étienne.

— Oui, répéta Maurice, avec ses millions.

— Et il n'a pas voulu?

— Crois-tu qu'il y ait dans Paris, toi, Étienne, beaucoup de jeunes gens ardents comme lui, ambitieux comme lui, pauvres comme lui, capables de refuser une si étonnante fortune?

— Je ne crois pas même qu'il l'ait refusée.

— Il l'a fait, pourtant. Est-ce à cause de moi, son ami? Est-ce à cause d'Edmée Leber? Est-ce parce que ma tante Schwartz?... Je ne sais. Je n'ai pas besoin de le savoir. S'il avait mis dans sa tête de me supplanter près de Blanche, Blanche m'aurait oublié, car Blanche est une enfant, et combien de fois n'ai-je pas vu qu'elle admirait Michel au-dessus de tous? Le baron Schwartz avait caressé ce rêve si bel et si bien qu'il a prié, qu'il s'est fâché.... et qu'un soupçon terrible est né en lui....

— Dame! interrompit Étienne, il y a bien de quoi! c'est la situation de *la Mère et la fille* un peu arrangée.

— C'est.... » commença Maurice vivement.

Il s'arrêta et ses yeux se baissèrent.

« Il n'a pas de parents, murmura-t-il. D'où lui vient la pauvre pension dont il vit?

— Oui, parlons de ça! s'écria Étienne, dont il vit noblement, parbleu! et comme un fils de pair de France!

— Tais-toi! prononça pour la seconde fois Maurice. Si tu le jugeais mal, je te renierais!

— Oh! mais, oh! mais, s'écria Étienne, je ne suis pas ton valet de chambre, dis donc, pour que tu me mettes le marché à la main. J'aime peut-être Michel autant que toi, mais ça ne m'empêche pas d'avoir des yeux, et à moins qu'il n'ait trouvé un trésor....

— Fondons le journal! » dit tout à coup Maurice qui connaissait admirablement son compagnon.

Celui-ci, en effet, enfla ses joues et devint rouge de plaisir.

« Est-ce sérieux? demanda-t-il.

— Très-sérieux.... Un journal hebdomadaire, rédigé par nous deux, avec revue des théâtres, de la bourse et du monde élégant. »

Étienne le regarda en face et dit avec une conviction profonde:

« Beau papier, bonne impression, pas de timbre, de l'esprit, du cœur, des actualités. Il y a déjà le café Hainsselin et le restaurant Thuillier qui s'abonneront... sinon, je leur coupe notre pratique. Douze francs par an. Il faudra des rébus.... ça plaît aux personnes qui n'ont pas beaucoup d'intelligence. Donnerons-nous une gravure? Non. Sais-tu qu'il y aurait la spécialité du billard? Il y a seize cents billards dans Paris; à dix joueurs seulement par billard, ça donne seize mille abonnés, plus les fabricants de queues, les tourneurs de billes, etc.... Quel titre aura notre recueil? »

Maurice n'écoutait déjà plus.

« Quel titre? répéta Étienne. J'en veux un qui nous donne de l'influence au théâtre. *La loge infernale?* Qu'en dis-tu? Est-ce étonnant que nous n'ayons pas encore songé à cela! »

Maurice poussa un gros soupir et mit sa blonde tête entre ses mains.

« Néant! néant! prononça-t-il d'une voix désespérée. Et les heures passent! et chaque jour écoulé m'arrache un lambeau d'avenir!

— Mon petit, lui dit Étienne piqué au vif, je soupçonne que nos facultés ne cadrent pas. C'est fatigant de se monter l'imagination qu'on a opulente et féconde pour toujours retomber à plat. Je t'annonce itérativement que je vais faire ma pièce tout seul pour la Gaîté, avec Francisque aîné et Delaistre. Assez pataugé, veux-tu? Chacun de nous reprend sa liberté, premier bien de l'homme.... serviteur de tout mon cœur! »

XVIII

Le drame.

Dans la grand'ville, ces pauvres comédies de la jeunesse abondent.

Ce sont d'effrontés petits vaudevilles qui rient au nez

de la misère. Mais quand la jeunesse est morte, toutes ces gaietés tournent au noir, et la farce, monstre hideux, découvre sa queue de tragédie.

Rien n'est triste autour des vingt ans. Sous ses haillons même, la jeunesse est d'or. Son joyeux rire éclate entre deux sanglots, et vous l'enviez au lieu de la plaindre. Ces murailles nues de la mansarde n'ont-elles pas toujours quelque porte dérobée, par où, si c'est le sort, la chrysalide qu'engourdissait l'ombre va s'élancer, papillon, vers l'avenir et le soleil.

On dirait que ces hauteurs sont propices et tout exprès faites pour aider au premier battement de nos ailes. Sur dix renommées, et je parle des mieux rayonnantes, il y en a neuf qui sont parties un jour par la lucarne, au risque de tomber tête première dans la rue. Peut-être faut-il cela. L'éperon double l'élan du meilleur cheval, et, en face du fossé qu'il faut franchir, l'aiguillon donne la hardiesse.

Ce n'est pas tout, sans doute, mais c'est beaucoup et cela manque aux enfants heureux.

Il y a cependant deux sortes de misères bien distinctes : la misère absolue de l'abandonné et la misère capricieuse du fils de famille qui a dit un matin : Je ne veux pas! et qui s'obstine. On meurt de l'une comme de l'autre, à Paris; mais la première est sombre comme la fatalité, l'autre garde jusqu'au dernier moment sa tournure d'école buissonnière.

Étienne Roland était le fils d'un magistrat, conseiller à la cour royale de Paris, et que nous avons connu jadis juge d'instruction à Caen : un honnête homme, jouissant à bon droit de l'estime publique et très-apprécié comme jurisconsulte. Sa réputation à cet égard datait surtout de l'affaire Maynotte, dont l'instruction passait pour un véritable chef-d'œuvre. M. Roland le père n'avait pas confiance dans le métier d'homme de lettres. Il avait dirigé son fils vers l'étude du droit, puis vers le commerce : deux carrières assurément plus unies, sinon mieux fréquentées. Ce fou d'Étienne jeûnait volontairement pour n'être ni marchand ni robin.

Maurice avait pour père l'ancien commissaire de police de la place des Acacias, probe et zélé fonctionnaire qui était parvenu au grade de chef de division. Le baron, il faut lui rendre cette justice, était le bienfaiteur universel des Schwartz. Maurice avait obtenu une place dans la maison du baron. Les familiers du salon Schwartz ne l'aimaient pas, et surprirent avec joie les premiers symptômes de l'émotion partagée entre lui, tout jeune, et Blanche, presque enfant. Cet amour et son goût pour les lettres devaient le pousser tôt ou tard hors de la maison.

Ce fou de Maurice jeûnait donc aussi par sa faute, par sa double faute : l'amour et la poésie.

Étienne et lui jeûnaient du reste assez bien, quoiqu'il y eût dans leur abstinence encore plus d'obstination que de réalité. Il faut ajouter que, dès qu'ils ne jeûnaient plus, ils faisaient bombance.

Étienne Roland était un garçon de quelque esprit et de passable éducation, un peu gâté déjà par la maladie morale des pays de Bohême, et d'excellente humeur : ce qui suffit amplement pour constituer la noire étoffe d'un dramaturge. Il admirait passionnément mesdames les actrices du boulevard, et ses amis ne pensaient point qu'il eût, au fond, d'autre vocation bien déterminée.

Maurice Schwartz adorait sa cousine Blanche d'autant plus ardemment qu'il était exilé loin d'elle. Il détestait M. Lecoq, ce vampire, comme il l'appelait, et cherchait un moyen de le tuer, un moyen honnête.

Tant que ce mariage odieux entre Blanche et M. Lecoq n'était pas célébré à la mairie et à la paroisse, Maurice gardait l'espérance de vaincre, *à force de gloire*. Hélas! la gloire, où la prendre? A cette question, Maurice répondait : il y a des gens qui l'ont dénichée! C'était un cher enfant, joli en dedans comme en dehors, une nature gracieuse, flexible, séduisante, virile à ses heures, mais toute pleine de féminines hardiesses. Comme intelligence, il valait plus qu'Étienne, qui avait néanmoins sur lui l'avantage de savoir à peu près ce qu'il voulait.

Mais il valait moins que Michel tout court, notre héros.

Étienne, ayant pris son parti en brave et résolu de mener ses affaires lui-même, alla chercher dans une armoire d'attache où il n'y avait que cela, une effrayante brassée de papiers qu'il apporta sur la table.

Le drame avait cinquante titres pour le moins, autant d'actions diverses et une centaine de personnages; mais si fréquemment que le sujet changeât, trois types restaient toujours les mêmes : Édouard, le jeune premier; Sophie, l'amoureuse; Olympe Verdier, la grande dame au passé mystérieux, parce que ceux-là jouaient bien réellement un drame vivant tout auprès du drame mort-né, enseveli dans son armoire.

« Il y a là des trésors, dit Étienne en feuilletant l'amas de paperasses. Un homme de métier y trouverait pour plus de cent mille écus de succès ! »

Maurice garda le silence.

« Ce n'est pas pour toi que je parle, au moins! reprit Étienne. Je fais comme si tu n'étais pas là. Je collabore avec moi-même.... »

Maurice sourit.

« Vertuchou! s'écria l'autre déjà noyé dans ses chiffons, je trouve ici notre idée du fils adultérin ! C'est tout uniment monumental ! »

Maurice bâilla et quitta son siége.

« Bien ! bien ! va te coucher, mon vieux, reprit Étienne. Ce n'est pas au théâtre que la fortune vient en dormant. Moi, je me sens en verve. Ah ! si, au lieu de toi, j'avais Michel ! »

Le joli blond s'était dirigé vers la fenêtre. Il secoua la tête et murmura :

« Je ne sais pas comme j'aime Michel ! »

Étienne laissa un instant ses papiers en repos pour regarder Maurice. Celui-ci avait le dos tourné et la figure contre les carreaux. De l'autre côté de la cour, la croisée qui faisait face était toujours éclairée, mais plus faiblement. La malade ne travaillait plus, et quand les pauvres ne travaillent plus, ils baissent leur lampe. Maurice crut distinguer, dans cette demi-obscurité, une forme de jeune fille agenouillée près du lit.

« Depuis jeudi, Michel m'inquiète, dit-il avec tristesse.

— Moi, il y a plus longtemps que cela, » repartit aigrement Étienne.

Dans la chambre en face, la forme agenouillée se redressa. Maurice reprit :

« Nous dormons quand il rentre...

— Et il se sauve avant le jour, l'interrompit Étienne. Je désire me tromper, mais toutes ces cachotteries-là n'ont pas bonne odeur. »

La lampe des voisines s'éteignit tout à fait. Maurice dit avec un profond soupir :

« Et cette pauvre jeune fille, Mlle Leber, est bien pâle !

— Il n'y a pas au boulevard, professa chaleureusement Étienne, un masque aussi puissant, aussi pur, aussi dramatique que la figure de cette Edmée Leber!

— Blanche l'aime. Ce doit être une âme d'élite.

— Un type, c'est sûr! Dis donc, te souviens-tu de ce charlatan qui n'est pas médecin et qu'on force à traiter sa propre fille en danger de mort? Je trouve ça sous ma main.... Il y a du vitriol là dedans... Reprenons ça en grand, veux-tu? »

Maurice s'éloigna de la fenêtre.

« Que peut-il faire depuis cinq heures du matin jusqu'à minuit! murmura-t-il sans savoir qu'il parlait.

— Ma poule, répliqua Étienne d'un ton de protection qui était une vengeance, si tu as mis dans ta petite tête l'idée de faire le tour de notre beau Michel, tu as le temps de courir, bon voyage! Je vois plus loin que le bout de mon nez, et le vertueux Michel nous en passe de sévères! »

Maurice rougit et balbutia.

« J'aurais son secret dans ma main fermée que je ne l'ouvrirais pas sans sa permission.

— Tu sais bien M. Bruneau? demanda brusquement Étienne, le marchand d'habits?

— Parbleu! il a toute ma garde-robe et notre lettre de change.

— Une nuit que je revenais de chez quelqu'un, j'ai rencontré Michel bras-dessus bras-dessous avec M. Bruneau. Il y a du temps que Michel n'a plus d'habits à vendre.

— Quoi d'étonnant? Michel a endossé la lettre de change....

— Voilà... Le lendemain, je dis à Michel: Quel homme est-ce donc que ce M. Bruneau? Il me répondit: Je ne le connais pas.

— Michel n'a jamais menti.

— Excepté ce matin-là. Oh! mais, écoute! Voici notre idée de Trois-Pattes! Un déguisement.... une vengeance... un grand secret à pénétrer... Sais tu que c'est beau comme les sauvageries de Cooper, cette machine-là!

— Oui, dit Maurice avec distraction. Je me souviens que cela me plaisait. »

Il gagna le lit sur lequel il s'étendit nonchalamment.

« Veux-tu y revenir?

— Non. Je ne veux plus rien.

— Et pourtant, s'interrompit-il en se soulevant sur le coude, il y a là dedans quelque chose, et je me souviens que cette idée m'a échauffé une fois déjà ; les sauvages de Cooper en plein Paris! La grand'ville n'est-elle pas aussi mystérieuse que les forêts vierges du nouveau monde? Ce mutilé suivant patiemment une piste, au milieu de nos rues où tant de pistes se croisent.... Cette haine acharnée qui se voile sous une hideuse et lamentable infirmité.... Je lui voudrais une fille, à ce monstre.... un fils, plutôt, qu'il dote du fond de sa misère.... La pension de Michel....

— Tonnerre! s'écria Étienne, pâle d'émotion, tu as mis dans le blanc, pour le coup!

— J'étais séduit par une image. Je voyais ce misérable, noyé sous le flot humain et dont la tête est un pavé sur lequel tout pied marche, je le voyais, gardant assez de vertu pour tendre un bras infatigable et soutenir, tout au bout de ce bras, un être cher au-dessus du niveau qui le submerge....

— Si ce n'est pas un drame, cela, je veux être teneur de livres!

— Je le voyais ainsi....

— Eh bien!

— Je ne le vois plus. »

Étienne donna un grand coup de poing sur la table et lança les papiers à l'autre bout de la chambre.

« Monsieur le voyait! grinça-t-il; Monsieur ne le voit plus! J'ai l'honneur, apparemment, de parler à un fantaisiste qui a du foin dans ses bottes? Les hommes calés ont droit de caprice, comme les jolies femmes! Monsieur voudrait-il m'offrir un cigare, au nom d'une vieille et sincère amitié?

— Je n'ai pas de cigare, mon pauvre Étienne.

— Dix centimes pour en acheter un alors? Mais tu n'as pas dix centimes non plus, détestable poseur! Tu vois, tu ne vois pas! Est-ce qu'on voit? Est-ce qu'on ne voit pas? On fait un drame, ventrebleu! Et puis, après nous, la fin du monde!

— Faisons la *Fin du monde!* » dit Maurice en riant.

Étienne sauta d'un bon demi-pied sur sa chaise.

« Splendide sur une affiche! s'écria-t-il. Porte-Saint-Martin! cent mille francs de frais! Douze clowns américains engagés pour nos représentations. Trois ballets, sans compter le jugement dernier. Trois actes, trente-deux tableaux. Une trompette de douze mètres pour l'ange, qui sera joué par Rouvière. Et l'Antechrist!... Est-ce sérieux, ce que tu proposes là?

— Non, ce n'est pas sérieux; notre bourse n'est pas plus vide que ma tête! »

Étienne, formellement habitué à cette gymnastique, retomba soudain du haut de son enthousiasme.

« Allons! dit-il sans trop d'amertume, cette fois, je vais me coucher, ma poule. Si ta cousine Blanche aime les jeunes seigneurs qui ont juste l'énergie du linge mouillé, je m'invite à ta noce. »

Cette parole n'était pas encore tombée de sa bouche qu'il la regrettait déjà cruellement, car Maurice avait des larmes dans les yeux. Étienne se précipita vers lui les mains tendues.

« Tu pleures ! s'écria-t-il. Je suis plus bête encore que je ne croyais !

— Pauvre ami ! répliqua Maurice en souriant avec tristesse, ne te reproche rien. C'est ma propre pensée qui me blesse, bien plus que ton innocente moquerie. Tu ne me diras jamais les injures dont je m'accable moi-même. Il y a en moi un symptôme étrange : on dirait que je vise plus haut, à mesure que je me sens plus faible. Et le temps passe. Et si Blanche se marie, je me brûlerai la cervelle. »

Ceci fut dit froidement et simplement. Étienne eût peur.

« Il fera jour demain ! murmura-t-il en manière de consolation. Nous finirons bien par avoir une idée....

— Il fera jour demain.... répéta Maurice qui rêvait. »

Puis, après un silence :

« Ce ne sont pas les idées qui nous manquent. Qu'est-ce qu'une idée? La même idée peut-être dieu, table ou cuvette, comme le bloc de la fable. Phidias en tirera Dieu, le marbrier dramatique y taillera l'éternelle cuvette où le boulevard enrhumé vide les marécages de son cerveau. Je ne veux pas déshonorer le marbre de Paros ; il n'est pas l'heure, pour moi, de toucher à l'idée qui me sacrera poëte. Je le sais ! Je le sens ! Et pourtant, du fond de ma conscience, je puis m'écrier en me touchant le front : il y a quelque chose là ! Du rire et des larmes, entends-tu? Ce qui donne déjà le succès, si ce n'est pas encore la gloire. Laisse-moi parler, je ne divague pas. Il faut se réfugier dans la fantaisie, qui est à l'art vrai ce que la lice des tournois est au champ de bataille.... Tâche d'écouter bien : je vois un drame bizarre, curieux, mystérieux, émouvant, et qui pourtant ne touche à rien de ce que je veux garder pour la lutte décisive. L'idée n'est pas nouvelle pour nous : elle nous vint ce soir où nous entendîmes un homme prononcer tout bas, avec un point d'interrogation au bout, la parole proverbiale qui vient de t'échapper....

— Fera-t-il jour demain? l'interrompit Étienne, déjà réchauffé au rouge. Ah! tonnerre! voilà un filon! Une immense association de voleurs....

— Qu'en sais-tu?

— Ou bien une affiliation politique, s'écria Étienne, forçant de vapeur.

— Qui te l'a dit? demanda Maurice, levé sur son séant.

— Personne.... mais toi-même.... »

Maurice poursuivit d'une voix incisive et brève :

« Moi, je marche à tâtons. C'est ma force, car on agit en cherchant, et chercher sera l'action même de mon drame. »

Étienne se gratta l'oreille avec activité.

« Pendant cinq actes, grommela-t-il, toujours la même charade? »

Maurice le dominait de toute la tête et son œil brillait comme une flamme.

« Pendant cinquante actes, si je veux! s'écria-t-il, rendu à toute son impétuosité d'enfant, et toutes les énigmes de la terre, entends-tu? Et jamais la même! Prends ton papier, je suis lucide. Je voudrais avoir tous les sténographes du *Moniteur!*.... Nous sommes ici, vois-tu bien, dans une cage, comme le parquet des agents de change au palais de la Bourse. Le drame fait foule tout autour de nous, se pressant et se bousculant, à l'exemple de cette foule, composée de dupes, de fripons et même d'honnêtes gens qui.... Mais à bas la déclamation! Regarde, ma sœur Anne, ne vois-tu rien venir? Je vois la grande ville de Paris, divisée en deux catégories bien tranchées : ceux qui connaissent le mot d'ordre et ceux qui ne le connaissent pas. Est-ce tout? Non, car Michel n'est pas dans le secret et pourtant il se sert du mot d'ordre pour ses manœuvres galantes.... si toutefois les manœuvres de Michel contiennent un atome de galanterie. Je l'ai entendu, ce Michel, donner des instructions à notre comique, l'ancien maître à danser Similor. Similor a dû demander ce soir même à certain personnage, romanesque de la tête aux pieds, occupé à regarder couler l'eau du canal de l'Ourcq : *Fera-t-il jour demain?*

— C'est inouï de curiosité! dit Étienne.

— Écris tout cela.

— J'écris. Mais sais-tu que Michel joue avec le feu! Devine-t-on à quelles diaboliques menées peut toucher ce mot de ralliement ?

— On ne le devine pas. Écris que Michel joue avec le feu.

— Le nom de Michel...

— Notre beau ténébreux à nous s'appelle Édouard. Écris qu'Édouard joue avec le feu. Et regarde, sœur Anne. Regarde si tu ne vois rien venir.... Voici une singulière figure : notre voisin, M. Lecoq. On dit que ses cartons contiennent tous les mystères de Paris. J'ai heurté l'autre soir mon oncle, le baron Schwartz, qui sonnait à sa porte.... Écris.

— Le baron Schwartz? en toutes lettres?

— Non, certes, il s'agit de fictions. Olympe Verdier est comtesse, pour le moins, dans ton idée, n'est-ce pas?

— Oui, certes.

— Écris donc le comte Verdier. »

Étienne lâcha sa plume pour battre des mains.

Puis, avec une sorte d'effroi :

« Si c'était cela, pourtant ! murmura-t-il.

— Que nous importe ? Nous faisons un drame pour l'Ambigu-Comique ! nous tricotons un bas de laine. Rien autre chose ne nous occupe.... Hausse-toi sur tes pointes ! Que vois-tu, sœur Anne ? L'homme qui contemple l'eau courante a une livrée grise avec des boutons d'argent : c'est Édouard qui l'a désigné ainsi à Similor. Connais-tu la livrée du comte Verdier ? Il voit tout couleur de la Banque de France. Est-ce au comte Verdier ou à la comtesse que Michel.... je veux dire Édouard, envoie des mots d'ordre ?... La fameuse femme voilée qui perdit un bouton de diamant à notre porte, je ne pense pas que ce fût le comte Verdier. Non ; nous tenons le rôle de la comtesse. Écris, ma vieille.... Je vois la queue de l'Ambigu se dérouler jusqu'au canal !

— A la bonne heure ! petit ! à la bonne heure ! te voilà lancé, hop ! hop !

— La comtesse n'en est plus à l'attaque. Elle a gagné toutes les batailles. Son rôle est la défense : elle garde son secret. Le comte.... écris qu'il aime comme un jeune homme. Verdier n'est pas un nom d'Alsace ; il est alsacien, pourtant, et ces Alsaciens sont jaloux plus que des tigres. Celui-là poursuit un secret et défend un autre secret. *Fera-t-il jour demain ?* Il chasse, il est chassé, chien et gibier tour à tour, au son de la même fanfare. Fera-t-il jour demain ? Il y a là tout un monde ! »

Maurice parlait haut, comme il convient à un oracle. Pendant qu'Étienne écoutait respectueusement, prenant les notes nécessaires, un bruit léger se fit dans la pièce voisine qui servait de chambre à coucher à Michel, quand ce héros daignait dormir comme un simple mortel. Étienne entendit et voulut prêter l'oreille ; mais Maurice continuait :

« Et Sophie ! Examine-moi bien ces traits délicats, cette adorable beauté, voilée de souffrance. Edmée Leber a été riche, je t'en réponds, elle, ou son père, ou sa mère. Elle descend de haut. Qu'elle le veuille ou non, elle va rebondir ou mourir. C'est la loi. Entre elle et la femme voilée, lutte mortelle. Nous ne savons pas l'histoire de cette vieille mère malade, toujours triste et douce et qu'on n'a jamais vue sourire; nous ne la savons pas ; nous la ferons avec du sang et des larmes. Écris, morbleu !

— On a remué dans la chambre de Michel, dit Étienne.

— Es-tu là, volcan? cria Maurice, moitié railleur, moitié fou. Es-tu là, don Juan, cœur banal, martyr plutôt ! malade des fièvres du siècle? Es-tu là, Édouard? Es-tu là, Francisque de la Gaîté, Albert de l'Ambigu, Raucourt de la Porte-Saint-Martin ?

— Veux-tu que j'aille voir? demanda Étienne.

— Il n'y est pas. Reste et écris. Ce n'est pas lui qui remue près de nous, c'est le drame, c'est le drame qui va rampant sur la trace du secret. Qui vive? L'imprévu, l'inconnu, l'impossible ! Fera-t-il jour demain? Oui, pour ceux qui vivront; non, pour ceux qu'on va tuer. Celui qui vivra verra, mais l'autre.... Le comte a ses limiers, la comtesse a ses créatures. Regarde, ma sœur Anne ! Ne vois-tu point surgir cette figure neutre qui semble glisser dans la vie comme une passion profonde et taciturne qui a pris corps ? Où va-t-il? que veut-il? Peut-être ne se doute-t-il de rien, ce marchand, ce bourgeois, cette énigme ! Peut-être nous tient-il tous dans sa main, ce lourd diplomate. Nous lui chercherons un nom plus tard. Écris son vrai nom : M. Bruneau....

— Sur ma parole, s'écria Étienne, on a bougé dans la chambre.

— Écris ! Le présent est enveloppé d'un nuage qui porte la tempête ; mais le passé ? Il y a dans le passé une bien lugubre histoire. Associons les idées. C'est du choc de ces nuées que jaillit la foudre : ce Caliban, Trois-Pattes.... Le voici ! c'est le passé : tout ce qui reste d'un bonheur éclatant, d'une jeunesse victorieuse. Le récit du troisième acte, le grand nœud... ou bien encore le coup de tonnere qui retentit au dénoûment.

— Prodigieux ! dit Étienne dans son admirable bonne foi, écrasant !... Mais, sais-tu, il faut bien rire un petit peu, et je ne vois pas les comiques.

— Nous n'y sommes pas encore. Quand nous saurons le secret, pas avant ! A l'heure qu'il est, il faut tuer par le poison ou par le fer, sans pitié ! Manger ou être mangé ! tel est le sort. Fera-t-il jour demain ? Oui, alors marchons, c'est que le moment est venu. Pénétrons à bas bruit dans la chambre à coucher de la comtesse. Non pas nous, mais des mercenaires dont le poignard s'achète à prix d'or ; de ces gens qu'on trouve partout, à Paris comme à Venise ; qu'on trouve toujours, au dix-neuvième siècle comme au moyen âge, dès qu'il y a un crime à commettre et une bourse à recevoir, de ces instruments enfin....

— Les paye-t-on d'avance, les instruments ? » demanda derrière eux une voix doucereuse, effrontée et timide à la fois.

Ce fut un rude coup de théâtre. Celui-là, Maurice ne l'avait pas inventé.

Nos collaborateurs tressaillirent tous deux, et la

plume s'échappa des mains d'Étienne, qui resta tout tremblant. Maurice, plus brave, s'était mis sur ses pieds et faisait déjà tête à l'ennemi.

L'ennemi était double. Il y avait deux pauvres diables debout devant la porte qui s'était ouverte et refermée sans bruit : Échalot et Similor, à qui leurs chaussons de lisière donnaient un pas de velours ; Échalot portant au dos Saladin, Similor marchant libre dans la vie ; assez crânes tous deux, en apparence, mais montrant le bout de l'oreille de l'embarras, pâles, émus, le chapeau à la main et le regard errant.

Échalot remonta son nourrisson, comme un sac militaire, pour se donner une contenance. Bien que la faible créature ne criât pas pour le moment, il lui ordonna de rester en repos. Similor toussa sec et haut.

« Voilà ! dit-il, assurant sa voix de son mieux. Échalot et moi nous sommes des jeunes gens pas fortunés, avec des charges, prêts à tout pour nous ménager une position plus heureuse que la nôtre.... et à notre enfant de l'amour, innocent des fautes de sa mère. On a pu faire des farces d'adolescent à l'époque, coups de tête, bamboches et autres. C'est l'imprudence de cet âge-là. Mais on veut se ranger, bon pied, bon œil, au petit bonheur, et l'on est décidé à travailler ensemble sous vos ordres jusqu'à la mort !

— Voilà ! répéta Échalot avec noblesse. Et la paix, Saladin, pierrot !

XIX

Troisième collaborateur.

Étienne et Maurice étaient littéralement abasourdis. Ils contemplaient bouche béante ces deux âmes damnées que la divinité présidant aux mélodrames leur envoyait « pour en finir avec la femme, » ces deux matassins de la farce parisienne, ces deux caricatures impossibles, ces deux queues rouges, introuvables ailleurs qu'en ce fin fond de la sauvagerie civilisée. Leur imagination n'avait jamais rêvé pareille chinoiserie.

Similor avait recouvré sa belle sérénité. Il se tenait droit, bourré dans son paletot tourterelle, et souriait avec complaisance, du haut de son col en baleines, aux paroles éloquentes qu'il venait de prononcer. Échalot, moins infatué de sa personne, baissait modestement les yeux et tournait ses pouces sous son tablier de pharmacien. Saladin, le triste enfant de carton, montrait une tête laide et blondâtre au-dessus de son épaule gauche.

Ajoutez Saladin aux groupes antiques, représentant Castor et Pollux, et vous n'aurez qu'une faible idée de ce tableau.

Voyant qu'on tardait à lui répondre, Similor reprit la parole avec plus d'amabilité.

« Pour quant à la surprise de vos secrets, poursuivit-il, partageant une fine œillade entre les deux collaborateurs, c'est l'effet d'un hasard involontaire, sans préméditation. Échalot et moi, incapables d'écouter aux portes ! Échalot, c'est ce jeune homme qui se charge du fruit de mes fautes, tout étant commun dans l'amitié. Il m'est bien connu depuis notre enfance ; j'en réponds comme de mon honneur propre pour la fidélité à tous les serments que nous prononcerons. Par ainsi, je venais voir en passant si ces messieurs avaient quelquefois besoin, avant de me coucher, et rendre réponse d'une commission de confiance à M. Michel. Non content que je voulais saisir l'occasion de vous présenter mon collègue, pour s'il y avait de l'ouvrage. Ça mange, la créature qu'il a avec lui. Donc, en marchant à tâtons, après qu'on a été entré de l'autre côté, nous avons entendu comme ça le mot en question, et voyant qu'on en mangeait ici, j'ai dit : L'audace est le favori de la fortune ! Offrons d'en être avec courage et fidélité. »

Ayant ainsi parlé, l'ancien maître de danse cambra ses beaux mollets, tandis qu'Échalot redressait d'un air modeste ses jambes grêles, supportant un torse d'athlète.

Il y a des bandits grotesques, mais qui font trembler à un moment donné, dès qu'ils cessent de faire rire. Ce n'était pas cela. Échalot et Similor atteignaient bien aux plus hauts sommets du burlesque, mais il semblait impossible qu'ils amenassent jamais la chair de poule à l'épiderme le plus sensible. Ils avaient bonne envie de mal faire, afin de se ranger et d'acquérir une honnête aisance ; mais tant de chevaleresque naïveté brillait parmi leurs laideurs toutes parisiennes et jumelles, malgré la différence de formes et de poils ! tant de candeur, tant d'esprit, tant de miraculeuse sottise parlait dans leurs regards ! ils semblaient si bien créés et mis au monde pour ne poignarder personne, que l'effet produit par eux, à la longue, sur nos deux dramaturges en herbe, fut une convulsive et irrésistible hilarité.

« Tu criais après des comiques ! dit le premier, Maurice, que son rire étouffait.

— Voilà nos pitres ! » riposta Étienne en se tenant les côtes.

Et tous deux de se tordre !

Échalot et Similor ne riaient pas ; bien au contraire, ils restaient confondus devant cette gaieté intempestive. Leurs visages désappointés disaient combien ils avaient compté sur leur entrée. Tout Parisien est comédien. Échalot et Similor s'étaient promis à eux-mêmes un grand effet en sus du bénéfice. Ils avaient vu au théâtre quantité d'entrées pareilles qui, toujours, réussissaient à miracle.

On avait parlé d'acheter à prix d'or des poignards. Présents, les poignards ! Et l'on riait !

Ils étaient braves tous deux et même mauvaises têtes ; pourtant l'idée de se fâcher ne leur vint pas, tant l'humiliation courbait leur fierté. Une insulte sérieuse, notez bien cela, eût glissé peut-être sur leur stoïcisme. Le point d'honneur, chez les sauvages de Paris, est la chose du monde la plus fantasque et la plus subtile.

L'espèce elle-même est très-positivement une curiosité indescriptible. Je défends au plus minutieux observateur de peindre à peu près ressemblant cet amas de caprices monstrueux où la simplesse de l'enfance et l'effronterie émérite forment, selon leurs diverses proportions chimiques, des milliers d'alliages dissemblables. Le trait principal est toujours le même : mélange cru du bien et du mal, écrasés au hasard dans le mortier de notre barbarie ; mais combien les produits diffèrent !

Échalot et Similor étaient deux de ces vieux enfants,

Hurons de nos lacs de boue, nous vous les montrons tels quels, sans opérer de retouche au moulage sur nature. Quiconque aura vu deux Iroquois de ruisseau qui ne seront précisément ni Similor ni Échalot, dira: invention. Devant Dieu et devant les hommes, nous jurons pourtant qu'ils vous ont offert des chaînes de sûreté sur le boulevard Saint-Martin.

« Amédée! murmura cependant Échalot, tu vas me payer ça de m'avoir entraîné dans une démarche inconséquente.... La paix, Saladin, puceron!

— Sois calme, bonhomme, repartit Similor doucement. On a la parole pour expliquer sa pensée.

— N'y a pas d'affront, reprit-il avec dignité en s'adressant aux deux rieurs. J'ai cru que vous ne seriez pas fâchés d'avoir un jeune homme de plus aux mêmes prix et facilités de payement pour la chose des mystères. On ne tient pas par goût à répandre le sang des semblables, ne l'ayant jamais versé jusqu'à ce jour....

— Comme c'est ça! pleura Maurice malade de joie.

— Idéal! idéal! balbutia Étienne, qui se pâmait.

— Que néanmoins on n'est pas des nègres esclaves pour faire rire de soi impunément, poursuivit Similor dont la joue rougit légèrement.

— Et que si vous voulez, éclata Échalot, modernes et blancs-becs au biberon Darbo, rien dans les mains, rien dans les poches, on va vous jouer une partie carrée de tatouille, ici ou dans la rue, à la volonté de ces messieurs! »

En même temps, il décrocha Saladin d'un geste violent, le posa par terre entre les pieds d'une chaise, et frotta énergiquement ses mains contre la poussière du plancher.

Similor n'eut que le temps de le saisir à bras le corps pour l'empêcher de bondir comme un lion.

« Modère ta fringale, lui glissa-t-il à l'oreille. C'est des farceurs, mais nous les tenons par leurs projets coupables ! »

Saladin, cependant, éveillé par le choc, poussa un vagissement de possédé qui sembla produire sur son père adoptif l'effet d'un son de clairon.

« Faut faire la fin de ces deux-là ! hurla-t-il en se débattant. »

Maurice riait encore, l'imprudent ; mais Étienne, moins téméraire, se réfugiait déjà de l'autre côté de la table, et nul n'aurait su dire quel dénoûment tragique allait avoir cette scène si joyeusement commencée, quand l'entrée d'un personnage nouveau changea soudain la situation.

La porte s'ouvrit toute grande. Un homme de robuste apparence, à la physionomie froide et terne, parut sur le seuil. Quatre voix étonnées prononcèrent le nom de M. Bruneau.

Le nouveau venu salua poliment les deux jeunes gens, et de son pouce, renversé par-dessus son épaule, montra aux deux autres le chemin de l'escalier.

Échalot et Similor hésitèrent un instant, puis ils baissèrent les yeux sous le regard fixe de M. Bruneau et tournèrent le dos sans mot dire.

« On oublie quelque chose, » dit le nouveau venu en montrant du pied l'enfant qui se roulait dans ses lambeaux.

Échalot revint, le prit dans ses bras, et disparut au pas de course.

« Deux drôles de corps ! murmura tranquillement M. Bruneau. Pauvres garçons ! Deux bien drôles de corps ! »

Son œil, lent à se mouvoir, tourna autour de la chambre et fit l'inventaire de l'ameublement indigent.

Son regard s'arrêta sur l'une des deux chaises restées vacantes.

« Asseyez-vous si vous voulez, voisin, dit Étienne assez lestement. Est-ce que, par hasard, nous serions à échéance ? »

Maurice ajouta d'un ton presque provoquant :

« Je ne savais pas que nous fussions ensemble à ce point d'intimité d'entrer sans frapper les uns chez les autres. »

Au lieu de répondre, M. Bruneau continuait à examiner la chaise.

« Je connais des tas d'histoires, prononça-t-il entre haut et bas. »

Nos deux amis se regardèrent étonnés.

« L'affaire de la lettre de change, reprit le voisin paisiblement, ne vient que fin novembre. Nous avons du temps devant nous. Est-ce que ce n'est pas ici chez M. Michel?

— La chambre à côté, » répondit Étienne.

L'œil de Maurice interrogeait. Le voisin opposa à son regard sa prunelle lourde et terne.

« Il y a longtemps que vous n'avez vendu d'habits, dit-il. Je suis toujours dans la partie. »

Puis, sans transition, il ajouta :

« On trouve quelquefois des choses curieuses dans les poches des vieux habits.... Je connais des tas d'histoires. »

Il alla prendre la chaise qu'il lorgnait depuis son entrée et répéta en l'apportant :

« Des tas d'histoires !

— Et c'est pour nous raconter des histoires ?... » commença Maurice.

M. Bruneau l'interrompit sans façon.

« Alors, demanda-t-il, M. Michel n'est pas à la maison ?

— Vous le voyez bien, » répliqua sèchement Maurice.

Étienne, en proie à son idée fixe de théâtre, se promettait déjà de reproduire ce *type* quelque part.

« Il ne rentrera pas de bonne heure? demanda M. Bruneau.

— Non.

— J'entends bien. Mais, par exemple, il sortira dès le potron-minet. On ne mène pas une vie semblable pour son plaisir. »

A l'aide d'un large mouchoir à carreaux qu'il tira de sa poche, il donna un soigneux coup d'époussette à sa chaise et poursuivit en s'adressant à Maurice :

« Vous avez grande envie de vous fâcher, mon voisin. Ce serait un tort. Vous êtes tout jeunes, vous deux. Je me connais un peu en physionomies. Vous devez avoir bon cœur....

— N'empêche, s'interrompit-il en secouant son mouchoir, qu'il y avait drôlement de la poussière. La femme de ménage ne vient donc plus? — Non. — Ah! dame, les valets de chambre comme Similor, ça salit au lieu de rapproprier. »

Il s'assit avec précaution, en homme qui n'accorde pas aux quatre pieds de son siége une confiance illimitée.

Nous devons faire remarquer tout de suite que ces choses étaient dites et faites naïvement, pesamment, pacifiquement surtout, et de manière à éloigner l'ombre même du soupçon d'un parti pris d'insolence.

Étienne pouvait avoir raison ; ce bonhomme était peut-être un *type*, pour employer encore une fois, dans son sens convenu, cette expression emphatique et niaise, inventée de compte à demi par le roman à deux sous le tas et le théâtre en guenilles. Au premier aspect, cependant, il n'en avait pas l'air. Il faisait l'effet, pour le costume et aussi pour la tournure, d'un demi-bourgeois mal dégrossi ou d'un artisan qui commence à cacher du foin dans ses bottes. La profession qu'il se donnait n'outrepassait point, du reste, ce niveau social : il revendait des habits, manigançait un peu l'escompte et s'occupait de divers menus courtages.

Le réseau des petites rues qui avoisinent les Arts-et-Métiers amène les industries du Temple jusqu'à la porte Saint-Martin. Au Temple, tout le monde est juif d'Alsace ou de Normandie. M. Bruneau était Normand.

Au physique, c'était un homme entre deux âges, de taille moyenne, robuste, mais gauche. Son visage flegmatique n'indiquait point de méchanceté et réveillait je ne sais quelle idée de pure végétation. Toute sa personne, en somme, au premier aspect surtout, présentait avec beaucoup d'énergie l'apparence spécialement parisienne que les romantiques désignaient par le mot épicier.

Avez-vous vu fleurir ces monstres charmants qu'on nomme des orchidées? Il vous serait impossible de trouver deux fantaisies qui se ressemblent dans ces collections de caprices. Leurs graines se sèment dans les fentes du vieux bois; elles tombent des plafonds en chevelures impossibles. Ainsi est une certaine partie de la population de Paris. Ces invraisemblances pullulent autour de nous, si près que nous ne les voyons pas.

L'écrivain a bien plus beau jeu à peindre des raretés américaines ou chinoises. Il trouve le lecteur bénévole, parce que la distance est, pour ce dernier, une excuse de n'avoir point vu. Chaque fois que nous mettons en scène Échalot et Similor, ces deux magots plus baroques que ceux du Céleste-Empire, la terreur nous prend ; ces deux biscuits, parisiens de la tête aux pieds, modelés, mis au four et vernis avec un soin non pareil, vous ont vingt fois croisés dans la rue et vous ne les avez pas remarqués.

Qu'y faire?

Mais M. Bruneau, à la bonne heure, vous ne connaissez que lui! Ce n'est pas celui-là qui vous offensera par des prétentions à l'originalité. Son type est usé comme un vieux sou ; sa physionomie est plate comme l'habitude....

Et pourtant, au risque de faire de ce récit un habit d'arlequin tout bariolé de demi-teintes, nous vous dirons à l'oreille que le second coup d'œil s'arrêtait sur M. Bruneau, surpris et presque effrayé. Sous la placide pesanteur de son allure, il y avait je ne sais quoi qui était une puissante originalité. Vous eussiez dit, au troisième coup d'œil, que ce terne et débonnaire visage cachait quelque terrible secret sous un masque de plâtre. Une grandeur latente était là, une beauté aussi, une pensée.... Mais qui donc accorde un troisième regard à un M. Bruneau?

En s'asseyant, il tira une grosse montre d'argent qu'il consulta, pensant tout haut :

« Il n'est que neuf heures à la Bourse. Nous avons le temps de bavarder.

— Puis-je savoir enfin ce qui vous amène? demanda Maurice.

— Ce qui m'amène, mon jeune monsieur? oui, oui, naturellement.... mais plus tard. Auparavant, j'ai idée de collaborer avec vous.

— Collaborer! répétèrent à la fois Étienne et Maurice, l'un riant, l'autre sérieusement scandalisé.

— Pourquoi pas? fit M. Bruneau, dont le sourire épais eut comme une arrière-nuance de moquerie. Je vous dis que j'ai des histoires.... des tas d'histoires !

— Mais.... voulut dire Maurice.

— J'entends bien. Vous ne m'avez pas confié que vous cherchiez un drame partout, comme les chiffonniers, sauf respect, remuent les ordures. Vous êtes deux jolis jeunes gens.... qui laissez des papiers dans les poches de vos redingotes.

— Vous avez trouvé des plans? interrompit Étienne.

— Des lettres? ajouta Maurice qui pâlit légèrement.

— Pour sûr, je n'ai pas trouvé d'actions de la Banque de France. Si ça était, je vous le dirais bien, allez, et nous partagerions, car ce qui est vendu est vendu, pas vrai? J'ai payé les deux redingotes et leurs doublures. Mais j'aime la jeunesse. Tenez, monsieur Schwartz, voici votre correspondance. »

Il tendit une lettre pliée à Maurice, qui changea de couleur.

« Je ne l'ai pas lue, reprit M. Bruneau avec une sorte de dignité, mais je connais l'écriture.

— Monsieur, je vous remercie, prononça Maurice d'un air contraint.

— Il n'y a pas de quoi, entre voisins. Quant à M. Roland, voici : deux contre-marques et une reconnaissance du Mont-de-Piété. »

Étienne prit le tout et fit un grand salut en disant :

« Voisin, ce n'était pas la peine de vous déranger.

— Est-ce que vous connaissez intimement cette demoiselle Sarah? demanda doucement M. Bruneau, en s'adressant à lui.

— Comment!

— Voyez le reçu : une montre de femme, au nom de Mlle Sarah Jacob.

— Un hasard!.... balbutia Étienne.

— Je ne suis pas votre tuteur, monsieur Roland, mais j'ai connu autrefois votre père, qui est un homme respectable.... et j'ai vu de bien jolis jeunes gens que les mauvaises fréquentations menaient où ils ne voulaient point aller. »

Étienne dit à son tour et très-sèchement :

« Je vous remercie, monsieur.

— Pas de quoi.... à votre service. Reste à savoir comment j'ai appris que vous étiez auteurs. Ce n'est pas malin. J'habite une chambre où l'on entend les trois quarts de ce que vous dites....

— Nous changerons de logement! s'écrièrent en même temps les deux amis.

— Et les deux termes?

— Vous savez aussi?....

— Je sais à peu près tout. Quand vous ne travaillez pas à Sophie, Édouard et Olympe Verdier, vous causez de vos petits embarras. Je ne compte pas trop sur votre lettre de change, au moins. M. Michel est franc comme l'or, mais quand on sort si matin et qu'on rentre si tard.... Ça n'offre pas beaucoup de prise, non. Mais voyons : combien me donneriez-vous, j'entends sur vos droits d'auteur, si je vous apportais une machine toute faite pour le théâtre de l'Ambigu?

— Rien, répondit Maurice, nous faisons nos pièces nous-mêmes.

— Vos pièces! répéta M. Bruneau ; en avez-vous donc beaucoup comme ça en magasin?

— Je ne permettrai pas à un homme comme vous.... commença le joli blond qui avait ses raisons particulières de perdre patience.

— Je suis un homme comme tout le monde allez, interrompit M. Bruneau à son tour avec une mansuétude si parfaite, que Maurice eut la parole coupée. »

Étienne, cependant, lui disait tout bas :

« Il est bête comme une oie, tu vois bien! Ne vas-tu

pas prendre la mouche? Ce sont ceux-là qui ont des idées.... outre qu'on en trouve quelquefois, comme il dit, dans les poches des vieilles affaires. »

M. Bruneau consulta sa montre.

« Vingt ans.... et vingt-deux ans.... murmura-t-il. A cet âge-là on a bon cœur ou jamais ! »

C'était la deuxième fois qu'il parlait ainsi. Nos deux amis avaient entendu parfaitement. La bizarrerie de la situation les prenait; Maurice devenait curieux et Étienne concevait de vagues inquiétudes.

« Monsieur Bruneau, dit le premier en le regardant fixement, vous n'êtes pas venu pour nous conter ces sornettes, et il y a quelque chose de sérieux là-dessous !

— Tout est sérieux, répondit le marchand d'habits sans rien perdre de sa flegmatique tranquillité : le dessus et le dessous. Nous étions trois tout à l'heure dans la pièce voisine ; moi qui venais pour ce que vous allez voir et ces deux pauvres garçons. Ah ! les drôles de corps! Nous sommes entrés tous les trois à tâtons, moi les voyant, car je regarde assez volontiers où je mets le pied, eux ne me voyant pas. J'ai cru qu'ils avaient un mauvais dessein : ce sont de si pauvres créatures! Mais point du tout! J'en ris encore, tenez! Ils avaient de bonnes intentions! Ils voulaient tout uniment poignarder quelqu'un pour votre compte, afin de ne pas rester à rien faire. Méfiez-vous de ce comique-là pour votre drame. C'est par trop parisien : Paris n'y croit pas. »

Notez que M. Bruneau ne riait pas le moins du monde.

« C'est moi, mes jeunes messieurs, reprit-il, qui ferais un personnage curieux, arrivant de but en blanc dans la chambre où deux auteurs en herbe se creusent la cervelle et leur disant : me voilà, je sais votre drame par cœur ; le drame que vous n'avez pas encore combiné, je le sais depuis le prologue jusqu'au dénoûment. Voulez-vous que je vous le raconte ?

— Au fait, dit Étienne, c'est original. »

Maurice gardait le silence.

« Dans ce drame-là, poursuivit M. Bruneau, dont les traits immobiles eurent presque un sourire, je suis peut-être acteur.... vous aussi, sans vous en douter.... Ah ! c'est un drame comme on en voit peu, savez-vous ? Je connais tous nos collègues, les autres acteurs, et aussi mesdames les actrices. Je connais le comte Verdier et sa femme, je connais Édouard, je connais Sophie. (En parlant, il fixait ses yeux ternes sur le tableau tracé à la craie au revers de la porte). Je connais Alba, la chère enfant ; je connais M. Médoc, ce grand rôle de genre ; je connais la marquise Gitana....

— Et l'Habit-Noir ? l'interrompit tout bas Maurice, qui cachait sa curiosité croissante sous un voile de moquerie.

— Mélingue vous tiendra ça aux oiseaux ! » répondit M. Bruneau en amateur.

Puis, tournant le dos au tableau :

« Je connais encore certains autres messieurs et certaines autres dames qui sont là-dedans jusqu'au cou. J'ai des histoires.... des tas ! Voulez-vous savoir ce que font vos marionnettes à l'heure où nous sommes ? Ce qu'elles faisaient hier ? ce qu'elles feront demain ?

— Que fait Alba ? demanda étourdiment Maurice.

— Elle danse, répondit le marchand d'habits. Le comte Verdier est venu à Paris dans son coupé, la comtesse Olympe dans sa calèche, et la marquise Gitana est au lit d'un mourant.

— Est-elle méchante ou bonne, celle-là? interrogea Étienne.

— Il faudra précisément que le spectateur se fasse cette question, répliqua M. Bruneau, pour que le drame marche.

— Et Sophie, que fait-elle?

— Elle pleure. Elle ne sait pas que l'opulence et le bonheur sont au seuil de sa pauvre chambrette....

— Oh! oh! firent ensemble les deux jeunes gens.

— Je vous dis que c'est palpitant d'intérêt! prononça M. Bruneau, qui souligna d'un sarcasme sérieux ces derniers mots.

— Vous êtes donc un sorcier, vous? dit Étienne incrédule.

— Non pas. Il n'y a plus de sorciers. Je suis mieux qu'un sorcier : les sorciers devinaient les histoires; moi, je les sais sur le bout du doigt.

— Et Olympe? que fait-elle à Paris?

— Elle est en train de se perdre.

— Et son mari?

— Othello millionnaire commande à Iago une fausse clef du secrétaire de Desdemone.

— Et Michel?

— Édouard, voulez-vous dire?

— Oui, Édouard. Est-ce qu'il aime Olympe Verdier? »

Ce fut Maurice qui fit cette question. M. Bruneau répondit :

« N'est-elle pas assez belle pour cela? »

Pour la première fois, un semblant d'émotion agita sa voix. Il détourna les yeux, atteignit sa grosse montre pour se donner une contenance et toussa sec.

Ce fut la toux peut-être qui fit monter à ses joues une légère et fugitive rougeur. Le temps de la remarquer, il n'y paraissait plus ; et de même que rien ne désigne l'endroit où quelque objet tombé souleva naguère dans l'eau stagnante la série des ondes circulaires, de même, sur la physionomie froide et lourde du Normand, aucune trace de l'émoi passager ne resta.

« C'est un beau jeune homme, dit-il d'un ton morne. Mais il n'y a pas de poteau indicateur à l'entrée de la route qui conduit au bagne. »

Ce mot fit sauter Étienne et Maurice sur leurs chaises.

« Monsieur, déclara le petit blond résolument, vous allez nous dire qui vous êtes ! »

M. Bruneau, ayant poli avec soin le verre de sa montre sur son genou, consulta le cadran d'un air distrait.

« Mes jeunes amis, répliqua-t-il avec douceur, vous ne me verriez pas ici s'il n'était encore temps de mettre une barrière en travers de son chemin.... et du vôtre. C'est un beau jeune homme. Avant de nous quitter, ce soir, nous reparlerons de lui. Pour ce qui est de moi, nous ne sommes pas encore au prologue de notre drame, et certaines énigmes ne montrent leur mot qu'aux environs du dénoûment. Patience. L'heure a marché pendant que nous bavardions ; le temps nous presse désormais. Abordons le sujet de ma visite. Avez-vous pris connaissance de ceci ? »

Il désignait du doigt sur la table le cahier de papier gris mal imprimé, portant pour titre : *Procès curieux; André Maynotte ou le perfide Brassard. Vol de la caisse Bancelle (de Caen), juin* 1825.

« Depuis un quart d'heure, murmura Maurice, je songeais que vous étiez l'auteur de cet envoi. »

Étienne rapprocha son siége.

Quoi qu'ils en eussent, Étienne et Maurice lui-même prenaient un intérêt croissant à cette scène bizarre.

L'entretien, il faut en convenir, s'emmanchait de façon à poser une de ces charades audacieuses qui font la joie des auteurs dramatiques. A supposer que l'histoire du mystérieux brassard fût un prologue, par quel lien ces romanesques prémisses aboutissaient-elles à l'action compliquée dont nos jeunes amis sentaient vaguement les rouages fonctionner autour d'eux?

Ce Normand à l'allure bourgeoise prenait pour eux de plus en plus des proportions étranges.

Et derrière l'épaisseur lourde de son masque, cette autre physionomie dont nous avons parlé, cette seconde peau, ce latent caractère de hardiesse vigoureuse et d'implacable intelligence lentement se dégageait....

XX

Des tas d'histoires.

M. Bruneau avait pris à la main la brochure. Il en parcourait le titre naïf en rêvant. Un instant il se recueillit et sa main robuste pressa son front comme pour en exprimer la pensée.

« Il y a là un point de départ surprenant, poignant et vrai, ce qui ne gâte rien, prononça-t-il avec lenteur. Ceci est de l'histoire, quoique ce ne soit pas de l'histoire intelligente, car l'auteur, pour écrire, s'est mis au même point de vue que les juges pour juger. Soyez tranquille, monsieur Roland, je ne dirai rien contre votre père.

— Oh! répliqua Étienne, ne vous gênez pas. Il s'agit du drame.

— Je regarde votre père comme un digne magistrat, et j'admets que le vôtre fit son devoir, monsieur Schwartz.

— Je ne vous laisserais pas dire le contraire, » interrompit Maurice.

Le Normand s'inclina avec gravité.

« Ce qui n'empêche pas, reprit-il en élevant la voix comme malgré lui, que cet André Maynotte était un innocent et que vous allez avoir en lui un premier rôle haut comme la colonne Vendôme. Écoutez-moi bien. Le drame n'attend pas la représentation : il se joue; nous le jouons, et je suis ici surtout pour que vous sachiez en temps et lieu ce qu'il faut savoir pour ne point manquer vos entrées. Y êtes-vous?

— Nous y sommes ! » répondirent les deux jeunes gens pareillement attentifs.

« Un fait qui dessert beaucoup André Maynotte et sa femme, lors du procès, commença M. Bruneau, ce fut leur qualité d'étrangers ; car on regarde presque partout, en France, les Corses comme des étrangers. Voici pourquoi la belle Julie et son mari, natifs de l'île de Corse tous les deux, avaient quitté leur patrie :

Là-bas, de l'autre côté de Sartène, c'est un beau pays à brigands : j'entends comme décor, car, en réalité, les plus parfaits bandits du monde y trouveraient peu d'occasions d'exercer leur industrie. Les voyageurs y sont rares, et ce que nous appelons les « maisons bourgeoises » plus rares encore. Il y a pourtant un conte de nourrice qui place aux environs du vieux château des comtes Bozzo la mystérieuse capitale du brigandage européen.

Du temps du premier Paoli, un comte Bozzo captura sur ses terres et fit pendre le Grec Nicolas Patropoli, dont les exploits sanglants avaient épouvanté les Romagnes et qui était célèbre dans l'univers entier sous le nom de Fra Diavolo. Vous saurez que ce nom se transmettait comme celui de Pharaon en Égypte : il y a eu dix Fra Diavolo. Nicolas Patropoli était en Corse pour se refaire, tout uniment, au couvent de la Merci. Un habile médecin l'y soignait. Il se peut que ce sauvage coin de terre, s'il ne sert pas de quartier général, soit au moins un lieu d'asile pour les francs-maçons du crime. Vous jugerez.

Je puis vous affirmer ceci : la vieille fable d'un monastère habité par des bandits déguisés en moines était une réalité en Corse, à la fin du siècle dernier. Le souvenir de ces terribles pères du couvent de la Merci est encore très-vif aux environs de Sartène et bien des gens ont vu debout ces sombres murailles derrière lesquelles se cachait une éternelle orgie. Le monastère de la Merci existait, en 1802, à la lisière des immenses bois de châtaigniers qui bordent le maquis. Ce fut un comte Bozzo encore qui démolit ce repaire dans les premières années de l'Empire.

Le dernier Fra Diavolo, Père des *Veste-Nère* d'Italie et supérieur du couvent de la Merci, avait combattu les Français en bataille rangée. Il se nommait Michel Pozza, selon les uns, Bozzo, selon les autres, et fut pendu à Naples, en 1806, dit-on.

Ce Michel Bozzo, dernier chef des moines brigands, et le comte Bozzo, destructeur du monastère, étaient-ils parents ? On ne sait.

Les comtes Bozzo, comme cela se voit souvent dans les pays primitifs, étaient la tête d'une immense famille où il y avait plus de pauvres gens que de riches seigneurs. J'ai observé pareille chose en Écosse où toute une peuplade porte le même nom. Sous la Restauration, les principales têtes de la race ou du clan, comme on dirait en Angleterre, se dispersèrent. Il ne resta que la branche des Bozzo-Corona, de Bastia, et la lignée de Sébastien Reni, établie aux environs de Sartène. Sébastien Reni portait le titre de chevalier. Il vivait au château avec sa femme, qui était une Française. Le clan le reconnaissait pour son chef et, quand il eut une fille, l'évêque d'Ajaccio vint la tenir sur les fonts de baptême. Elle eut nom Giovanna-Maria.

Du couvent de la Merci, il ne restait qu'une tour demi-ruinée. A cette tour, une maison moderne s'appuyait modeste et blanche, parmi les sombres ruines. De temps en temps, un homme venait habiter cette maison. Il était riche et répandait de l'argent dans le pays. Ce n'était pas un étranger; il avait nom Bozzo. Sa femme, morte depuis longtemps déjà, était une Reni; sa fille et son gendre, un Reni également, habitaient les communs du château. Et pourtant, malgré ces alliances connues, une atmosphère mystérieuse enveloppait cet homme, qu'on nommait Le Père ou Le Père à tous.

Dans ses longues et fréquentes absences, nul ne savait où il allait.

L'année 1818 se montra féconde à Paris en attentats contre les personnes et les propriétés. Ce fut au point qu'on attribua ces méfaits à un parti politique qui aurait essayé ainsi de déconsidérer le gouvernement établi. On vit, au beau milieu d'une prospérité sans exemple, la panique s'emparer de toutes les classes de la société. Le croquemitaine qui causait ces terreurs avait un nom, déjà prononcé en semblables circonstances sous l'Empire et même, disaient les vieillards, avant la révolution : il s'appelait l'Habit-Noir.

Les personnes raisonnables avaient cependant beau jeu pour révoquer en doute l'existence de ce bandit légendaire, car, pour chaque crime commis, il y eut une condamnation prononcée, et si quelque chose avait dû étonner les observateurs, c'eût été peut-être l'extrême exactitude du bilan judiciaire qui put placer, sans exception aucune, le coupable puni en face de chaque méfait accompli.

Vous connaissez le colonel Bozzo Corona, qui est maintenant presque centenaire?...

« Est-ce que c'est l'Habit-Noir? demanda Étienne en riant, ou Fra Diavolo ressuscité?

— Laisse parler! » dit sévèrement Maurice.

M. Bruneau lui adressa un signe d'approbation amicale.

« Le colonel Bozzo, reprit-il sans tenir compte de la question d'Étienne, s'en va mourant depuis quelques jours. M. le baron Schwartz va perdre en lui un riche client, et, par contre, la comtesse Corona fera un bel héritage.

Je vous parle de lui, parce qu'il lui arriva en ce temps une aventure des plus romanesques. Quoiqu'il eût déjà de l'âge, il menait la vie de jeune homme, et grand train. Il était surtout joueur. Notre jeune premier, Édouard, l'est aussi, saviez-vous cela? Mais nous y reviendrons.

Bien des gens disaient, cependant, que sa vie de plaisir n'était qu'un masque pour cacher les efforts d'un conspirateur.

La dernière partie du colonel est restée célèbre : il perdit 7000 louis sur un coup de cartes. Assurément, il fallait que sa fortune fût énorme, car il était beau joueur et ne fit jamais attendre le payement d'une dette d'honneur.

On ne lui connaissait pas de patrimoine en France. Il parlait de biens considérables qu'il avait dans l'île de

Corse. Il quitta Paris subitement après sa dernière perte et son vainqueur le suivit. Il s'agissait de vendre le domaine de Corse pour solder les 7000 louis ; chacun savait cela ; mais le vainqueur, engoué du domaine et sans doute trahi par les cartes à son tour, fit venir traites sur traites de Paris et finit par mourir en Corse, ou ailleurs. C'était un vieux garçon. Il n'en fut que cela.

Seulement, Paris devint tout à coup tranquille. Ce vieux garçon était peut-être l'auteur de tous les méfaits qui désolaient la capitale. Quoi qu'il en soit, on n'eut bientôt plus assez de railleries pour les simples qui croyaient à l'Habit-Noir.

Il était à Londres, l'Habit-Noir ! Londres n'osait plus sortir le soir, malgré le luxe de ses trois polices. Londres avait traduit le mot Parisien : il avait peur du *Black-Coat*. Et il avait raison, Londres ; car le Black-Coat ou l'Habit-Noir le malmenait rudement. Les trois polices en perdaient la tête.

Vers le même temps, le colonel Bozzo vint s'établir à Londres, où il se trouva tout à coup entouré de gens qui vantaient sa position et sa fortune : surtout le grand domaine de Corse. Les rumeurs politiques allèrent aussitôt leur train.

Il vivait seul et menait l'existence de garçon. Il dînait au club. Sa maison se composait d'une servante italienne et d'un petit secrétaire français, sorte de groom lettré qui avait beaucoup d'intelligence. Ce petit secrétaire avait peut-être un nom comme tout le monde ; mais son maître, qui l'avait pris à Paris, dans un atelier de serrurerie, pour l'élever à ces fonctions intimes, lui donnait un de ces sobriquets doubles, usités dans le compagnonnage, et l'appelait Toulonnais-l'Amitié.

A Londres, l'Habit-Noir ou le *Black-Coat* et ses mirmidons occupèrent les badauds toute une saison. Les méfaits attribués à la bande furent nombreux et du meilleur choix. Seulement, les gens raisonnables, ayant quelque teinture du droit, n'hésitèrent pas à nier l'existence du mystérieux chef de voleurs : chaque crime, en effet, ici comme à Paris, se soldait devant la justice par une condamnation.

A quoi bon chercher au delà? L'Habit-Noir était une superfétation et, l'eût-on arrêté par hasard, la loi n'avait rien à réclamer de lui!

Ainsi parlaient les sages, mais la sagesse a-t-elle le sens commun? Les fous croyaient dur comme fer à l'Habit-Noir : un vampire double, un monstre qui assassinait deux fois, par le poignard d'abord, ensuite par l'échafaud....

Et le colonel perdait son argent galamment, selon son habitude.

Les gens qui ont quelque chose à cacher changent de nom. Le colonel n'avait garde : c'était le colonel Bozzo à Paris, à Londres, partout. Il y eut bien au club des rumeurs sortant on ne sait d'où ; les méchantes langues se demandèrent bien les unes aux autres ceci, cela, mais le gentleman français avait été présenté selon les formes, et il était beau joueur.

Son partner habituel était John Mason, un fils de nabab, dont le père avait gagné des millions à empoisonner les Chinois. Ce Mason passait pour avoir cent cinquante mille livres de revenus (deux millions sept cent cinquante mille francs). Il venait de se marier avec une comédienne et s'en repentait, selon l'usage.

Un matin, il partit en compagnie du colonel sur un navire qui faisait voile pour l'Italie. Voici le bruit qui courut dans Londres à ce sujet : John Mason, hypocondriaque, même un peu poitrinaire, voulait acquérir dans le midi de l'Europe une résidence d'hiver. Il prétendait avoir trois ou quatre lieues carrées, disait-on, et fonder sur ces terrains un domaine comme on n'en vit jamais. Or, l'héritage du colonel était de taille à le satisfaire, puisque, partant des montagnes, cet héritage allait rejoindre la mer à travers de vastes forêts. Le colonel n'avait plus que ce patrimoine, au dire des gens du club, qui ajoutaient que les deux compagnons de voyage allaient jouer sur place une colossale partie de backgammon dont le domaine serait l'enjeu.

Le colonel ne reparut plus à Londres où la légende des Habits-Noirs tomba graduellement à l'état de conte à dormir debout.

Aucune capitale européenne ne prononçait à cette époque le nom de l'Habit-Noir, qui flamboyait, au lointain de la mythologie *brigande*, comme les grands noms de Cartouche, de Mandrin et de Schinderhannes. Tout à coup, vers l'année 1821, les journaux le ressuscitèrent. L'Habit-Noir était dans les prisons de Caen pour le meurtre d'une dame anglaise, l'ex-comédienne Sara Butler, veuve de John Mason, Esq.

John Mason était donc mort? Je ne dis pas tout, mes jeunes maîtres, mais, si vous voulez de plus amples renseignements, il y a un homme, un honnête homme, qui a vécu quinze ans de sa vie avec les gens de police et les voleurs....»

M. Bruneau s'arrêta ici pour reprendre haleine. Sa joue était très-pâle et des gouttes de sueur perlaient à ses tempes.

Étienne et Maurice écoutaient avec une curiosité maladive ce récit qui semblait calculé pour éperonner l'attention en la promenant loin du point de départ. On était assurément à cent lieues de leurs pères, le juge d'instruction et le commissaire de police de Caen, à cent lieues aussi d'André Maynotte, le ciseleur du perfide brassard.

Maurice demanda :

« Cet homme dont vous parlez, c'est vous ? »

M. Bruneau laissa tomber sur lui son regard indéfinissable, gris et morne comme ces cendres sous lesquelles un incendie peut couver.

« Avez-vous regardé de près parfois, murmura-t-il, le pauvre malheureux qui demeure à côté de vous.... Trois-Pattes, comme on l'appelle ? »

Il s'interrompit encore.

« Eh bien ! interrogea Étienne, cherchant toujours son drame avec la ténacité d'un chien qui a le nez sur une piste, ce Trois-Pattes ? »

Le Normand ne répondit point.

« John Mason était bien mort, reprit-il brusquement. Une drôle d'histoire ! J'en sais des tas ! Ah ! ah ! Paris et Londres n'entendaient plus parler de l'Habit-Noir. Je crois bien ! On ne peut être partout. L'Habit-Noir voyageait. Et le petit secrétaire du colonel, Toulonnais-l'Amitié, avait grandi depuis le temps ; c'était presque un jeune homme.

John Mason était bien mort. Pendant un an, son notaire de Londres lui avait fait passer en Corse des sommes folles, car il était en Corse et datait ses lettres de Sartène.

Que faisait-il à Sartène ? Nul ne l'a jamais su au juste. Il jouait sans doute le domaine. La partie durait, durait. La chance avait tourné. Mason perdait, puisqu'il faisait venir des fonds. La comédienne eut peur d'être ruinée. Elle partit de Londres un matin, et vint en Corse pour veiller à son douaire.

Quand un malheureux est prisonnier, on peut lui

faire écrire et signer ce qu'on veut, n'est-ce pas? on connaît cela au boulevard. Je crois bien que John Mason ne jouait plus au backgammon depuis longtemps. Quand sa femme vint le rejoindre, que se passa-t-il? elle annonça par lettre, la mort de son mari au notaire de Londres et demanda de l'argent à son tour, encore de l'argent.

L'Habit-Noir a manié, en sa vie, plus d'or qu'il n'en faudrait pour acheter Paris.

Mais il y a autour de lui une armée, et cela coûte cher.

Le notaire de John Mason reçut une dernière lettre de la veuve. Elle ne ressemblait point aux autres et contenait quatre lignes seulement, annonçant « son évasion miraculeuse. » Vous voyez bien qu'il y avait une prison! Mistress Mason n'entrait, du reste, dans aucun détail; elle se bornait à dire que, libre maintenant, elle allait s'adresser à la justice.

Comme elle craignait la mer, elle entreprit le voyage de Calais à travers la France. Elle fut assassinée dans une auberge de Caen.

Pourquoi Caen? ce n'était pas sa route.

On arrêta l'assassin.

L'Habit-Noir fut mis sous clef pour la première et la dernière fois de sa vie. Était-ce bien l'Habit-Noir? Cela est de tradition à la prison de Caen, et ce fut de son propre cachot qu'André Maynotte s'échappa cinq ou six ans plus tard, par une fenêtre dont les barreaux étaient sciés d'avance, du fait de l'Habit-Noir.

Toulonnais-l'Amitié s'était mis à la poursuite de la comédienne. Son maître l'avait suivi. Ils revinrent tous deux, longtemps après, par une nuit noire, avec un étranger qui hérita sans doute de la chambre à coucher de Mason. Les lettres que L'Amitié mit alors à la poste de Sartène étaient adressées à Berlin. A Berlin, un riche banquier juif manquait. Beaucoup d'argent prussien arriva.

Puis le père fit un voyage en Autriche, puis encore un voyage en Russie. Il y avait de la place dans les caves de la Merci. Ceux qui revenaient avec le Père et Toulonnais-l'Amitié entraient là et n'en sortaient plus.

En 1821, Toulonnais-l'Amitié était déjà un jeune homme, un beau et solide gaillard, hardi luron, effronté compère, amoureux de toutes les femmes, et tuant là-bas le temps comme il pouvait. Il est bien entendu que je vous ai montré tout d'un coup le dessous des cartes ; aux environs de Sartène, on était loin d'en savoir aussi long que vous. Les idées politiques qui ont fait la révolution de 1830 s'éveillaient alors dans toute l'Europe, et le souffle des sociétés secrètes de l'Italie pénétrait jusqu'en ce coin reculé. Pour tous ceux qui cherchaient des explications, le Père était un missionnaire du carbonarisme.

Ce qui le prouvait, c'était sa haine contre Sébastien Reni, des comtes Bozzo, le chef nominal du clan, lequel restait dévoué aux Bourbons. Sébastien Reni mourut au château, en cette année 1821, et sa veuve, une pieuse femme, ne pouvait tarder à le rejoindre dans la tombe, car les médecins l'avaient condamnée. Leur jeune fille, doux ange de beauté, de grâces et de bonté, avait quitté, pour leur donner des soins, le couvent de Sartène, où elle achevait son éducation.

Giovanna-Maria Reni allait avoir seize ans. Sa tante, la supérieure des Bernardines de Sartène, l'avait élevée comme une grande dame qu'elle devait être. Elle était destinée à l'un de ses cousins de Bastia qui tenait le haut bout parmi la jeunesse insulaire. Un soir, revenant de l'église, elle fut attaquée, non loin des ruines, par ce don Juan en herbe, Toulonnais-l'Amitié. Celui-là ne respectait rien. Un jeune garçon de la ville, armurier-ciseleur de son état, se battit pour elle et fit un mauvais parti au séducteur. Giovanna-Maria se souvint de lui. Toulonnais ne l'oublia pas non plus.

Saluez, messieurs les auteurs! Vos héros entrent en scène. L'armurier-ciseleur de Sartène avait nom André Maynotte, et Giovanna-Maria, ce bel ange, est votre comtesse Olympe Verdier. »

XXI

Le secret de la pièce.

L'œil de M. Bruneau avait brillé deux fois. On eût dit que sa prunelle, dure et froide comme un caillou, rendait deux étincelles au choc de ce nom : Giovanna-Maria.

Maurice écoutait, les yeux baissés, cherchant, dans ce récit, embrouillé comme à plaisir, non plus la fantaisie d'un drame, mais la série des faits, applicable à la réalité qui l'entourait. Ses sourcils froncés donnaient à son gracieux visage une expression plus virile. On ne peut dire qu'il comprît tout, mais il devinait beaucoup, et le narrateur, sentant la communication établie, s'adressait à lui de préférence.

Étienne, fidèle à sa pièce, cherchait un scenario. Dieu juste lui devait, à celui-là, un succès de mélodrame! Il s'égarait avec une voluptueuse angoisse dans les broussailles de cette histoire confuse. Il prenait des notes impossibles. L'énorme silhouette de l'Habit-Noir lui apparaissait au-dessus de toutes ces brumes. Il voyait un acte dans la cave, située sous les ruines du couvent. La comédienne avait-elle un rôle par la suite : tout dépendait de là!

Mais, morbleu! à quoi bon s'embarrasser de ces prolégomènes? La seule affaire Maynotte, sortant ainsi de ces dramatiques fourrés, promettait trois ou quatre douzaines de tableaux à choisir.

M. Bruneau poursuivit :

« Je tiens à vous dire, de peur de l'oublier, qu'un homme fut pendu, à Londres, pour le meurtre de John Mason. Une tête roula dans le panier pour la disparition du banquier juif de Berlin. Le mort de Vienne et le mort de Saint-Pétersbourg furent vengés par l'échafaud. L'Habit-Noir et la loi restèrent quittes. Les bons comptes font les bons amis.

Cet André Maynotte était orphelin de père et de mère. Ni son ambition ni son intelligence peut-être n'allaient au delà de son état, mais la vue de Giovanna lui fit une autre âme. Il conçut ce que pouvaient être les joies du ciel. Il aima.

Tant mieux et tant pis pour vous, mes jeunes maîtres, si ce mot vous dit tout....

— Votre voix tremble en le prononçant, murmura Maurice avec un intérêt profond.

— C'est que mon cœur saigne, répondit le Normand, reprenant son calme à l'aide d'un violent effort. Quel homme n'a un souvenir? J'ai souffert.... André Maynotte déserta son atelier; il courait après son cœur qui avait fui hors de sa poitrine. Il passait les jours et les nuits à rôder autour de ces sombres murailles qui le séparaient de son bien-aimé trésor.

— Et Giovanna-Maria savait cela?

— Elles savent tout celles qui sont aimées!

— Le soir même où mourait la mère de Giovanna, Toulonnais-L'Amitié avait fait dessein de l'enlever. André ignorait ce complot, mais il avait bien de l'angoisse. Au lieu de rentrer dans sa demeure, il errait en rêvant sur la lisière des bois de myrtes. La nuit était venue et déjà tous les bruits se taisaient. Tout à coup un pas léger sonna sur la poussière du sentier et André entendit une voix d'enfant qui l'appelait par son nom.

« Par ici, mignonne, » dit André; car il avait reconnu dans l'ombre Fanchette, la petite-fille du Père-à-Tous.

Une étrange créature qui était tout le cœur de son aïeul et dont ceux du pays disaient qu'elle serait plus riche qu'une reine.

L'enfant bondit sous le couvert et vint se jeter essoufflée entre les jambes d'André.

« La nuit ne me fait pas peur, dit-elle; mais le secrétaire de mon bon papa est un bandit. S'il m'a suivie, il me tuera ! »

Elle fit un signe qui commandait le silence et prêta l'oreille. Tout était muet aux alentours, André demanda :

« Pourquoi Toulonnais te suivait-il, fillette?

— Parce que la Giovanna m'a envoyée vers toi.

— La Giovanna ! » murmura André dont les jambes faiblirent sous le poids de son corps.

C'était un grand amour qu'il avait dans l'âme.

« Te voilà qui trembles, dit l'enfant, comme elle tremblait quand elle a parlé de toi. Mais, écoute : Toulonnais-L'Amitié est un bandit; je le déteste; il fait peur à mon père et à ma mère, quoiqu'ils soient les enfants du Maître. Ce soir, il rôdait au château, dans le corridor qui conduit à la chambre de la morte. As-tu vu des morts? Moi, j'aurais voulu voir la morte : je rôdais aussi. J'ai entendu L'Amitié qui disait à la chambrière : « Je te donnerai dix napoléons.... » Il lui serrait le bras; elle pleurait. J'ai entendu qu'il disait encore : « Les chevaux attendront à mi-chemin des « ruines.... » La chambrière a répondu : « Mais le « diacre qui garde la chambre mortuaire.... » L'Amitié s'est mis à sourire, disant : « On lui a bouché les « oreilles et les yeux avec des ducats... » Et il a ajouté : « Demain, elle retournera au couvent, il sera « trop tard : je la veux cette nuit. »

André semblait changé en statue.

« Est-ce que tu ne comprends pas? lui demanda l'enfant, dont les yeux brillaient dans l'ombre, intelligents et profonds comme des yeux de femme.

— Si fait, répliqua André, je comprends.

— Alors, reprit la petite Fanchette, la chambrière a dit oui, tout bas, et l'Amitié l'a embrassée.... Attends! j'allais oublier quelque chose : les dix napoléons, c'est pour donner à la Giovanna une tisane qui fait dormir. On doit l'emporter à deux heures du matin, parce que la lune va jusqu'à une heure.... Sais-tu ce qu'ils se disent entre eux, pour se reconnaître, ceux qui ne sont pas d'ici et qui viennent demander de l'argent à bon papa?

— Non, je ne le sais pas.

— Ils disent : *Fera-t-il jour demain?* Je les ai entendus plus de cent fois. Cela te servira à entrer au château si la porte est fermée. Mais je m'embrouille et il ne faut pas, car je devrais déjà être rentrée. Je ne t'ai pas dit encore que j'ai couru chez la Giovanna, dès que L'Amitié et la chambrière n'ont plus été dans le corridor. C'était pour l'avertir. Je n'ai pas pu voir la morte, parce qu'il y avait un drap blanc sur la figure, et sur le drap un grand crucifix noir.... Giovanna est bien belle. Je serai belle aussi, quand j'aurai l'âge. Je lui ai tout dit; elle est devenue pâle comme la cire des cierges. Elle a appelé le bon Dieu, la sainte Vierge, et puis toi. J'ai dit : je le connais et je sais bien où il est tous les soirs. Alors, elle m'a envoyée et ceci est de sa part. »

Fanchette mit dans la main d'André un reliquaire, un écrin et une bourse.

« Elle n'a que cela! » poursuivit-elle avant que le jeune armurier pût exprimer son étonnement par des paroles.

Je ne saurais vous répéter les mots enfantins, naïfs, charmants, à l'aide desquels, sans le dire et sans le concevoir peut-être, Fanchette fit comprendre à André que ceci n'était pas un salaire, mais la dot, la chère et pauvre dot confiée au fiancé par la fiancée. André croyait faire le plus délicieux de tous les rêves.

Fanchette acheva :

« Il faut venir avant l'heure et bien te souvenir de tout. Adieu. Je vas être grondée. »

Elle s'élança, légère comme une biche, et se perdit dans l'ombre. André demeura longtemps immobile à la même place. L'idée que tout cela était un songe lui revenait à chaque instant; mais les objets envoyés par Giovanna parlaient. Il se rendit à la ville pour prendre ses armes et tout ce qu'il possédait en argent. Il s'agissait, en effet, de fuir au loin. La tribu tout entière allait se mettre à sa poursuite. En regagnant le château, il reconnut l'endroit où les chevaux commandés par Toulonnais attendaient. On festoyait et l'on chantait dans la maison du Père, qui avait ramené récemment un hôte de Hongrie.

André enfonça son chapeau sur ses yeux et s'enveloppa dans son manteau. La lune à son premier quartier descendait déjà derrière la montagne. C'était l'heure. André entra hardiment et dit au gardien de la porte :

« Fera-t-il jour demain, l'ami?

— Tout comme hier, répondit l'autre, s'il plaît à Dieu. »

Puis il ajouta :

« Tu viens de bonne heure !

— C'est que le temps presse, » répliqua André qui passa.

L'instant d'après, il revenait portant dans ses bras Giovanna-Maria, qui avait un voile noué autour de la bouche.

Cette fois, le gardien faisait mine de dormir.

Une douce petite voix descendit des fenêtres comme ils passaient sous le pignon du château et leur cria :

« Bonne chance ! »

Fanchette ne dormait pas.

L'homme qui tenait les chevaux n'eut point de défiance. Giovanna se laissa mettre en selle en gémissant. Ils partirent au galop. On chantait toujours le refrain du vin dans la maison du Père.

Ce ne fut pas une nuit d'amour. Giovanna pleurait, poursuivie par l'image de sa mère. André, soumis et doux, respectait la douleur de sa bien-aimée. Au point du jour, il fallut entrer dans une hôtellerie, parce que Giovanna défaillait. Quand elle eut repris son courage et ses forces, les Reni couraient déjà le pays.

« On dut s'enfoncer dans le maquis, car les routes étaient sillonnées en tous sens. Toulonnais avait mis sur pied tous ceux qui obéissaient au Père. Les deux amants, blottis dans le fourré, entendirent plus d'une fois la chasse qui allait à droite, à gauche, par devant et par derrière. Le danger les entourait de toutes parts.

« Mais Giovanna, maintenant, appuyait sa belle tête pâle sur le cœur d'André et ils étaient heureux.

« Sept jours après la fuite du château, ils purent atteindre la mer, qui pourtant n'était pas à plus d'une journée de marche. Il débarquèrent à Sassari de Sardaigne et furent mariés par un prêtre, qui était l'oncle maternel d'André.

« Oh! le printemps délicieux! Sassari était trop près; ils gagnèrent les îles d'Hyères, où l'on est si bien pour aimer. C'était trop près encore. Ils traversèrent la France entière pour mettre un grand espace entre eux et le malheur. Giovanna allait être mère : ils avaient toutes les félicités.

« André chercha une ville qui ne fût pas sur les routes qui mènent de Paris aux capitales de l'Europe. Il choisit Caen, la vieille cité tranquille, à quatre cents lieues de Sartène, et, regardant autour d'eux, les jeunes époux respirèrent; ils se croyaient à l'abri.

« Mais un démon était sur leurs traces, un démon invisible. Au milieu de leur souriant bonheur et alors que l'enfant, placé entre eux deux comme une caresse, multipliait les joies de leur paradis, ils étaient déjà condamnés.

« Un soir, un juif brocanteur, qu'André n'avait jamais vu, vint lui offrir le brassard ciselé qui joue un si funeste rôle dans l'affaire Bancelle. Le juif avait ses papiers en règle et l'acte de vente qui le constituait propriétaire du brassard. En face de cette œuvre d'art authentique, et qu'il se sentait de force à restaurer complètement, André rêva une petite fortune. Sa Julie, car Giovanna portait désormais ce nom, était si bien faite pour briller parmi les heureux de ce monde!

André était ambitieux par amour. Il acheta le brassard. Le ver était dans le fruit. André et Julie avaient le lacet autour du cou.

« Toulonnais-l'Amitié avait dit au maître : Ces deux-là ont notre secret.

« Il trompait le maître, car André savait seulement ce qui était la rumeur publique à Sartène, et Julie, élevée au couvent, ignorait tout. Mais André devait tout apprendre bientôt à une terrible école.... »

M. Bruneau s'interrompit tout à coup et resta rêveur.

« Après?... » demandèrent les deux jeunes gens d'une seule voix.

— Le reste est là dedans, répliqua M. Bruneau en posant sa main énergique sur la brochure contenant le procès de Caen. Si vous n'avez pas lu cet écrit avec attention, relisez-le : c'est l'idée mère : l'homme qui jette un innocent en pâture à la loi, le scélérat virtuose qui joue du Code comme Bériot démanche sur son violon....

— Mais la censure? » objecta Étienne du haut de sa bonne foi.

Maurice dit d'un ton péremptoire :

« Monsieur Bruneau, vous n'êtes pas venu chez nous pour affaire de mélodrame! »

Son œil perçant et fixe s'attachait sur le visage du Normand. Les paupières de celui-ci battirent et se baissèrent.

« Je suis venu pour ceci et pour cela, murmura-t-il, c'est vrai; le drame qui se joue dans cette maison, au château, à l'hôtel, dans la rue, va plus vite que la plume, et il sera dénoué depuis longtemps quand vous le présenterez au théâtre.

— Michel est menacé? demanda Maurice vivement.

— Nous sommes tous menacés, » répondit M. Bruneau rouvrant avec lenteur son œil qui n'avait plus de rayons.

Puis, baissant la voix :

« Avez-vous parfois croisé dans l'escalier M. Lecoq votre voisin ?

— Parbleu ! » fit Étienne qui haussa les épaules.

Le Normand poursuivit en s'adressant à Maurice, dont les sourcils se fronçaient :

« Ne vous fâchez pas, mon jeune maître : je voulais vous prouver que vous êtes vous-même dans le drame.

— Est-ce que M. Lecoq ?... commença Maurice.

— Vous savez bien, interrompit M. Bruneau, que dans tout paradis il faut le serpent.

— Le traître ! s'écria joyeusement Étienne. C'est toujours le diable, déguisé en cocher, qui conduit le vieux fiacre du mélodrame ! »

Car tout le monde l'insulte, ce bon mélodrame, même ceux qui le cultivent ! même ceux qui voudraient en vivre et qui ne peuvent !

« Un homme habile, ce M. Lecoq ! dit le Normand comme s'il se fût parlé à lui-même. Il jouerait supérieurement chez nous le rôle de Satan-cocher. »

Depuis un instant, il avait à la main sa grosse montre. Il ouvrit la main et consulta le cadran.

« Il y a, dit-il lentement et d'un ton de grave émotion, un homme qui se jetterait à l'eau, tête première, avec une pierre au cou, pour empêcher M. Michel de se noyer. Vous êtes jeunes, vous devez avoir bon cœur. Et puis, je vous l'ai déjà laissé entendre : vous êtes vous-mêmes là dedans jusqu'aux yeux....

— Jusqu'aux yeux ! répéta-t-il pour répondre aux regards interrogateurs de Maurice et d'Étienne ; vous y êtes par vos relations de famille, par vos amitiés, par vos haines, par vos amours. Que ce soit ou non votre volonté, il vous faudra jouer sous peu une terrible partie. Il y a un gouffre qui vous attire....

— Quel diable d'homme est-ce là? murmura Étienne. S'agit-il de la pièce?

— Non, répondit sèchement Maurice.

— Si fait, reprit M. Bruneau, qui eut aux lèvres une nuance d'ironie. Nous faisons tout à la fois : nous vivons le drame. »

Il se leva pour ajouter :

« Ma montre est avec la Bourse : il faut que je vous quitte pour achever une besogne qui vous regarde, monsieur Maurice.

— Quelle besogne?

— La rupture du mariage de M. Lecoq. »

Maurice bondit sur ses pieds.

« Vous pouvez quelque chose à cela? s'écria-t-il.

— J'ai le bras long.... très-long, » répliqua le Normand en souriant.

Il y avait des tempêtes dans l'imagination d'Étienne.

« Quelle scène filée ! » pensait-il.

M. Bruneau fit un pas vers la porte, mais il s'arrêta à la vue du tableau où étaient tracés les noms des personnages du drame.

« Ah! fit-il, on a effacé quelque chose ! »

Puis, se retournant vers les deux jeunes gens :

« Je suis seul contre une armée, dit-il, et la loi n'est pas avec moi. Ne m'interrompez plus. Dans un cœur brisé, l'amour qui survit à toutes les autres affections est une puissance, et la haine qui a grandi dans le martyre trempe l'âme. Je suis fort, quoique je sois seul. Voulez-vous m'aider à sauver Michel !

— Si nous savions.... commença Étienne.

— Nous le voulons ! interrompit Maurice.

— Êtes-vous prêts à tout pour cela ?

— A tout, répondirent-ils ensemble cette fois. »

Étienne avait senti que ses hésitations faisaient longueur dans le dialogue.

« Même malgré lui ? demanda encore M. Bruneau.

— Même malgré lui.

— C'est bien. Tout ce que je vous ai dit est rigoureusement vrai : vous êtes menacés tous les deux, parce que l'un de vous au moins peut gêner certains projets, et que tous deux vous êtes en position d'endosser le crime, ayant tous deux fait partie de la maison Schwartz.

— Le crime ! dit Étienne. On n'a pas encore parlé du crime ! »

Maurice ajouta :

« Expliquez-vous.

— Plus tard, répartit M. Bruneau. Il vous suffit maintenant de savoir qu'en sauvant Michel vous vous sauvez aussi. »

Il avait pris la craie ; il poursuivit en la faisant courir sur les planches noircies :

« Lisez vite, et souvenez-vous. Ceci vaudra déjà bien des explications ! »

Étienne et Maurice, penchés en avant, suivaient sa main et regardaient parler l'oracle.

Le tableau se trouva ainsi figuré :

Édouard, fils d'André Maynotte et de Julie.

Olympe Verdier, Julie Maynotte.

Sophie, fille du banquier Bancelle.

Médoc, Toulonnais-l'Amitié.

Les deux jeunes gens restèrent muets un instant, puis Maurice demanda :

« Ma cousine Blanche est-elle la fille de cet André Maynotte ?

— Non, répondit M. Bruneau.

— Et.... ajouta Étienne, cet André Maynotte ne doit pas être mort, puisque c'est le héros du drame? »

Le Normand devint très-pâle; sa voix changea; il répondit pourtant sans hésiter :

« Si cet André Maynotte vivait, Olympe Verdier serait bigame : c'est impossible. André Maynotte est mort. »

D'un geste rapide, il effaça ce qu'il venait d'écrire, jeta la craie au loin et prit la porte.

En passant le seuil, il dit :

« Vous avez promis : soyez prêts! »

Et il disparut.

« Prêts à quoi? grommela Étienne. Depuis que le monde est monde, il n'y a jamais eu de situation pareille ! C'est original, c'est cablé.... ça m'empoigne !

— Il nous a fait au moins un mensonge, pensa tout haut Maurice. André Maynotte doit être vivant.

— Comme toi et moi, répliqua Étienne. J'en mettrais ma main au feu. Dans le cas contraire, d'abord, il faudrait le ressusciter pour le drame.

— Il ne nous a pas dit qui était cet André Maynotte.

— C'est lui ! parbleu !

— Je ne crois pas....

— Qui donc, alors ?

— Ce Trois-Pattes....

— Touché ! André Maynotte est Trois-Pattes. Trois-Pattes est André Maynotte.... La toile ou mon argent ! Tonnerre de Brest ! quelle charpente ! cinq cents chevaux de vapeur ! Papa viendra voir ça. Lettre d'invitation : « Mon cher père, tu reconnaîtras enfin que ton fils possédait des aptitudes exceptionnelles....» Les avant-scènes pleines de femmes comme il faut.

Toute la bourgeoisie de la capitale au balcon, la presse à l'orchestre. A bas la cabale !

— Tu es fou! dit Maurice.

— Et je m'en honore! Les titis au paradis. Face au parterre! Je les entends, moi, ils chantent en tapant du pied:

   Viens-tu souper chez moi?
   Ou vais-j' souper chez toi?
  N'y a pas plus loin d' chez moi chez toi,
   Que de chez toi chez moi!
  La rifla, fla, fla, la rifla, fla, fla....

— La paix! réclama Maurice. Laisse-moi réfléchir.

— L'auteur! l'auteur! l'auteur!

— La paix, que diable!

— Messieurs, la pièce que nous avons eu l'honneur de représenter devant vous.... »

Maurice le saisit au collet rudement.

« Mais l'Habit-Noir?.... dit-il.

— Notre amour d'Habit-Noir! Causons de ça!

— Si cet homme nous tendait un piége?

— Une complication? Tant mieux! Cet homme nous tend peut-être un piége! Aveugles que nous sommes! Nous ne l'avions pas vu! Francisque! Mme Abit! Delaistre!

— S'il faisait de nous les instruments d'un crime?

— Bravo! Je veux bien! Il veut faire de nous les instruments d'un crime. Il a parlé d'un crime.... Tous! tous!

— Si c'était lui.... M. Bruneau.... l'Habit-Noir! »

Étienne joignit les mains et tomba sur sa chaise, suffoqué par la joie.

« Lui! râla-t-il. L'Habit-Noir! Cent représentations de plus! Merci, mon Dieu! merci! »

XXII

L'Habit-Noir.

Or il est temps de vous parler des Habits Noirs, qui fournissent un titre à ce véridique récit. Nous avons mentionné déjà à plusieurs reprises l'Habit Noir, ce mythe qui inquiéta diverses époques et dont la présence à Paris laissa des traces, surtout à dater des commencements de ce siècle. Nous en avons dit assez pour que les gens experts à déchiffrer les rébus et à deviner les charades puissent mettre cet illustre sobriquet sur un visage.

Mais n'en avons-nous pas trop dit? Et M. Bruneau, ce Normand, est-il bien sûr de son fait?

C'est comme pour la moisson : les années, chez nous, se suivent et ne se ressemblent pas. En de certaines périodes, Paris a vu les associations de malfaiteurs se multiplier à tel point que la panique se répandait de rue en rue, barricadant les maisons comme des forteresses. Nous ne faisons point ici allusion au moyen âge, ni à ces temps barbares où nulle lueur n'éclairait les nuits parisiennes, quand la lune manquait au ciel; nous ne parlons pas même de ces jours plus rapprochés où MM. de Sartines et de La Reynie fondaient à grand'peine et par toutes sortes de moyens la tranquillité de la cité, faisant, ceux-là, dans la rigueur du terme, l'ordre avec le désordre et parfois aussi le désordre avec l'ordre. Nous parlons d'hier; la place de la Bastille avait déjà sa colonne, les cendres de l'empereur Napoléon étaient aux Invalides, la *Gazette des Tribunaux* racontait le percement de la rue Rambuteau; Louis-Philippe régnait; quelques personnages trichaient du haut de leur grandeur, et biseautaient, pour des billets de banque, les cartes du lansquenet gouvernemental; on parlait tout haut de corruption politique; les journaux frappaient sur le ventre de tel homme d'État en plaisantant, comme on fait entre amis, et lui disaient : « Mon gaillard, tu es un vendu ! » On ne méprisait pas trop ceux qui y mettaient un bon prix. Toute chose tournait à la raillerie : députés satisfaits et journalistes *indemnisés* faisaient assaut de bonne humeur; l'apparence était d'une gaieté folle; on ne prononçait, on n'écrivait surtout le mot *vertu* que pour faire rire les badauds à gorge déployée.

La paix régnait en Europe, la paix à tout prix, comme disait l'opposition; on riait des menaces de guerre aussi bien que de tout le reste. La prospérité matérielle grandissait; l'industrie prenait un élan mémorable et l'on pourrait appeler ces années l'âge d'or de la commandite. Des fortunes scandaleuses montaient, tombaient, s'enflaient, s'aplatissaient : c'était bénédiction. Paris ressemblait à une immense rue Quincampoix, où incessamment trépignait l'agiotage. Les riches jouaient et gagnaient; les pauvres jouaient et perdaient; le gouvernement, brochant sur le tout, aisait, disait-on, sauter la coupe.

Et quelque chose craquait sourdement dans cette machine, chauffée à pleine vapeur. Il y avait d'étranges symptômes; le rire ne sonnait pas franc, l'orgie était malade. Confusément, chacun se sentait entraîné par je ne sais quelle fatalité.

Il y avait des crimes : cela porte malheur à un règne; il y avait des crimes intéressants, des forfaits dramatiques, des causes célèbres en quantité. Le notaire Peytel faisait concurrence à Mme Lafarge, Éliçabide rivalisait avec Léotade, et les dames de Marcellange servaient à la curiosité fiévreuse d'une cohue misérablement blasée sur toute chose honnête et bonne, la plus belle comédie de sang que jamais cour d'assises ait représentée.

Le crime grouillait ainsi dans les hautes couches de l'atmosphère social; dans les régions moyennes, les mains, moins rouges, étaient plus crochues; tout en bas, c'était la danse macabre du vice voleur et assassin. On voyait cela, très-vaguement; on riait toujours, mais on avait peur.

La plume se taillait, cependant, qui allait écrire *les Mystères de Paris*, ce livre bizarre et tout près d'être magnifique, qui a eu le grand tort de placer nos misères sociales dans le domaine de la féerie. A force de chercher l'imprévu, Eugène Sue trouvait l'incroyable; il remuait à poignées les terreurs vraies, et, par son procédé, les faisait invraisemblables. Si jamais romancier mérita le nom d'historien, ce fut lui, et pourtant, qui ajoute foi à ses tableaux, sinon l'exagération de la naïveté populaire?

Il prêchait, en outre, et c'est un tort mortel; ce sont les faits qui doivent avoir de l'éloquence, non pas le conteur; il prêchait en une langue généreuse, très-difficile à comprendre et que peut-être il n'entendait pas parfaitement lui-même. Ce vocabulaire du socialisme, qui n'a pas trente ans, semble bien plus gothique que le français d'Amyot ou de Montaigne.

Nous n'avons pas prononcé le mot au hasard; autre trait de caractère : le socialisme naissait parmi ces troubles; il balbutiait de tous côtés déjà ses déclamations austères. Ses apôtres s'entre-déchiraient à si belles dents qu'on eût dit l'ère des querelles scolastiques, et l'association, cette vérité primordiale dont nul ne songeait à nier la puissance, menaçait de sombrer sous les plaidoyers turbulents de ses avocats.

Il en était un pourtant qui avait du génie, un génie lucide et poétique à la fois, plein de fougue dans l'invention, plein d'aperçus pratiques dans l'exposition, un vrai génie avec le mouvement de fièvre nécessaire et même le petit grain d'extravagance. Charles Fourier mourut dans son grenier de la rue Saint-Pierre-Montmartre, vers ce temps-là justement, et ses élèves se hâtèrent d'enterrer son système.

Il ne nous resta de lui qu'une épicerie modèle et le souvenir de l'ennui prodigieux distillé par la *Démocratie Pacifique*.

Est-ce assez vieux, cela? Ce titre, exhumé tout à coup, ne fait-il pas l'effet d'une momie d'Égypte? La *Démocratie Pacifique!* Des siècles écoulés! Combien de temps ont donc duré ces vingt dernières années!....

Des bonnes gens qui n'ont jamais demandé mieux que de s'associer, avant comme après Fourier, ce sont les voleurs. Quand on parcourt la *Gazette des Tribunaux* de 1830 à 1845, on est émerveillé du nombre et de l'importance des bandes de malfaiteurs qui tombèrent sous la main de la justice. La justice n'eut pas tout; la preuve, c'est qu'il en reste, sans compter ceux qui moururent dans leur lit, pleins de jours et d'honneur : mais il est certain que Vidocq et M. Allard, les fameux chefs de police, firent à cette époque de mémorables razzias. Chaque session voyait défiler deux, trois, quelquefois quatre armées de bandits, capitaine en tête ; la plupart avaient entre elles de mystérieuses connexions ; le crime enjambait de l'une à l'autre, et tel héros, comme Graft par exemple, l'assassin de l'horloger Péchard, à Caen, avait des états de service dans une douzaine de régiments diaboliques.

Entre ces bandes néanmoins il n'y avait pas unité d'organisation; chacun faisait pour son compte, et, parmi l'énorme masse de témoignages et de délations qui éclairèrent les jurys, on ne trouve pas une seule trace de ces romanesques centralisations qui effrayent à bon droit l'opinion publique. Le type colossal de Vautrin, autocrate de toutes les *pègres*, n'exista jamais que dans l'opulente imagination de Balzac. Nos coquins, Dieu merci! n'ont pas l'esprit de famille; ils se jalousent, ils se tracassent, ils se trahissent mutuellement, et chaque fois que l'un d'eux a fait une brillante affaire, un chœur de voix envieuses s'élève des profondeurs souterraines pour crier son nom à la police.

A cet égard, les voleurs de Londres sont beaucoup plus redoutables que ceux de Paris. Voici déjà près de deux siècles que le *great family*, — la GRANDE FAMILLE, — existe dans la capitale du Royaume-Uni, et malgré les dénégations officielles, il est mille fois probable que cette Jacquerie terrible n'est pas près de mettre bas les armes. Elle a son roi, sa loi, son parlement, sa religion, sa force armée. Ses racines descendent profondément sous le niveau social; ses cimes montent si haut que l'accusation a peine à les atteindre. Ici la vérité laisse bien loin derrière elle toutes les fictions de nos romanciers; le crime, organisé sagement, largement, a des prudences d'état et se tient, vis-à-vis de la société, dans des limites en quelque sorte politiques.

Nous sommes en France, laissons de côté les transcendantes originalités de l'Angleterre.

Ce que nous venons de dire touchant Londres et la solide agrégation de ses malfaiteurs n'est pas cependant hors de propos, car la sourde panique qui agita Paris en cette année 1842 portait sur un objet pareil. La multiplicité des bandes dont les méfaits se renouvelaient sans relâche, l'exhibition répétée de ces criminels qui surgissaient en foule comme si le pavé de Paris eût recouvert une intarissable mine de brigands, faisaient revivre l'idée déjà vieille d'un séminaire mystérieux qui toujours et toujours bouchait les vides produits dans les rangs de l'armée du mal. Vautrin existait peut-être, ce génie déclassé, cette roue puissante, mais désengrenée, dont la force agissait à l'encontre du mouvement de la mécanique sociale. Il y avait peut-être un homme, ayant le bras assez long, la main assez large pour atteindre et contenir tous les malandrins de France et de Navarre, une tête assez vigoureuse pour fonder la Rome du crime, une pensée assez nette pour instaurer dans ce Vatican nouveau la grande politique des excommuniés.

Cela fut dit; par qui? on ne sait; il semblerait que certaines choses sont soufflées par le vent. Une fois le premier mot tombé, l'écho des rumeurs confidentielles le ramasse et le colporte. Personne n'ignore combien les propos répétés tout bas s'entendent de loin. C'est miracle. Puis la rumeur s'enfle tout à coup un beau jour et Paris entier vibre comme un instrument de sonorité.

C'est la vraie renommée, cela; c'est la publicité qui se fait sans les journaux et en dépit des journaux : tache d'huile magique qu'on voit grandir, grandir et englober toutes choses. Dès qu'il en est ainsi, le doute est supprimé, la certitude naît, on ne dit plus : peut-être. Vautrin existe, c'est sûr. Qui l'a vu? N'importe. Est-ce que Vautrin se montre? Va-t-il vous dire : Je suis Vautrin? C'est celui-ci ou celui-là. Un soldat : que coûte un uniforme? Un prêtre : ils se moquent des choses saintes! Une femme : il y a eu le chevalier d'Eon.

Le fait, le voilà : Vautrin existe. Il a le nom qu'il a voulu prendre. Il est M. Martin ou M. le duc. Les titres pleuvent. On prend dix noms plutôt qu'un ; il faut jouer avec la police. L'évidence n'a pas besoin de preuves ; niez le soleil, il vous aveugle : l'existence de Vautrin se démontre par la besogne qu'il donne au jury. Mettez des barres d'acier à vos portes.

Et tremblez, malgré cela, car il n'y a contre lui ni portes, ni barres, ni serrures. Il est sorcier.

On ne disait pas : Vautrin ; le mot est de nous, qui rendons ainsi un hommage volontaire au plus grand portraitiste de ce siècle. Les gens connaissant le Vautrin de Balzac ne formaient pas la millième partie de la rumeur. La rumeur, d'un autre côté, était trop sérieuse pour s'égarer à ces allusions littéraires. On ne prononçait aucun nom. Et pourtant, il faut toujours un signe pour représenter une idée si vague, si fantastique qu'elle soit. Le signe y était ; on disait : L'Habit-Noir.

Et, grâce à des souvenirs plus ou moins récents, vagues et profonds comme la rumeur elle-même, cela sonnait plus haut que si l'on avait dit : Rob-Roy, Jacques Sheppard, Fra-Diavolo, Zampa, Schinderhannes ; cela sonnait dix fois, cent fois autant que Vautrin !

Tous ceux qui ont plus de trente ans peuvent garder souvenir d'un fait qui côtoya de très-près notre histoire. En cette même année 1842, la cour d'assises de la Seine jugea une bande de malfaiteurs de la plus dangereuse espèce qui durent à ce sobriquet : *les Habits Noirs*, la meilleure part de leur triste célébrité. Ces Habits Noirs appartenaient peut-être à la terrible association qui fut la frayeur de Paris ; rien ne prouve le contraire, mais alors, au lieu de capturer l'état-major, la police s'était laissé prendre par les goujats de l'armée.

Ces Habits Noirs-là, vulgaires scélérats, un peu mieux couverts que le gibier ordinaire du jury, portant des gants et faisant, l'un d'eux au moins, de piètres vaudevilles, ne servirent qu'à donner le change un instant. Ce n'était pas là le roi Vautrin et ce n'était pas sa cour. L'*Habit-Noir*, le véritable, paraissant tout à coup parmi cette séquelle, eût mis sa cheville à la hauteur de leurs fronts.

Ce géant qu'on appelle tout le monde, est un romancier aussi, mais Dieu sait ce qu'il invente : ses imaginations ont cent queues et cent têtes. Une fois l'Habit-Noir inventé, ou retrouvé, la poésie de tout le monde se mit en frais et le drapa de pied en cap dans le manteau de ses propres fantaisies. Il eut tous les noms, tous les costumes et toutes les physionomies. Nul ne douta. Sa grande figure plana dans l'ombre de ces fêtes vineuses et rauques qui enrouent les échos de la Cité ; les conteurs bourgeois lui cherchèrent des bons mots avec de bonnes aventures, et les salons nobles eux-mêmes entr'ouvrirent en riant leur porte à cette gloire légendaire.

En riant, voilà toute la différence. Aux veillées campagnardes, la peur est sérieuse. Les veillées parisiennes ont beau trembler, cela ne les empêche pas de rire. Elles font une nique bouffonne à leurs terreurs et se consolent de leurs crédulités à force de moqueries.

Nous avons tant d'esprit à Paris ! Voyez plutôt quelle douce gaieté entoure aujourd'hui ce nom de Jud, l'assassin à la mode. C'est un parfait comique. Les petits enfants éclatent de rire au nom de Jud. Qui donc va songer au sang qu'il a sur la main ? Il fait courir les gendarmes; oh! l'aimable gaillard! Sans l'échafaud qui ne rit pas, Jud reviendrait, je vous-l'affirme, pour fonder un café-concert qui ferait faillite et fortune.

Et Dumolard! Que de bons mots! Que de calembours! A Paris, nous avons tant d'esprit!

Soit qu'elle rie, du reste, soit qu'elle demeure sérieuse, il y a un charme dans la peur. Cela est avéré. Les dames surtout aiment à frémir. Le conte de revenants, ce grand succès des temps passés, est tombé uniquement parce que les revenants ne font plus peur. Les revenants ont le tort de ne se point montrer assez souvent; la frayeur attend, puis s'apaise, et la vogue s'enfuit avec la frayeur. Il n'y a plus de revenants.

Mais les voleurs, voilà une institution qui n'est pas menacée de périr! A mesure que le progrès se fait et que la civilisation perfectionne son œuvre, le vol, saisi d'émulation, grandit et se développe sur une échelle tout à fait épique. Je parle seulement ici, bien entendu, du vol qui est une profession et un art, laissant de côté l'escroquerie honteuse des fournisseurs et l'ignoble fraude des marchands. Fi donc! qu'on rive l'anneau de fer au pied de nos bandits ou qu'on leur coupe galamment la tête, mais qu'on veuille bien ne les point comparer aux obscènes marauds qui empoisonnent le vin des pauvres et qui contraignent la balance, ce symbole d'équité, à rogner la bouchée de pain de l'affamé!

Les voleurs! les vrais voleurs! ceux qui sont habillés de velours noir à l'Opéra-Comique et qui portent ces toques coquettes, d'où pendent des plumets rouges, ou bien ces grands feutres, plus beaux que ceux des mousquetaires! Les voleurs de cape et d'épée! Les bandits! les chers bandits! Les hommes à escopette, à bottes molles; les hommes à guitare, s'ils sont d'Espagne ou d'Italie; les hommes qui portent un cor d'argent en sautoir, s'ils ont le bonheur d'habiter le Hartz ou la Forêt-Noire, les gens à rapière et à manchettes, les gens de sac, les gens de corde, les brigands! les bien-aimés brigands! Ce ne sont pas des êtres chimériques; le caprice est fait ici de chair et d'os. Combien d'Anglaises ont perdu la tête pour l'amour de ces hardis vainqueurs! Combien d'Espagnoles! Combien de Calabraises! Ils ont le don de fondre la glace même qui fige le sang des Allemandes; les Russes, ces Françaises du Nord, cabriolent pour eux comme un chien savant saute pour Garibaldi. Sous quel prétexte les Parisiennes resteraient-elles en arrière?

Elles ne restent pas en arrière. Elles déplorent, il est vrai, le prosaïsme du temps qui a supprimé le pourpoint crevé de velours et la plume rouge sur la toque, ornée de jais; elles regrettent la ceinture mémorable où pendaient tant de poignards et de si beaux pistolets; elles pleurent la mandoline défunte, le tromblon, tous les accessoires; mais que le cor du mystérieux chasseur éveille une bonne nuit les échos de leur forêt de Paris, vous les verrez tressaillir ou se pâmer.

C'est la peur. Oui certes, c'est la peur. Mais, je le répète, il est doux de trembler. La peur contient un charme. Moi qui vous parle, quand j'étais enfant, j'allais avec passion partout où j'espérais avoir peur. Or la Parisienne n'a qu'une prétention, c'est d'être jusqu'à sa quarantième année le plus charmant enfant qui soit au monde.

Il était jeune, ce grand chef, on le disait : tout jeune et d'autant plus terrible. On disait encore que c'était presque un vieillard, rompu à toutes les habiletés du crime. Le vrai, c'est qu'il avait trente-cinq ans : l'âge des rôles de Mélingue : le front large et pâle, l'œil froid, mais si brûlant! la barbe noire, la taille haute, la main blanche, le nez aquilin, le pied petit, les sourcils arqués et tranchés comme une incrustation d'ébène dans de l'ivoire. Palmer, c'était son nom, ou plutôt Cordova, peut-être Rosenthal. Bâtard de grande maison, selon toute apparence : les erreurs de Mme la duchesse ont produit de superbes voleurs.

Non pas cependant. C'était un fils du peuple, Gaulois de la tête aux pieds, vivante protestation de la misère : une figure riante et hardie, couronnée de cheveux blonds et bouclés. Joli homme, audacieux, galant, un peu brutal. Cela ne messied pas aux blonds ; c'est une surprise.

Erreur ! une face de boule-dogue ! John Bull et Duguesclin ! poings carrés, nez fendu, longues oreilles, poil ras, dents de loup !

Il demeurait dans une cave, quelque part. La cave a remplacé le souterrain, depuis que chaque mètre du sous-sol parisien vaut le prix d'un arpent d'autrefois. On faisait des descriptions de sa cave. N'y avait-il pas plus de vraisemblance pourtant à supposer qu'il habitait une carrière ? Il y a où mettre des milliers de romans dans le ventre de la butte Montmartre. Clamart est bon aussi, aussi Montrouge, Arcueil et Villejuif. Mais cela vaut-il, pour un commerce pareil, un appartement garni de six mille francs par mois, rue Richelieu ou place Vendôme ? Un prince à la cave, quelle extravagance !

Il était donc prince ? Il n'y a certes point de voleurs parmi les princes, mais il y a beaucoup de princes parmi les voleurs. Il était prince, beau prince, bon prince, prince attelé à la Daumont ; autant de princesses que de chevaux ; le prince Palladio, le prince Wittenstein, le prince Demovoï, un Romain, un Germain, un Slave.

Allons donc! ce vieux monde ne produit plus! Il venait en droite ligne d'Amérique, où M. Barnum attendait son retour pour le montrer, pour l'*exhiber*, à raison de dix dollars par fauteuil et par soirée. Jonathan Roe, du Kentucky, du Tennessee ou de la Virginie; un ours superbe, plein de thé, de jambon, de grog et d'eau-de-vie menthée. Son père avait quinze cents esclaves et des idées républicaines; sa mère était une Pawnie-Louve qui portait ses boucles d'oreilles au bout du nez. Il avait un porte-cigare à douze coups, un parapluie à baïonnette et des cure-dents poignards....

Madame, au nom du ciel, ce sont là des bourdes malsaines; facéties de la petite presse : n'y croyez pas. Avez-vous vu un Anglais millionnaire? un membre de la Chambre haute? un marchand de coton de Manchester? un coutelier de Birmingham? lord Thompson ou master Thompson? Regardez-moi ce *facies* sérieux, rouge, flasque, fier, apoplectique. Voilà notre homme! il tromperait Vidocq! Vous qui ne vous baissez jamais, vous seriez tenté de lui ramasser son foulard. Il a l'air d'un cockney poussé à la treizième puissance, d'une pomme de terre déguisée en betterave et baragouinant le pur baragouin des dupes. C'est l'Anglais des chansons, des comédies et des caricatures. Demain il achètera une brouette pour remporter son abdomen. Voilà notre homme! Les sergents de ville arrêtent ceux qu'il vole, tant il a l'air d'un brave Saxon!...

Vous n'y êtes point! L'Habit-Noir : ce mot dit tout. Ne voyez-vous pas un jeune puritain sec, grave, précis, méthodique, tout battant neuf, habillé de la soutane de Genève? Rien de plus commode que l'uniforme des quakers pour cacher une bonne lame et un trousseau de fausses clés. Ah! qu'il regarde bien les gens en face, de son œil franc, légèrement somnolent! Comme il s'ennuie loyalement, fatiguant son prochain autant que lui-même, selon le précepte évangélique! C'est le calme, c'est la sérénité, c'est la pétrification de la conscience. Que parlez-vous de Vidocq? celui-là tromperait M. Lecoq, qui est un Vidocq et demi!

Mais ce M. Lecoq lui-même? Toulonnais-l'Amitié?...

Autre mystère, c'est vrai. Notre forêt de Paris est pleine d'énigmes comme les bosquets d'Irminsul ou les futaies de Brocéliande.

Il y a des conversions étranges et des transformations qui font frémir. M. Lecoq est peut-être un preux chevalier maintenant, et qui sait si nous ne le verrons pas combattre le géant Habit-Noir? Patience! nous allons faire connaissance bientôt avec le paladin et avec le monstre.

XXIII

Le logis de M. Bruneau.

En quittant les deux jeunes gens, M. Bruneau, évidemment pressé, prit la peine pourtant de refermer la porte. Il traversa d'un pas rapide la chambre de notre héros Michel, que nous brûlons de présenter enfin au lecteur. En passant devant la croisée, il s'arrêta court, fit un crochet et vint coller son œil aux carreaux.

La fenêtre qui faisait face, et où brillait naguère la lampe de la pauvre malade, était noire. Sans doute Mme Leber dormait, mais une lumière se montrait à la croisée voisine qui éclairait la chambre de sa fille.

Un groupe se projetait sur les rideaux, ou plutôt un couple, dessiné par la bougie unique, allumée au piano d'Edmée : une femme debout et la tête penchée, un jeune homme agenouillé.

Ce groupe était immobile et en apparence silencieux. M. Bruneau, malgré la grande hâte qui semblait le talonner désormais, resta une minute tout entière à regarder ce groupe.

Quand il s'éloigna enfin de la fenêtre, un soupir souleva sa poitrine. Une émotion grave et douce était sur son visage.

Il descendit enfin l'escalier d'un pas lourd et lent; sa physionomie, redevenue morne, exprimait le calme engourdi de la végétation commerciale. Paris est plein de ces machines, spécialement propres à gagner un peu d'argent, qui calculent et ne pensent point. Penser perd le temps.

En tournant le palier du premier étage, M. Bruneau lança pourtant un regard oblique et assez vif à la porte sévèrement élégante qui avait à son centre une plaque de cuivre ovale, luisante comme l'or, avec ces deux mots : *Agence Lecoq*. Ce fut tout; il passa. Au rez-de-chaussée, il entr'ouvrit la loge du père Rabot et dit :

« Trois-Pattes avait sommeil, le paresseux !

— Tiens ! il est donc chez lui, Trois-Pattes ? demanda le portier.

— Oui, oui.... nous n'avons fait que trois cents de piquet ce soir.... Pas gras chez les jeunes gens, dites-donc père Rabot ?

— Ah ! ah ! vous êtes entré chez les jeunes gens ?

— Oui, oui, pour leur rappeler l'échéance.... Pas gras ! »

Il referma la porte.

Une fois dans la rue, M. Bruneau prit à gauche et

s'arrêta au bout de quelques pas à l'entrée de la maison voisine. Il frappa et donna un petit coup à la vitre du concierge qui lui cria sans se déranger :

« Elle n'est pas encore venue, monsieur Bruneau, la lettre qui vous apportera vos vingt-cinq mille livres de rentes !

— Elle viendra.... Patience !... patience ! »

On lui répondit de la loge par un éclat de rire.

M. Bruneau monta le premier étage posément, et les trois autres avec une agilité soudaine. La porte de son logis était au quatrième étage et portait son nom écrit à la craie.

Si quelqu'un avait eu intérêt à espionner M. Bruneau, et nous verrons bientôt que ce quelqu'un existait, voici ce qu'il eût découvert en mettant son œil et son oreille à la serrure du marchand d'habits.

Les Normands sont prudents. Le premier soin de M. Bruneau en prenant possession de son logis fut de donner deux bons tours de clef, après quoi il alluma sa lampe. C'était pour lui l'heure du souper, il mangea un morceau sous le pouce ; ce repas dura juste cinq minutes et fut pris du meilleur appétit.

« A la niche ! dit-il assez haut pour être entendu de l'escalier. »

Les gens qui vivent seuls contractent cette habitude de parler avec eux-mêmes. M. Bruneau vivait absolument seul.

Sa toilette de nuit ne fut pas plus longue que son repas.

On put ouïr les planches de son lit qui craquaient avec bruit.

« Bonsoir les voisins, dit-il encore tout haut et joyeusement. »

Et la lampe s'éteignit. On allait évidemment dormir de la bonne manière !

Les voisins de M. Bruneau, nous pouvons vous les nommer ; il n'y avait personne pour l'entendre dans sa propre maison, car sa chambre tenait tout un côté du carré ; elle était grande et lui servait de magasin. Mais, dans l'autre maison, celle d'où M. Bruneau sortait, il y avait, au même étage que lui, nos deux jeunes auteurs dramatiques, leur ami Michel tout court que nous ne connaissons pas encore, et l'estropié des messageries du Plat-d'Étain : Trois-Pattes.

Les deux premiers étaient trop loin ; le troisième se trouvait absent, M. Bruneau ne pouvait l'ignorer. Quant à Trois-Pattes, il dormait, selon le propre dire de M. Bruneau. C'était donc à lui-même que M. Bruneau souhaitait ainsi le bonsoir.

Pendant plusieurs minutes, un silence complet régna dans sa chambre. Au bout de ce temps, le lit craqua pour la seconde fois, mais bien doucement, et une oreille très-subtile aurait pu saisir le bruit à peine perceptible d'un pied nu qui touchait le carreau avec précaution. Puis ce fut un son de porte roulant sourdement sur ses gonds.

Où, cette porte ? La chambre de M. Bruneau n'avait, en fait de porte, que celle qui donnait sur le carré. L'architecte de la maison vous l'eût affirmé.

Mais, après tout, personne ne pouvait savoir au juste ce qui était ou ce qui n'était pas dans la chambre de M. Bruneau ; car, circonstance étrange, depuis qu'il l'avait louée, nul n'avait eu permission d'en passer le seuil. C'était un locataire tranquille, exact à payer le terme. On tolérait ses manies.

Une minute ou deux après ce bruit de porte, on battit le briquet chez Trois-Pattes. Le père Rabot vous eût dit pourtant qu'il n'avait point vu rentrer l'estropié. Il est vrai que M. Bruneau prétendait avoir fait avec lui et chez lu sa partie de piquet dans la soirée, mais ces Normands disent ce qu'ils veulent.

Une lueur passa sous la porte de Trois-Pattes. Soit qu'il fût de retour, soit qu'il quittât son lit à cette heure où l'on se couche, il était éveillé, voilà le fait certain.

En ce moment, Similor, les mains dans ses poches, et Échalot, portant Saladin comme un panier par l'anse, remontaient mélancoliquement l'escalier pour regagner leur taudis. Ils avaient fait un tour de boulevard du Temple, le long des chers théâtres, pour calmer le chagrin de leur déconvenue. Le Cirque colossal, la sensible Gaîté, les Folies-Dramatiques, Gymnase de la moyenne épicerie, Madame Saqui, les Funambules et le Petit-Lazari, avaient successivement ouvert leurs battants pour l'entr'acte sans leur apporter la moindre contre-marque.

Le public du dimanche avale le spectacle jusqu'à la lie.

Et d'ailleurs la chance n'y était pas, quoi! Il y a des veines où rien ne réussit.

Similor roulait dans sa tête étroite des pensées tumultueuses. Échalot se sentait amoindri ; la récente tentative auprès des deux jeunes gens l'affaissait. Tuer la femme n'est déjà pas une besogne si agréable, quand on a bon cœur. Eh bien! on ne voulait même pas de lui pour cela!

Saladin, habitué à toutes sortes de positions fâcheuses, râlait tout doucement. L'enfance de ce petit n'était pas heureuse, mais il s'accoutumait à l'agonie, comme Mithridate aux poisons. Il avait la vie dure autant que les chats orphelins. Pour le tuer il eût fallu lui casser la tête avec une pierre.

« Dire qu'il y a des particuliers qui font la poule à

cette heure-ci dans tous les établissements de la capitale ! gronda Similor qui crispait ses poings fermés dans ses poches.

— Le bonheur est fait pour les chanceux ! » répondit Échalot.

Similor s'arrêta devant la porte de Trois-Pattes.

« Tiens ! fit-il, le lézard ne dort pas !

— Il a une situation, celui-là ! » soupira Échalot, qui mit Saladin sur son épaule.

Telles, dans les tableaux de grand style, envoyés par les pensionnaires de Rome, les splendides filles de l'Italie portent leurs vases étrusques en revenant de la fontaine. Leurs cruches cependant ne disent rien. Mais Saladin protestait.

« Faut-il essayer ? demanda Similor. Il a du louche dans ses mœurs, ce paroissien-là !

— Essaye si tu veux, Amédée. »

Ceci fut dit avec fatigue. L'ancien garçon de pharmacie était à bout d'espoir.

Similor gratta timidement les planches mal jointes. On ne répondit point.

« Fera-t-il jour demain ? » prononça-t-il tout bas.

Échalot s'était arrêté. Tous deux retinrent leur souffle pour écouter. Saladin, ayant poussé un cri, fut corrigé. Il n'y eut point encore de réponse.

« Holà ! monsieur Mathieu ! reprit Similor en élevant la voix, si quelquefois vous aviez besoin de deux jeunes gens qui sait ce que parler veut dire, pour la chose de vos ouvrages secrètes ?

— Allez au diable ! » fut-il enfin répondu.

Nos amis infortunés échangèrent un douloureux regard. Personne ne voulait d'eux. Ils continuèrent de monter l'escalier dont les marches ne sonnaient point sous leurs chaussons de lisière. Saladin ayant encore crié, Similor proposa de l'étouffer. Ce n'était pas mauvais naturel chez ce brave garçon, mais le malheur aigrit. Du reste, Échalot ne voulut pas.

Ils parvinrent aux combles de la maison, où quelques planches de bateau fermaient leur petit coin de grenier. Sur ces planches, un morceau de carton, cloué de travers, parodiait l'opulente plaque du premier étage et murmurait : *Agence Échalot,* comme l'autre criait : *Agence Lecoq.*

Misère ! étonnante misère ! et aussi miracles de l'aveugle espoir ! Échalot espérait *faire des affaires.* Quelles affaires, bonté du ciel ! Entre quels intérêts le pauvre diable pouvait-il servir de trait d'union ! Ne soyez pas incrédules cependant ; Paris possède des banquiers en haillons, et chaque rouerie en usage dans les salons de la haute finance se répercute au burlesque dans le ruisseau, au burlesque ou au sanglant.

Le dénûment, croyez-le, a ses études, ses cabinets, ses comptoirs, comme il a ses lieux d'orgie, ses tripots et ses salles de bal. A cent pieds au-dessous du niveau du possible, on spécule et on calcule. Le courtier de chimères ne se rencontre pas seulement aux environs de la Bourse, et cette orgueilleuse sirène que vous nommez l'industrie ne finit même pas en poisson : ses pieds hideux sont des écheveaux de polypes qui grouillent on ne sait où.

Que si cependant vous exigiez un bilan exact des ressources de l'agence Échalot, il faudrait bien vous répondre que l'essence même de cette hardie spéculation est le néant. Échalot comptait sur la chance, et ne demandait qu'à gagner un gros lot sans prendre de billets. Presque tous les malheureux qui ont bu ce poison spécial, l'abrutissement distillé par l'antique mélodrame, jouent ainsi quelque lamentable rôle. Ils vivent dans le monde des malsaines invraisemblances. L'absurde, ce garde-fou de la route commune, n'existe plus pour eux. Ce sont, la plupart du temps, on ne saurait trop le répéter, de bonnes âmes, ou du moins des âmes naïves. Que de pauvres filles ainsi perdues ! Que de braves garçons détournés du travail prosaïque et affolés jusqu'à l'*admiration littéraire* du vice ou du vol ! Quand l'opium se vend à deux sous en pleine rue, comment s'étonner de ces idiotes ivresses ?

Mais le fond : car on a beau discourir, tout précipice a un fond. Eh bien ! Échalot, cet abîme, en dehors de l'agence qui était sa gloire, utilisait à la sourdine ses talents pharmaceutiques et fabriquait du *poil à gratter* pour les charlatans de la place de la Bastille. Nous ne voulions pas vous le dire. Il avait grande honte de cela, et devant Similor lui-même il attribuait à des « trucs » les maigres bénéfices de ce labeur mystérieux. Saladin en vivait, et ce pervers Échalot n'était pas à l'abri de partager son talon de pain avec un pauvre.

Mais comme il eût tué la femme avec plaisir !

Se peut-il que le mal soit de si difficile accès, et la religion du crime imbécile rapporte-t-elle si peu à ses fervents ? Il n'y avait pas même une chandelle à l'agence Échalot. Nos deux amis se couchèrent sans souper.

La lune secourable éclairait seule leurs mouvements et le triste décor qui les encadrait. Le bouge était meublé d'une chaise, de deux banquettes en guenilles, d'une large paillasse abondamment éventrée et d'une table supportant, ma foi ! deux étages de cartons. Qu'y avait-il dans ces cartons ? les *affaires* de la maison Échalot, parbleu ! Deux ou trois poignées de lambeaux à l'usage de Saladin, et du poil à gratter.

Saladin fut déposé sur la table, entre l'écritoire desséchée et une bouteille vide, qui eût valu ses trois sous si elle n'eût été fêlée.

« Et dire, répéta Similor qui avait de vraies larmes dans la voix, que la moindre poule gagnée donne de quoi se divertir dans Paris, faire la noce avec des dames et se plonger dans l'oubli de ses propres tourments !

— Toujours des dames ! riposta Échalot avec humeur. Moi, si j'avais de l'or, je me bornerais à nous donner les plaisirs de la table. »

Mon Dieu ! ce soir, Similor se fût contenté de ce pis-aller.

« N'empêche, dit-il, pourtant qu'on en a vu qui mettaient un jeune homme dans l'aisance, des dames.... A la dernière des Folies-Dramatiques, te souviens-tu de la marchande de denrées coloniales qui prenait des billets de cinq cents dans la caisse de son époux pour les fourrer à M. Théophile ?

— Autrement tourné que toi, celui-là ! » fit Échalot qui remplissait ses devoirs auprès de Saladin.

Similor se jeta sur la paillasse.

« Si on en avait les toilettes ! soupira-t-il. Gilet blanc, cravate bleu de ciel avec épingle en pierres précieuses, bagues au doigt, coiffé par le perruquier des théâtres et du fard sur les joues. La mère de Saladin était plus aristo qu'une épicière. »

Échalot haussa les épaules et dit :

« Avale, petiot, c'est moi qu'est ta vraie mère par les sentiments. »

Puis il ajouta en soupirant :

« Pauvre Joue-d'Argent ! »

C'était peut-être le nom, ou le sobriquet, de la défunte.

Ce fiévreux Similor se tournait et se retournait sur la paillasse.

« Il n'y a pas de bon Dieu! s'écria-t-il tout à coup. J'étais fait pour toutes les délices de l'existence heureuse et débauchée!

— Calme-toi, Amédée! lui dit sévèrement son ami. Tu te fais du mal avec tes passions brûlantes. La chance peut venir. Si on trouvait une ficelle....

— J'en ai une! l'interrompit Similor d'un air sombre.

— Voyons voir! »

Amédée se souleva sur le coude. Un rayon de lune éclairait son maigre visage, autour duquel ses cheveux plats tombaient comme des serpents.

« Tu ressembles au traître! murmura Échalot épouvanté.

— Ça y est! répondit Similor avec une froide exaltation. Je ne crois plus à rien, même aux faiblesses de la nature! Tout le monde sait bien qu'on trouve des bourgeois impotents qui veulent perpétuer leur race pour ne pas laisser périr le nom de leurs ancêtres. Je leur colle Saladin pour cent francs comptant! »

Échalot ne répliqua pas tout de suite; il pressa l'enfant contre son cœur avec une véritable tendresse et mit un long baiser sur sa pauvre joue blême.

« Fais silence, Amédée! prononça-t-il solennellement. Tu blasphèmes! L'enfant est plus à moi qu'à toi, car je l'ai nourri de mon laitage! J'entrerai, s'il le faut, dans une voie criminelle, pas froid aux yeux, et prêt à violer les lois arbitraires qu'est faite par les tyrans. C'est mon caractère! Mais faudra que tu me passes au travers du corps, entendez-vous, pour nuire au petit que j'ai son plan d'éducation tout fait, et que je lui laisserai intégralement mon héritage!

— Pour sensible, tu es sensible! dit Similor attendri. Mais si l'impotent était pair de France? Si ça faisait le bonheur de Saladin pour tout son avenir? et qu'il nous protégerait par la suite.... Que nous irions le voir à son château, sur l'impériale, et qu'il nous mettrait des bourses dans la main, sachant le secret de sa naissance qu'on cacherait à l'univers entier. On ne ferait pas semblant de rien en entrant, mais on s'épancherait dans son cabinet, loin des regards de la foule.... Bonjour, papa Similor! Ça va bien, maman Échalot?

— Enchanteur! murmura ce dernier, qui pleurait et qui riait à la fois. Comme tu manies la parole avec adresse! Pour son bonheur, vois-tu.... »

Il s'arrêta et reprit :

« Mais s'il allait nous renier plus tard?

— Incapable! protesta Similor. Je ne te dis pas qu'il nous embrassera dans la rue. Ça ne serait pas raisonnable.... mais il nous fera des petits signes amicaux du sein de son carrosse.

— Je n'en demande pas davantage! soupira tendrement Échalot.

— Et puis d'ailleurs, crois-tu que nous ne serons pas habillés proprement, à l'époque?

— Dam! s'il en fait les frais généreusement....

— Il les fera, j'en réponds!... Viens te coucher. »

Échalot embrassa une dernière fois le futur pair de France et s'étendit sur la paillasse. La concorde était rétablie entre les deux amis. Pendant un quart d'heure, ils dialoguèrent leurs légitimes espérances, puis ils trouvèrent un sommeil plein de rêves où ils se virent tous deux, gras et cossus, fêtant la bombance éternelle.

De bonne foi, Saladin, héritier acheté par l'impotent, pouvait-il faire moins pour papa et maman?

Ils ronflaient tous deux, maman et papa, pauvres estomacs creux, pauvres consciences vides. Courez le monde, fouillez l'univers, nulle part ailleurs que dans les ravins de la forêt parisienne vous ne trouverez ces végétations monstrueuses.

La lune tournait et mettait sa lumière sur la mièvre face du petit.

C'était un vieillard en miniature, et gentil pourtant. Dans les rides indécises de ce masque on devinait les rudiments d'un sourire à la Voltaire.

Comment poussent-elles ces créatures? Les enfants scrupuleusement soignés meurent parfois, car Paris n'est pas une bonne nourrice; mais ceux-là ne meurent jamais. Ils percent la terre sous le pied qui les devrait écraser. Ils ont la santé du champignon. S'il y avait la peste, ils en vivraient. Chance de mauvaise herbe!

La mauvaise herbe, entendons-nous bien, se compose de simples précieux et de fumier. — Que deviennent-ils, ces fils de l'impossible?

C'est le mystère et c'est le hasard. A quoi peut servir une pareille trempe? A tout. Leur berceau fut le vice, mais ils ont souffert. Aucune souffrance n'est perdue ici-bas, quand le patient a la force et le temps.

Parmi ces créatures, l'innombrable majorité n'a pas la force. Elles végètent, dures au mal, mais annihilées par le mal. C'est la litière de nos sociétés.

Mais d'autres.... Ah! ceux-là sont d'acier. Prenez garde ou découvrez-vous; c'est solide pour nuire ou pour bien faire; c'est intrépide ou c'est implacable; cela inspire la terreur ou le respect. Les grands coquins ont cette origine, les ardents tribuns aussi, aussi les fiers poëtes, aussi les magnanimes apôtres.

Sera-t-il Cartouche, cet avorton? ou Robespierre? ou Bernadotte? ou Beaumarchais? ou Vincent de Paul?

Paris est capable de tout.

Mais qu'elle est laide au clair de la lune, cette graine d'idiot ou de héros! Tirez!

Pendant que tout dormait dans ce trou plein d'illusions et de misère, la porte du logis de Trois-Pattes, située à l'étage au-dessous, roula doucement sur ses gonds. Le commissionnaire estropié de la cour du Plat-d'Étain sortit de sa chambre avec précaution après avoir éteint préalablement sa lumière. Il monta l'escalier en rampant, et c'était chose pénible, mais curieuse de voir avec quelle adresse de reptile il profitait de sa roulette ou troisième patte.

Il s'arrêta devant le taudis d'Échalot et prêta l'oreille.

Puis, longeant un corridor étroit qui traversait les combles, il rejoignit l'escalier de service et en descendit les marches à reculons, jusqu'au premier étage.

Là étaient deux portes dont l'une s'ouvrait sur les cuisines assez vastes et bien vivantes de la maison Lecoq, dont le patron était un joyeux appétit.

Ce fut à l'autre que l'estropié frappa six coups ainsi espacés : trois, deux, un.

La porte roula aussitôt sur ses gonds, et une voix de femme énergiquement enrouée dit en patois corse :

« *Fa giorne, donque, aqueste nott', sclopat?* (Il fait donc jour, cette nuit, éclopé ?) »

Trois-Pattes passa le seuil en rampant et répondit :

« Il y a du nouveau, madame Battista. J'ai travaillé pour deux aujourd'hui, tout éclopé que je suis. Je ne dormirai pas avant d'avoir entretenu le patron.

XXIV

Le rêve d'Edmée.

Dans cette pauvre chambre, où la lampe, triste, éclairait naguère le travail de la malade, il y avait deux personnes maintenant : Mme Leber, étendue sur son lit, et sa fille Edmée, assise près du chevet. La lampe brûlait toujours, répandant sa lueur économe dans ce petit intérieur d'une propreté flamande, mais qui respirait je ne sais quelle mélancolie découragée. Il n'y avait rien là dans le mobilier ni dans les rares objets d'ornement qui indiquât une fortune perdue ; tout était décent, mais médiocre, tout, excepté un très-beau brassart d'acier ciselé, appartenant à l'art du quinzième siècle, qui était posé sur la modeste commode et recouvert d'une baudruche très-transparente.

Sauf cet objet, qui contrastait avec tout ce qui l'entourait, l'opulence passée n'avait point laissé de débris. Il y avait des années qu'elle était morte, et comme il arrive après les catastrophes commerciales, quand le vaincu est homme d'honneur, on avait rompu complétement et tout d'un coup avec les aises de la vie ; on s'était fait pauvre résolûment et franchement.

Nous pouvons parler désormais sans réticences, puisque M. Bruneau nous a dit le vrai nom de la famille Leber. Edmée et sa mère étaient tout ce qui restait de cette maison Bancelle, l'orgueil et l'envie de la ville de Caen, la riche maison de banque, la maison de banque qui avait hôtel, château et carrosses !

Vous avez vu dans quelque salle basse de ferme, à la campagne ou à Paris, dans quelque mansarde, le diplome encadré comme une image sainte. C'est tout l'ornement de l'indigent réduit; cela dit l'humble gloire du maître, cela coûta de longs services rendus à la patrie, beaucoup de veilles ou beaucoup de sang; cela raconte parfois une noble action, parfois un trait d'héroïsme. Pour une fortune, les bonnes gens qui manquent de tout ne vendraient pas ce brevet-là.

Le brassard ciselé, objet d'art délicat et précieux, n'était pas une relique d'orgueilleuse magnificence; c'était un témoignage comme le brevet qui parle d'honneur.

M. Bancelle, avant de quitter Caen pour toujours, avait épuisé ses dernières ressources pour se procurer ce brassard, éloquence muette qui plaidait la cause de toute sa vie et constatait la force majeure, instrument de sa ruine.

C'était là, sous l'enveloppe transparente, la foudre même qui l'avait terrassé.

M. Bancelle, au moment de sa chute, avait quatre beaux enfants, une femme encore jeune et bien aimée, une vieille mère et une sœur dont il était la providence. Tout ce monde-là tint conseil; et il fut décidé qu'on travaillerait chaque heure de chaque jour pour payer cette lourde dette que le sort mettait à la charge de la famille. C'étaient d'honnêtes gens. L'honneur commercial dont on a fait trop de bruit, depuis que le commerce est notre maître, a certes sa grandeur. Il faut l'admettre sans l'exagérer et payer justement le respect qui est dû à ce culte austère du devoir.

M. Bancelle et sa famille vinrent à Paris; il quitta son nom qui avait été une noblesse et prit celui de sa mère pour entamer une lutte vaillante, mais ingrate. Mme Bancelle, qui était enceinte à l'heure de la catastrophe, mit au monde une fille, notre Edmée, quelques jours après l'arrivée à Paris. Ce fut une fête mouillée de larmes, un sourire qui naissait dans le deuil.

Et pourquoi raconter cette morne histoire de la bataille impossible? M. Leber n'avait que l'habileté facile des heureux. Il n'était ni assez âpre, ni assez subtil pour faire de rien quelque chose. Il mourut bien vite à la peine.

Lui parti, et il s'en alla le premier, fixant sur ceux qui restaient son regard désespéré, la mort demeura dans la maison. Sa sœur le suivit : une pauvre demoiselle qui ne pouvait se consoler, regrettant son luxe comme on pleure un amour, puis, chose lugubre, à des intervalles presque égaux, les quatre beaux enfants.

Tout cela en trois années. La veuve était de marbre. Edmée, son dernier bien, se coucha. L'intervalle y était : ce devait être son heure. La veuve s'étendit sur le tapis et ferma les yeux; elle ne voulait rien opposer à la condamnation de Dieu.

Mais une douce petite voix l'appela et lui dit d'avoir courage. La leçon qui vient des enfants porte haut. La pauvre mère se releva pour s'agenouiller. Elle était forte. Ce fut son premier et son dernier découragement.

Edmée vécut. Il y eut à la maison de mélancoliques bonheurs. La veuve avait conservé intacte la pensée de son mari. Faire de sa fille une ouvrière était le plus sûr, et Mme Leber avait assez de sagesse pour comprendre qu'en face d'une situation comme la sienne il ne fallait rien risquer; mais le travail d'une ouvrière ne sert qu'à vivre.

Si Edmée devenait une grande artiste! La gloire fait gagner de l'argent; Mme Leber eut ce rêve de la réhabilitation : le nom de son mari, lavé de ces taches odieuses, exhumé de ce tombeau de honte, replacé enfin sur le piédestal où pendant toute une vie de prospérité loyale il avait mérité l'estime publique !

Edmée devint une délicieuse fille et une artiste habile. Nous savons par quel hasard enfantin sa vie modeste se trouva mêlée à l'opulente existence des Schwartz. Sans ce hasard, elle n'eût jamais percé l'enveloppe d'obscurité sous laquelle végètent à Paris tant de charmants talents. Ce fut donc un bonheur, mais ce fut un malheur aussi, parce qu'Edmée avait une âme ardente, sincère, dévouée et qu'elle aima notre héros Michel.

Certes, notre héros Michel le méritait bien. Il avait, lui aussi, le cœur dévoué, sincère, ardent, il valait beaucoup, mais rien ne valait Edmée.

Michel était d'un riche sang, doux, franc, brave ; il avait la poésie des forts, mais comment dire cela ? Sa poésie avait déteint comme font certaines couleurs dans une atmosphère viciée. M. Schwartz, qui n'était pas un homme mauvais, avait un entourage auquel il serait injuste d'appliquer une épithète directement outrageante. Patron et clientèle pouvaient être rangés dans ce monde de milieu, peuple affairé, effaré, militant à l'excès, à qui le besoin de jouer enlève toute personnalité et toute conscience. J'ai dit besoin de jouer, non pas de travailler, quoique leur jeu soit tout un travail. La poésie qui passe au travers de cette foule y perd ses ailes.

Edmée souffrait. Ce n'était peut-être pas tout à fait la faute de Michel. Il est tels secrets qui ne se peuvent confier, même à la femme aimée. Mais Edmée souffrait, et Michel ne le voyait pas assez.

Il allait, lui, notre héros, courant les aventures dans cette forêt enchantée de Paris. C'était en preux chevalier, il est vrai, avec le nom de sa dame aux lèvres et dans le cœur; mais, encore une fois, Edmée souffrait, tandis qu'au fond, ces chevaliers errants s'amusent.

Edmée avait eu des débuts brillants comme professeur de piano. Elle s'était lancée très-vite dans le monde Schwartz. Son talent très-réel, doublé par le charme que toute sa personne exhalait comme un parfum, lui marquait une large place qu'elle n'avait pas prise tout à fait parce que son gain la laissait pauvre, et que, pour réussir, même en cette carrière si humble, il ne faut pas rester longtemps pauvre.

Elle était pauvre à cause du rêve de sa mère, qui allait se réalisant dans de très-modestes proportions, il est vrai; elle restait pauvre parce que le prix de ses leçons passait presque intégralement aux créanciers de son père.

Deux fois par an, le petit commerce de Caen, stupéfait, recevait de maigres à-comptes et se disait : « A ce train-là, ces gueux de Bancelle ne nous auront pas payé dans cent ans! »

Heureusement que la bonne Mme Leber ne travaillait pas jour et nuit, se privant de tout et privant aussi Edmée avec une rigueur spartiate, pour obtenir la reconnaissance du petit commerce de Caen!

Dans cette médiocrité toujours voisine de l'indigence, il y avait, du reste, du bonheur. Il n'est pas au monde une récompense plus large que la satisfaction de la conscience.

Nous savons comment le pauvre bonheur disparut, comment naquit l'inquiétude, comment vint la maladie du corps et de l'âme. Edmée adorait sa mère qui était sa confidente, cette mère, sanctifiée par la souffrance; mais toute passion solitaire est en danger d'aboutir à la monomanie. Mme Leber rapportait tout à son idée fixe; à son insu, elle voyait dans la beauté d'Edmée un à-compte futur distribué aux créanciers.

Un mariage! le rêve de toutes les mères! La vieille dame avait supputé souvent l'à-compte que pouvait représenter la valeur intrinsèque de notre héros Michel. Elle songeait à cela en travaillant; elle travaillait, travaillait toujours, disant, quand Edmée la grondait, disant de sa voix faible et douce : « C'est un sou de plus pour nos créanciers! »

Ce soir, Edmée l'avait endormie comme un enfant au récit arrangé de son entrevue avec Mme la baronne Schwartz. Le récit s'était arrêté à la rencontre de M. Bruneau. Mme Leber ne connaissait pas M. Bruneau, qu'Edmée avait salué là-bas presque comme un ami. Pourquoi cette réticence?

Edmée rêvait, la main dans les mains de la vieille dame que le sommeil avait surprise ainsi. Elle ne regardait pas sa mère. Ses yeux secs et mornes étaient fixés sur la fenêtre au travers de laquelle ils cherchaient la croisée de Michel.

La croisée de Michel était noire. Edmée se disait : Je ne suis plus rien dans sa vie. Elle aussi avait vu la calèche de la baronne Schwartz dépassant la patache sur la route de Livry. Elle se disait encore : « Ils sont ensemble! »

Elle se retourna parce que la vieille dame avait fait un mouvement. Sur ses lèvres pâles, qui remuaient lentement, Edmée devina ces mots, toujours les mêmes, exprimant la pensée qui la tenait dans le sommeil comme dans la veille : « Nos créanciers.... »

Pour ceux-là, elle eût mendié au coin de la rue.

Edmée baissa les yeux, et ses beaux sourcils se froncèrent.

Elle retira bien doucement sa main de la main de sa

mère, qui resta entr'ouverte et affaissée sur la couverture. Elle prit la broderie, où chaque fleur, hélas! tremblait comme les doigts de la pauvre ouvrière, et la mit hors de portée, car Mme Leber se relevait souvent la nuit pour reprendre son travail, puis, déposant un baiser sur le front de la dormeuse, un baiser plus léger qu'un souffle, elle emporta la lampe dans la chambre voisine.

C'était sa chambre à elle, meublée d'un petit lit bien blanc, dont les simples rideaux avaient des plis tout gracieux, d'une bibliothèque mignonne où la musique des maîtres vivait près du génie des poëtes, de deux bergères, dont une, poussée non loin du piano, semblait attendre un hôte absent, et enfin d'un beau piano, austère de formes et portant le nom d'Erard.

Ils étaient comme fiancés, Michel et notre Edmée. Michel venait là autrefois, même quand Mme Leber dormait. Cette chambre avait écouté le duo splendide des jeunes et chastes amours.

Le piano se taisait alors et le rêve parlait, chantant le poëme délicieux de l'avenir.

Cette bergère vide qui attendait marquait la place où Michel s'asseyait autrefois.

Edmée posa la lampe sur le piano et vint à la fenêtre, croisant ses mains distraites sur l'espagnolette. Sa figure était tout contre les carreaux, où son haleine fit revivre les lettres de son nom, écrit par le doigt de Michel, un jour où lui aussi attendait peut-être....

Les larmes lui vinrent aux yeux.

Il faisait nuit toujours chez Michel.

De la chambre où demeuraient Étienne et Maurice des voix tombaient. Là se continuait l'éternelle dispute dramatique.

Edmée vint se mettre à genoux devant son lit, au

fond duquel était une image de la Vierge. Elle pria, mais seulement des lèvres, car les événements de cette soirée entamaient sa foi, la dernière ressource des cœurs blessés. Tout ce bonheur qui entourait la baronne Schwartz donnait pour elle un démenti à la Providence.

Sa prière, lettre morte, ne montait point vers Dieu, car ce fut en priant qu'elle eut une mauvaise pensée.

Elle se dit :

« Si je perdais ma mère, qui m'empêcherait de me tuer? »

Et cela mit un baume de glace sur sa peine.

C'était une chère enfant, pourtant, je vous le dis, toute faite de douce vaillance et d'amour dévoué. Mais son entrevue avec la baronne Schwartz lui empoisonnait le cœur.

Cette femme était heureuse ! cette femme avait les baisers de sa fille, un ange! Cette femme avait l'affection de son mari, un honnête homme, un homme fort qui la baignait de la tête aux pieds dans toutes les joies de l'opulence. Cette femme avait les respects du monde, elle qui volait à une enfant déshéritée son suprême prétexte d'espérer et de vivre, elle qui enfreignait pour cela les lois divines et humaines, elle, la comédienne hypocrite et adultère !

Edmée se leva, laissant sa prière inachevée; elle ne savait plus qu'elle avait voulu prier. Elle s'assit auprès du piano, en face de la bergère vide et se mit à pleurer silencieusement.

Il était là, autrefois, il lui prenait les deux mains, et il bâtissait en l'air des projets qui toujours commençaient ainsi :

« Quand tu seras ma femme.... »

Edmée se sentait affaiblie jusqu'à l'angoisse. Elle

entendait ces mots sortir d'un bourdonnement confus :
« Quand tu seras ma femme. »

Et les larmes qui brûlaient ses pauvres yeux répondaient : « Jamais je ne serai sa femme.... »

Puis l'idée d'être seule au monde et libre d'obéir aux conseils de son désespoir lui revenait comme ces obsédants refrains qui bercent la fièvre.

Elle étendait ses mains jointes qui tremblaient vers la chambre de sa mère.

Ce ne fut point un évanouissement, car elle rêva, mais cela ne ressembla point à un sommeil. Les belles boucles de ses cheveux touchèrent le clavier qui rendit une plainte et ses yeux se fermèrent.

.... Elle était dans la chambre de sa mère ; elle éprouvait une horreur morne. Déjà les cierges allumés ! Quoi ! déjà ! Le crucifix était sur le drap et les deux mains de marbre se croisaient, auprès de la broderie qui jamais ne devait s'achever.

Fermez ! oh ! fermez, par pitié, ces yeux qui avaient des regards si tendres ! Déjà la veillée du prêtre, et déjà, déjà, le cercueil !

Mais c'était à l'instant ! Mme Leber dormait....

« Si je perdais ma mère, qui m'empêcherait de mourir ? »

Edmée avait dit cela, agenouillée et priant. Est-ce que le ciel peut exaucer les blasphèmes de la folie ?

Quelques voisins, pas un ami. Le deuil montait vers le cimetière. Déjà, déjà !

Déjà la fosse ouverte.... Oh ! Michel n'était pas là pour dire adieu à celle qu'il appelait « ma mère ! »

Michel ! — Là bas ! cette calèche emportée par deux rapides chevaux ! Michel ! et cette femme, celle qu'il aime maintenant, la baronne Schwartz !...

Il y a place pour deux ici, ma mère!

Déjà! comme tout va vite! déjà du gazon et des fleurs sur cette tombe! Prie pour moi, ma mère, ma sainte mère!

Le gazon a verdi, les fleurs se sont épanouies. Déjà, mon Dieu, déjà!

La voilà seule, Edmée, dans ce logis vide. Ils sont là, tous les deux, vis-à-vis, Michel et celle qu'il aime à présent : le rideau cruel montre ces deux ombres enlacées. Tout est clos et le charbon s'allume : car la prière funeste est exaucée de point en point.

Edmée n'a plus de mère : elle est libre de mourir.

Michel! c'est la dernière pensée! Si, pour le retenir ou pour le rappeler, il fallait perdre ce bien qui est plus cher que la vie, s'il fallait....

O ma mère, prie pour moi! Jamais il ne m'a donné ce baiser que je devine et qui me tue! Qu'il soit béni! Qu'elle soit maudite!

Comme ce charbon s'embrase et que cette vapeur monte bien à mon cerveau! Est-ce donc si aisé de mourir? Et si doux!

On lui dira demain au matin, quand il s'éveillera : « Elle est morte. » Dès que nous sommes morts, on nous pleure.

Il viendra peut-être visiter là-bas celle qu'il abandonnait si près de lui. Quand nous sommes mortes, on nous aime.

Qu'elle ne soit pas maudite! mon Dieu, pardonnez-lui. On devient meilleur pour mourir. Je vais à toi, ma mère. Michel, adieu, bien aimé amour! mes yeux se voilent, mais je t'aime, je meurs et je t'aime; je n'ai plus qu'un souffle, c'est pour t'aimer! Je t'aimerai au-delà de la vie. . . . .
. . . .

« Qui est là ? demanda la vieille dame, demi éveillée dans la chambre voisine....

— C'est moi, répondit une voix mâle et douce.

— Ah! fit Mme Leber, c'est vous! elle a bien pleuré.... ne soyez pas si longtemps sans revenir. »

Elle ajouta mentalement et croyant parler :

« Approchez-moi mon ouvrage. »

Mais le sommeil pesait de nouveau sur elle.

La tête charmante d'Edmée s'inclinait sur l'épaule de Michel, que nous tenons enfin, le volage et le fugitif! Leurs lèvres se touchaient. Edmée ouvrit ses grands yeux languissants. Sa bouche pâle eut un vague sourire.

« Es-tu donc mort aussi? murmura-t-elle en refermant les yeux. Je ne vois pas ma mère. Sommes-nous tous dans le ciel? »

Michel la regarda, ébahi, puis il l'enleva dans ses bras, disant :

« On ne se marie pas dans le ciel, ma belle petite Edmée. Éveillez-vous, je suis vivant, je suis riche, je suis heureux. A quand notre noce? »

XXV

Edmée et Michel.

Michel était à genoux devant Edmée qui tenait à pleines mains sa tête souriante. Les fiers cheveux bouclés qu'il avait! la belle pâleur! le viril regard! Elle se penchait; les chevelures mêlaient leurs nuances amies. Il y avait une adorable joie sur le front de la jeune fille et des larmes baignaient la splendeur de ses yeux.

« Elle est ma mère, » avait dit Michel dans un baiser.

Et vous comprenez tout, comme elle avait tout compris, elle Edmée ; il suffit d'un mot pareil qui éclaire comme la foudre. La douleur enfuie faisait place à une profonde allégresse.

Sa mère, pourtant ! Elle, la baronne Schwartz, si jeune, si merveilleusement belle ! Un doute venait, et c'est le charme exquis de ces explications. Le doute prolonge la bien-aimée jouissance.

Edmée disait :

« Blanche n'a que quinze ans, et déjà Mme Schwartz me semblait trop jeune pour être la mère de Blanche !»

En même temps elle frémissait avec délices à la pensée de ses angoisses guéries.

« Mais comme je vais l'aimer, Michel, votre mère !»

Puis elle se souvenait : ce regard calme de la baronne, cette hautaine douceur.

« Ah ! j'aurais dû comprendre ! »

Puis encore elle doutait pour la millième fois.

« Mais dites-vous vrai? Ne jouez pas avec cela, car j'ai rêvé de mourir ! elle est trop belle.... trop jeune....

— Certes, certes, murmurait Michel en s'enivrant des virginales étincelles qu'épandait ce regard d'amante ; elle est bien jeune, elle est bien belle,... Mais comment ai-je pu rester si longtemps loin de toi, Edmée, mon âme chérie ?

— Oui, comment ?... et pourquoi, Michel, pourquoi surtout? Ah ! je suis seule à aimer ! »

Il refoula ce blasphème d'un baiser.—Comment dire cela? d'un baiser d'époux, bien franc et bien ferme, délicieux et chaste bâillon que les deux mains d'Edmée pressèrent passionnément sur ses lèvres.

Elles sont ainsi ces vieilles amours qui sont nées avec le cœur et dont les racines vont jusqu'à l'enfance.

Edmée restait pure comme son sourire.

« Méchante! répliqua Michel; je t'ai dit un secret qui ne m'appartient pas et que je ne sais pas encore tout entier. Un secret qui peut tuer tout ce que j'ai de plus cher au monde après toi.... après toi ou avec toi : car sais-je laquelle j'aime le mieux de toi ou de ma mère !

— Je l'aimerai autant que toi, » murmura Edmée.

Puis ses belles petites mains blanches écartèrent les cheveux de Michel comme eût fait une mère, en vérité, une tendre mère qui a bien pleuré pendant l'absence et qui admire au retour son fils plus grand et plus mâle.

« Nous sommes donc trois ! » prononça-t-elle tout bas.

Puis se reprenant et perdant son sourire :

« Mais penses-tu que moi, elle pourra m'aimer?

— Elle t'adorera, repartit Michel, plus tard.

— Ah! fit Edmée, plus tard! »

Et elle resta pensive.

Les lèvres de Michel jouaient avec le bout de ses doigts.

« J'ai assez vu le monde, reprit-elle, d'en bas ou par les portes entr'ouvertes, pour savoir que, dans le monde, rien ne ressemble à notre position. Je fais avec vous, Michel, ce que nulle famille honnête ne comprendrait. Nous voici seuls et gardés seulement par ma mère endormie : vous tout jeune et vivant Dieu sait comme.... car quelle est votre vie, monsieur ?... moi, folle et faible créature....

— Et sainte aussi! l'interrompit Michel dans une caresse respectueuse. Le monde n'a rien à faire entre nous, Edmée.

— C'est pour votre mère que le monde me fait peur. »

Il l'interrompit encore pour prononcer avec tristesse :
« Le monde n'a rien à faire entre ma mère et moi.

— C'est vrai ! dit Edmée naïvement et non sans joie, je n'avais pas songé.... tu ne peux pas être le fils du baron Schwartz. »

Comme il baissait les yeux, elle lui reprit la tête à deux mains.

« Je ne sais pas ce que je dis, s'écria-t-elle. Voilà si longtemps, si longtemps que je souffre ! Ce n'est pas un reproche, mon Michel bien-aimé, c'est une excuse. Je voudrais parler souvent, parler toujours de ta mère, et ne jamais rien dire qui ne fût respect et amour....

— Elle t'adorera ! répéta Michel, j'en suis sûr.

— Et ta sœur ! Oh ! c'était déjà une bonne petite sœur pour moi. Que de fois son rire joyeux m'a fait du bien jusqu'au fond de l'âme !... Et vas-tu laisser ce mariage s'accomplir ! Blanche ! notre cher ange ! épouser M. Lecoq ! »

Notre héros Michel prit un air important.

« Chérie, répondit-il, nous causerons de ces choses-là. Je sais pourquoi vous n'aimez pas M. Lecoq, et Dieu me garde de m'en plaindre !

— Tu sais pourquoi je n'aime pas M. Lecoq ! » répéta Edmée en pâlissant.

Elle regardait Michel avec une sorte d'effroi. Il éclata de rire.

« Qui est là ? demanda pour la seconde fois la vieille dame, réveillée en sursaut.

— C'est moi, ma bonne madame Leber, répondit encore Michel.

— Ah ! ah ! c'est toi, méchant sujet ! As-tu une place ?... Edmée ! mon enfant, la lampe et mon ouvrage. Je veux travailler un petit peu. »

On l'entendit ronfler aussitôt après.

« Sa pauvre tête devient bien faible, » dit Edmée à voix basse.

Il y avait entre Mme Leber et Michel un indissoluble lien ; c'était le souvenir de la *flambée* dans la mansarde. La vieille dame le voyait toujours enfant et ne pouvait prononcer son nom sans sourire.

« Il y en a tant qui n'ont pas de cœur ! » avait-elle coutume de dire.

Celui-là avait du cœur ; celui-là était un cœur !

« Quand nous allons être mariés, chérie, reprit Michel, ému sous sa gaieté, nous pourrons donner des à-compte. J'ai bien pensé à maman Leber tous ces temps-ci....

— Cela m'a fait peur, l'interrompit Edmée, quand tu as dit tout à l'heure : je suis riche.

— C'est effrayant, répliqua notre héros, tout ce que j'ai à te raconter. Ce sont de grands secrets, figure-toi ; mais est-ce que je peux te cacher quelque chose ! »

Il se leva et poussa la porte qui communiquait avec la chambre de la vieille dame.

« Que faites-vous ? » demanda Edmée.

Michel répondit d'un ton moitié railleur, moitié solennel :

« Il va être question d'affaires de vie et de mort ?

— D'abord, reprit-il en poussant la fameuse bergère auprès de sa compagne étonnée, ce Bruneau est un scélérat, et il faut lui rendre l'argent qu'il vous a prêté.

— Comment savez-vous ?... balbutia Edmée.

— J'ai la somme, dit Michel au lieu de répondre et en frappant sur son gousset en homme qui triomphe de le sentir plein par hasard.

« Ce que c'est que de nous, ajouta-t-il d'un accent piteux. J'ai des gestes, des mots et des joies de petit bourgeois, maintenant, moi qui pouvais passer pour le miroir du *true gentleman*, il y a six mois! L'argent est le sang même des veines de ce siècle, c'est bien sûr. J'ai manqué d'argent, cela m'a dégradé.... Où en étais-je? Bruneau est un scélérat et la comtesse Corona ne vaut pas beaucoup mieux que lui. Sans M. Lecoq, je vous le dis sérieusement, Edmée, j'étais perdu sans ressources. »

La jeune fille détournait les yeux avec malaise chaque fois qu'on prononçait ce nom de Lecoq. Elle demanda :

« Est-ce M. Lecoq qui t'a dit du mal de M. Bruneau et de la comtesse Corona?

— Ne vas-tu pas défendre aussi la comtesse Corona! s'écria Michel.

— Elle t'aime;... mais tu ne l'aimes pas, murmura Edmée. Quand je souffrais, je songeais à elle comme à une amie.

— Une amie! répéta Michel en ricanant.

« Mais il ne s'agit pas de la comtesse Corona, se reprit-il, et nous allons revenir à ce digne M. Bruneau.... Encore une fois, je sais toutes tes histoires avec M. Lecoq.

— Toutes!... fit Edmée, comme un écho.

— Toutes! »

Edmée resta bouche béante à le regarder.

« Bien! bien! murmura Michel. Voyons! calme-toi. Depuis quand est-il défendu à un honnête homme de rechercher une honnête jeune fille en mariage?

— En mariage! se récria Edmée dont la joue devint pourpre; et c'est vous qui me parlez ainsi, Michel!

— Depuis quand, poursuivit celui-ci, la voix libre, l'œil clair et sans embarras aucun, l'honnête homme qui s'est mis en tête une idée semblable n'a-t-il plus le droit, lui puissamment riche, d'éprouver un peu la jeune fille pauvre? On ne se marie pas pour un jour.

— Raillez-vous? demanda Edmée stupéfaite.

— Non, sur ma parole!

— Mais vous ne m'aimez donc plus, alors!

— Si fait, de tout mon cœur.... sois donc raisonnable, chérie! Je n'aime que toi, je te le jure, et je n'aimerai jamais que toi. »

Il y avait dans ce serment une si parfaite éloquence de tendresse et de vérité, je dirais plus, une absence si complète d'emphase, qu'Edmée ne put s'empêcher de sourire.

« Le reste m'est indifférent, dit-elle. Si tu m'aimes, tout est bien. Cependant....

— Cependant? répéta notre héros qui la guettait du coin de l'œil avec une intolérable supériorité.

— Ah! fit-elle en frappant du pied, j'ai vu des entêtements pareils dans les comédies! Ne te rabaisse pas trop, près de moi, Michel!

— Dans *Tartufe*, n'est-ce pas? le bonhomme Orgon?... »

Et il riait placidement, notre héros.

Un rayon de colère s'était allumé dans les beaux yeux d'Edmée.

« C'est toi qui es un délicieux petit Orgon, chérie, dit Michel. Et le Tartufe, c'est ce Bruneau, qui t'a enveloppée de ses mensonges. »

Edmée, honteuse déjà de son impatience, lui tendit son front à baiser et reprit doucement, comme on fait pour écarter un sujet sur lequel on ne peut s'entendre.

« Que nous importe tout cela? Je t'en prie, parlons de toi.

— Ce que cela nous importe! se récria Michel, scandalisé à son tour. Mais c'est de moi que je te parle, et de toi, et de nous! M. Lecoq est tout uniment notre providence! »

Edmée le regarda en face.

« Tu es fou! prononça-t-elle presque durement.

— C'est clair, puisque nous ne sommes pas du même avis.

— Tu es fou!... Il t'a dit qu'il voulait m'épouser?

— Avant de savoir que tu m'aimais, oui.

— Et pour colorer l'indignité de ses poursuites, il t'a parlé d'épreuves.... Tu rougis, Michel!

— C'est que je t'aime.... Oui, il m'a parlé d'épreuves, le front haut et les yeux dans mes yeux.

— Et ce sont les tiens qui se sont baissés!

— C'est vrai.

— Tu es fou! »

Michel se leva, développant tout d'un coup sa haute et noble taille.

« S'il t'a insultée, dis-le! ordonna-t-il. Cet homme est notre dernier espoir, mais s'il t'a insultée, je le tue! »

Un instant, Edmée hésita. Puis elle prit les deux mains de son amant et y mit ses lèvres qui brûlaient.

« Merci, balbutia-t-elle. Tu me faisais peur. »

Michel attendait. Elle reprit d'une voix altérée :

« Non, il ne m'a pas insultée.

— Et elles viennent vous accuser de folie! gronda Michel en se rasseyant. Écoute-moi bien, tu ne comprends pas ce caractère-là. Sa tête et son cœur sont emplis par une grande pensée. Tu as eu défiance à cause de sa richesse, je conçois cela. Tout à l'heure, je vais te mettre à même de mesurer son désintéressement! »

Il parlait avec chaleur. Edmée désormais le laissait dire. Entre ses paupières demi-closes un regard sournois glissait qui la faisait plus jolie. Sur ses lèvres plissées, on lisait distinctement cette phrase :

« Mon pauvre Michel, celui-là est plus malin que toi ! »

Quoi qu'on puisse penser de notre héros, il savait lire, car il répondit :

« Nenni, dà ! mademoiselle ; nenni, dà ! Nous ne sommes pas aveugles tout à fait ! J'ai les preuves de ce que j'avance, et si vous aviez voulu m'écouter....

— Mais enfin, on ne peut pas épouser deux femmes à la fois ! lança Edmée triomphalement. Son mariage avec Blanche est arrêté....

— Il est rompu, » riposta notre héros d'un ton péremptoire.

Edmée leva sur lui son regard étonné.

« Il a lâché sa proie ! » murmura-t-elle.

Michel répondit du bout des lèvres :

« M. Lecoq est à la source de toutes les informations.... Souriez tant que vous voudrez, chérie. Vous ne sourirez plus quand je vous aurai dit pourquoi M. Lecoq a choisi ce genre d'occupations qui n'est pas de votre goût. M. Lecoq en sait long. Certes, la fortune du baron Schwartz est colossale ; mais la source de cette opulence.... enfin, je m'entends.

— Cet excès de délicatesse, commença Edmée, de la part de M. Lecoq....

— Il y a de cela, l'interrompit Michel. Il y a aussi une noble et paternelle bonté. M. Lecoq a su par moi les gentilles amours des deux enfants : Blanche et Maurice. Il n'a fallu qu'un mot.... Grâce à lui, c'est un mariage qui se fera. »

Comme le charmant visage d'Edmée exprimait énergiquement son incrédulité, notre héros Michel leva les doigts effilés de la jeune fille jusqu'à ses lèvres, et y déposa un baiser protecteur.

« Veux-tu toujours mieux voir que moi, chérie? demanda-t-il. Il faut le dire ! »

Puis il ajouta sérieusement :

« Vous êtes la meilleure petite âme que je connaisse ; mais la meilleure petite âme du monde, quand elle est femme, la plus modeste, la plus naïve, la plus loyale, a toujours pour un peu la prétention d'être fée. C'est votre fatuité à vous autres. Comme la fatuité est le plus dur des entêtements, je vais frapper sur la tienne à tour de bras, du premier coup. Réponds à une simple question : Si M. Lecoq avait sur toi, et par conséquent sur moi, les mauvais desseins que tu lui supposes, ne serait-il pas très-avantageux pour lui de me voir sous les verrous? hein ?

— Que dis-tu là ? murmura Edmée qui bondit sur son siége.

— Réponds.... c'est clair comme le jour, ce raisonnement-là. Je suis un obstacle; un obstacle qu'il serait dangereux de mépriser. Eh bien! à l'heure qu'il est, sans M. Lecoq, je serais en prison. »

Edmée répéta, laissant voir son effroi :

« En prison, toi, Michel! Et pourquoi?

— Parce que, répliqua notre héros un peu déconcerté, mais souriant à la naïveté de son explication, parce que j'ai eu la fantaisie de faire fortune tout d'un coup. Voilà ! »

Puis s'interrompant et laissant parler cette juvénile franchise qui était son charme :

« Oh! dit-il, ce n'est pas précisément l'amour de l'or : à cet égard-là, ma vocation tarde à se montrer. C'était pour vous, Edmée, que je voulais être riche.

— Je n'ai pas besoin d'être riche, déclara la jeune fille avec quelque sévérité.

« — Prenez garde !... et les à-compte de maman Leber ?...

— Oui, oui, garçon, deviens riche ! dit une voix grelottante de l'autre côté de la porte. J'ai compté que tu deviendrais riche. »

Edmée s'élança, Mme Leber était là, pieds nus. Edmée la prit à bras-le-corps pour la reconduire à son lit. La vieille dame toussait creux et allait répétant :

« Comment suis-je là ? n'a-t-il pas parlé d'être riche ? »

Edmée avait fermé la porte, laissant Michel seul dans sa chambre. Michel s'approcha de la fenêtre. Dans l'atelier de collaboration, qui n'avait point de rideaux, Étienne et Maurice gesticulaient comme des diables. Notre héros eut un sourire orgueilleux et pensa :

« Ce sont des enfants. »

Certes, il était, lui, un homme raisonnable !

Quand Edmée rouvrit la porte, il entendit la vieille dame qui criait :

« De la lumière et mon ouvrage ! Je vais travailler un petit peu. »

Edmée avait les larmes aux yeux.

« Sa tête va se perdant ! murmura-t-elle. Pauvre mère ! »

Michel vint se rasseoir à côté d'elle et dit :

« Vous voyez bien qu'il nous faut être riches. La maladie qu'elle a se guérirait avec un peu d'or. »

Edmée soupira :

« Parlons de vous, Michel, et parlons sérieusement.

— Je suis venu pour cela, chérie, répliqua-t-il. Je suis un homme d'affaires quand je veux, vous savez. J'ai une étoile au ciel, c'est évident, voyez plutôt : je tombe amoureux fou d'une jeune fille adorable, mais très-pauvre, et il se trouve que cette jeune fille, sans le savoir elle-même, est riche, très-riche.... »

Edmée le regarda bouche béante. Au lieu d'une réponse incrédule, elle fit seulement cette question :

« Est-ce M. Lecoq qui vous a dit cela, Michel? »

XXVI

La cassette.

Michel eut son rire d'enfant joyeux.

« De sorte que, reprit-il, si vous ne me connaissiez pas, Mademoiselle ma femme, vous pourriez penser qu'après avoir couru un peu le monde tous ces temps-ci, je vous reviens alléché par l'odeur de votre mystérieuse fortune.

— Expliquez-vous, je vous en prie, dit la jeune fille, j'ai hâte de savoir.

— Je ne fais que cela, mon ange. Et voyez un peu comme la conduite de M. Lecoq est logique, au fond. Ne trouvez-vous pas que Blanche est trop jeune pour lui?

— Si fait, certes, repartit Edmée qui eut presque un sourire. Mais il ne s'agit pas de Blanche.

— Il s'agit de vous. M. Lecoq sachant qu'il y a, de par le monde, une fortune qui vous appartient, et voulant peut-être se donner le droit d'entrer en campagne contre les détenteurs de cette fortune.... Ah! ah! vous ne le connaissez pas!

— Mais où est-elle, cette fortune? s'écria Edmée, et qui sont ses détenteurs? «

Michel devint rêveur.

« De l'autre côté de la cour, dit-il en montrant du doigt la fenêtre de Maurice et d'Étienne, j'ai deux amis qui sont un peu fous, mais pas beaucoup plus fous que le restant de Paris. Leur folie est de tourner tout en drame et de considérer la vie réelle comme un immense répertoire de pièces propres à être représentées sur le théâtre de l'Ambigu. Il y a du vrai là dedans, je ne dis pas non. Donc, ces deux bons garçons que vous connaissez aussi bien que moi ont remué des montagnes autour de nous deux, Edmée, autour de la maison Schwartz, autour de ce que vous savez comme moi, autour de ce que nous ignorons l'un et l'autre. J'ai travaillé avec eux, collaboré comme ils disent, et parmi le monceau d'hypothèses qu'ils retournaient pour y chercher leur pâture, toujours cet antagonisme se retrouvait entre Olympe Verdier et Sophie ; Sophie, c'est vous, Olympe Verdier, c'est ma mère. Ils ne savent rien de ce dernier secret, et ils ne connaissent pas ma mère, qui ne dit son cœur qu'à Dieu. Mais leurs suppositions, rapprochées de certaines paroles de M. Lecoq, ayant trait à la fortune des Schwartz et à sa source, conduiraient à penser.... Le baron Schwartz est un homme habile, et je ne réponds que de ma mère.... Or, quand ma mère a épousé le baron Schwartz, il avait déjà quatre cent mille francs.

— Quatre cent mille francs ! répéta Edmée. Il avait quatre cent mille francs ! »

Puis elle ajouta comme si ce chiffre même eût augmenté son trouble :

« Je vous en prie, Michel, ne me cachez rien !

— M. Lecoq, poursuivit notre héros en homme qui vide son sac, affirme que, très-peu de temps avant le mariage, M. Schwartz accepta de lui à dîner dans une auberge de Caen.

— De Caen! dit Edmée, dont la voix s'altéra.

— Ce jour-là, M. Schwartz avait faim, acheva Michel; je dis: faim. »

Il y eut un silence, après quoi Michel reprit :

« J'ai rêvé une famille composée de nos deux mères et de toi, que nous faut-il de plus? »

Puis avec brusquerie :

« C'est fou comme tout le reste; ma mère n'est pas malheureuse et M. Schwartz a une réputation d'honnête homme ; quoi qu'il en soit, ne me demande pas une syllabe de plus. J'ai tout dit sur ta fortune, et je reviens à la mienne qui était à faire. Écoutes-tu? tu n'as pas l'air. »

Edmée restait pensive.

« J'écoute, dit-elle pourtant.

— Il y a des moments, pensa tout haut Michel, où nous sommes froids comme de vieux époux. »

Edmée reposa ses beaux yeux sur les siens et dit avec une passion profonde :

« Je t'aime chaque jour un peu davantage.

— Chérie! murmura-t-il en dévorant ses mains de baisers, je ne te vaux pas, c'est vrai, mais je n'ai pas un seul péché mortel sur la conscience. C'est pour toi, pour toi seul que j'ai bien ou mal travaillé. Quoi qu'il arrive, ne prends plus jamais d'inquiétude. Je suis à toi encore plus pour moi que pour toi. Si j'ai pu vivre loin de toi, c'est que je te savais à moi. Tout me semble possible ici-bas, sauf notre séparation. Nous sommes mariés, je te le répète; c'est ma joie et c'est ma confiance. Je réclamerais mon dû près de toi, quand même, un beau matin, tu t'éveillerais princesse, et si j'étais roi....

« Bon ! s'interrompit-il, pendant qu'elle tendait son beau front à ses lèvres. Voici la romance qui vient! On a bien tort de se moquer des romances, qui chantent tout uniment ce que nous parlons.... A nos affaires: Quand je quittai la maison Schwartz, j'avais des préjugés contre M. Lecoq ; je croyais même avoir surpris à son endroit quelque dangereux secret, car un mot de passe, qui ne m'était pas destiné tomba une fois dans mon oreille. Certaines gens, dans Paris, se reconnaissent entre eux au moyen de ces paroles en apparence insignifiantes : *Fera-t-il jour demain?* Mais tous les mystères de ce genre ne sont pas criminels, la preuve, c'est que, depuis du temps déjà, ce mot de passe sert à faciliter les secrètes relations que j'ai avec ma mère. Dans le métier que fait M. Lecoq on a besoin d'étranges précautions, et ce n'est pas là le plus triste : on est forcé aussi de fréquenter, de soutenir, de payer, tranchons le mot, une clientèle interlope, pour ne rien dire de plus....

— Laisse-moi te demander, prononça Edmée tout bas, si tu as répété ce mot de passe à M. Bruneau, à l'époque où tu croyais en lui?

— Peut-être, répondit Michel, mais je suis bon pour régler le compte que nous avons ensemble, M. Bruneau et moi. La vérité, c'est que le métier de M. Lecoq me répugnait autant qu'il peut te déplaire à toi-même. Tu ne vas pas souvent au théâtre, ma belle petite Edmée, et tu lis peu de romans, mais tu n'es pas sans avoir entendu parler de gens qui poussent le dévouement, — ou la passion — jusqu'à accepter des rôles haïssables. Le but est quelquefois noble.... quelquefois même héroïque.... qui veut la fin veut les moyens : M. Lecoq avait une piste à découvrir, une piste très-adroitement dissimulée ; M. Lecoq s'est fait chien de chasse. Moi, je trouve cela net, intelligent et brave. Et toi? »

Il s'arrêta comme pour attendre une approbation ou une discussion. Edmée resta muette. Il reprit :

« Dès le début, M. Lecoq me laissa voir qu'il s'intéressait à moi. Si j'avais répondu à ses premières avances, nous serions heureux déjà. Mais, cédant à mes antipathies, renforcées encore par les demi-mots de la comtesse Corona et les calomnies de ce précieux M. Bruneau, je m'éloignai de lui complétement. Je cherchai un emploi : ma retraite de la maison Schwartz me fermait toutes les portes dans la banque et l'industrie ; il courait sur moi des bruits qui semblaient sortir de terre ; j'avais payé l'affection un peu bien romanesque de mon ancien patron par la plus noire ingratitude. Bref, pas d'emploi pour moi dans tout Paris !... Vous fûtes mon refuge alors, Edmée, vous et votre excellente mère : je vous adore trop bien pour parler de reconnaissance. Je travaillai, Dieu sait à quoi : à ceci, à cela, et puis encore à autre chose ; des extravagances qui semblent raisonnables à première vue. Je crois que je voulus être auteur, puis inventeur.... un tas de sottises.... Je dois noter que je n'étais pas absolument sans ressources. Une main mystérieuse, et vous avez deviné la baronne Schwartz, n'a jamais cessé d'être sur moi.... A bout de folies, ma foi, je tentai le jeu....

— La plus dangereuse de toutes les folies ! dit Edmée.

— Savoir ! Pour les sages et les heureux, je ne dis pas. Mais pour ceux qui sont obligés de *tenter Dieu*, selon l'énergique expression des casuistes, c'est différent : on aime ou on n'aime pas.... Je perdis et je signai des lettres de change.... non pas une, comme mes pauvres diables de camarades, les dramaturges en graine, ici près, mais plusieurs, mais beaucoup. Et, sur ma parole, mon Edmée chérie, ce fut toujours pour toi. Tu ne me crois pas ? Eh bien ! vrai, tu as tort !

sans toi je serais commis à dix-huit cents francs dans quelque bureau moisi : tu vois bien que tu es mon bon ange ! »

Edmée sourit, car elle ne s'attendait pas à cette chute. Elle dit :

« Tu aurais la paix, Michel ! Et l'espoir d'avancer.

— Ne blasphème pas ! J'ai vécu de luxe et d'orgueil dans cette maison Schwartz à l'âge où le caractère naît et se modèle. Je suis resté bon, puisque je t'aime. Mais écoute ceci, Edmée : une fois, ma mère m'a dit avec des larmes dans les yeux : Ma jeunesse fut orgueilleuse. Eh bien ! je suis le fils de ma mère ! »

Edmée baissa la tête.

« J'avais des amis, reprit Michel. Outre Étienne Roland et Maurice Schwartz qui m'ont témoigné un dévouement fraternel, j'avais ce brave Domergue qui entretenait ma vanité en me disant, à l'aide de charades qui étaient claires comme de l'eau de roche, que j'étais le fils de M. le baron Schwartz. Il le savait de science certaine, et il le croit encore dur comme fer. J'avais la comtesse Corona qui me parlait en énigmes moins naïves et me montrait la porte ouverte du jardin d'Armide ; c'était Trois-Pattes, l'estropié du *Plat-d'Étain*, qui m'apportait les messages de cette charmante femme. Voilà un rébus, ce couple fantastique : la comtesse et Trois-Pattes ! Elle vient le voir : tu le sais comme moi.... Mais M. Lecoq seul au monde pourrait dire le mot de ce romanesque mystère. Enfin, j'avais mon escompteur normand, M. Bruneau, qui m'achetait ma garde-robe pièce à pièce et m'avançait de l'argent. Ma mère ne savait rien de tout cela, au moins ! Et il y a bien peu de jours que je l'appelle ma mère.... Ne ferme pas les yeux encore, Edmée, nous voici au dénoûment.

— Je fermais les yeux, dit-elle avec son admirable sourire, pour évoquer cette suprême beauté qui m'a fait verser tant de larmes. Je suis si heureuse, Michel, chaque fois que tu prononces le nom de ta mère !

— Elle t'aimera, je t'en réponds ! si tu savais comme elle m'aime !... Dis-donc : il y a un petit secret que je voudrais bien connaître : par quelle porte ce digne M. Bruneau s'est-il introduit dans votre maison ?

— Il y a trois mois, répondit Edmée, quand je tombai malade après avoir rencontré Mme la baronne Schwartz sur le seuil de ta porte, maman venait d'envoyer de l'argent à nos créanciers : nous n'avions rien devant nous, et nous nous disions : il faudra vendre quelque chose. Un matin qu'on avait ouvert, pour donner de l'air à ma chambre, je vis à l'une des croisées qui font face l'étrange figure de Trois-Pattes, à demi cachée derrière les rideaux de son petit réduit. Il ne m'apercevait point et ne croyait pas être observé. Il regardait chez nous avec une attention singulière. Au bout de quelques instants, ne s'en reposant plus sur ses yeux, il mit au point une énorme lorgnette-jumelle et la braqua sur la chambre de maman.

— Que regardait-il ?

— Je ne savais. Il disparut et, un peu de temps après, quand maman sortit pour ses courses, M. Bruneau vint frapper à notre porte, demandant si nous n'avions rien à vendre. Je l'accueillis, car il a, dans le quartier, la réputation d'un homme juste, et en effet, il donna un bon prix des menus objets dont nous voulions nous défaire, mais ce n'était pas ces objets-là qu'il voulait acheter.

— Que voulait-il acheter ?

— Le brassard.... le brassard ciselé.... et j'ai pensé

plus d'une fois que Trois-Pattes avait braqué sa grande jumelle pour mieux lorgner le brassard.

— Preuve qu'ils s'entendent comme larrons en foire! dit Michel.

— Jamais je ne les ai vus ensemble, répliqua Edmée, M. Bruneau est revenu bien des fois, toujours en l'absence de ma mère, et je serais ingrate si je n'avouais qu'il nous a rendu des services.

— Toujours en l'absence de ta mère! répéta Michel qui réfléchissait.

— C'est peut-être le hasard.... à diverses reprises il a offert du brassard une somme considérable.

— Cela vaut donc bien de l'argent! pensa tout haut notre héros.

— Je le crois, car M. Bruneau n'est pas le seul qui désire l'acheter.

— Trois-Pattes? interrogea Michel.

— Non. M. Lecoq. C'est le brassard qui lui a servi de premier prétexte pour passer le seuil de notre porte. Il connaît un amateur d'armes qui en donnerait dix mille francs.

— Dix mille francs! répéta Michel étonné. Ce brassard-là, dix mille francs! »

Puis, il ajouta :

« Mais on cherche parfois des moyens détournés de faire du bien. »

Edmée garda le silence, mais ses beaux sourcils se froncèrent; elle restait décidément incrédule à l'endroit des vertus de M. Lecoq.

« Nous serions loin de ma prison, reprit Michel après une pause, si M. Lecoq ne nous y ramenait. Voici trois jours entiers que je joue à cache-cache avec ce bon M. Bruneau qui a prise de corps contre moi. La partie a été rude, car j'étais seul contre trois : le Normand, Trois-Pattes et sa comtesse. Que fait celle-là dans cette intrigue avec de pareils associés? Voilà où je jette ma langue aux chiens! Mais elle est leur complice, je l'affirme, et c'est elle-même qui a failli me faire tomber dans le piége. Pourquoi? Je plaide une cause et il faut tout dire : dans cette charmante femme-là, il y a un peu de Mme Putiphar.... Elle sait que je t'aime; veut-elle se venger? Hier, je lui avais révélé l'asile où je reste confiné depuis le lever du soleil jusqu'à son coucher, et pour cause. La nuit dernière, j'ai reçu un message de M. Lecoq qui me disait : « Vous serez arrêté à la première heure. » Et, en effet, à la première heure, à peine avais-je pris ma volée, que le logis était cerné par les recors. Et ce gnôme de Trois-Pattes, passant là justement dans son fantastique équipage, a parlé aux alguazils : je l'ai vu! Le message de M. Lecoq me donnait un rendez-vous; j'y ai couru. Quel malheur que ma mère ait des préventions contre lui!...

— Ah! fit Edmée, les deux seuls cœurs qui vous aiment bien sont du même avis! Elle et moi! »

Michel haussa les épaules.

« Les faits parlent, dit-il. Moi, j'avoue que je crois aux faits. M. Lecoq m'a compté l'argent de ma lettre de change, principal, intérêts et frais....

— En échange de quoi? demanda la jeune fille avec défiance.

— En échange d'un grand merci, parbleu! Cet homme-là compte sur moi; il m'a deviné; il a confiance en mon avenir. Et moi aussi, mon Edmée chérie, je compte sur mon avenir; la preuve, c'est que j'ai commencé par faire une sottise et qu'elle m'a réussi, donc la veine a tourné. J'ai du bonheur. Aussitôt que j'ai eu l'argent, une inspiration m'a poussé vers le jeu : j'ai gagné trois cents louis, veux-tu des à-compte? »

En prononçant ces derniers mots d'un air joyeux, Michel avait plongé des deux mains dans ses goussets qui sonnaient l'or. Il s'interrompit et changea de visage en voyant l'étrange expression qui se peignit sur les traits d'Edmée.

La jeune fille avait d'abord écouté avec tristesse cette folle péroraison, mais tout à coup son regard s'était animé et ce n'étaient point les paroles de Michel qui avaient produit ce résultat; Edmée fixait ses yeux agrandis sur la fenêtre. Michel se retourna vivement pour voir ce qui attirait ainsi son attention. Ils se levèrent tous les deux en même temps et brusquement.

De l'autre côté de la cour, la chambre de Michel, qui était restée noire si longtemps, venait de s'éclairer. L'absence de rideaux en montrait exactement le contenu. Étienne et Maurice étaient là, debout, dans le négligé plus qu'original de leur toilette d'intérieur. Maurice tenait la lampe à la main. Étienne courbé en deux, exécutait un profond salut devant une dame vêtue de noir et dont le visage disparaissait sous un voile de dentelles posé en double.

« Ma mère! murmura Michel! c'est ma mère!

— Je croyais la reconnaître, » dit Edmée, dont le cœur eut un élancement au souvenir de sa torture passée.

Michel n'avait fait qu'un bond jusqu'à la porte.

Edmée, curieuse, éteignit sa lampe et ouvrit sa fenêtre.

Mme la baronne Schwartz, car c'était bien elle, avait déjà disparu, et nos deux collaborateurs rentraient dans leur dramatique logis, cherchant sans doute le moyen de caser utilement cette surprenante visite à quelque bon endroit du drame.

Edmée se pencha sur son balcon. Derrière elle, aucune lueur ne trahissait plus sa présence. Voici ce qu'elle vit :

La cour avait trois portes pour trois escaliers, dont un de service. Elle était éclairée par une lanterne suspendue à la porte de l'escalier de service. Michel, qui avait descendu les étages quatre à quatre, se montra le premier; presque au même instant, la femme voilée déboucha, sortant de la voûte et courant comme une personne poursuivie. Elle portait un objet sous son châle. Michel la rencontra au tournant de la voûte ; elle recula d'un pas, puis elle mit un doigt sur sa bouche. Elle ouvrit son châle d'un geste fiévreux. L'objet qu'elle portait était une cassette d'un précieux travail. Sans parler, sans hésiter davantage, elle jeta la cassette entre les mains de Michel et s'enfuit par l'escalier de service.

Comme Michel restait abasourdi, un homme, sortant aussi de la voûte se précipita vers lui et, sans mot dire, également, voulut lui arracher la cassette. D'instinct, Michel résista. Dans la lutte, le chapeau de l'inconnu tomba et découvrit le front demi-chauve du baron Schwartz.

« C'est à moi ! dit-il alors d'une voix haletante, cette femme m'a volé ! »

Puis, reconnaissant Michel tout à coup et le prenant à la gorge des deux mains, il ajouta, râlant de colère :

« J'en étais sûr ! tu es un misérable et je vais te tuer !

— Cet homme est fou ! dit une voix douce et calme derrière le groupe qu'ils formaient. Ne lâchez pas le dépôt que je vous ai confié, monsieur Michel ! »

Ils tressaillirent et se retournèrent d'un commun mouvement. Une femme, vêtue de noir et voilée comme Mme la baronne Schwartz était debout derrière eux.

Michel eut peur et sa main se tendit pour barrer le passage au banquier.

« Prenez garde ! murmura-t-il. C'est moi qui vous tuerais ! »

La femme en noir souleva son voile, montrant la belle pâleur de son visage.

« La comtesse Corona ! balbutia M. Schwartz stupéfait. J'avais cru.... »

Il n'acheva pas et passa la main sur son front.

Aucune parole ne vint aux lèvres béantes de Michel.

Il pensait seulement : « Celle-là est-elle sortie de terre ! »

M. Schwartz ramassa son chapeau et s'inclina profondément en balbutiant une excuse, puis il s'éloigna, prenant, lui aussi, l'escalier de service qui menait chez M. Lecoq.

La comtesse le regarda s'éloigner et pensa tout haut

« Il parlera. Mais une calomnie de plus ou de moins qu'importe ?

— Madame, dit Michel, je ne m'attendais pas à vous rendre grâces.... »

Il fit un pas vers l'escalier de service.

La comtesse l'arrêta.

« Soyez tranquille, prononça-t-elle avec une froide amertume, à l'endroit où ils vont tous deux ils ne se rencontreront pas. »

Elle rabattit son voile et ajouta plus bas :

« Monsieur Michel, vous aimez vos ennemis et vous détestez vos amis ! »

Elle partit sur ces mots, demandant le cordon à voix haute et impérieuse.

Michel resta seul au milieu de la cour. Le bruit que fit la fenêtre d'Edmée en se refermant lui donna un sursaut. Son regard se porta vers l'escalier de service, comme si la pensée de s'y engager à son tour eût persisté en lui.

Au premier instant, il avait été presque dupe de la diversion opérée par la comtesse Corona, mais les dernières paroles prononcées établissaient clairement le rôle de la comtesse qui se posait en bienfaitrice vis-à-vis de sa mère. La cassette venait bien de sa mère qui, tout à l'heure, avait voulu la déposer chez lui.

Michel connaissait on ne peut mieux l'intérieur de la maison Schwartz; il savait que le baron épiait sa femme passionnément et bourgeoisement; il devinait ou à peu près la muette partie qui venait de se jouer entre les deux époux: le secret menacé, le fuite de Giovanna, emportant ce même secret, le mari tombant sur sa piste par hasard ou autrement, la poursuite nocturne dans les rues de Paris, et la rencontre, occasionnée par le fait même de son absence, à lui, Michel. Il comprenait bien aussi pourquoi on l'avait choisi pour dépositaire puisque la cassette, en définitive, devait renfermer sa propre existence.

Mais que de choses lui échappaient! L'intervention inopinée de la comtesse Corona d'abord et le service rendu par cette femme qui était un adversaire; ensuite, le dénoûment de l'aventure: la baronne s'était engagée dans l'escalier de service comme on prend un chemin connu; le baron avait fait de même, et Michel avait encore dans l'oreille l'accent railleur que la comtesse Corona avait appliqué à ces paroles:

« A l'endroit où ils vont tous deux, ils ne se rencontreront pas! »

Quel endroit? la maison Lecoq? Michel eut pour la première fois de sa vie la prudence virile.

« Mettons d'abord le dépôt en sûreté, pensa-t-il. Après, je verrai. »

Michel monta lentement l'escalier de sa demeure et vint s'asseoir pensif entre ses deux amis, Étienne et Maurice, qui, tout émus encore, entamèrent aussitôt le récit de la mystérieuse visite. Il leur imposa silence d'un geste et fit signe à Maurice de s'approcher.

« Quelqu'un a fait ta paix avec le baron Schwartz, lui dit-il. Blanche sera ta femme si tu veux.

— Si je veux ! » se récria Maurice éperdu de joie.

Car il savait bien que, sur un pareil sujet, Michel ne pouvait ni railler ni mentir.

« C'est une histoire, reprit Michel. Un conte de fées, plutôt ! Il y a encore de bons génies. »

Il appuya sa tête entre ses deux mains, et, certes, sa préoccupation triste démentait énergiquement la gaieté de ses paroles.

« Tu es pâle ! dirent en même temps les deux amis qui se rapprochèrent.

— Ce n'est rien, » répliqua-t-il.

Puis il ajouta en plaçant la cassette sur la table devant Étienne :

« Je crois que ton drame est là dedans un fier drame ! »

Étienne avança la main d'un mouvement fiévreux. 1 eût pris son drame dans le feu, comme Raton fait pour les marrons.

Michel l'arrêta.

« C'est une chose singulière, prononça-t-il d'une voix changée, comme je suis triste malgré mes bonnes nouvelles, car j'ai de bonnes nouvelles : nous sommes riches, nous allons être heureux. Et pourtant j'ai un poids sur le cœur.

« Maurice, s'interrompit-il en posant sa main étendue sur la cassette, j'ai confiance en toi comme si tu étais mon frère, au cas où il m'arriverait malheur, je te laisse ce dépôt qui est sacré : c'est la vie et l'honneur d'une femme. »

XXVII

Dernière affaire.

Notre récit a besoin de faire un pas en arrière.

Quelques heures avant la scène que nous venons de raconter, c'est-à-dire un peu après le tomber de la nuit, et vers le moment où Edmée Leber, soutenue par la fièvre, s'éloignait à grands pas du château de Boisrenaud, une gracieuse calèche arrêta le trot de ses chevaux devant la porte cochère de ce paisible hôtel, où nous sommes entrés une fois déjà, sur les pas de M. Lecoq, commis-voyageur de la maison Berthier et Cie, pour faire connaissance avec ce respectable vieillard qu'on appelait « le colonel, » et aussi avec Mlle Fanchette, la petite fille qui n'aimait pas Toulonnais-l'Amitié.

Nous parlons de longtemps. Ce fut le jour où J.-B. Schwartz, homme de quatre cent mille francs déjà, épousa en l'église Saint-Roch cette belle étrangère, dona Giovanna Maria Reni, des comtes Bozzo.

Malgré les ans, écoulés depuis lors, l'hôtel n'avait point changé d'apparence. C'était toujours ce grand bâtiment calme et froid, rappelant par son aspect certaines maisons du faubourg Saint-Germain, bâties vers la fin du dix-septième siècle.

La rue Thérèse, aux abords de l'hôtel, et sur une longueur de quarante à cinquante pas, cachait son pavé sous une épaisse couche de paille. C'est le privilége suprême, inutile, désespéré; c'est l'aveu navré qui dit à la foule inattentive qu'un heureux de ce monde est en train de souffrir ou de mourir.

La foule n'est pas riche et raille souvent, impitoyable qu'elle est contre le bonheur, ce dernier luxe de l'agonie opulente. Et le sage va pensant à l'inexorable niveau de la tombe.

Le cocher n'appela point. La porte s'ouvrit doucement sans cela. Une femme voilée dont la taille et les mouvements souples trahissaient la jeunesse, sauta hors de la calèche et franchit le seuil d'un pas léger. Elle était vêtue de noir avec une élégance toute parisienne.

La cour était silencieuse. Plusieurs fenêtres du premier étage brillaient, mais de cette lueur morne qui éloigne les pensées de fête.

Le concierge, debout devant sa loge, dit à voix basse:

« Je vous salue, madame la comtesse; Monsieur n'ira pas loin désormais. »

La jeune femme hâta le pas et gagna le perron.

Au sommet des degrés, un très-vieux domestique à livrée sombre et à tournure monacale, ouvrit la porte avant que Mme la comtesse eût touché le bouton de la sonnette. Il leva le flambeau qu'il tenait à la main et dit:

« Monsieur est bien bas, bien bas! Il ne passera pas la nuit.

— M'a-t-il demandée? interrogea la jeune femme.

— Deux fois, avant et après sa confession.

— Ah! fit-elle avec une expression singulière, il s'est confessé!

— Oui, oui, » répliqua le domestique à tournure claustrale d'un accent plus étrange encore.

Il eut un indéfinissable sourire et s'effaça sur ce mot pour livrer passage à la jeune femme.

« Il doit y avoir du monde à la maison ? demanda-t-elle en entrant sous le vestibule.

— Ces messieurs se sont fait servir à dîner dans le salon.

— Qui est là ?

— M. le duc, l'Anglais, un nouveau qui vient d'Italie, car il a donné le signe de la Camorra, le docteur, et votre mari. »

Elle eut un frémissement court, et monta vivement l'escalier.

D'un côté du large carré sur lequel s'ouvraient les trois portes du premier étage, on entendait des voix contenues qui causaient et riaient tranquillement, accompagnées par un bruit discret de verres et de fourchettes. Ce n'était pas du tout une orgie, par le son, du moins, mais bien un repas honnête où chacun, libre d'esprit, s'adonnait à la gaieté de tous les jours en causant plaisirs ou affaires. Ce repas avait lieu à gauche.

A droite et au milieu le silence régnait.

« M. Lecoq est-il venu ? interrogea pour la troisième fois la jeune femme.

— C'est lui qui a amené le prêtre, répondit le valet.

— Il est entré ?

— Non, il a dit : je reviendrai.

— Et le prêtre ?

— Le prêtre est resté une demi-heure avec Monsieur. »

A travers la dentelle de son voile, la jeune femme regarda fixement le valet.

« Etait-ce un vrai prêtre ? » demanda-t-elle tout bas.

Le domestique haussa les épaules et répondit :

« C'est le nouveau : celui qui vient d'Italie et qui a

donné le mot de la Camorra. Il est là, à table, avec les autres. Si vous voulez voir, voyez. »

La jeune femme s'approcha de la porte de droite et mit son œil à la serrure ; pour mieux regarder, elle avait relevé son voile. Quand elle se redressa, la lampe éclaira un visage d'une singulière beauté : une tête pâle et fine, énergiquement sculptée, malgré la gracieuse délicatesse de ses contours. Il y avait là vingt-cinq ans d'âge, à peu près, marqués par le plaisir ou la douleur, dont les stigmates se ressemblent. Le trait principal de cette physionomie était le regard puissant, hardi, dominateur, que lançaient deux yeux énormes, sous la netteté sculpturale de l'arcade sourcilière. Mais ce regard lui-même parlait de fatigue et de souffrance.

A la place où nous sommes, dans le vaste escalier désert, nous vîmes une fois déjà ces yeux trop grands qui étincelaient sous une chevelure d'enfant, ébouriffée autour d'un front large comme le front qu'il faudrait à une reine. L'enfant riait alors, et un gros bouquet de fleurs mouillées, projectile insolent, partit de sa main pour frapper M. Lecoq au visage.

M. Lecoq qu'elle menaçait de le faire chasser comme un laquais.

C'étaient deux ennemis déclarés, alors, M. Lecoq et cette espiègle fillette, capable de faire tête à un bandit. Depuis le temps, y avait-il eu bataille ?

La jeune femme resta un instant pensive auprès de la porte qui la séparait du festin. Son visage exprimait un froid mépris avec une tristesse morne. Elle se retourna et traversa le carré sans rabattre son voile.

« Ouvrez ! » ordonna-t-elle.

Aussitôt, le vieux valet introduisit dans la serrure de la porte de gauche une clef qu'il choisit dans son trousseau. La pièce d'entrée était libre et formait antichambre ; dans la seconde, sorte de petit salon à l'ameublement austère et démodé, une sœur de charité veillait près d'une table où deux bougies éclairaient un crucifix ; le moribond était dans la troisième : une chambre à coucher de belle largeur, mais presque nue, éclairée par une seule fenêtre, donnant sur le balcon du jardin, et percée de quatre portes, dont une seule restait ouverte : celle de la pièce où veillait la sœur.

Une table de chêne, placée au chevet du lit, soutenait diverses fioles qui mettaient dans l'atmosphère cette odeur particulière à la chambre des malades.

Auprès de ce troupeau vulgaire et multiple, connu dans les différentes zones de notre formation sociale sous le nom de « tout Paris, » l'homme qui mourait sur ce lit plat, entouré de rideaux en perse bleue fanée, avec une bordure de petits glands de coton blanc, passait pour riche. Il avait des fonds dans la maison Schwartz. Son hôtel payait de mine extérieure, et il *faisait du bien*, comme on dit vaguement.

Dans un certain monde mieux informé, il passait pour très-riche et l'on s'y défiait un peu de sa philanthropie.

Enfin, dans le cercle restreint et spécial des gens complétement initiés au roman de sa vie et à la nature des affaires qu'il avait faites, il avait la réputation de cacher quelque part un monceau d'or et de n'être pas simplement un apôtre.

Car la vie de cet homme était, en définitive, un profond mystère. Habillé de mœurs différentes, selon les temps et selon l'âge, il avait joué le plus difficile de tous les rôles, au grand jour, en face de l'opinion commune et sous les besicles de la loi. C'était un grand comédien. Il mourait victorieux, la tête sur un tranquille oreiller, à la dernière heure de cette lutte impossible. Et, depuis près de cent ans, nul n'avait eu son secret par adresse ni par violence.

Il avait été beau, cet homme, très-beau, joueur effréné, dissipateur éclatant, bourreau des crânes et des cœurs ; il avait vu, dans sa jeunesse, le grand carnaval des anciennes monarchies ; il s'était moqué de la république, plus tard, riant à gorge déployée de la gloire comme du crime ; il avait fait la guerre sous l'Empire, sa guerre à lui : une suite non interrompue de victoires et de conquêtes qu'il récompensa lui-même en s'attribuant le grade de colonel. Tout bouleversement politique facilite la besogne de ceux qui combattent dans l'ombre. Les chassés-croisés du gouvernement impérial et des deux restaurations couvrirent cette promotion interlope. A l'époque où il a été question du « colonel » pour la première fois dans ce récit, la prescription morale était solidement acquise.

Mais les brevets? Fadaises. Un homme comme le colonel ne manque jamais d'aucune des choses qui se peuvent fabriquer par l'adresse des mains.

Nous verrons d'ailleurs, quand le dernier mot sera dit, qu'il pouvait avoir réellement un haut grade.

Ceux qui sont justes même trouveront le titre de colonel modeste pour un pareil personnage.

Il avait un autre titre, qui était bien à lui, celui-là, un titre qui le faisait général en chef de toute une effrayante armée.

Et il se mourait là, tout seul, comme un saint ou comme un chien. Où donc était son état-major?

Et à quoi lui servait le butin de ses innombrables victoires?

Le plaisir n'a qu'un temps, ou plutôt il change selon l'âge. Depuis des années, le colonel avait mis une sourdine à sa bruyante existence. Diable ou non, il s'était fait ermite en devenant vieux. Depuis des années, il végétait paisiblement dans cette médiocrité aisée que le mollusque rentier, suivant l'importance de sa coquille, l'acabit de son équipage et le nombre de ses rongeurs, obtient, chez nous, avec un revenu variant de 30 à 50,000 francs.

Or, l'Habit Noir devait posséder des chapelets de millions.

Personne au monde, personne en dehors du monde, soit parmi les membres de la Camorra péninsulaire, dont il restait le chef suprême, soit, parmi les affiliés qui, à Paris, à Londres, partout, avaient prêté entre ses mains le mystérieux serment de la Merci, personne n'aurait pu dire le chiffre du trésor amassé par l'Habit-Noir.

Il était couché sur le dos, et son corps avait déjà l'attitude des cadavres. C'est à peine si la saillie de ses membres se devinait sous la couverture affaissée. Une barbe de quinze jours, très-épaisse encore et blanche comme une couche de frimas, couvrait son visage osseux. Ses yeux fermés disparaissaient au fond de deux cavités dont l'arcade sourcilière et l'os de la pommette formaient les bords, arrêtés brusquement.

Il n'y avait ni amis, ni serviteurs près de lui : pas même ce caniche qui allonge son museau compatissant sur la couverture du pauvre. C'était de la pièce voisine que sa charitable gardienne guettait son souffle court et pénible. Peut-être l'avait-il voulu ainsi lui-même, car sa mort était comme sa vie : bizarre froidement. Dans cette solitude de son agonie, tantôt il pensait, bâtissant des plans pour un avenir qui ne lui appartenait plus, tantôt il délirait tout à coup, mais d'un délire calme en quelque sorte et sans transports.

Tout le monde sait quelle étonnante subtilité de sens se mêle parfois aux impuissances de la dernière heure. Au moment même où la jeune femme passait le seuil de la porte d'entrée, le moribond se dit :

« Voici Fanchette qui vient.... Je savais bien que Fanchette allait venir ! »

Sur ces traits flétris, il y eut presque un sourire.

Mais ces lucidités passent comme des éclairs. L'instant d'après, le moribond divaguait tout doucement, parlant affaires, calculs, voyages. La jeune femme était déjà près de lui, debout et le contemplant avec une indéfinissable expression, qu'il n'avait pas encore conscience de sa présence.

Indéfinissable est le mot, car le regard de la nouvelle venue trahissait à la fois une curiosité presque sauvage, une compassion involontaire, les vagues reliques d'une tendresse qui semblait remonter vers le passé, et de l'horreur.

Pendant qu'elle se taisait, perdue dans sa méditation, les lèvres du mourant s'entr'ouvrirent par une sorte de mécanisme dur et sec.

« Lequel est le maître, prononça-t-il très-distinctement : toi ou moi, L'Amitié? Toute la question est là.... »

Puis, d'une voix moins assurée :

« La poire est mûre dans cette maison Schwartz.... As-tu la planche des billets? Ce sera ma dernière affaire.... »

La fin de la phrase resta en dedans de ses lèvres.

Celle qu'on appelait la comtesse lui mit la main sur le front, et le contact de cette chair morte la fit frissonner. Elle retira ses doigts comme si elle eût touché le froid d'un serpent.

« Est-ce toi, enfin, Toulonnais-L'Amitié? demanda

le vieillard d'un ton patelin, en ouvrant à demi ses yeux presque aveugles.

— Non, c'est moi, grand-père, » répondit tout bas la jeune femme.

Il parut assembler ses pensées avec peine et dit :

« Ah! oui.... c'est vrai.... ma petite Fanchette, qui aime bien son grand-papa ! »

Puis il ajouta entre ses dents :

« Madame la comtesse Bozzo-Corona ! »

La jeune femme eut un sourire amer et demanda :

« Grand-père, n'avez-vous rien à me dire ? »

Pour la première fois, le vieillard fit un mouvement. Ses mains décharnées essayèrent de se crisper sur les plis de ses draps, comme pour se retenir à quelque chose. Ce geste instinctif, symptôme de la suprême détresse, effraye toujours ceux qui ne sont pas habitués à voir de près la mort. La comtesse tourna la tête en frémissant.

« Si fait, si fait ! prononça laborieusement le malade, j'ai bien des choses à te dire.... et la force ne me manque pas encore. Comme je résiste ! Et ne crois pas que je souffre beaucoup, non, cela s'éteint en moi sans secousse. J'ai vécu sagement, j'en ai eu le bénéfice. Il y a des moments où je me figure que je durerai longtemps encore.... A présent, par exemple, on dirait que le sang se réchauffe dans mes veines. Je t'aimais bien, fillette. Quand tu étais enfant, je faisais tout ce que tu voulais. J'aurais dû t'élever loin de moi.... en dehors de notre atmosphère; tu ne saurais rien; tu serais riche et heureuse.... et femme d'honnête homme.

— Que n'avez-vous fait cela ! murmura la comtesse dont les grands yeux jetaient un feu sombre.

— Certes, certes ! poursuivit le colonel. Mais ta

mère savait tout ce que tu sais, et pourtant elle allait à l'église. Elle est morte les mains jointes. Nous avons de la religion ; nous sommes une secte comme les Thugs de l'Inde. Tu vois bien que je meurs tranquille. Je n'ai jamais insulté Dieu, moi, et j'ai vu, pendant ma longue vie, tous les hommes, tous, les petits, les moyens, les grands, voler, piller, assassiner, selon diverses formules qui déguisent, il est vrai, le vol, le pillage et l'assassinat. Veux-tu me dire, fillette, lequel vaut mieux du Thug, qui étrangle l'Anglais, marchand d'opium, ou de l'Anglais, marchand d'opium, qui empoisonne le Thug? L'un est un monstre pourtant, aux yeux abêtis de la foule, et l'autre est un négociant d'honneur, tant qu'il n'a pas fait banqueroute. Chez nous on ne vend pas d'opium ; mais on fait pis, d'un bout à l'autre de la forêt parisienne. J'ai bien vécu, puisque j'ai vécu plus de quatre-vingts ans, riche, honoré, tranquille. Dans le commerce, la banqueroute seule force la loi à sortir du fourreau. Je n'ai jamais fait banqueroute, et la loi ne me connaît pas. De quoi te plains-tu, fillette orgueilleuse et ingrate ? »

Ces paroles étaient prononcées couramment et même avec une certaine énergie. Sa tête avait viré sur l'oreiller, de sorte que ses yeux caves braquaient un regard fixe du côté de la comtesse. Les paupières de celle-ci étaient baissées et ses sourcils contractés. Elle répondit :

« Je ne vous ai jamais fait de reproches, grand-père.

— Non, mais tu as souffert ! s'écria le malade, qui reprenait vie au feu de je ne sais quel passionné caprice. C'est un reproche, cela ! Écoute, Fanchette, tu seras riche ! Toulonnais t'accuse d'être avec nos ennemis;

qu'importe cela? je t'aime, tu auras tout ce que j'ai. Tu l'as déjà, car je suis un mort. Je ne verrai plus ni les grands bois de châtaigniers, là-bas, dans notre île, ni les maquis de myrtes, ni la mer bleue, ni le pavé de ma propre rue, recouvert de paille pour que je ne l'entende plus sonner sous les roues…. As-tu de la mémoire? s'interrompit-il soudain. Dis à L'Amitié que la poire est mûre dans la maison qu'il sait bien, mûre, parfaitement mûre. Il faut la cueillir. S'il marche rondement, je verrai encore cela, et ce sera ma dernière affaire. »

La comtesse eut aux lèvres une nuance de dédaigneuse pitié.

« Vous avez pourtant eu le prêtre! murmura-t-elle.

— Je l'ai eu, répliqua le malade. Cela est convenable et bon pour le quartier.

— Qu'avez-vous pu dire?…

— Ma fille, l'interrompit le colonel avec une sévérité grave, je suis d'un pays où l'on croit, et d'un temps où l'on croyait : J'ai vu les brigands calabrais et les gens de l'Encyclopédie, ils parlaient haut tant qu'ils avaient bon pied, bon œil; mais, les uns comme les autres, ils n'étaient pas fiers pour mourir. J'ai dit ce qu'il fallait dire, tout juste….

— Mais votre pensée pèche encore! s'écria la comtesse de bonne foi.

— Plus bas! il y a là une sainte religieuse…. pourquoi riez-vous, fillette? L'homme pèche toujours et se repent sans cesse : voilà la conscience. »

Il ferma ses yeux fatigués et reprit haleine en un râle. Mais sa force était loin d'être à bout, car il demanda en tourmentant ses draps :

« Combien sont-ils là-bas à attendre ma mort pour défaire mon lit et fouiller ma paillasse?

— Vous les connaissez bien, dit Fanchette froidement. Ils sont là en effet, et ils attendent cela.

— Si j'avais voulu, murmura le colonel, je mourrais entouré de gardes comme un roi ! »

Cependant, la réponse de la comtesse le préoccupait; il avait espéré une contradiction, car il ajouta :

« Tu ne les aimes pas, Fanchette ! Combien sont-ils ?

— Cinq. Le duc, mylord, le docteur et le comte Corona.

— Et L'Amitié ?

— L'Amitié mange déjà votre héritage. C'est un coquin lâche et ingrat.

— Il est mon élève, prononça le vieillard si bas, que la comtesse eut peine à l'entendre. Si tu l'avais pris pour mari !... Fillette, s'interrompit-il, tu n'as jamais voulu qu'on te fasse veuve !

— Je ne le veux pas encore, dit-elle, je sais souffrir.

— Quand je ne serai plus là, si tu changes d'avis, tu es de Sartène et tu es bien belle. Quelqu'un t'aimera assez pour le haïr.... »

Des larmes vinrent aux yeux de la jeune femme qui balbutia :

« J'aime et je ne suis pas aimée.

— Qui donc aimes-tu, fillette ? »

Ceci fut dit avec une curiosité d'enfant.

« Michel, » laissa tomber la comtesse en un murmure.

Le colonel ouvrit ses yeux tout grands.

« Michel ! répéta-t-il, le fils de ce Maynotte ! Cette affaire-là revient toujours.... toujours ! »

Puis, secouant une pensée importune, il ajouta :

« Tu ne m'as dit que quatre noms, fillette. Qui est le cinquième chacal ? »

La comtesse répondit avec une dureté glacée :

« C'est votre confesseur. »

Elle crut qu'il allait se soulever tout droit sur son séant, tant cette réponse le frappa violemment. Sa tête quitta l'oreiller, mais elle y retomba aussitôt.

« Ont-ils fait cela? dit-il, étouffé par l'indignation. Ont-ils risqué mon salut éternel? »

La comtesse le contemplait, stupéfaite, et songeait :

« Il pensait donc, en vérité, tromper Dieu !

— Ont-ils fait cela? continuait le vieillard dont la voix faiblissait à mesure que croissait sa colère. Ont-ils profané la sainte robe ? Il n'y a qu'un crime sans pardon : c'est le sacrilége ! M'ont-ils fourré dans un sacrilége? Deux sacriléges peut-être, car celle qui veille ici près, est-ce une sœur pour tout de bon? Ah! les coquins maudits! ah! les misérables! Ce duc ! un débauché sans cœur ! Ce lord, un pick-pocket ; ce docteur un faux savant! Ce comte enfin, ton mari, un vrai bandit! Vois-tu... vois-tu que j'ai bien fait de ne pas tout dire au prêtre. Le secret me reste. Dieu est bon ! Dieu est juste. J'ai toujours cru en Dieu, je l'atteste !

— Il y a donc un secret? » interrogea la jeune femme avec une irrésistible avidité.

La colère du colonel tomba et son regard morne enveloppa la comtesse.

« Oui, fit-il avec une emphase où perçait le sarcasme; il y a un secret. N'as-tu jamais entendu prononcer le nom que je portais, quand je marchais à la tête de toutes les Camorres?

— Si fait, répondit la comtesse.

— Ce nom sonnait haut! reprit le vieillard. On ne l'écrira pas sur ma tombe. Et n'as-tu jamais ouï parler du scapulaire de la Merci ? »

La jeune femme resta muette, mais ses yeux ardents suppliaient.

Le vieillard leva sa main tremblante jusqu'à ses paupières comme s'il eût voulu en écarter un voile et lire la pensée de la comtesse dans son regard.

Mais sa main retomba fatiguée.

« Je n'y vois plus ! murmura-t-il. Je n'ai pas reconnu le coquin qui m'a volé ma confession. Mais j'ai quelqu'un.... Il me reste un serviteur fidèle.... Ils n'auront pas le secret ! Toulonnais-l'Amitié n'a pas trempé dans cette trahison impie. C'est mon élève. Je lui donnerai le scapulaire.

— C'est lui qui a amené le faux prêtre, » dit la jeune femme sèchement.

Les yeux du malade eurent une vague lueur.

« Ne m'irrite pas, fillette, dit-il. Cela use ma dernière heure, et je suis ton grand-père ! »

Il fit un geste, dont, sans doute, elle connaissait la signification, car elle déboucha une fiole qui était sur la table de nuit et versa quelques gouttes de son contenu dans une cuillère de vermeil.

Elle mit la cuillère entre les dents du malade qui claquèrent contre le métal.

« Tu m'aimes, toi, Fanchette, murmura-t-il après avoir bu. Merci.

— Je vous aime, père, répondit la comtesse. Si L'Amitié devient le Maître, il me fera du mal.

— Tu n'es qu'une femme ; tu ne peux pas être le Maître.

— Regardez-moi bien, » dit-elle.

Sa taille souple et musculeuse se cambra. Elle avait une beauté de reine.

Le vieillard lui adressa un signe de tête admiratif et murmura :

« Tu serais plus forte que les hommes ! c'est vrai.... mais nous avons le temps. »

C'était peut-être l'effet de la potion. Un peu de sang revenait aux pommettes de ses joues hâves. Il sembla écouter tout à coup un bruit qui ne parvenait point aux oreilles de sa compagne ; ses yeux, qui retrouvaient des rayons, firent le tour de la chambre et s'arrêtèrent successivement sur les trois portes fermées, d'abord, puis sur les fenêtres.

« Ils ne sont plus à table, » dit-il.

Et, comme la comtesse l'interrogeait du regard, il ajouta : « Va voir. »

Elle obéit aussitôt. Pendant son absence, la sœur, qui veillait dans la chambre voisine, vint au seuil et glissa jusqu'au lit un regard attentif. Le malade la guettait entre ses paupières demi-closes.

Quand la comtesse fut de retour, elle reprit place auprès du lit et dit tout bas :

« Ils sont partis. »

Le malade lui fit signe d'approcher. Ses lèvres crispées ébauchaient un amer sourire. Il dit rapidement et très-distinctement :

« Ils sont là.... je les sens.... je les vois au travers des portes ; chacun de ces battants cache un carnassier à l'affût ; la fenêtre aussi. J'ai entendu marcher sur le balcon. Ne bouge pas.... ne regarde pas.... je les connais : s'ils savaient ce que ma bouche dit à ton oreille, ils te tueraient ! »

Elle les connaissait aussi, car un frémissement parcourut ses veines.

« Ils ont essayé de se tromper les uns les autres, poursuivit le vieillard. C'est leur instinct. L'association, entre eux, est un combat de toutes les heures. Sans cela, il n'y aurait point de bornes à leur puissance. Chacun d'eux s'est éloigné ouvertement pour revenir à pas de loup. Ils flairent ma fin....

— Mais ils sont loin de compte, père, l'interrompi la comtesse étonnée des symptômes évidents de vitalité qui semblaient renaître dans ce corps comme dans cette intelligence. Vous êtes mieux.

— Avant un quart d'heure, répliqua froidement le colonel, je serai mort. As-tu vu la flamme que jette la lampe près de s'éteindre? Tout va être à toi, Fanchette, le secret des Habits Noirs, le scapulaire de la Merci et la clef du trésor. Tu rougis, tes yeux brillent, tu ne m'aimais pas. Fera-t-il jour demain? Non! pas pour moi, pas ici. Ailleurs, je ne sais. On ne peut rien emporter là où je vais ; — où vais-je ? »

Il eut un court tressaillement qui agita sous le drap la maigreur de ses membres. Sa voix restait distincte; mais, chez lui, le calme faisait place à une sourde détresse.

Ses yeux roulèrent, ternes et hagards dans leurs orbites creusées.

« Fera-t-il jour demain? répéta-t-il. Pourquoi les souvenirs du passé remontent-ils en moi comme un flux! Mon œil était plus perçant que celui de l'aigle, ma voix s'entendait par-dessus le cri des torrents, là-bas, dans la montagne où les mille fronts de la Camorra s'inclinaient devant un seul front : le mien! Nous combattions alors des armées.... Fera-t-il jour demain? Sais-tu d'où venait ce mot? Il était joyeux, il était guerrier ; il annonçait le péril et le butin. C'était moi qui répondais toujours à cette question de mes ténébreux soldats. Après des semaines d'orgie dans la nuit fastueuse de nos demeures souterraines, l'heure venait de revoir la lumière et la bataille. Fera-t-il jour demain? Y aura-t-il du sang et de l'or? Entendrons-nous le concert de la poudre? Verrons-nous, en travers de nos selles, les blanches captives, échevelées?... Oui, il fera jour demain.... Alors, c'était un long cri d'ivresse. Les femmes semblaient plus belles et le vin coulait plus ardent. Et c'était vrai! Le lendemain, il faisait jour. Les sombres cavaliers parcouraient les sentiers de la montagne.... ou bien les hardis seigneurs montraient le velours de leurs manteaux jusque dans les villes. Et il y avait un nom : le mien, qui éclatait comme le tonnerre.... »

Sa voix faiblit, épuisée par cet inutile effort. La comtesse lui saisit la main.

« Père, dit-elle, si vous n'aviez pas le temps ! »

Il la regarda de son œil éteint.

« Fera-t-il jour demain? » prononça-t-il encore une fois.

Puis il reprit :

« Je ne sais. Qui le sait? Je crois en Dieu, mais on peut se tromper. J'ai bien vécu, j'ai vécu près de cent ans. Peut-être y a-t-il quelque chose à faire au delà de la tombe; c'est à voir. N'aie pas peur, fillette, j'aurai le temps de tout dire. Ce n'est pas une minute qui me manquera au bout d'une si longue vie. Tu vas posséder le talisman; tu seras riche et tu seras aimée. Penche-toi sur moi.... fais comme si tu m'embrassais de tout ton cœur. Il y a un cordonnet autour de mon cou.... tranche-le avec tes dents et tu auras le scapulaire. Comme tes yeux brillent ! Embrasse-moi encore : tu ne m'aimais pas !

— J'ai le scapulaire, dit la comtesse avec un effrayant sang-froid.

— Alors, tu ne m'embrasseras plus. Le secret des Habits Noirs est cousu dedans.... »

Elle mit ses lèvres encore une fois sur le front du malade.

« Merci, murmura-t-il, c'est par-dessus le marché.

Quant à l'argent.... Ah! l'argent! il m'avait coûté cher! Écoute bien : la poire est mûre chez le baron Schwartz; je crois que je verrai encore cette affaire-là : ce sera ma dernière. Il n'a plus rien à moi.... T'ai-je dit où était l'argent de la Camorra?... va aux ruines de la Merci.... tu le trouveras dans.... »

Un second tressaillement plus brusque agita ses membres.

« Je le trouverai! Dans quoi? » répéta la comtesse.

Le colonel ne répondit point. Il avait les yeux et la bouche grands ouverts.

Elle lui tâta le cœur.

Puis elle fit le signe de la croix avant de décrocher un petit crucifix d'ébène suspendu à la muraille.

Elle déposa le crucifix sur les couvertures.

Ce devoir accompli, elle traversa la chambre d'un pas ferme, et dit à la religieuse qui veillait dans la pièce voisine :

« Ma sœur, le colonel Bozzo-Corona est mort. »

L'instant d'après, sa calèche roulait sans bruit sur la paille étendue au-devant de l'hôtel.

Au moment où la religieuse se levait pour entrer dans la chambre du mort, une main enveloppée d'un mouchoir de soie brisa un carreau de la fenêtre donnant sur le balcon et passa au travers pour tourner vivement l'espagnolette. C'était une main preste et sachant son métier.

La fenêtre s'ouvrit; un homme masqué sauta du balcon sur le parquet.

Il s'approcha du lit et arracha le bouton qui serrait la chemise du mort autour de son cou amaigri, découvrant ainsi la poitrine et les épaules.

Pendant les quelques secondes que dépensa ce travail exécuté avec adresse et assurance, les trois portes fermées roulèrent doucement sur leurs gonds. Deux hommes se montrèrent à chacune des deux premières ; le faux prêtre parut à la troisième.

C'était le compte de ceux qui, tout à l'heure, étaient à table, et le mourant avait bien deviné.

Tous cinq étaient armés.

A la quatrième porte, celle de la chambre de veille, qui était restée constamment ouverte, on pouvait voir les figures avides de la religieuse et du vieux valet à tournure monastique.

Ces gens regardaient curieusement la besogne accomplie par l'homme masqué.

Celui-ci ayant rejeté le drap jusque sur la figure du mort avec un geste de colère, il y eut des rires contenus.

« Tu viens trop tard, L'Amitié ! » dit la religieuse d'une voix virile.

L'homme masqué se redressa sans témoigner ni frayeur ni surprise. Il croisa ses bras sur sa poitrine et promena lentement son regard sur ceux qui l'entouraient.

Ceux-ci s'étaient approchés et faisaient cercle. Il y avait parmi eux deux jeunes gens dont l'un surtout, bourbonien de type et ressemblant aux médaillons de Louis XV adolescent, était remarquable par sa beauté presque féminine ; d'abondants cheveux noirs, bouclés, encadraient son visage doux et fin : c'était le duc. L'autre jeune homme, celui qu'on appelait mylord, portait ses cheveux d'un blond roux brossés à l'anglaise.

Il y avait un homme aux traits énergiques, au regard dur et froid, accusant quarante ans d'âge environ, et vêtu avec une rigoureuse décence : c'était le docteur. Les autres avaient l'air de le craindre.

Il y avait ensuite deux personnages en qui la dégradation plus ancienne et plus profonde avait laissé des stigmates plus apparents : le comte Corona, une belle tête d'ange italien déchu, et le prêtre, face ravagée par le vice, mais éclairée par une diabolique intelligence.

Sa joue et le tour de ses yeux portaient encore les marques du travail de *grimage*, supérieurement exécuté, à l'aide duquel il avait pu tromper les yeux affaiblis du moribond.

Il y avait enfin la religieuse : une jolie fille à la voix rauque, au rire effronté et brutal, et le vieux domestique qui gardait, par habitude, une bonne moitié de son air cafard.

« Je vous attendais tous ici; dit l'homme masqué. Il convenait que la haute-loge des Habits Noirs, tout entière, entourât le lit de mort du Père....

— Il manque trois têtes, dit le docteur. Nous sommes douze du premier degré en comptant le Maître. »

L'homme masqué répondit :

« Je suis le Maître. En me comptant, nous restons onze. Fanchette, M. Bruneau et Trois-Pattes sont absents. Fanchette va être jugée, M. Bruneau m'est suspect; Trois-Pattes est mon esclave : nous pouvons délibérer. »

Un murmure avait accueilli cette déclaration : « Je suis le Maître, » l'homme masqué poursuivit.

« Il faut que les funérailles soient dignes de celui qui n'est plus. Nul n'y fera défaut, ni vous, ni ceux du second degré, ni l'armée des simples compagnons. Il fera jour demain, et l'association pourra se compter au grand soleil sous le regard des profanes.

— Bien parlé, L'Amitié, repartit en ricanant le comte Corona. Et c'est pour nous prêcher cela que tu as sauté par la fenêtre?

— Avec un masque de carnaval? ajouta la religieuse.

qui, dépouillée de sa robe de bure, faisait sa toilette devant une glace.

— Je savais que la comtesse devait venir, répondit l'homme masqué en s'adressant à l'Italien ; tu nous dois des comptes à cet égard, et tu nous les rendras. »

Corona haussa les épaules, disant :

« Sans ce vieux diable de Père, je serais veuf depuis le lendemain de mes noces !

— A-t-il révélé quelque chose en confession ? demanda l'homme masqué au faux prêtre.

— Il a bien raconté quelques peccadilles, répliqua celui-ci, mais, pour le gros, néant. Il est mort comme un saint, parole d'honneur !

— C'était un homme, et c'était le Père ! prononça Toulonnais-l'Amitié avec emphase, faisant ainsi en deux mots l'oraison funèbre du Maître décédé.

— Mes frères, reprit-il en changeant de ton, il m'a été dit tout à l'heure : tu es arrivé trop tard. Cela est vrai en ce qui vous concerne ; pour ce qui me regarde, cela n'a pas de signification. Voici déjà plusieurs jours que j'ai reçu des mains du Père le secret des Habits Noirs, avec ses dernières instructions.

— Que cherchais-tu sous la chemise, demanda rudement le docteur, si tu as le scapulaire ?

— Montre le scapulaire ! ajouta l'italien.

— Je montrerai le scapulaire, répliqua L'Amitié, à l'assemblée qui va se réunir pour reconnaître l'héritier ; je dirai en même temps la dernière volonté du Père, et je donnerai le détail de l'immense opération dont le plan occupa sa veille suprême.... moi seul puis faire cela : quelqu'un a-t-il à me démentir ?

— Que cherchais-tu sous la chemise ? répéta le docteur.

— Je cherchais un pli qui m'était annoncé et que je

n'ai pas trouvé. Le Père m'avait donné son secret qui ne peut appartenir qu'à un seul, et qui m'appartient; mais son or était à partager entre vous tous; et cela lui coûtait de se séparer de son or. Il y a de l'enfant chez l'homme qui s'en va. Le Père ne voulait pas, lui vivant, lâcher la clef du trésor.

— Cela doit être vrai, dit le prêtre; il conservait un vague espoir de vivre.

— Je cherchais la clef, poursuivit l'Amitié, et je cherchais le pli explicatif qui devait vous mettre en possession de votre héritage. Mais il y avait là, tout à l'heure, une femme. Nous veillions, il est vrai; tous nos yeux étaient braqués sur elle. Qu'importe! elle a du sang bohémien dans ses veines corses; elle est adroite, elle est hardie.... ne l'avez-vous pas vue qui se penchait pour embrasser le Père?

— Si fait! si fait! dit-on de toute part, nous l'avons vue.

— Cette femme est contre nous depuis les jours de son enfance. »

On répondit encore :

« C'est vrai! c'est vrai! son père et sa mère n'étaient point avec nous.

— Cette femme a pris votre bien pour le porter à vos ennemis; elle a volé ce qui vous eût fait riches tout d'un coup; le Père n'est plus là pour mettre son amour aveugle entre elle et le châtiment. Il faut qu'elle meure. »

Les sept répliquèrent d'une seule voix :

« C'est justice : elle mourra. »

Et le comte Corona, riant d'un rire cynique, ajouta :

« Je suis jaloux, ne vous mêlez pas de cela; je m'en charge. »

XXVIII

L'agence.

Cette agence Lecoq, dont nous allons franchir enfin le seuil fameux, était une grande maison où rien ne manquait et qui parlait d'argent : non point peut-être de cet argent, périodique bénédiction, venant aussi régulièrement que la marée sur les grèves et qui fait des logis cossus, propres, honnêtement ordonnés, — des RENTES, pour prononcer ce bienheureux mot, rêve frémissant, joyeux amour de toutes les ménagères, — mais de l'argent capricieux, artiste, dirions-nous presque, de l'argent conquis de manière ou d'autre, venant d'ici tantôt, et tantôt de là, de l'argent de spéculation, de l'argent de combinaisons, de l'argent d'affaires, presque aussi cabrioleur que l'argent de jeu lui-même.

Si loin que soit de nous ce règne de Louis-Philippe, il est certain que Paris était déjà, en ce temps, une assez jolie ville, futée, madrée, industrieuse à l'excès et faisant monnaie de toutes sortes de frivolités. L'article annonces, le roi des articles-Paris, dont la prospérité est le mètre normal des civilisations, marchait dès lors tout seul et sans lisières ; il y avait des laboratoires à mariages ; les bureaux de renseignements soulevaient les toits des maisons : on pouvait vivre à la rigueur.

Nous n'avons pas tout inventé la semaine dernière comme les neveux déshérités de Balzac semblent portés à le croire. En cherchant avec soin, vous découvririez dans l'antiquité même des traces de la boutique moderne où l'on vend la chose invisible.

Deo Ignoto! disait le paganisme au bout de son latin. Magasins de fumée, bazars de vent, comptoirs de chimères! s'écrie notre goguette industrielle. Il y a des gens qui achètent de tout cela.

Derrière cet huis à deux battants qui portait pour enseigne: *Agence Lecoq*, on trouvait une très-vaste antichambre, transformée en bureau, et coupée selon sa largeur, en deux parties égales, dont l'une appartenait au public, l'autre aux employés, défendus par un grillage que doublaient des rideaux de soie verte. Cela ressemblait assez au vestibule d'une banque de second ordre ou au bureau public d'un agent de change. Quoique neuf heures du soir eussent sonné et que ce fût dimanche, on entendait causer derrière la soie : preuve que les affaires marchaient.

Le salon suivait le bureau, une fort noble pièce, meublée à la papa, velours ponceau et acajou bruni, pendule à sujet philosophique, candélabres riches, mais d'un fâcheux modèle, tapis d'Aubusson un peu fatigué, guéridon portant des brochures politiques, piano à queue immense, tableaux dont les cadres avaient de la valeur. Tout cela, pour le quartier, était tout simplement splendide.

Le salon, éclairé par une lampe qui brûlait tristement sur le guéridon, était solitaire.

On ne saurait exprimer d'un mot la physionomie du « cabinet » qui venait après le salon. C'était ample et grave, il est vrai, au premier aspect, mais on y flairait une odeur de pipe. En 1842, la pipe n'avait pas dans le monde la position qu'elle a aujourd'hui. Nos mœurs laissaient encore à désirer. Cette odeur de pipe pouvait donc passer pour une note médiocre ; mais, d'autre part, les respectables paperasses, empilées partout, les cartons d'excellente tournure, les meubles naïfs et austères donnaient au « cabinet » une apparence quasi-ministérielle. Le maître d'un pareil sanctuaire devait *faire* en grand, cela sautait aux yeux. Mais, que faisait-il ?

Rien d'illicite ou même de caché, je suppose, car le bureau à cylindre, tout ouvert, montrait ingénuement ses papiers épars et le fouillis des lettres décachetées. Vous n'auriez pas remarqué un plus franc désordre sur la table de travail d'un poëte. Cette absence de précaution parle naturellement de loyauté ; ceux qui se peuvent montrer ainsi à découvert inspirent la confiance.

Néanmoins, comme ce ne sont pas leurs propres affaires que traitent ces obligeants chrétiens qui ont l'honneur de porter le mot *Agence* écrit sur leurs portes, un tel laisser-aller pourrait avoir des inconvénients sérieux. Je vous prie, veuillez vous rassurer. Pas d'agence sans discrétion. C'est l'*a b c* du métier : discrétion à toute épreuve : Le patron est un confesseur ; le cabinet est une tombe. Essayez, puisqu'il n'y a personne, furetez, cherchez, quêtez, tournez et retournez, vous ne trouverez rien, à moins que vous ne tombiez précisément sur l'amorce de quelque ligne dormante, tendue là tout exprès pour un poisson de votre espèce.

Vous êtes encore aux bagatelles de la porte. Une agence est mieux machinée que cela. Ceci est le foyer public ; le tabernacle est ailleurs, le foyer privé, cadenassé pour les profanes. Dans cette partie-là, nous sommes loyaux, c'est vrai, mais nous sommes prudents par état.

Nous faisons toutes les choses que le tabellion ne

sait ou ne peut faire. L'étude est sur la terre, l'agence est dans les nuages.

Nous planons, dans toute la force du terme, et si nous manquons de diplômes, c'est que nous sommes à cent coudées au-dessus des vulgaires examens.

Une lampe, jumelle de celle qui éclairait le salon, brillait sur la cheminée du cabinet et montrait la porte entr'ouverte d'un boudoir.

Pourquoi non? l'agence ne repousse pas le beau sexe. Il y a le côté des dames.

Le boudoir était charmant et d'un goût très-passable. On ne peut dissimuler, cependant, que l'odeur de la pipe y persistait. Or, en 1842, le sexe qui doit son principal lustre à MM. Legouvé n'en était pas encore à ces violents appétits dont les budgets croissants de la régie chantent chaque année l'heureux épanouissement. Cette odeur de pipe était une insolence et un symptôme : elle prouvait que le faune de ces grottes avait ce qu'il fallait de valeur pour imposer ses habitudes.

Dans le boudoir, il y avait des tableaux tendres et deux réductions de Pradier; le guéridon, en bois de rose, orné de cuivres coquets, portait *le Figaro, le Vert-Vert, le Corsaire-Satan, la Mode* et les œuvres de Gavarni très-galamment reliées. Des fleurs fraîches emplissaient les vases, et le velours des rideaux, dégagés de leurs embrasses, tombait à larges plis devant les croisées. Il y avait, bien entendu, ce qu'il faut d'issues pour éviter tout danger de rencontres entre celles qui arrivent et celles qui s'en vont.

Hélas! vous n'eussiez pas trouvé de boudoir à l'agence Échalot! Point d'antichambre, point de commis derrière la soie verte d'un treillage, point de salon, point de cabinet! Similor, brillant mais inutile, était une gêne plutôt qu'un profit; le jeune Saladin, qui nuisait si abondamment à la propreté de la mansarde, pouvait néanmoins passer pour un luxe. Tout aux uns, rien aux autres !

Échalot avait toujours manqué de trente-cinq francs pour monter en grand son affaire !

Le boudoir était la dernière pièce officielle de l'agence Lecoq. Un petit carré, donnant sur l'escalier de service, le séparait de la salle à manger, qui commençait la série des appartements privés du patron. La maison tournait ici. Une chambre à coucher de style hyperanacréontique, et dont la description messiérait tout à fait, s'ouvrait également sur le petit carré. Le patron murait, disait-on, une assez joyeuse vie privée.

Au delà de la chambre à coucher, une pièce très-petite, meublée de trois chaises de paille et d'une table de sapin, terminait la maison, mais non point le domaine de M. Lecoq, qui était un Guzman et demi pour la démolition des obstacles. M. Lecoq avait percé le mur de la propriété voisine ; deux autres grandes pièces suivaient le cabanon, orné d'une table de sapin. Le cabanon et ces deux pièces formaient le tabernacle dont nous avons parlé.

Là, aucun papier ne traînait ; il y avait des cartons crénelés et défendus par des chevaux de frise, des tiroirs à triple serrure qui défiaient la sape, un coffre-fort, chef-d'œuvre de la maison Berthier, à l'abri du pétard.

Discrétion ! Le mot est trop mou : impénétrable mystère ! C'était ici le temple où M. Lecoq accomplissait la partie sacerdotale de ses fonctions. Les secrets des messieurs et des dames restaient en sûreté là-dedans et dormaient jusqu'à l'heure où M. Lecoq trouvait intéressant de les éveiller.

La vie est un combat. Jadis, on se servait d'armes lourdes et brutales pour frayer son chemin dans cette mêlée. Aujourd'hui, sauf la noble Amérique et un peu la joyeuse Angleterre, tous les peuples dits civilisés sont convertis à des mœurs plus douces. Tout en admirant passionnément les neveux de Washington, ce peuple si jeune, si libre, si aimable et si uni, nos plus ingénieux philosophes reculent devant la religion du revolver-colt et du couteau-bowie, à l'aide desquels on arrange là-bas les procès. Ce faisant, nos philosophes subissent un restant de préjugés. La vieille Europe goutteuse et rhumatisante, répugne à ces exercices salutaires. Il y a bien le duel du pharmacien, qui conviendrait mieux aux personnes sédentaires, mais la loi entêtée persécute les pilules, et la médecine se fâche contre tout empoisonnement qui ne rentre pas dans le *codex*. Où donc trouver des armes pour livrer la bataille de la vie ?

A l'agence Lecoq, s'il vous plaît. M. Lecoq est une invention de ce siècle subtil, comme la photographie, le télégraphe électrique et tant d'autres chères choses. M. Lecoq fournit des renseignements, et puis? Des renseignements encore, toujours des renseignements. Je vous prie de croire qu'un renseignement bien établi vaut trois ou quatre revolvers. Laissez seulement marcher nos sociétés intelligentes, vous verrez quelque jour Devisme et Le Faucheux, abandonnant les antiques machines qui ont besoin du fulminate ou du salpêtre, prendre brevet pour un nouveau système de renseignements à douze coups.

La guerre joue de son reste, vous devez bien le voir. Mars va clopin-clopant, le bon vieux grognard, dans le chemin qui mène aux Invalides, et Vénus, toujours jeune, s'étonne d'avoir eu des faiblesses pour un pareil grotesque. Savez-vous ce que ferait Vénus aujourd'hui, si elle ne se respectait, elle trahirait Mars pour Vulcain ; et supposez qu'elle trahisse encore Vulcain, par habitude, ce sera au moins pour Mercure.

Encore un perfectionnement aux canons rayés, une plaque de plus aux blindages, deux perfectionnements, si vous voulez et deux plaques, dix plaques et dix perfectionnements, un canon électrique, tuant une division d'un seul coup, un revêtement magique à l'épreuve du tonnerre ! Est-ce impossible ? Tant mieux ! Demain, nous l'aurons. Et la guerre ayant dansé sa dernière gigue, nous passerons la revue de nos armées de diplomates.

M. Lecoq était un diplomate. Il avait fondé à Paris la première maison de renseignements. Parmi la cohue de ses imitateurs, son souvenir reste haut. Il est de l'histoire. Ce fut chez lui que se fournit Argus, quand l'âge eut mis sur ses cent yeux cinquante paires de besicles. Il n'était pas la police, mais la police achetait à bas bruit ses almanachs excellents.

Eussiez-vous souhaité plus de faste dans la maison d'un homme si considérable ? C'est là-bas un quartier riche, mais sans gêne et ombrageux. Le luxe l'offense. On y gagne beaucoup plus d'argent qu'on n'en dépense : c'est le contraire de la Chaussée-d'Antin : pour y faire des affaires, il n'est pas nécessaire de s'afficher en or.

Chaque pays a ses mœurs. Rue de Provence, il faut se ruiner pour manger du pain ; rue Saint-Martin, on met du foin dans ses vieilles bottes, et telle chrysalide commerciale, modeste, un peu sordide même, qui a végété vingt ans loin du soleil, s'élance un beau matin hors de sa coque sombre pour voler, effronté papillon, vers un splendide hôtel des Champs-Elysées, dont l'antichambre ne l'eût pas admise hier, et qui est aujourd'hui son palais. Demandez à ces victorieux si l'argent a de l'odeur !

Il y a agence et agence. On manigance tout dans notre arcadienne forêt, depuis l'amour, ce bien suprême! comme dit le théâtre Lyrique, jusqu'aux billets des loteries autorisées, depuis le bonheur conjugal jusqu'aux décorations étrangères, depuis le droit au travail mal rétribué jusqu'à la gloire impérissable. L'agence est, dans toute la rigueur du terme, un microcosme; on y tient tout, et ce qui fait son charme incomparable, c'est qu'elle ne s'étonne d'aucune demande, tant saugrenue que vous la puissiez rêver. Il se trouve pourtant des agences spécialistes, comme certains sorciers ne s'occupent que des objets volés. Ce n'est pas à la légère que le mot sorcier est ici prononcé. L'agence est de soi une chose romanesque qui chatouille l'imagination au même titre que l'art de tirer les cartes ou le somnambulisme. Le chiromancien, maître de ce cabinet, inspire une confiance *sui generis*, et telle qu'on ne lui demande même pas son programme. Mettre le pied sur le seuil d'une telle maison c'est déjà une équipée; or, toute équipée engage et entraîne. Ces MM. Lecoq le savent bien; ils spéculent formellement là-dessus.

Si vous avez beaucoup, mais beaucoup de talent, une grande souplesse d'esprit, une volonté forte, de l'imagination, de la finesse, de l'entregent, de l'acquis, du sang-froid, de l'éloquence, l'usage des différents mondes, la meilleure opinion de vous-même, une teinture suffisante des rouer ies commerciales et industrielles, une triture approfondie des gentillesses de la chicane, bon ton à la rigueur, mauvais ton quand il le faut, robuste estomac, tête solide, conscience vaste, courage au travail et le mot pour rire; si, en un mot, vous êtes absolument supérieur à vos contemporains; si, néanmoins, vous n'avez voulu ou pu être ni secrétaire général, ni agréé, ni professeur en Sorbonne, ni gendarme, ni directeur d'assurances, ni concierge, ni soumissionnaire des fournitures pour hôpitaux, fondez l'agence Lecoq et garez-vous du procureur impérial !

Depuis longtemps, il ne nous a pas été donné de voir M. Lecoq face à face. Nous avons eu à prononcer son nom très-souvent, et le lecteur sait que, depuis l'époque où il plaçait, en province, les caisses à secret et à défense de la maison Berthier et Cᵉ, M. Lecoq a fait brillamment son chemin, mais c'est un spectacle intéressant et toujours nouveau que d'assister aux transformations opérées par l'âge dans une riche nature. Telle jeunesse un peu orageuse mûrit en virilité splendide.

C'est donc avec l'émotion d'un légitime orgueil que nous présentons ici M. Lecoq transfiguré, à nos amis et à nos ennemis: M. Lecoq de la Perrière, chevalier de plusieurs ordres. Je n'ai pas inventé cet homme d'imagination et de cœur, c'est vrai ; il est l'œuvre de Dieu qui créa toutes choses, mais il me semble qu'une partie de son lustre va rejaillir jusqu'à mon front et chacun cherche à tirer parti de ses illustres connaissances.

Nous sommes loin du commis-voyageur, doué d'un certain brio, mais entaché du détestable goût qui pestifère cet élément social. M. Lecoq n'avait certes pas pris ces manières de l'ancien régime dont la Comédie-Française fait si bien la caricature, il ne secouait pas son jabot, il ne tournait pas sur le talon, il ne jetait pas sous son bras un claque de voltigeur centenaire, à quoi bon renier son siècle et les bienfaits de 89? Mais M. Lecoq avait la grande mine d'un Titan de la Bourse. L'odeur de pipe n'est pas incompatible avec cela. Il y a dans ce mâle parfum quelque chose qui parle des conquêtes modernes.

L'effronterie était, chez lui, devenue aplomb, la brutalité rondeur, la fanfaronnade autorité : de sorte qu'on peut dire que le fond était resté le même, tout en s'épurant et se sublimant. M. Lecoq de la Perrière était tout uniment la quintessence éthérée de cet illustre Gaudissart, qui fut l'amphitryon de notre J.-B. Schwartz à l'auberge de Caen, dans les premiers chapitres de cette histoire.

Il était là, dans ses appartements privés, en conférence intime, non point avec le premier venu, mais bien avec M. le marquis de Gaillardbois. Voyez où mène la conduite! un homme posé, un homme influent, un homme de ministère et même un peu de cour, lancé au mieux dans les affaires politiques et qui, disait-on, avait vendu très-cher à la royauté quasi-légitime son passé de conspirateur vendéen. M. le marquis et M. Lecoq étaient ensemble dans des rapports familiers, cela se voyait; M. le marquis fumait un cigare et buvait du *scotch ale*, commodément assis qu'il était et reposant ses pieds sur la tablette de la cheminée; des pieds vernis comme un guéridon chinois; M. Lecoq, demi-couché dans une causeuse, buvait du *scotch ale* et fumait une bonne grosse pipe albanaise à bout d'ambre. Il ne faut point que le choix du breuvage étonne. La bière est la boisson universelle des gens qui fument; peuple ou princes. Un galant homme ne goûte jamais qu'une fois ces ignominies pharmaceutiques, inventées par les ivrognes américains, où l'alcool se mélange criminellement avec l'eau de cologne et le vinaigre de la société hygiénique, sous le nom répugnant de grog.

M. Lecoq avait une robe de chambre de velours noir à cordelière d'or et doublée de satin cerise; son habit de ville, à la boutonnière duquel brillait un ruban multicolore était jeté sur un meuble. Nous savons qu'il passait la quarantaine; mais il était conservé parfaitement et semblait être encore un jeune homme, malgré le faisceau de petites rides que son caractère joyeux avait groupées en éventail aux coins de ses yeux clairs. Ses traits étaient solidement dessinés, surtout son nez, de carrure romaine; il avait la bouche grande, sculptée avec énergie et marquée du pli sarcastique. Ses cheveux, d'un châtain sombre et fauve, frisaient ou plutôt crêpaient sur un front largement développé, d'un luisant de bronze; par contre, ses sourcils avaient blanchi, ce qui donnait un clignotement à ses yeux. Il ne portait pas de barbe.

Sa jeunesse était surtout dans sa taille souple et robuste. Ce devait être, en la rigueur du terme, un luron solide.

M. le marquis de Gaillardbois, plus âgé d'une dizaine d'années, était un ancien beau, fatigué, mais suffisamment confit. Ses cheveux n'étaient peut-être pas teints, quoiqu'ils en eussent l'air. Il portait barbe entière et moustaches, le tout d'un noir de jais. Tous les médaillons d'une même époque ont un air de famille, et il suffit de quelques années pour changer le type historique, soit que cela tienne au costume, soit qu'il y ait des idées ambiantes qui surmoulent les physionomies en masse. La figure de 89, cela est certain, changea en 93, se modifia profondément sous le Directoire et tourna complètement sous l'Empire. Quoi de plus différent, quoi de plus opposé que deux silhouettes prises au hasard derrière M. de Villèle et autour de M. Guizot, à trois lustres d'intervalle? Je sais une personne qui a le sens de ces distinctions admirablement développé et vous dit à première vue : voici un homme de telle date ministérielle. Bien plus : cette personne découvre au simple aspect d'un profil si, étant donné le règne de Louis-Philippe, par exemple, le sujet appartenait à l'opposition dynastique ou à l'opinion doctrinaire. Ce talent ne lui rapporte rien.

M. Lecoq était très-énergiquement de cette année 1842. A cet égard, il portait son millésime aussi bien marqué que celui de la dernière pièce de cent sous, frappée à la monnaie. M. le marquis de Gaillardbois n'offrait pas, en sa personne, des diagnostics aussi certains : c'était un écu composite et magnifiquement retouché. Il y avait en lui plus de fantaisie : deux ou trois époques se mariaient dans ce remarquable échantillon de l'homme de talents, sans préjugés, que ses besoins trop vifs empêchent de réussir. Il était de qualité, cela se voyait; il était du monde aussi, malgré ce lieu douteux où nous le rencontrons; l'abandon exagéré qu'il affectait ne cachait pas entièrement une sincère distinction de manières que les façons de M. Lecoq faisaient encore mieux ressortir. Il n'y avait pas jusqu'à sa mise élégante et simple qui ne trahît un niveau supérieur.

Un dernier trait : les yeux noirs de M. le marquis, hautains, noblement fendus et entourés d'un large cercle d'estompe semblaient avoir, par moments, un irrésistible penchant à la déroute; — mais il les posait alors d'aplomb et les forçait à soutenir vaillamment le regard.

Au moment où nous entrons dans le sanctuaire, ces messieurs traversaient un de ces repos qui ponctuent les conversations graves, où chacun a besoin de réfléchir. M. Lecoq éloigna sa pipe de ses lèvres en disant :

« J'ai les Habits-Noirs dans ma poche, et quand le préfet voudra, je lui ferai cette petite affaire-là pour pas cher. »

M. le marquis garda le silence et lança au plafond un redoutable nuage.

M. Lecoq quitta sa pipe.

Il prit le pavillon d'ivoire d'un conduit acoustique, pendant à la muraille à portée de sa main. Il y avait deux de ces conduits, dont les tuyaux verts, semblables à de longs serpents, allaient dans des directions opposées.

M. Lecoq mit sa bouche dans le pavillon et souffla. Puis, le pavillon ayant rendu ce soupir sifflant qui signifie : on écoute, M. Lecoq y introduisit de nouveau ses lèvres et prononça tout bas :

« Trois-Pattes est-il arrivé ?

— Non, » répondit le conduit.

L'autre pavillon siffla un long soupir. M. Lecoq l'ayant aussitôt approché de son oreille, reçut cette communication :

« Cocotte et Piquepuce attendent. »

XXIX

Un gentilhomme qui se prête.

Peu importait, paraîtrait-il, à ce puissant M. Lecoq, que Piquepuce et Cocotte attendissent, car il jeta, sans répondre, le pavillon d'ivoire pour reprendre le bout d'ambre de sa pipe.

M. le marquis n'avait rien entendu des demandes ni des réponses échangées.

« Ces Habits-Noirs sont une grosse chose ! dit-il après un silence. Les journaux s'en occupent et on s'en impatiente en haut lieu. »

M. Lecoq leva les épaules.

« Ce que c'est que d'être bien servi ! murmura-t-il. Que le préfet me fasse signe, et, si nous nous entendons, je les lui donnerai à manger.

— Je ne suis pas chargé des affaires de M. le préfet, » répondit Gaillardbois d'un ton de mauvaise humeur.

M. Lecoq le regarda au travers d'une bouffée.

« Sans doute, sans doute, fit-il non sans une nuance d'ironie. C'est une jolie place, et qui n'est pas du tout au-dessus de vos moyens.... J'y ai déjà songé.

— A quoi ? demanda le marquis.

— A la préfecture de police pour vous. »

Les deux pieds de Gaillardbois quittèrent le marbre de la cheminée pour retomber brusquement sur le parquet.

« Pas de folies, dit-il, j'ai besoin de tous ces gens-là.

— Est-ce que nous bornerions nos ambitions au secrétariat général ? demanda M. Lecoq avec dédain, nous ! fils des croisés ! »

Comme M. de Gaillardbois allait répondre, le pavillon qui avait annoncé la présence de Cocotte et de Piquepuce soupira, M. Lecoq l'approcha négligemment de son oreille.

« Il y a quelque chose dans le tour, » lui fut-il dit.

Il se leva aussitôt et ouvrit une petite armoire en placard dont le battant unique ne se fermait qu'au bouton. Il en retira une boîte de carton et une large enveloppe qu'il déchira en prononçant l'inévitable :

« Vous permettez ?...

— Bravo ! s'écria-t-il, dès qu'il eut jeté un coup d'œil sur le contenu de l'enveloppe. Êtes-vous toujours bien en cour, monsieur le marquis ?

— On le suppose, » répliqua Gaillardbois avec une froideur affectée.

Lecoq ouvrit la boîte de carton qui contenait un peu de cire à modeler et répéta :

« Bravo ! »

Le marquis ajouta en secouant la cendre de son cigare :

« Mon bon, je vous parlais des Habits-Noirs comme j'aurais parlé d'autre chose. Je ne veux pas dire que vous ayez au ministère ni même à la préfecture ce qui s'appelle des ennemis. Mais, vous m'entendez bien, on n'est pas fixé.... vous avez pris une diable de position, qui est remarquée.... Et dans tous les pays du monde où il y a une administration, le besoin se fait sentir de créer du nouveau pour s'accréditer. Il ne faut pas que cela vous attriste....

— Cela ne m'attriste pas, l'interrompit rondement M. Lecoq. Je me moque de vos ministres et de votre préfecture comme de Colin-Tampon !

— Vous avez des mots à vous, murmura le marquis; mais, sans vous attrister, il ne faudrait pas non plus, c'est du moins mon avis, vous laisser aller à de maladroites fanfaronnades. »

M. Lecoq lisait attentivement le document contenu dans l'enveloppe et jetait de temps en temps un regard de côté à la pelotte de cire.

« Voici un garçon qui a nom Piquepuce ! dit-il tout à coup, et qui me sert comme un chien pour un os à ronger. Je ne le changerais pas contre une demi-douzaine d'administrateurs à vingt mille francs par an. Est-ce qu'on voudrait me faire du chagrin, là-bas, hé ? Tâchez de parler la bouche ouverte, vous !

— Mon cher monsieur de la Perrière, répondit Gaillardbois en gardant sa distance, il n'y a rien de si dangereux que de jouer au fin avec un homme comme moi. Je n'ai jamais pu connaître le vrai de votre situation.

Si je connaissais le vrai de votre situation, je pourrais vous être beaucoup plus utile. »

M. Lecoq contemplait d'un œil admiratif le papier illustré par la belle et large écriture de notre ami Piquepuce. Il souriait. Il prit la pelotte de cire, l'examina et murmura : « Cocotte est aussi un bien joli sujet ! »

Le pavillon acoutisque qui était à sa gauche soupira de nouveau et lui dit à l'oreille :

« M. le baron Schwartz est au cabinet.

— Dans une petite minute, je suis aux ordres de M. le baron, » répliqua M. Lecoq dans le cornet.

Il se tourna vers le marquis et reprit bonnement :

« Vous me servez, cher monsieur, absolument comme je désire être servi par vous. »

Et comme le gentilhomme rougissait de colère, il ajouta :

« Il est un point que nous devons établir une fois pour toutes....

— Qu'est-ce encore ! s'interrompit-il en saisissant avec impatience l'ivoire qui avait sifflé.

— Mme la baronne Schwartz est au boudoir, » lui dit le pavillon.

Il se prit à rire et répondit :

« Dans une petite minute, je suis aux ordres de Mme la baronne.

— Oh ! oh ! nous avons une baronne à ces heures-ci ! fit Gaillardbois, » saisissant au vol ce dernier mot.

M. Lecoq répéta au lieu de répondre :

« Il est un point, disais-je, que nous devons établir une fois pour toutes : Ne vous blessez jamais, croyez-moi, de ce que je puis vous dire. J'ai fréquenté un monde qui n'est pas le vôtre et où j'ai pris des habitudes que je ne perdrai point. Je n'ai pas la moindre prétention d'être votre supérieur, ni même votre égal.

Nous faisons des affaires, nous sommes ensemble dans de bonnes relations. Cher monsieur, par état, j'ai un grand nombre de ces relations, les unes, placées beaucoup plus bas que vous; les autres encore plus haut peut-être. Entre les unes et les autres, je tiens tout simplement mon niveau à moi, qui me convient et dont je me contente. Je suis M. Lecoq, de la Perrière si vous voulez, je n'y tiens pas énormément, un industriel, ni plus ni moins. Il m'est précieux de savoir très-exactement ce qui se passe dans les ministères et à la préfecture, parce que j'ai de grands intérêts engagés.... des intérêts immenses. Vous êtes un de ceux qui me fournissent des renseignements excellents et je vous en tiens compte. Mais quant à redouter personnellement les ministères ou la préfecture, non. Si j'étais attaqué ici ou là, j'évalue à plus de cent mille écus la publicité que cette ânerie me produirait. Puis-je espérer que vous êtes désormais fixé là-dessus? »

Ces choses furent dites d'un ton rassis et en quelque sorte scandées selon de savants intervalles.

Le marquis lança au feu son cigare et se leva.

« Il faut vous prendre comme vous êtes! murmura-t-il en homme qui préfère la retraite à une lutte de paroles inégales.

— Permettez, fit M. Lecoq. Nous n'avons pas fini.

— Mme la baronne s'impatiente, » ricana le marquis, heureux de railler.

Entre l'index et le pouce, M. Lecoq tenait effrontément la note de Piquepuce.

« Ce n'est pas une spéculation que je veux vous soumettre, dit-il, caressant son débit, quoiqu'il y ait bien quelque argent sous l'idée. Dans les bonnes idées il y a toujours de l'argent. Veuillez prendre la peine de vous rasseoir. »

Le marquis obéit. Ce mot « argent » l'avait pris par l'oreille.

« Je suis une singulière nature, poursuivit M. Lecoq. Les plans se heurtent dans ma cervelle. Je produis beaucoup. Peut-être ai-je trop de mécaniques en activité.... et pourtant non, car je résous volontiers ce problème de concentrer vingt forces hétérogènes dans un travail unique. Nous avons plusieurs affaires à traiter ce soir. Vous jugerez du moins que ce sont des affaires distinctes. Mais je veux bien vous le dire tout de suite : Je n'ai qu'une affaire, qui est immense. Voulez-vous assister demain ou après-demain au plus tard à une curieuse cérémonie ?

— Laquelle ?

— L'enterrement du chef suprême des Habits Noirs.

— Ah çà, mais ! s'écria le marquis, cela existe donc, les Habits Noirs ?

— Très-bien. L'homme qui est mort et que vous aviez l'honneur de connaître assez particulièrement, commandait à deux mille bandits dans Paris.

— Dans Paris ! deux mille bandits !

— Hommes, femmes, enfants, je ne crois pas exagérer. Du reste, vous verrez.

— Et le nom de cet homme ?

— Le colonel Bozzo-Corona.

— Le colonel est mort !

— Comme un saint, cher monsieur, il y a une heure.

— Et vous l'accusez ?...

— Dieu m'en garde ! à quoi bon ? J'ai peu d'ambition, et le peu d'ambition que j'ai n'a rien à voir là-dedans.

— Mais le colonel....

— N'est-ce pas ? quel honnête homme !... On s'impatiente là-bas, décidément ! »

Les deux pavillons d'ivoire avaient gémi en même temps. M. de Gaillardbois but un large verre de bière, pendant que son hôte causait avec ses interlocuteurs invisibles. Il se sentait la tête troublée, non point par la froide liqueur ni par la fumée du cigare, mais bien par les étranges gambades que M. Lecoq faisait faire à l'entretien.

« Je m'occupe précisément de madame la baronne ! » répondit M. Lecoq dans le pavillon de droite.

Et dans le pavillon de gauche, avec la même bonne foi :

« Je m'occupe précisément de monsieur le baron. »

Il sourit en ajoutant à l'adresse de son compagnon :

« A l'aide de cette formule si simple, cher monsieur, on gagne ordinairement un gros quart d'heure sur les impatiences les plus récalcitrantes. Dès qu'on dit à un homme ou à une femme : je m'occupe précisément de vous, la fougue se calme, et l'énergumène lui-même devient laiteux comme un ver à soie. C'est un secret du métier. Femme ou homme, il n'est personne qui n'ait besoin de secours. Et par le fait, je ne mens point : je m'occupe de ceux qui sont là, tout en m'occupant de vous, de moi et de beaucoup d'autres encore. Pour employer comme il faut notre quart d'heure, marchons droit au but : donneriez-vous beaucoup pour rendre un signalé service à la sûreté publique ?

— Beaucoup.

— Combien ?... Mais ne répondez pas ; je fixerai moi-même le taux de votre reconnaissance. Me serait-il permis de vous demander si, au fond du cœur, vous ne conservez aucun vieux levain de légitimisme ?

— Heu ! heu ! fit le marquis en se croisant les jambes à la diplomate.

— Parfaitement ; c'est clair ; on a des sentiments..... et des intérêts. On garde les uns en soignant les autres. Le roi des Français est un homme sage, un philosophe, presque un savant....

— Est-ce que nous allons causer affaires d'État? demanda Gaillardbois sincèrement étonné.

— Il y a à boire et à manger dans notre histoire, répondit M. Lecoq. C'est large comme le champ de Mars ; c'est profond comme....

— Et vous voudriez arriver au ministre? » l'interrompit Gaillardbois.

M. Lecoq laissa tomber sur lui un superbe regard.

« Je vous parle du roi, dit-il paisiblement. Je lâcherais volontiers quatre ou cinq cents louis pour être reçu un petit instant aux Tuileries, en tête à tête.

— Mais c'est donc quelque chose de sérieux tout à fait ! s'écria le gentilhomme dont les yeux brillèrent.

— Or, poursuivit M. Lecoq, je ne jette pas mes louis par la fenêtre. Il y a une chose, cher monsieur, qui doit servir de garantie à tout homme qui traite avec moi : c'est que je ne me pose pas en philanthrope. Je n'ai absolument aucun désir de faire votre fortune. Seulement, il se trouve que votre fortune à faire me donne un point à marquer : profitez-en, si vous voulez.

— Ce que je voudrais, grommela le marquis, s'il vous était possible, une fois en votre vie, de parler clair et net, ce serait une explication !

— A vos ordres. Explication algébrique, bien entendu ; car, n'ayant pas de brevet, je dois craindre les contrefaçons. Je disais donc que le roi des Français, avec de très-grandes qualités, possède aussi certaines faiblesses. La mieux conditionnée parmi ces faiblesses est la passion qu'il a de rallier à tout prix les partisans de la légitimité....

— Ceci est de la haute politique! l'interrompit Gaillardbois avec un sourire.

— C'est tout ce que vous voudrez. J'ai dit passion : le mot ne me paraît pas trop fort, hé? puisque vous voilà, vous, monsieur le marquis, jouissant là-haut d'un véritable crédit, tout simplement parce que vous faites semblant de renier votre foi....

— Monsieur Lecoq!... fit le gentilhomme en se redressant.

— Veuillez permettre. J'ai dit : faire semblant; vous n'avez rien renié du tout, c'est évident. Il n'y a pas de renégats politiques. Ceux qui se vendent, pour employer la vulgaire expression de ceux qu'on n'achète pas, ont le bon esprit de ne jamais opérer livraison. Réfléchissez, et vous verrez que ceci est une preuve de plus de la passion du roi, passion si naïve, c'est-à-dire si forte, qu'elle s'amuse à caresser une ombre à défaut de la réalité.

— Je pense, monsieur Lecoq, prononça tout bas le gentilhomme, que vous n'avez point l'intention de me molester?

— Nous causons, monsieur le marquis. Il est de mon intérêt de vous laisser entrevoir l'extrême importance de mon idée. Admettez-vous la passion du roi telle que je l'ai définie?

— Si cela peut vous être agréable....

— Oui ou non, s'il vous plaît. Il y va de ce que vous avez cherché, sans le trouver, pendant toute votre vie : la fortune ! »

Si l'éloquence est uniquement le don de persuader, il y avait dans le regard fixe de M. Lecoq, dans son accent froid et dur, dans toute sa personne enfin, une véritable éloquence. M. de Gaillardbois resta un instant pensif, puis il répondit d'un ton de professeur interrogé qui gagne son salaire :

— Au fond, personne ne peut vous renseigner mieux que moi. Je connais le roi. Il y a quelque chose comme cela dans le roi. Je crois que le roi ferait beaucoup pour éteindre certaines rancunes. Le roi s'inquiète peu des républicains; il ne croit pas à l'opposition radicale. Il y a plus : le roi pense que l'opposition radicale est un besoin de son gouvernement. C'est un prince studieux et qui cherche la science de régner dans les livres. Il prend ses principaux points de comparaison en Angleterre et en Amérique : peut-être a-t-il tort. En tous cas, et malgré ce courant d'idées libérales où il s'efforce, où il se flatte surtout de marcher, le naturel l'emporte souvent.

« L'école philosophique à laquelle Sa Majesté appartient vacille beaucoup, parce que son principe est le *mezzo termine* : une corde tendue entre deux vérités, la vieille et la nouvelle, un fil d'archal sur lequel on marche avec une épaisse couche de blanc d'Espagne aux semelles et un balancier entre les doigts. Sa Majesté a donné elle-même un nom à cette chose : c'est le Juste-Milieu, sobriquet usuel de l'éclectisme. Sa Majesté est heureuse quand on lui dit : « Vous êtes ha-« bile, » et c'est là un grand malheur, parce que l'habileté est au-dessous du trône et se compose d'une foule de petits moyens qui ne vont bien qu'aux petites gens. Sa Majesté est plus peut-être un excellent homme d'affaires qu'un bon chef de gouvernement. Elle cherche bourgeoisement à se faire pardonner sa fortune, non-seulement par l'Europe, mais encore par la France. La France aime les rois qui sont rois. Le roi n'est pas assez roi. Il y a parmi ses ministres de magnifiques intelligences, et lui-même est une intelligence notable; mais ses ministres et lui ne s'entendent pas, pour deux raisons : la première, c'est que le roi traite la politique comme une pure affaire de famille, qui n'aurait pour but que la prospérité de son établissement privé; c'est là le vice de ses qualités : bon père, bon époux, vous savez, l'homme déborde en lui trop énergiquement le souverain.... La seconde, c'est que le régime tout entier est basé sur un compromis, moins que cela, car le compromis n'a jamais été signé : sur une subtilité. Cela ressemble, je ne dirai pas à un palais, nous sommes modestes jusqu'à l'humilité à la cour quasi-légitime, mais à une énorme maison dont les murs en pierres de taille reposeraient sur un pilotis vermoulu. Il n'y a point ici de foi, parce qu'il n'y a point de dogme. On vit au jour le jour; on se fait accroire à soi-même qu'attendre est la science suprême, et qu'un trône, à la longue, se prescrit comme un champ. A la rigueur, ce n'est pas impossible, car le monde est bien vieux et retombe en enfance. Or, aux premiers âges du monde, le sceptre n'était qu'un meuble pour lequel longue possession valait titre. Ce qui nous semble erreur n'est peut-être que mépris. J'arrive à douter et je regarde. Si cette royauté, une fois majeure, grandissait tout à coup jusqu'à l'absolutisme ?... Mais je divague, et vous ne m'avez pas demandé l'article que fera le *Journal des Débats* au lendemain d'une révolution. »

Il s'arrêta brusquement. M. Lecoq, qui l'avait écouté avec une attention marquée, lui fit un petit signe de tête protecteur.

« Vous parlez d'or, au contraire, monsieur le marquis, dit-il. Je vois en vous le légitimiste d'hier....

— Et le républicain de demain, allez-vous dire ? l'interrompit le gentilhomme, qui rouvrit son porte-cigare d'un geste délibéré. Vous vous trompez; je suis de qualité; je vais à pied ou bien je reste à la maison plutôt que de monter en omnibus. »

La main de M. Lecoq se posa sur son bras.

« Les opinions, dit-il avec un gros rire, je les respecte.... et je m'en bats l'œil! Que le roi soit ceci ou cela, peu importe; il est le roi, pour le quart d'heure, et cela suffit à ma mécanique. Vous avez raison, le roi se moque des républicains; il n'a qu'une épine au pied, c'est le faubourg Saint-Germain. Eh bien! voilà : j'ai l'outil qu'il faut pour couper en deux le faubourg Saint-Germain.

— Comment l'entendez-vous? demanda Gaillardbois.

— J'entends couper comme on coupe : faire d'une flûte deux morceaux muets, d'un homme une tête qui roule et un corps mort.

— Le roi a défiance des inventions.... murmura le gentilhomme.

— Mon outil n'est pas une invention. J'ai l'humeur un peu vagabonde. Revenons aux Habits Noirs. »

Le marquis avait le cigare d'une main, l'allumette de l'autre. Il resta ainsi, bouche béante, à regarder M. Lecoq.

« Est-ce que ce serait une association politique? balbutia-t-il.

— Combien cela vous vaudrait-il? cher monsieur. »

Gaillardbois rougit jusqu'au blanc des yeux et mit le feu à son cigare pour avoir une contenance.

« Vous *en êtes!* prononça lentement M. Lecoq. »

A de certaines profondeurs sociales ce sous-entendu fait partie de la langue courante. Dans les mystères, les initiés ne prononçaient jamais le nom de Dieu. Ici, c'est une déesse qu'on voile respectueusement : EN ÊTRE, signifie appartenir à la police secrète.

Le rouge qui couvrait les joues du gentilhomme fit place à la pâleur.

« Il n'y a pas de sot métier, reprit M. Lecoq. Je

savais cela depuis un temps immémorial. La forêt de Paris est mon domaine ; j'y connais tout : chasseurs et gibier. Étrange fourré où c'est le lièvre qui suit la piste des chiens.... car vous ne sauriez croire, cher monsieur, combien ces coquins-là sont plus forts que vous! L'homme qui vient de mourir *roulait* depuis soixante ans tous les limiers de l'Europe ; il est mort dans son lit, et j'espère bien que la force armée assistera à ses obsèques en cérémonie.

— Vous aviez donc intérêt à ne pas le dénoncer? interrogea Gaillardbois.

— Il était le meilleur client de mon agence.... et peut-être ne savais-je pas.... Vous souriez? c'est comme j'ai l'honneur de vous le dire. Vous cherchez toujours et vous ne trouvez jamais ; moi j'ai trouvé sans chercher : quoi d'étonnant à cela? Vous demandiez si l'association est politique? Pas le moins du monde! Mais cela n'implique pas qu'il n'y ait dans l'association aucun personnage politique. J'y ai trouvé l'outil qui vous fera préfet et moi, si je veux, ministre.

— Votre Excellence, dit Gaillardbois, qui avait repris son sang-froid moqueur, continuera-t-elle jusqu'au bout à parler en paraboles?

— Je dis, en ce moment, juste et net ce que je veux dire, répliqua M. Lecoq. L'outil est duc....

— Un duc là-dedans !

— Il est mieux que duc! Mon cher monsieur, la maison Lecoq est une toile d'araignée qui a le diamètre de Paris avec la banlieue et même un peu plus. C'est bien la même circonférence que votre préfecture ; mais, là-bas, ce sont des mercenaires qui vont et qui viennent. Au contraire, ici, ce sont de bonnes gens qui m'apportent de l'argent. Mesurez l'énorme différence! J'étais comme vous, je ne croyais pas aux Habits Noirs. Ne pas croire est la chose la plus bête qu'il y ait au monde. Tout athée est un pyramidal idiot. Croire, c'est se réserver une chance. Au lieu de nier, il faut chercher le mot de la charade. Un beau jour, le vent m'apporta la première syllabe du mot: une formule cabalistique, comme il en existe dans tous les caveaux : *Fera-t-il jour demain?*

— Fera-t-il jour demain! répéta Gaillardbois. Où donc ai-je entendu cela?

— Partout; les chansons et les mots d'ordre se galvaudent dans Paris. Les enfants jouent avec cela, maintenant. Mais le poignard perd-il sa pointe pour avoir amusé un bambin? *Fera-t-il jour demain?* m'arriva par un de ces bambins et me conduisit chez la femme d'un banquier millionnaire qui donne des rendez-vous à l'ancien secrétaire de son mari. Pas plus d'Habits Noirs que sur ma main! Mais le secrétaire partage le logement de deux étourneaux qui font des mélodrames, et qui empruntent de l'argent à un usurier, marchand de vieilleries, qui protège une maîtresse de piano, laquelle a une mère moité folle qui possède un brassard d'acier. Notez cela, c'est le second jalon et il vaut mieux que le mot de passe. D'autre part, la maîtresse de piano est la dulcinée de l'ancien secrétaire et donne des leçons à la fille de la femme du banquier....

— Au diable! s'écria Gaillardbois en essuyant la sueur de son front. Qu'est-ce que c'est que tout cet embrouillamini! Je perds plante, moi, je vous en préviens!

— C'est la filière, répondit tranquillement M. Lecoq.

— Où mène-t-elle, votre filière?

— Elle mène à l'imprévu, elle mène au romanesque, elle mène au sublime du genre! Êtes-vous homme à vous enthousiasmer pour un chef-d'œuvre? Je suis à a piste d'un vol monumental.

— Ah! ah! fit Gaillardbois, nous voilà loin de la politique !

— Savoir ! cher monsieur, savoir ! Je le vois éclore, ce diable de vol ! Je le caresse et je le couve ! Ne vous y trompez pas : c'est un vol qui fera époque ; un vol à compartiments et à tiroirs, avec prologue et épilogue ; un vol de plusieurs millions, s'il vous plaît, où les gens de l'art ont engraissé la caisse, avant de la manger, comme les gourmets enflent les foies de canards pour les truffer ; un vol calculé algébriquement comme une manœuvre au Champ de Mars, solide et muni d'articulations de rechange comme un plan de bataille, un vol combiné, machiné, monté mieux qu'une pièce féerie en trente-six tableaux et à deux cents personnages. Ah ! sur ma foi ! le progrès marche ! Un vol comme cela en est la preuve triomphante. Il y a entre ce vol et ces choses naïves qu'on appelait des vols autrefois la même différence qu'entre un bidet des messageries et une locomotive ! Et j'en ai vu les préparations, figurez-vous : la mise en train, la mise en scène ; j'en suis les répétitions, et avec quel charme ! Il est à moi, ce chef-d'œuvre, entendez-vous, d'un mot je pourrais en pulvériser l'admirable échafaudage....

— Gardez-vous-en bien ! » s'écria violemment le marquis.

Ils échangèrent un coup d'œil. Celui du marquis désavouait déjà son exclamation ; celui de M. Lecoq perçait en tournant, comme une vrille.

Il sourit et prit le pavillon d'ivoire qui venait d'appeler.

« Vous voyez bien que *vous en êtes*, » prononça-t-il pour la seconde fois du bout des lèvres et avec une inflexion de voix caressante.

Il approcha en même temps de son oreille le conduit acoustique qui lui dit ce seul nom :

« Trois-Pattes ! »

Son visage changea aussitôt. Il se mit sur ses pieds brusquement.

« Résumé, fit-il en offrant à M. de Gaillardbois une poignée de main qui était un congé formel : trois cents louis pour une audience du roi, avec participation à l'affaire qui s'en suivra, et dans votre main le bout de corde que je vais passer autour du cou des Habits Noirs. Cela vous va-t-il ?

— Cela me va, répondit le marquis.

— Alors, vous recevrez un billet pour l'enterrement. Nous nous y verrons. Au plaisir. »

XXX

M. Lecoq.

Au moment où M. le marquis de Gaillardbois sortait par la porte principale, celle qui donnait sur le petit carré roula sur ses gonds, et la tête velue de l'estropié parut à six pouces du sol. Il rampa de manière à mettre ses jambes inertes en dedans du seuil, et quelqu'un ferma aussitôt la porte derrière lui.

M. Lecoq prit un des coussins du divan et le lança à la volée. Trois-Pattes l'atteignit et s'y installa en poussant un soupir de soulagement.

« Vous venez tard, ce soir, monsieur Mathieu ! dit le patron.

— Je n'ai plus mes jambes de quinze ans, répliqua Trois-Pattes, et j'ai fait beaucoup de besogne aujourd'hui. »

Placé presque au ras du parquet comme il l'était, il recevait en plein visage la lumière de la lampe, dirigée par l'abat-jour. C'était assurément une lamentable créature, mais il y avait une vigueur étrange dans le dessin de ses traits. Ses grands yeux noirs, gênés par les mèches rebelles de sa chevelure, avaient une placidité triste : on devinait dans leur expression la lutte incessante, mais résignée, contre une souffrance de tous les instants, qu'elle fût morale ou physique.

Le reste de sa figure, dont le caractère principal était une immobilité morne, empruntait à sa barbe inculte, bizarrement hérissée, une apparence farouche, et cependant les lignes de son nez, la courbe de ses lèvres ne manquaient pas de régularité.

Étant donnée la supériorité manifeste de M. Lecoq en quelque genre que ce fût, la présence de ce malheureux être, à pareille heure, dans l'antre où nous le trouvons, devait éveiller l'idée d'une possession complète et d'un véritable esclavage. Les gens comme M. Lecoq ont des outils humains qu'ils emploient Dieu sait à quoi. Mais, d'autre part, dans la physionomie de l'estropié, quelque chose, je ne saurais pas dire quelle chose, démentait cette croyance si plausible. Il ne faudrait point parler de lion à propos de ce débris d'homme, traînant derrière lui à grand'peine la moitié de son cadavre ; on n'a jamais vu de lion paralytique, mais supposez pourtant qu'il y en eût....

Trois-Pattes essuya d'un revers de main son front où il y avait de la sueur et ajouta :

« Patron, je suis bien las !

— Tu vaudrais trop cher, répliqua M. Lecoq qui se dérida, si tu avais tes deux jambes ! »

Il emplit le verre du marquis jusqu'aux bords et le

tendit à l'estropié qui but avidement. Pendant qu'il buvait, M. Lecoq dit :

« La préfecture est à nos trousses, sais-tu? »

Il se frotta les mains de tout son cœur.

« Ça vous amuse, patron? demanda Trois-Pattes.

— Comme un bossu, mon vieux! Je te dis tout à toi : car, il n'y a que moi au monde pour te donner ce que tu veux. Ça m'amuse, parce que toute la meute va me chercher où je ne suis pas.... mais où je pourrais bien être un jour ou l'autre, se reprit-il, car la partie vaut la peine d'être jouée, hé?

— Oui, oui, dit l'estropié; ce jeune homme a le profil de Louis XVI sur les pièces de deux sous. Mais il ne peut être que le petit-fils, reste à trouver le fils.

— Tu n'oserais pas te déguiser en Louis XVII, toi, Mathieu, hé?

— J'ose tout, quand vous commandez, patron; mais je n'ai pas l'âge.

— De quelle année es-tu?

— 1802, 1803, est-ce qu'on sait? Pour me marier, je n'ai jamais eu besoin de mes papiers. »

Son rire essaya d'être égrillard.

« Du diable si ce ne serait pas l'affaire, pourtant! grommela M. Lecoq en se replongeant dans sa chaise longue; sauf ces vingt ans. Mais avec une figure comme la tienne.... et tes infirmités causées par les mauvais traitements de tes cruels bourreaux.... Mais quel gredin que ce geôlier Simon! comme il t'a arrangé, mon pauvre bonhomme! »

Il eut son gros rire, et Trois-Pattes, riant aussi, répondit :

« Le fait est qu'il m'ont mis dans un triste état, patron !

— As-tu tué, toi, Mathieu? » demanda Lecoq avec brusquerie, mais sans rien perdre de sa gaieté.

Évidemment, il profitait d'un moment d'expansion pour obtenir de son compagnon une réponse parlée ou muette.

Mais Trois-Pattes garda sa gaieté froide en répondant :

« Et vous, patron? »

Et comme M. Lecoq fronçait ses sourcils blancs, il ajouta :

« M. Schwartz est au salon, vous savez, et la baronne dans le boudoir.

— A deux pas l'un de l'autre! murmura M. Lecoq, subitement déridé au cours d'une pensée nouvelle. La porte entre deux, elle ne ferme qu'au loquet. De quoi serait capable cet Othello alsacien?

— La baronne sait qu'il est là, répondit Trois-Pattes. Elle a sur la figure un voile épais comme un masque. »

M. Lecoq appuyait le bout de son doigt contre son front.

« Il y a des mondes là-dedans! dit-il avec un orgueil profondément convaincu. Nous irons loin, monsieur Mathieu, et vous retrouverez une paire de jambes, si cela peut s'acheter avec des billets de banque. A propos de billets de banque, les nôtres sont-ils retouchés? »

Trois-Pattes déboutonna sa veste de velours et prit un portefeuille dans sa poche.

Pendant qu'il l'ouvrait, M. Lecoq poursuivit :

« Il est bon que ce Schwartz et sa femme attendent. Il faut qu'ils sachent de quel bois je me chauffe. On va voir tout à l'heure quelque chose de curieux. J'ai tout dans ma tête, tout! »

L'estropié lui tendait deux chiffons de papier. Il se leva pour les aller prendre.

« Oui, dit Trois-Pattes, il est bon qu'ils attendent, mais il est bon aussi que vous sachiez ce que vous avez à leur dire, et vous trouverez ça dans mon rapport. »

M. Lecoq ne répliqua point. Il examinait les deux billets de banque avec une minutieuse attention.

« Lequel est le vrai ? demanda-t-il. Fais toujours ton rapport, bonhomme. »

Il mit dans son œil une petite loupe d'horloger et se rapprocha de la lampe. Pendant cet examen, la prunelle de Trois-Pattes se prit à jeter des lueurs.

« En arrivant, dit-il, j'ai trouvé la jeune Edmée Leber à la porte du château.

— Pourquoi mentionnes-tu cela !

— Vous allez voir. M. Schwartz m'a reçu, et, de son côté, Mme Schwartz a reçu la jeune Edmée Leber.

— Tu as une drôle de voix en prononçant ce nom-là, bonhomme ! fit M. Lecoq sans quitter des yeux les billets de banque ; « la jeune Edmée Leber.... »

— Je n'ai pas le cœur paralysé, répliqua Trois-Pattes. Elle est jolie comme un amour !

— Ah bah ! Du diable si ces deux chiffons-là ne sont pas en tout semblables ! Tu ne continues donc pas ton conte de *la Belle et la Bête* avec la comtesse Corona?

— J'aime les femmes ! répondit Trois-Pattes avec une soudaine emphase.

— Moi aussi, dit M. Lecoq en dissimulant un sourire. Vous faites un drôle de corps, monsieur Mathieu ! Et vous deviez être un luron quand vous aviez vos jambes !

— Je n'ai jamais eu mes jambes, et je suis encore un luron, prononça sèchement l'estropié. Les billets vous conviennent-ils?

— C'est-à-dire que le graveur de la Banque n'y verrait goutte! Il faut tirer, et vite!

— On y est. J'ai donné le bon d'avance.

— Bravo! Avec cela, mon vieux Mathieu, tu pourras te payer un sérail comme le Grand-Turc!

— Si c'est avec cela que vous pensez solder mon compte.... commença Trois-Pattes d'un air de mauvaise humeur.

— Homme de peu de foi! repartit M. Lecoq avec ce parfait contentement de lui-même qui était sa force. Mon plan est un chef-d'œuvre : ne sortons pas de là. Il y a une chasse où l'on prend des oiseaux vivants avec un oiseau empaillé. Je n'ai pas plus envie que toi de passer des billets faux : fi donc! Pauvre métier! Combien peut-on tirer en vingt-quatre heures?

— Deux mille par jour. Il faut le soin.

— Trois jours pour six millions. Mercredi, je placerai d'un coup tout ce que nous aurons de tiré.... Au rapport. Marche! »

Trois-Pattes commença aussitôt :

« J'ai été reçu par M. le baron, et j'ai glissé le mot que vous m'aviez dit.

— Aussi le voilà dans mon antichambre!

— Il vient pour autre chose.... quoiqu'il ait tressailli et pâli quand j'ai parlé de la ville de Caen, du banquier ruiné, du colonel et de l'ancien commissaire de police.

— Qu'a-t-il dit?

— Rien. Il m'a interrogé sur la comtesse Corona.

— Qu'as-tu répondu?

— Rien. je ne dois mes comptes qu'à vous. Le baron Schwartz est chez vous ce soir, parce qu'il a pris, comme un voleur, l'empreinte d'une clef qui ouvre le secrétaire de sa femme. »

M. Lecoq caressait la boîte de carton où était la pelotte de cire.

« Les empreintes pleuvent ! » murmura-t-il.

Puis il reprit tout haut :

« Il en est bien capable ! Mais comment sais-tu cela ?

— Je le sais.

— Et tu ne veux pas dire comment ?

— Non.

— Pourquoi ?

— Parce que mon moyen de savoir est mon gagne-pain.

— C'est juste. Et la baronne ?

— La baronne est chez vous, parce que la jeune Edmée lui a rapporté un bouton de diamants perdu dans l'escalier de M. Michel.

— Bon ! je sais l'histoire. Et qu'y puis-je ?

— Vous verrez.... et, en outre, parce qu'elle sait que son mari a pris l'empreinte de la clef.

— Excellent pour le mal de dents ! s'écria M. Lecoq ; quand un plan est bon, tout vient l'améliorer. Excellent !

— Je n'ai pas fini. Comme ils venaient, sans le savoir, au même endroit, le baron et la baronne se sont rencontrés.

— Où cela ? demanda M. Lecoq, qui devint plus attentif.

— Dans votre cour. La baronne portait dans une cassette le contenu du tiroir dont le baron va vous demander la clef en échange de l'empreinte qu'il apporte.

— Connaîtrais-tu le contenu de ce tiroir, hé ! bonhomme ? demanda M. Lecoq d'un ton caressant.

— Je ne le connais pas, répondit froidement Trois-Pattes.

— La baronne a-t-elle encore la cassette?

— Non. Il y a eu là-bas, sous vos fenêtres, une scène à la Beaumarchais.

— Tu y as assisté?

— En loge grillée ; c'est mon état.

— Voyons ta scène : tu es un drôle de corps! »

Trois-Pattes reprit posément :

« La femme est poursuivie par le mari. Elle entre, voilée comme une figure de deuil; le mari est sur ses talons. Un homme passe dans la cour par hasard. La femme ne fait ni une ni deux, elle lui plante sa cassette entre les bras et disparaît.

« Donnez-moi cette cassette! » crie le mari à l'homme qui reste tout ébahi.

« — Je vous le défends! » répond une seconde femme non moins voilée et surgissant tout à point pour faire le coup de théâtre....

— Qui, cette autre femme?

— La comtesse Corona, parbleu!

— D'où sortait-elle, celle-là?

— De terre, apparemment. »

M. Lecoq appuya sa tête contre sa main.

« Et l'homme qui passait par hasard? demanda-t-il encore.

— Le jeune M. Michel. »

M. Lecoq emplit son verre.

« A la bonne heure! murmura-t-il. Tout va bien. »

Trois-Pattes le regarda boire en souriant. La main de M. Lecoq avait un tremblement fiévreux quand il reposa son verre sur la table.

« Elle a le secret! gronda-t-il entre ses dents. Je veux le secret : ce vieil homme me le devait. Elle me détestait avant de balbutier le nom de sa mère. Elle est mon ennemie née. Tant pis pour elle!

— Vous ne parlez pas de la baronne Schwartz? demanda l'estropié.

— Sais-tu, interrogea brusquement M. Lecoq au lieu de répondre, ce que la comtesse venait faire dans la maison?

— Elle avait à me parler, répliqua Trois-Pattes sans hésiter, pour affaires. »

M. Lecoq jeta sur lui un regard de défiance.

« A votre place, poursuivit froidement l'estropié, je ferais la paix avec elle. Elle en sait aussi long que vous.

— Et plus long que toi?

— Oui, surtout sur ce Bruneau qui vous tient si bien au cœur. »

La triomphante figure de M. Lecoq s'était notablement rembrunie.

« Le diable l'a protégé, celui-là! murmura-t-il. Nous l'avons vu trois fois avec la corde au cou. La quatrième fois, quand il revint de Londres, le Père nous dit : « Il a la vie trop dure, englobons-le. » Le Père avait été un homme, mais il a mis trop de temps à mourir.

— Maintenant qu'il est mort, dit bonnement Trois-Pattes, je ferais bien une affaire à fonds perdus avec mon voisin Bruneau! »

M. Lecoq prit le pavillon d'ivoire qui rendait en ce moment un appel prolongé.

« Tu ne le perds pas de vue, j'espère? dit-il avant de mettre le cornet à son oreille.

— Je le suis comme son ombre, répliqua Trois-Pattes. Je vis dans sa peau. J'ai fait des trous à la cloison pour l'entendre dormir.

— Tu n'as rien découvert?

— Rien, si ce n'est qu'il a fait, lui aussi, son dimanche du côté de la forêt de Bondy, et qu'il est revenu de Livry à Paris dans le coupé de la voiture, seul avec la jeune Edmée Leber.

— Il faut se hâter, pensa tout haut M. Lecoq. C'est ici la vraie affaire. Il n'y en a pas d'autres. La poire est mûre à tomber! Et, quand elle sera cueillie, nous nous moquerons de ce Bruneau comme de l'an quarante! »

Le cornet acoustique lui dit à l'oreille :

« La baronne s'impatiente et le baron menace!

— Qu'ils attendent, ceux-là, répondit M. Lecoq brutalement et à pleine voix. Dites-leur qu'ils ne sont pas au bout! Qu'ils attendent! répéta-t-il en se levant pour arpenter la chambre à grands pas. J'ai le pied sur leurs têtes! Ils vont en voir bien d'autres! »

Le vent avait tourné; il était en veine de fanfaronnades.

« Alors, poursuivit-il d'un ton vainqueur en s'arrêtant court devant Trois-Pattes qui avait pris sur son coussin une pose commode et paresseuse, le baron a laissé échapper la cassette?

— En saluant jusqu'à terre la comtesse Corona, s'il vous plaît!

— Était-il dupe?

— A demi.

— A-t-il reconnu son Michel?

— Parfaitement. »

M. Lecoq fit claquer sa main sur sa cuisse d'un geste victorieux.

« Tout y est! s'écria-t-il. J'aurais payé la Fanchette à l'heure, qu'elle n'aurait pas mieux manœuvré! Le Bruneau et ta *jeune Edmée* me servent sans le savoir. Quand un plan est bon, vois-tu.... Quelle place demanderais-tu, toi, monsieur Mathieu, farceur, si on me nommait ministre, hé? La situation nettoyée d'un seul coup! En avant, plus rien à désirer; en arrière, plus rien à craindre ! Combien crois-tu que peut rapporter un billet de mille francs, prêté sans intérêt à un va-nu-pieds, pendant quinze ans? Est-ce assez de quatre millions? Ne te gêne pas : on pourrait aller à six. Ah! ah! la poire est mûre, le vieux le disait bien! Et tu ne me trahiras pas, Mathieu, entends-tu, parce que tu sais bien que je vais les jouer tous par dessous jambe! Deux temps, deux mouvements! allez! Dans trois jours, mon camarade, tu auras gagné le gros lot : assez de profils du roi citoyen, sur or et sur argent, pour acheter un demi-cent de femmes, puisque tu aimes ça, l'ancien! J'entends des femmes qui ne se vendent pas, hé! sans compter toutes les aises de la vie et l'amitié d'un grand homme qui est un bienfait des dieux, dit la chanson.

— Non, la tragédie, rectifia paisiblement Trois-Pattes.

— La tragédie, si tu veux, car tu t'y connais, vieux drôle! Regarde-moi bien! avons nous l'air d'un conscrit, hé? Je n'aborde ces questions-là qu'au dernier moment, moi. Dans une heure, si je voulais, tu serais en route pour le bagne! »

Trois-Pattes baissa les yeux sous la prunelle fixe de M. Lecoq.

Ce résultat mit le comble à l'exaltation orgueilleuse de celui-ci.

« Je te tiens comme les autres, poursuivit-il, et c'est tant mieux pour toi, car si tu n'avais pas une de mes cordes autour de la nuque, je me défierais de toi. Et quand je me défie de quelqu'un.... Assez causé! Tu vaux ton prix, et ça m'aurait fait de la peine!

— Patron, lui dit naïvement Trois-Pattes en relevant sur lui ses grands yeux attristés, je vous jure que je fus plus malheureux que coupable. »

M. Lecoq éclata en un rire retentissant.

« Parbleu ! s'écria-t-il. Et moi donc ! Il est superbe !... Pas moins vrai que tu es enfoncé, monsieur Mathieu ! »

Il pirouetta sur lui-même, et, saisissant le pavillon, il clama dedans :

« On y va ! Deux petites minutes pour dresser, parer et servir chaud ! »

Et, croisant ses bras sur sa poitrine, la tête renversée en arrière, les narines gonflées, il se retourna vers l'estropié, pensif et humble sur son coussin.

« Il n'y a plus que moi, reprit-il d'un ton sec et tranchant. L'autre est au diable ! Il était vieux ; il me gênait. Je n'aurais pas touché un des cheveux blancs de sa tête, parce qu'il était le Père. Mais il est mort, et je suis le Père à mon tour ; le général de la Camorra ; l'Habit Noir, selon le rite de la Merci, le maître à Paris, à Londres, le maître partout ! Ces deux-là qui attendent sont ma proie ; tu le sais. Mais comment va-t-on dévorer cette proie ? personne, pas même toi, n'est capable de deviner. Regarde bien, pourtant, afin d'apprendre : Je les entame par l'attente, je les brise d'avance, je les humilie, je les macère, je leur fais peur ! Cela me grandit en les rapetissant, cela me donne toute la force qu'ils perdent. J'ai l'air de bavarder, mais j'agis. Plus ils attendront, plus ils seront souples, et il me les faut souples, comme des gants de chevreau, hé ! Jadis, nous étions obligés de pateliner, comme le chat autour de la souris ; nous faisions bouche en cœur et nous courbions l'échine. Tout cela est changé. Selon les temps, le monde prend telle ou telle façon de tomber en enfance. Il était cagot, il est philosophe et devient idiot à force de craindre Croquemitaine-Calotin, Tartuffe, Basile et autres monstres de carton collés par les hommes de génie! Changement de front sur toute la ligne : l'opposé de Tartuffe est le bourru bienfaisant. Sois brutal, on te croira; mène les gens à coups de pied, voilà la franchise. Parle à tout instant de ton égoïsme, on se dira : c'est un apôtre. Molière et Beaumarchais ont fait réussir bien des affaires, car l'hypocrisie allait se fanant au métier qu'elle menait depuis si longtemps. Bonhomme, tu vas voir comme nous avons profité à la comédie. Donne-toi la peine d'entrer au corps de garde (il désignait la porte de la petite chambre nue), il y a là un guichet pour entendre et voir; il y a du papier, une plume et de l'encre pour écrire.... »

Pendant qu'il parlait, Trois-Pattes avait traversé la chambre en rampant. Au moment où il passait le seuil de la pièce voisine, M. Lecoq acheva en piquant ses paroles :

« Écoute, regarde et prends des notes; ceci est sérieux comme quatre millions : tu vas être à la fois un témoin et un greffier.

— C'est bien, dit l'estropié.

— Qu'on introduise Mme la baronne! » ordonna M. Lecoq dans le pavillon d'ivoire.

XXXI

Confrontation.

Une fois seul dans cette petite pièce nue, sorte de cabanon que M. Lecoq appelait son corps de garde, M. Mathieu rampa jusqu'à la chaise de paille qui était auprès de la table. Au lieu de s'y asseoir, il approcha de la porte la chaise d'abord, puis la table, avec cette facilité de mouvements qui semblait soudain lui venir quand nul regard ne l'épiait. La porte avait un guichet très-petit formé de trous ronds et recouvert d'un carré d'étoffe. Trois-Pattes l'ayant soulevé, vit M. Lecoq debout au milieu de la chambre, dans une attitude solennellement comique. M. Lecoq donna trois coups de talon espacés selon l'art, et dit :

« Attention ! au rideau ! Nous commençons ! »

Trois-Pattes répondit :

« Je suis à mon poste, patron. »

Et M. Lecoq, agitant ses deux bras, siffla un chut prolongé.

La porte qui communiquait avec les appartements de l'agence s'ouvrait à cet instant.

M. Mathieu passa sur son front sa main qui tremblait et l'en retira baignée de sueur. Il était très-pâle. Ses traits gardaient leur immobilité ordinaire sous les masses révoltées de sa chevelure ; mais un large cercle noir se creusait autour de ses yeux qui brûlaient.

M. Lecoq salua galamment la baronne et la conduisit à un fauteuil.

Soit hasard, soit parti-pris, le fauteuil où M. Lecoq plaçait ainsi la femme du banquier millionnaire se trouvait juste en face du guichet.

Trois-Pattes ne jeta vers elle qu'un regard, puis ses yeux se fermèrent à demi et il songea.

Mme la baronne Schwartz était très-émue, et peut-être cette longue attente, en donnant libre cours à ses réflexions, avait-elle augmenté son émoi, loin de le calmer.

« Je m'occupais de vous, belle dame.... commença M. Lecoq.

— Je suis perdue! » l'interrompit-elle d'une voix sourde qui fit tressaillir l'estropié dans sa cachette.

Cette voix disait, bien mieux que les paroles elles-mêmes, l'angoisse profonde qui emplissait ce cœur.

« Je le crois comme vous, belle dame, répliqua M. Lecoq froidement, et cependant nous n'avons pas la même opinion, j'en suis bien sûr, au sujet des motifs de votre perte.

— Pouvez-vous faire, demanda brusquement la baronne, à prix d'or ou autrement, que cette jeune fille, Edmée Leber, s'embarque sur-le-champ pour l'Amérique? »

M. Lecoq eut un sourire dédaigneux qui se refléta, plus amer, mais plus triste, sur les lèvres de M. Mathieu.

M. Lecoq répondit :

« Il y a treize jours de traversée entre New-York et le Havre. Je crois qu'on peut gagner encore un jour ou deux. Envoyer quelqu'un en Amérique! On avait de ces idées-là au temps des navires à voiles et des diligences; mais aujourd'hui, on prend mieux ses précautions. Ne vous inquiétez pas trop de cette jeune fille. C'est le petit côté de la question.

— Vous ne savez pas.... l'interrompit la baronne.

— Si fait, je sais. La pensée, ambitieuse ou non, que j'ai eue un jour d'être le gendre de M. le baron Schwartz m'a fait ouvrir les yeux, vous concevrez pourquoi, sur votre riche et honorable maison. Peut-être le premier soupçon m'est-il venu de ce fait que vous cédiez à mes vœux avec une certaine répugnance. Des princes de l'argent comme vous ne doivent pas céder quand ils ont une répugnance. Mais peut-être aussi avais-je des jalons fort antérieurs. Et certes, il me fallait bien quelque motif, un peu romanesque, à mon âge, et dans mon humble état, pour prendre l'audace de briguer cette éblouissante alliance.

— Votre retraite nous a fort étonnés, dit la baronne avec un effort visible.

— Ces choses-là font plaisir ou peine, belle dame.... Étonné est un mot de juste-milieu qui ne signifie rien. En tous cas, je reste votre ami, si vous voulez bien le permettre, et je conserve pour cette chère demoiselle Blanche une affection quasi-paternelle. Parlons de vous, et ne parlons que de vous. »

Il vint s'asseoir auprès de Mme Schwartz. Évidemment, ce n'était point la première visite qu'elle faisait à l'agence.

« Vous excusez ma robe de chambre? belle dame, reprit M. Lecoq en s'étalant dans son fauteuil. Je suis sans façons, vous savez. Dites-moi : qu'est-ce que contient donc cette divine cassette? »

Elle le regarda ébahie.

« Vous avez vu mon mari! balbutia-t-elle.

— Pas encore, répliqua Lecoq.

— Alors, comment savez-vous?... »

Lecoq affecta de jouer avec les glands de sa riche cordelière.

« Il faut nettoyer la situation, dit-il en homme qui laisse échapper malgré lui le fond de sa pensée. Il y a longtemps que nous nous connaissons, chère madame, et les gens qui font des comédies ont bien raison de dire qu'il reste toujours quelque chose d'un premier amour. Ne vous offensez pas! Nous aurions maintenant des enfants grands comme père et mère. Et peut-être bien que vous ne seriez pas si près de ce bout de fossé où l'on fait la culbute. »

Il avait tenu à la main, pendant toute son entrevue avec Trois-Pattes, l'autographe de Piquepuce, qui était maintenant un chiffon fatigué. Les yeux de la baronne s'y étant reposés par hasard, il le déroula effrontément et le lissa sur son genou, disant :

« Ceci regarde votre maison, chère madame. Vous êtes menacée d'une grande catastrophe ; il faut bien arriver à vous l'avouer.

— Mon mari doit être ici, murmura Mme Schwartz.

— Lequel ? » demanda M. Lecoq d'un ton paisible. Elle se prit à trembler.

L'estropié, dans son trou, tremblait plus fort qu'elle.

« Il faut nettoyer la situation ! répéta M. Lecoq en pliant avec soin la note écrite par Piquepuce dans la voiture de Livry. Ma connaissance avec M. le baron est presque aussi vieille que mes sentiments d'admiration pour vous, et je ne puis m'empêcher de glisser cette observation que ces sentiments, platoniques, il est vrai, eussent pu vous fournir un motif plausible et tout naturel de répugner à mon entrée dans votre famille. Il y a eu en tout ceci du mal joué, vous êtes une pauvre belle âme, égarée dans un méchant pays. Je reprends : si M. le baron voyait ce papier-là, il frissonnerait jusque dans les entrailles de son coffre-fort. Êtes-vous descendue parfois à la caisse, chère madame ?

— Jamais, répondit-elle ; mais je voudrais vous parler de ma situation....

— Vous auriez vu une chose curieuse, interrompit Lecoq avec une bonhomie cruelle, une chose que vous connaissez beaucoup, du moins par ouï-dire. On appelle cela des marchés de rencontre. De *rencontre !* le mot est bien trouvé. Le coffre-fort de M. Bancelle, le malheureux banquier de Caen, était à vendre voici quelques années. M. le baron cherchait une caisse semblable, à défense et à secret. Vous n'ignorez pas que je suis spécial dans cette partie. M. le baron me chargea de l'achat, et je trouvai cette pièce véritablement excellente, dont je pouvais répondre, puisque je l'avais vendue moi-même autrefois à cet infortuné M. Bancelle.

— Pourquoi donc me dites-vous cela? demanda Mme Schwartz d'une voix altérée.

— Parce qu'il y a des rapprochements étonnants, madame. Je sais aussi où est le brassard ciselé....

— Le brassard! » répéta Julie avec un douloureux tressaillement.

C'était bien Julie en ce moment, Julie Maynotte, et non point la baronne Giovanna Schwartz, car, depuis une minute, son cœur entier vivait dans le passé.

« Qui donc possède ce brassard? interrogea-t-elle.

— Oh! repartit M. Lecoq, il appartient à des gens qui ne le vendraient point, quoiqu'ils soient très-pauvres. Je l'ai reconnu dans la chambre à coucher de Mme Leber.

— La mère d'Edmée! » fit la baronne dont la tête s'inclina sur sa poitrine.

Vous eussiez dit que Trois-Pattes, de l'autre côté de la porte, était en proie à une sourde et immense colère. C'était un regard de feu qu'il dardait au travers du guichet.

« Pourquoi chez la mère d'Edmée? bégaya la baronne. Pourquoi?

— Savez-vous le vrai nom de la mère d'Edmée? Il y a des moments où les vieilles choses qui dorment s'éveillent. Dans cette maison où nous sommes, je connais deux jeunes gens, le fils du magistrat qui condamna André Maynotte et le fils du commissaire de police qui l'arrêta, deux jeunes gens qui font une pièce de théâtre avec cette histoire-là. Justement cette histoire-là, entendez-vous! Est-ce assez drôle, hé?

— Je ne sais plus ce que je voulais vous dire, murmura la pauvre femme avec accablement.

— Moi, je le sais, cela suffit. Le bouton de diamants, niaiserie! l'empreinte de la clef, fadaise! Notre pièce, à nous, marche plus vite que cela. Nous allons jouer tout à l'heure trois actes en dix minutes. Que contient la cassette? voilà deux fois que je vous le demande.

— Vos paroles ont l'air d'une menace! dit la baronne d'une voix brisée.

— Ce n'est pas moi qui menace, ce sont les faits. Vous avez eu raison de venir. Si vous n'étiez pas venue, j'aurais été cette nuit au château.

— Cette nuit! et pourquoi?

— Pourquoi! parce qu'il faut prendre le taureau par les cornes. »

Il consulta sa montre et se leva. Trois-Pattes fit un mouvement, comme si, oubliant son infirmité, il eût voulu se mettre aussi sur ses jambes.

« Pas de faiblesse, reprit M. Lecoq froidement. Vous allez éprouver un grand choc, chère madame. Tenons-nous ferme. Les évanouissements n'avancent à rien, croyez-moi. »

Il prit le pavillon d'ivoire qui justement se mit à siffler.

« Le baron s'en va, dit le cornet; il est furieux. Faut-il le laisser aller? »

On sait que le son s'arrête à l'orifice même de ces appareils acoustiques. Rien ne parvint aux oreilles de la baronne, qui pourtant écoutait de toute la force de sa terreur.

M. Lecoq répondit:

« Rappelez-le, qu'il vienne et qu'il se calme. Je le veux! »

Julie entendit cette fois et dit précipitamment :

« Vous allez recevoir un étranger? Je me retire.

— Ce n'est pas un étranger, répliqua M. Lecoq durement. Tenez-vous ferme! nous jouons gros jeu ici, je vous en préviens, tous tant que nous sommes! »

Julie, qui s'était levée à demi, s'affaissa de nouveau sur son siége.

A ce moment, la porte qui communiquait avec les appartements de l'agence s'ouvrit, et M. le baron Schwartz fit son entrée. Julie étouffa un cri de détresse et resta muette sous son voile comme derrière un abri.

Trois-Pattes avait collé son œil aux trous du guichet.

« Temps perdu! dit le baron en passant le seuil. Fatigant.... et inconvenant! »

Le dernier mot rétablissait les distances. Il fut prononcé du ton qu'il fallait.

M. Lecoq avait fait quelques pas au-devant de son hôte et masquait ainsi Julie.

« Deux mots à dire, reprit M. Schwartz, parlant à la rigueur son langage abrégé. Pas d'excuses! perd du temps!

— Je n'ai pas d'excuses à vous faire, monsieur le baron, déclama au contraire M. Lecoq avec une ampleur emphatique. J'ai agi comme je le devais, dans votre intérêt.

— Mon intérêt! » répéta le millionnaire en se redressant de son haut.

M. Lecoq s'effaça avec cette agilité de corps qu'il avait gardée et qui le faisait plus jeune que son âge. A la vue de la baronne, immobile et repliée sur elle-même, M. Schwartz recula de plusieurs pas. Ses dents claquèrent un coup sec.

Le voile n'y pouvait rien. Il l'avait reconnue d'un regard.

« Ah! dit-il, frappé violemment et d'une façon inattendue, malgré les soupçons qui roulaient dans son esprit depuis une heure. C'était elle!

— Parbleu! fit Lecoq avec son gros rire. Il a bien dit ça, le beau-père : C'était elle! »

Le baron restait pétrifié. L'insolence glissait sur lui ou plutôt augmentait son épouvante.

Dans la chambre voisine, Trois-Pattes écoutait et regardait. Il retenait son souffle ; son cœur avait peur de battre.

La conduite de M. Lecoq était pour lui une énigme à demi devinée ; mais il est des drames dont on sait d'avance le dénouement, et qui, nonobstant cela, dégagent une écrasante émotion.

« Il faut nettoyer la situation, répéta pour la troisième fois M. Lecoq, allongeant à plaisir les préliminaires pour alourdir d'autant le poids qui opprimait la poitrine de ses hôtes d'abord, et en second lieu pour se monter lui-même au diapason qu'il avait réglé d'avance. Il faut prendre le taureau par les cornes! Vous n'êtes pas dans de beaux draps, non! Je ne suis pas un saint Vincent de Paul, moi, que diable! Si je le disais, me croirait-on? Mais je peux rendre service quand mon intérêt y est.

— Madame la baronne.... voulut commencer M. Schwartz.

— Vous, la paix, Jean-Baptiste! » l'interrompit bonnement M. Lecoq.

Ce nom de baptême, employé à l'improviste, produisit un très-singulier effet. Le millionnaire se tut docilement et parut on ne peut plus déconcerté.

Ce fut à ce point que Trois-Pattes ne put s'empêcher de sourire dans sa cachette.

Il trempa sa plume dans l'encre et traça quelques lignes à la hâte.

« Nous avons à causér tous trois, poursuivit M. Lecoq en poussant un fauteuil vers le baron, à causer de choses si étonnantes que si vous restiez debout, vous pourriez bien tomber de votre haut. Donnez-vous la peine de vous asseoir.

— Vous le prenez sur un ton !... » balbutia le baron, abandonnant du coup les ellipses de son langage usuel.

Il s'assit pourtant, détournant son regard de la baronne, qui semblait une morte.

« Aimeriez-vous mieux un doreur de pilules? reprit M. Lecoq, cachant sous un verbeux aplomb les tâtonnements de son escrime. On ne se refait pas, écoutez donc! à mon âge, surtout! Nous n'avons plus vingt ans, Jean-Baptiste. Je suis tout rond, je vais droit au but; j'aime mieux froisser que tromper. Voici donc la chose : Monsieur le baron et madame la baronne, malgré les millions que vous avez, je ne voudrais pas être dans votre peau.

— Expliquez-vous brièvement! dit M. Schwartz, qui essaya de reprendre un accent d'autorité.

— Je m'expliquerai comme je voudrai, mon garçon, hé? Vous n'êtes pas venu ici chacun de votre côté pour des prunes, je suppose? Un jésuite vous dirait des tas de balivernes; moi, je n'ai pas le temps : votre femme vous a trompé, bonhomme! »

Julie ne bougea pas. M. Schwartz serra les poings et gronda :

« Je m'en doutais ! »

Son visage décomposé criait plus de douleur encore que de colère, et il eût été impossible au plus déterminé railleur de prendre la situation au comique.

Ce qu'il y avait sur les traits de Trois-Pattes aux aguets c'était surtout maintenant une curiosité avide.

« Il s'agit bien, poursuivit M. Lecoq avec un souverain mépris, de rabâcher les vieilles scènes de jalousie, de fureter, d'espionner, de voler des clefs, d'en prendre l'empreinte pour ouvrir des tiroirs de secrétaire comme un coquin....

— Monsieur, voulut l'interrompre le baron.

— Parbleu! vous allez dire que vous n'avez pas l'empreinte dans votre poche, hé? Moi, je vous réponds qu'il n'y a plus rien dans le tiroir. Mais, consolez-vous : si vous êtes curieux, vous allez en avoir tout votre saoul. Qu'est-ce que le tiroir vous aurait dit? Le mensonge de votre femme. C'est fini, le mensonge; il y a temps pour tout, et voilà votre femme qui va vous servir un plat de vérités!

— Est-ce donc vous qui me portez ce défi, madame? demanda le baron avec la dignité des profonds chagrins.

— Ah ça! s'écria M. Lecoq, vous n'avez donc pas encore compris qu'il ne s'agit pas d'une querelle de ménage! Je ne suis pas méchant, moi, que diable! Et je ne vous aurais pas mis en présence pour vous faire de la peine. C'est vous qui avez commencé. Vous avez trompé votre femme, monsieur Schwartz : vous saviez que son premier mari existait!

— J'affirme.... commença le banquier.

— Vous avez tort d'affirmer.

— Je jure....

— Ne jurez pas! prononça lentement la baronne, qui était restée muette jusqu'alors.

— A la bonne heure! dit Lecoq. Voici la chère dame qui a retrouvé la parole. Il faut que vous sachiez, monsieur le baron, que Mme la baronne est pour le moins aussi étonnée que vous. C'est une surprise des deux côtés. Je suis un drôle de corps, hé? Vous allez voir comme je conduis une discussion. Je me suis occupé de vous toute la soirée. Connaissez-vous M. le marquis de Gaillardbois? »

Le baron desserra le nœud de sa cravate.

« A moins que vous ne la choisissiez foudroyante, ce qui est une solution, grommela M. Lecoq avec humeur, une attaque d'apoplexie me paraîtrait manquer d'à-propos en ce moment. Un peu de vigueur, que diable! Soyons un mâle et nous en sortirons. Je vous parlais de ce cher Gaillardbois, parce qu'il fait des pieds et des mains pour être préfet de police. C'est un homme de tenue. Il s'est mis en tête de pêcher aux Habits Noirs.... A combien se monte le compte de vos commissions sur les affaires du colonel Bozzo, cher monsieur? »

Ceci fut lancé incidemment et d'un ton d'insouciance admirablement jouée.

Parmi ceux qui étaient là, Trois-Pattes seul devina une partie de la portée que pouvait avoir la question.

Le baron répondit avec fatigue :

« Chez moi, tous les comptes sont à jour. Adressez la demande à mes bureaux.

— C'est là le tort, dit M. Lecoq en baissant la voix. C'est là le grand tort. Il ne faut pas mettre des comptes pareils dans ses bureaux, quand on veut dormir tranquille. Ce diable de Gaillardbois était bien renseigné. Il m'a dit tout uniment : « Le banquier des Habits Noirs est M. le baron Schwartz. »

— C'est une calomnie, répliqua le baron avec simplicité.

— Juste ma réponse à Gaillardbois! N'avez-vous pas un valet du nom de Domergue?

— Si fait, un vieux et fidèle serviteur.

— Il faut vous dire qu'avec l'affaire des Habits Noirs bien menée, Gaillardbois emporterait d'assaut la préfecture. Chacun va à son but comme il l'entend, n'est-ce pas vrai? Il y a des agents qui rôdent autour de vous, à Paris et à la campagne. Ce Domergue, un vieux et fidèle serviteur, joue au jeu de *Fera-t-il jour demain?* »

La baronne laissa échapper un mouvement.

« Serait-ce pour votre compte? belle dame, demanda M. Lecoq.

— Oui, » répondit-elle courageusement.

Sur le papier qui était devant lui, la main distraite de M. Mathieu venait de tracer ces mots :

« Une araignée qui tend sa toile.... »

Elles vont de ci, de là, en effet, accrochant partout le fil gluant qui portera leur travail aérien. Au début, on ne devine pas la forme régulière de ce piége merveilleusement disposé. On dirait qu'elles travaillent au hasard. Mais bientôt la trame apparaît, laissant voir l'ingénieuse série de ses mailles concentriques.

Et tout ce qui veut passer au travers reste captif.

M. Lecoq salua la baronne et se tourna vers son mari.

« Je ne sais pas tout, dit-il. On ne sait jamais tout dès qu'il y a des dames. Ma seule prétention est d'en savoir assez pour vous donner un bon conseil, bon pour vous, bon pour moi, car vous pensez bien que je ne travaille pas ici en faveur du roi de Prusse. Nous reviendrons peut-être à l'ami Gaillardbois qui est en passe d'arriver; allons de l'avant : Mme la baronne ayant un autre mari que vous, à votre connaissance, il ne vous étonnera pas d'apprendre que Dieu avait béni cette union et qu'un fils existe.

— Michel? » murmura M. Schwartz, dont le visage s'éclaira franchement.

Il ajouta, en se tournant vers sa femme et avec l'accent d'une véritable passion :

« Madame! Oh! Giovanna, que ne le disiez-vous. »

Elle garda le silence. Les clairs de son voile laissaient voir ses yeux baissés sur la pâleur de sa joue.

M. Lecoq eut un bon rire.

« Voilà ce qui manque dans cette vieillerie de pièce : *la Femme à deux maris!* poursuivit-il. C'est un luron comme moi, établissant une situation carrée! Eh bien! quoi! on ne peut donc pas s'expliquer, au lieu de filer les scènes interminables d'un mélodrame! Cette pièce-là, vous le savez, se joue chaque jour une douzaine de fois à Paris où la bigamie mène en cour d'assises. La cour d'assises a beau faire les gros yeux, elle n'empêche rien, hé? Plaisanterie à part, la femme a presque toujours de très-bonnes raisons; il lui suffirait de causer la bouche ouverte; on s'embrasserait et tout serait fini. Êtes-vous de mon avis, Jean-Baptiste? »

C'était la troisième fois que M. Lecoq employait ce prénom, et rien, dans ses rapports usuels avec le riche banquier, ne l'autorisait à cette familiarité qui, parmi tant de choses faites pour exciter l'étonnement, surprenait Julie au plus haut point.

M. Schwartz ne protestait point. Il restait en quelque sorte écrasé sous l'étrangeté de la situation qui, selon ses pressentiments, allait démasquer bientôt de nouvelles menaces.

Le ton de M. Lecoq réveillait en lui, avec une vivacité singulière, des souvenirs déjà lointains. Il éprouvait, si l'on peut s'exprimer ainsi, dans sa mémoire, la saveur même de ses impressions lors de sa rencontre, sur le quai de l'Orne, avec l'effronté commis voyageur, le 14 juin 1825.

Aussi, tressaillit-il comme si sa propre pensée eût parlé, quand Lecoq, le regardant en face et plongeant ses mains dans les poches de sa robe de chambre, reprit tout à coup :

« Le vin, le jeu, les belles, eh! bonhomme? Notre dîner à l'auberge du *Coq Hardi!* Maman Brûlé faisait bien la cuisine! Et le mari, le fameux mari! car il y avait aussi un mari! Bien tapé, l'*alibi* d'amour! ma canne oubliée, ma canne à pomme d'argent. Et la leçon répétée au commissaire de police; un Schwartz encore : autant que de pavés! Nous n'étions pas fier, la nuit, sur la grande route? et dans le chemin creux! le billet de mille.... En voilà un qui a fait des petits depuis le temps, Jean-Baptiste! »

M. Schwartz avait de grosses gouttes de sueur aux tempes.

Un soupir comprimé souleva la poitrine de l'estropié, qui plongeait son regard pensif dans le vide.

XXXII

On dansera.

M. Lecoq, lui, n'avait rien perdu de sa victorieuse bonhomie. Il clignait de l'œil en regardant M. Schwartz et adressait des signes d'amitié à Julie.

Ce fut celle-ci qui rompit le silence.

« Je n'ai pas compris tout ce qui vient d'être dit, murmura-t-elle d'une voix altérée. Dois-je croire que M. Schwartz a trempé dans cette horrible affaire Bancelle?

— Heu! heu! fit M. Lecoq, chèvre et chou, chair et poisson.... ça et ça! »

Et comme le banquier protestait d'un geste énergique :

« Sans doute, sans doute, reprit-il, chère madame, M. le baron est innocent comme l'enfant qui vient de naître. Je lui dois ce témoignage : il n'a trempé dans rien du tout. Seulement, vous savez, on naît homme d'affaires. M. le baron était usurier avant d'avoir un sou vaillant. J'ai eu le plaisir de lui fournir le premier sou vaillant ; il l'avait bien un peu gagné. Dès qu'il l'a eu, il l'a prêté à la petite semaine : image naïve et réduite de cette glorieuse chose qui s'appelle la banque. Voilà l'histoire. Il y a des vocations. Ce n'est pas la synagogue qui fait le juif. »

Il prit la main de M. Schwartz et la secoua bon gré mal gré dans un élan de chaude cordialité, disant :

« Pas vrai, Jean-Baptiste ? nous avons la conscience pour nous ? c'est le principal. Mais ne nous égarons pas. Où en étions-nous ? à Gaillardbois pour les Habits-Noirs ? Non, pas encore. Nous en étions aux raisons qui excusent Mme la baronne par rapport à la bigamie. Elle n'a aucun tort de son côté, entendez-vous, bonhomme. Elle croyait son mari mort, et n'en accusez que vous ; croyant son mari mort, elle a pu convoler, c'est la loi divine et humaine, sauf chez les Bengalis, qui exigent la combustion de la veuve du Malabar. Elle aurait pu vous faire sa confession, direz-vous ? Pas fort ! Telle que vous la voyez, elle a sur les épaules.... ah ! de belles épaules !... une petite condamnation par contumace à vingt ans de travaux forcés pour dames. Ah ! mais !

— Ma femme !... s'écria le baron éperdu.

— Pas davantage ! répondit M. Lecoq. Et j'ai dans ma folle idée que le mariage était un peu pour elle un refuge, quoique vous méritiez bien d'être adoré pour vous-même, Jean-Baptiste.... Vous devinez quel était le vrai nom de Giovanna Reni, n'est-ce pas ?

— Je ne veux pas deviner! prononça M. Schwartz entre ses dents serrées.

— Ces choses-là, rectifia Lecoq tranquillement, c'est involontaire. On devine ou on ne devine pas. Si vous ne devinez pas, bonhomme, je vais vous aider. Le jour où vous reçûtes le divin billet de mille francs, quatre cents billets semblables furent piqués dans la caisse de M. Bancelle. André Maynotte qui fut condamné....

— Assez! dit M. Schwartz en passant son mouchoir sur son front.

— Est-ce vrai, demanda M. Lecoq, que ses cheveux étaient déjà tout blancs quand vous le rencontrâtes à l'île Jersey, six ou huit mois après l'affaire?

— Assez! répéta le banquier avec détresse. Il y a là-dedans une fatalité! »

La respiration de Julie sifflait dans sa poitrine.

« En voilà un, poursuivit M. Lecoq, qui ne doit pas vous porter dans son cœur! Mais ne perdons pas le fil : nous en sommes toujours aux raisons de madame. Bonhomme, vous allez m'accorder que quand il s'agit de la vie ou de la liberté, on ne se confie pas même à l'amour, hé! »

Il appuya sur ce dernier mot avec une souriante ironie et continua :

« Julie Maynotte était précisément dans ce cas-là. La condamnation d'André Maynotte l'atteignait. En bonne conscience, pouviez-vous exiger qu'elle vînt vous dire : Bibi, je suis la veuve d'un forçat, et forçate moi-même. Voulez-vous épouser vingt ans de travaux forcés et le petit de mon premier hymen? L'eussiez-vous fait à sa place, vous, Jean-Baptiste? Et vos peccadilles, à vous, les avez-vous confessées? »

Son rire grinça parmi un silence de plomb.

La baronne restait glacée et semblait une femme de

bronze. M. Schwartz s'affaissait davantage à chaque coup de massue.

« Et qui a gagné à cette foire normande du mariage? reprit M. Lecoq en atteignant sa pipe qu'il repoussa aussitôt avec un salut à l'adresse de la baronne. Vous êtes resté pataud, mon bon, et vous avez une des femmes les plus distinguées de Paris. Voilà dix-sept ans que vous l'idolâtrez. Elle a satisfait à la fois votre cœur et votre vanité; vous êtes en reste, vous, l'homme de bourse, collé à la grande dame! Ne vous plaignez pas, on vous rirait au nez. Ne parlez pas de séparation: votre union est nulle, ce qui fait votre fille bâtarde, ni plus ni moins, depuis la racine de ses jolis cheveux jusqu'à la pointe de son pied mignon!

— Tout cela est vrai, murmura le baron, tout cela doit être vrai, puisqu'elle ne proteste pas. »

La baronne dit :

« Tout cela est vrai. »

La poitrine de M. Schwartz rendit un gémissement.

La plume de Trois-Pattes traça quelques mots sur le papier, tandis qu'il grondait d'un accent étrange :

« Tu es témoin et greffier, et juge! »

— Bilan général, reprit M. Lecoq en se mettant de plus en plus à son aise, tromperies partout. Première tromperie, côté du mari ; seconde tromperie, côté des dames. Mêlons et passons à quelque chose de bien autrement sérieux, quoi qu'en puisse penser ce pauvre M. Schwartz, que je croyais un homme et qui s'applatit comme un tampon de linge mouillé. Bonhomme! nous allons avoir besoin d'énergie, si nous voulons tirer notre épingle du jeu. Gaillardbois est un rude limier et il a le nez sur la piste. Il est capable de remonter jusqu'aux mille francs du chemin creux. Le colonel, votre commanditaire et votre client, était là-dedans jusqu'au cou. La comtesse Corona est l'héritière du colonel. Je ne veux pas vous énumérer ici les talents de cette charmante femme. Tout cela est grave. Et tout cela n'est rien. André Maynotte est à Paris.

— Ah!... » fit la baronne en un cri involontaire.

M. Schwartz la regarda. Une angoisse nouvelle faisait diversion à sa détresse.

La plume devint immobile entre les doigts de l'estropié.

« André Maynotte se porte comme un charme, poursuivit Lecoq, dont l'effronterie laissait percer une nuance d'embarras. Voilà le danger principal, le vrai danger, car André Maynotte est un scélérat.

— Vous mentez! » interrompit la baronne d'une voix nette.

A ce mot, Trois-Pattes tressaillit de la tête aux pieds comme s'il eût reçu la décharge d'une pile voltaïque.

M. Lecoq s'inclina, remerciant avec ironie.

« Nul n'insultera devant moi André Maynotte, » dit la baronne, dont la noble taille s'était redressée.

Le baron balbutia dans l'excès de sa misère :

« Vous êtes donc toujours la femme de ce condamné!

— Oui, répondit-elle sans hésiter; dans mon cœur, toujours! »

L'estropié prit à deux mains sa tête chevelue.

« L'dée ne m'était jamais venue de me brûler la cervelle! » pensa tout haut le baron dont les yeux s'égaraient.

L'effet, médité par Lecoq, se produisait avec une effrayante violence. Le baron chancelait sous le choc trop brutal. Un grand éblouissement passait devant cet esprit formaliste et froid, habitué à des calculs, non pas précisément vulgaires, mais ne sortant jamais de ce cercle où l'algèbre de la Bourse parque ses ingénieuses équations. Une lueur de foudre établissait, parmi les menaces qui l'affollaient une rapide et éclatante balance. Il voyait à la fois ce qui naissait de la fatalité et ce dont sa conscience lui reprochait la coupable origine.

Car il y avait de ceci et de cela dans le malheur de cet homme.

Son premier pas sur la route de la fortune piquait son souvenir comme la pointe d'un couteau ; la mémoire de l'acte qui l'avait lié à une femme aimée était un remords.

Il y avait en outre ses rapports avec le colonel.

M. le baron Schwartz fut épouvanté par les paroles de Lecoq, parce qu'il n'était pas entièrement pur selon sa propre conscience. Donnez-lui la pureté absolue, l'honneur, pour employer le mot qui dit tout, et l'échafaudage de ces mélodramatiques menaces va crouler. Mais là où l'honnêteté de convention remplace ce solide abri de la conscience, les fictions malsaines acquièrent une étrange valeur.

Cet homme, qui n'était pas pur devant sa conscience, se croyait du moins, jusqu'à l'heure présente, net devant la loi.

Mais la conscience seule est à l'abri de l'erreur. Tout le reste se trompe.

Quand ceux-là se sont trompés dans le bilan quasi loyal de leurs accommodements, la loi, leur fétiche, se dressant tout à coup en face d'eux, les change en pierres.

Le baron Schwartz vit cette tête de Méduse : la loi qui l'abandonnait, la loi qui était contre lui!

Rien de pareil ne se passait dans l'esprit de la baronne : non point qu'il n'y eût au fond de son cœur une voix capable de faire entendre des reproches, mais au contraire parce que cette voix depuis longtemps parlait.

Un jour, c'était peu de temps après la naissance de Blanche. Le ménage allait paisiblement, quoique la jeune femme eût d'étranges mélancolies ; l'élément affectueux ne manquait même pas tout à fait dans la maison, car il y a autour d'un berceau chéri je ne sais quelle atmosphère de tendresse ; un jour, M. Schwartz s'absenta : c'était la première fois que Julie restait seule. Elle se rendit à Saint-Roch et commanda une messe mortuaire à laquelle nul ne fut invité ; au retour de cette messe où elle avait abondamment pleuré, elle se prépara pour un voyage. Nous savons le secret de cette mélancolie : l'autre enfant était loin, le cher enfant adopté par la nourrice Madeleine. Julie ne pouvait plus résister ; il lui fallait un baiser de son fils. M. Schwartz n'était encore ni baron ni millionnaire ; Julie se fit apporter une des malles de son mari pour voyager en poste.

La malle avait l'estampille du paquebot de Jersey.

Julie n'était ni jalouse ni espiègle. Le fond de son caractère était la réserve froide de ceux qui ont un secret à garder ou un souvenir à éteindre. Pourtant, elle ouvrit cette malle avec un nerveux mouvement de curiosité.

L'âme a son instinct et le sentiment son flair.

Dans cette malle il n'y avait rien, sinon une enveloppe poudreuse qui ne portait aucun timbre et qui était bourrée de papiers.

Mais le paquet avait une adresse qui sauta aux yeux de Mme Schwartz comme un éblouissement.

Une défaillance la prit. Quand elle recouvra l'usage de ses sens, elle s'empara du paquet comme on fait d'une proie.

Elle resta tout ce jour enfermée dans sa chambre à lire et à relire. Le soir, elle partit pour le pays de Madeleine. A la voir, on eût dit qu'elle avait fait une longue maladie.

L'enfant n'était plus chez Madeleine. On avait volé l'enfant deux semaines après le mariage de Mme Schwartz, que la bonne nourrice appelait toujours Mme Maynotte.

Julie eut chez Madeleine le récit de la visite d'André, revenant de Jersey.

De retour à Paris, elle garda la chambre plusieurs mois durant.

Depuis lors, on la vit toujours pâle et triste.

Elle souffrait, disait-elle, et les habiles médecins qui avaient soin d'elle conseillèrent gravement à son mari de la distraire.

Le paquet contenait la série entière de ces pauvres lettres, confiées par André Maynotte à M. Schwartz, lors du voyage à Jersey entrepris par ce dernier à la poursuite d'un débiteur insolvable.

De la part de M. Schwartz, tel que nous le connaissons, y avait-il eu trahison ou seulement négligence égoïste? Nous savons qu'André, persécuté par la crainte de mettre la justice sur les traces de Julie, n'avait point livré son secret. En ceci, comme en toute chose, M. Schwartz, moitié chair, moitié poisson, ne devait être ni complétement innocent, ni tout à fait coupable....

Ce fut M. Lecoq qui reprit le premier la parole.

« Je ne suis pas de ceux qui méprisent inconsidérément ce moyen-là : se brûler la cervelle, dit-il. Quand le rouleau est à bout et, qu'en se tâtant bien, on trouve de la tête aux pieds chair de poule mouillée, écoutez donc, ma foi, un coup de pistolet peut arranger les choses. Mais c'est bête. »

Ce dernier mot fut prononcé avec solennité.

La tête de M. Schwartz pendait sur sa poitrine.

« Aimez-vous votre femme? » demanda Lecoq brusquement.

Le malheur attendrit extraordinairement ces cœurs d'affaires. M. Schwartz tourna vers la baronne un regard suppliant et timide. Ses deux mains se joignirent et il répondit :

« Je l'aime de toutes les forces de mon âme! »

C'était vrai, absolument vrai.

« Si votre mari était contraint à s'expatrier, reprit M. Lecoq en s'adressant à Julie, j'entends le mari que voilà, le suivriez-vous?

— Oui, » répliqua la baronne d'un ton ferme.

Ce mot releva la tête de Trois-Pattes qui sembla sortir d'un sommeil. La pression de ses mains avait écarté à droite et à gauche les masses emmêlées de sa chevelure. Soit réalité, soit capricieux jeu de lumière, car la lampe l'éclairait à revers, son visage paraissait doué, en cet instant, d'une mâle et régulière beauté.

Il avait les yeux fixés sur Julie qui lui faisait face et dont la main, justement, rejetait son voile en arrière. Ses paupières eurent un battement comme si un éclat trop vif les eût soudain frappées.

Elle était belle incomparablement. Son front d'Italienne, pur et noble comme un marbre, avait une auréole de grave tristesse.

« Ce n'est plus pour moi que vous viendrez, Giovanna! dit M. Schwartz d'un accent plaintif. C'est pour votre fille! »

Elle ne répondit point, mais un splendide sourire, traduisant l'amère souffrance de son cœur, s'ébaucha sur ses lèvres.

« Pour sa fille! répéta M. Lecoq, c'est juste.... mais pour elle aussi, un petit peu. »

Le regard qu'elle lui jeta lui fit baisser les yeux.

« S'il se fût agi autrefois de l'échafaud, prononça-t-elle lentement et tout bas, mais de cet accent qui scande chaque syllabe mieux que ne ferait un cri, j'étais prête, je le jure, prête à mourir avec André. J'ai mérité pourtant d'être insultée par vous, car j'ai été lâche.... lâche contre la pensée de la prison, plus dure que la mort même, lâche contre la pensée de vivre avec la honte! »

Deux larmes s'échappèrent de ses yeux et roulèrent sur sa joue.

La gorge de l'estropié eut un râle sourd.

M. Lecoq se frotta les mains tout à coup en homme qui a une bonne idée.

« Ma foi, dit-il, ce n'a pas été sans peine; mais il me semble que nous voilà tous d'accord! »

Et comme les regards des époux l'interrogeaient, il ajouta :

« Nous sommes dimanche, je propose de fixer le départ à mercredi.

— Sitôt! balbutia le banquier.

— Je veux que la fortune de mon fils soit solidement assurée, » stipula la baronne.

M. Schwartz reprit:

« J'ai d'immenses ressources. Je n'ai jamais fait de mal. Avant d'en arriver à une extrémité pareille....

— Allons! l'interrompit Lecoq avec résignation. Il faut recommencer : voici derechef et en réitérant le bordereau de votre situation : cas de bigamie, qui demain peut être notoire, ceci, indivis entre vous deux. Du côté de Mme la baronne, treize ans à courir pour compléter la prescription de l'arrêt de la cour royale de Caen. Du côté de M. le baron, voyons. Allons-nous faire la chasse aux présomptions ? Le gibier ne manquera pas, au moins. J'ai vu des cas où les présomptions.... Hé ! après tout, il n'y avait que des présomptions contre Michel Maynotte. Comptons sur nos doigts : présence de M. J. B. Schwartz à Caen, la nuit du 14 juin 1825, mensonge glissé par ledit à l'oreille de son homonyme le commissaire de police, somme reçue dans le chemin creux, départ dans la même voiture que la femme du condamné Maynotte : une belle créature qui, si l'on en croit l'arrêt de la cour, dut emporter dans sa poche les quatre cent mille francs de la caisse Bancelle ; mariage subséquent de ce monsieur et de cette dame. Reconnaissance par monsieur à madame de quatre cent mille francs. Le chiffre est rond et joli.... hé ? »

Ici, Lecoq s'interrompit tout à coup, parce que le baron de Schwartz avait un pâle et froid sourire. On l'attaquait à une place où sa conscience n'était point vulnérable.

« Oh ! oh ! fit Lecoq, temps, argent ! nous faisons fausse route. Ce n'est pas ainsi qu'il faut parler à un gaillard de votre force ! mettez que je n'aie rien dit et reprenons : du côté de M. le baron, morbleu ! néant ! j'entre dans sa façon de raisonner. Le jour n'est pas plus pur que le fond de son cœur. Où diable avais-je l'esprit ? seulement il y a la comtesse Corona et ce luron de Gaillardbois, sans me compter, et si on ne m'écoute pas, il faudra bien me compter. L'accusation au criminel tombera d'elle-même, parbleu ! contre les gros millions, les présomptions sont de trop petites demoiselles. Et pour ce qui regarde le colonel, je vous demande un peu ! Est-on forcé de savoir que les Habits Noirs ne sont pas des êtres fantastiques, et que le chef des Habits Noirs?... Laissez donc, il n'y aurait plus d'affaires! N'importe quel banquier peut manier les fonds de n'importe quel voleur sans qu'il y ait l'ombre de délit ou de crime. L'argent n'a pas plus de signalement que d'odeur, mais.... mais.... mais.... »

Il s'arrêta, après ce mot prononcé trois fois avec des inflexions de voix différentes, et continua, en mettant son œil de plomb sur M. Schwartz:

« Mais voici la justice dans vos affaires, bonhomme! hé! ce n'est pas drôle, Jean-Baptiste! Savez-vous pourquoi les chiens et les loups s'entre-mordent? C'est qu'ils sont cousins. Le chien est un loup manqué. Un homme négociant au cachet, chiffreur à vide, additionneur des bénéfices d'autrui, comptable marron, professeur de fredaines qu'il n'ose ou ne peut exécuter, escompteur qui n'a pas réussi, usurier honoraire, piqueur de cartes à la roulette commerciale, nourri de jalousie et de fiel, harcelé par les millions qu'il n'a pas, accusant les mansuétudes de la loi et les cruautés du sort, fruit sec de l'école qui prépare aux commandites, le loup des chiens de l'usure et le chien des loups, cet homme vous guette. Vous êtes sa proie convoitée. Il est pauvre. Il aimerait, lui aussi, le vice qui coûte et l'amour qui rapporte. Son stoïcisme est menteur ou forcé. Vous avez été sa fièvre, tant votre bonheur poigna souvent sa misère. Qu'on vous donne à lui, sous prétexte d'expertise, ses ongles s'allongeront pour fouiller votre chair. Il sait trouver le mal qui existe et créer le mal qui n'existe pas. Il est habile, haineux, clairvoyant; il est poëte, il invente à ses heures des roueries que vous n'auriez même pas soupçonnées, vous, le roué du genre, et il vous les prête généreusement. Il y va de tout cœur, comme un basset à la curée; ce qu'il ne dévore pas, il le souille. Et bien des gens, croyez-moi, des gens paisibles qui ne vous connaissent ni d'Ève ni d'Adam, applaudissent des pieds et des mains son orgie, car vous n'êtes pas aimés, vous autres millions, Jean-Baptiste! Dites le contraire, je vous en défie! »

M. Schwartz avait l'œil fixe et le front humide.

« Vous n'êtes pas aimés, poursuivit M. Lecoq dont la voix incisive et sèche enlevait un copeau à chaque parole comme la hache d'un charpentier. Les petits vous regardent avec défiance, s'étonnant que vos bras croisés puissent gagner de si insensés salaires, les grands s'impatientent de voir si près de leurs épaules vos têtes mal décrassées. Les timides ont peur de vous, parce que vous défiez et provoquez les passions mauvaises, comme ces sébiles insolentes qui raillent les affamés derrière les carreaux des changeurs; les forts vous méprisent, parce que vos sacoches amoncelées ne vous servent à rien de grand. L'or, pour vous, maniaques de la cupidité, n'est qu'un moyen de gagner de l'or. Il est tel d'entre vous, malade de cette hystérie des avares, qui essaya un dernier coup de bourse en suant son agonie. La misère vous maudirait alors même que vous seriez bienfaisants. La richesse territoriale, la vraie richesse, s'indigne du bruit scandaleux que font vos écus. Les honnêtes gens vous jugent avec une sévérité aveugle et injuste, car peut-être êtes-vous souverainement utiles à la fortune publique; mais vous ne payez pas d'impôts, et ceux que l'impôt écrase vous abhorrent. Enfin, les coquins eux-mêmes, complétant l'unanimité, voient en vous des concurrents dangereux, des supérieurs, si vous voulez, et vous gardent la vitriolique rancune des confrères. Aussi, monsieur le baron Schwartz, sauf moi, Lecoq, qui ai mes raisons pour vous soutenir dans une certaine mesure, et qui ne vous cache pas ce motif intéressé, Paris tout entier s'amusera jeudi prochain ; je dis le mot vrai, s'amusera et applaudira en apprenant que les scellés sont sur vos livres et que l'expert Taupart a mis son enragé museau dans votre champ de truffes. J'ai dit. Maintenant, agissez comme il vous plaira : je m'en lave les mains.

M. Lecoq repoussa son siége et vint se mettre au devant de la cheminée, les bras croisés derrière son dos.

« Monsieur, dit la baronne en s'adressant à son mari, vous m'avez demandé si je vous suivrais....

— Changé d'avis, l'interrompit M. Schwartz, reprenant sa syntaxe abrégée avec un aplomb tout à fait inattendu. Inconvénients d'une fuite crèvent les yeux. Préfère rester. Idée. »

M. Lecoq eut, en s'inclinant, un sourire sceptique et narquois.

« Plus brave ! dit-il, parodiant le laconisme du financier. Moins sûr !

— Moi, déclara Mme Schwartz, je partirai avec ma fille....

— Sage ! opina M. Schwartz.

— Comme image ! » acheva Lecoq en ricanant.

Le baron se leva.

« Mon cher monsieur, dit-il en étudiant sa phrase et d'un air dégagé, vous cachez sous des formes bizarres un grand sens et beaucoup de dévouement, je le sais. Je ne refuse pas du tout de faire le compte des intérêts.... et des intérêts des intérêts de ce billet de mille francs, que je reconnais avoir reçu de vous en 1825, quoique, paraîtrait-il, vous avez prétendu acheter à ce prix mon silence, à propos d'un crime ou d'un délit auquel vous auriez participé à mon insu. J'ai cru comprendre cela. Dix ou douze mille louis ou même davantage sont une bagatelle pour moi. Réfléchissons tous deux. Je donne mercredi soir un petit bal pour la fête de ma fille qui vint au monde à la saint Cyprien. J'ai l'honneur de vous y inviter, et Mme la baronne fait de même. »

Il offrit son bras à sa femme qui le prit.

« On dansera? demanda M. Lecoq ironiquement.

— On dansera, » répliqua le banquier, qui salua et ouvrit la porte.

La baronne dit tout haut en passant le seuil :

« J'aurai à vous parler demain, monsieur Lecoq. »

A son tour Lecoq s'inclina, mais en silence.

Quand il fut seul, il plongea ses deux mains dans les deux poches de sa robe de chambre et resta pensif, debout au milieu de la chambre. Un battant qui grinçait en roulant sur ses gonds lui fit lever les yeux. Il vit Trois-Pattes, pelotonné devant sa table et tenant encore sa plume à la main. La lumière de la lampe éclairait d'aplomb l'étrange visage de l'estropié.

Un instant, M. Lecoq le regarda sans parler. Trois-Pattes souriait:

« Pourquoi ris-tu, toi? lui demanda rudement Lecoq.

— Parce que c'est drôle, » répliqua l'estropié.

Puis, après un autre silence, il reprit :

« Ce Michel Maynotte était donc innocent, là-bas? »

Lecoq haussa les épaules, et se mit à marcher dans la chambre à grands pas.

Au deuxième ou troisième tour, il s'arrêta devant Trois-Pattes qui le regardait toujours.

« Toi, grommela Lecoq, sans M. Bruneau, je t'étranglerais !

— Ce ne serait pas bien difficile, répondit doucement l'estropié.

— Il y a des moments où tu me fais peur, poursuivit

M. Lecoq en se parlant à lui-même. Mais je sais que ce Bruneau est Michel Maynotte, je le sais!

— C'est moi qui vous l'ai dit, patron....

— C'est vrai, c'est toi.... »

L'œil de Lecoq, défiant et dur, était braqué sur lui.

« Elle est fièrement belle, cette baronne Schwartz! dit l'estropié, dont les yeux eurent une étincelle.

— Je suis fou! gronda Lecoq, qui tourna le dos pour reprendre sa promenade.

— Est-ce que je ressemble de près ou de loin à cet André Maynotte? demanda Trois-Pattes.

— Pourquoi? fit Lecoq, qui s'arrêta court.

— Parce qu'elle a gardé des idées pour lui, repartit l'estropié avec une sorte de puéril cynisme, et qu'alors, si je lui ressemblais....

— Je suis fou! répéta Lecoq.

« Tu sais, ajouta-t-il, que je les ai roulés de pied en cap! Il a voulu se garder à carreau pour le cas où je le dénoncerais à la préfecture ; mais, à l'heure qu'il est, son départ est décidé.

— Mais ce bal....

— C'est ce bal qui le trahit. Le truc est usé jusqu'à la corde. Mercredi, ses provisions seront faites : j'évalue à quatre ou cinq millions ce qu'il aura pu rassembler.

— En bank-notes, s'il va en Angleterre?

— Pas la queue d'une bank-note! cela donnerait l'éveil. Il prendra de beaux et bons billets de banque, comme s'il s'agissait d'une échéance extraordinaire. Je le connais : il est adroit pour les petites choses.

— Et sa femme?

— Sa femme en vaut dix comme lui. Je te charge de Bruneau ; entends bien ceci : il y a un obstacle entre Bruneau et la baronne ; je le connais puisque je l'ai élevé. S'il tombait, et un mot de la baronne le ferait tomber, gare dessous! Veille au grain, monsieur Mathieu, car tu as le bon poste, et si tu t'endormais dans ta guérite, tu ne t'éveillerais pas!

— Je ne dors jamais que d'un œil, patron. »

M. Lecoq le regarda encore. Il n'y avait rien sur ce visage pétrifié.

M. Lecoq passa le seuil du « corps de garde » et lut le papier par-dessus l'épaule de Trois-Pattes.

« Vingt lignes! grommela-t-il, et tout y est! Signe. Il faut que M. et Mme Schwartz sachent demain qu'il y avait près d'eux ce que je t'ai dit; un témoin et un greffier. »

Sans hésiter, Trois-Pattes signa son nom de Mathieu et parapha.

« Dans la maison Schwartz, dit-il non sans fatuité, on connaît ma signature.

— Lis ceci, ordonna M. Lecoq en lui mettant dans la main le travail de Piquepuce.

— Tiens! tiens! fit l'estropié. Alors, tout ce que vous avez fait, c'est pour enfler la caisse avant que de la vider? »

M. Lecoq ne répondit que par un signe de tête souriant.

« Bien mignon, ce tour-là! murmura Trois-Pattes. Mais à quoi serviront les faux billets? »

M. Lecoq avait, en vérité, l'orgueil de l'auteur applaudi.

« Tu verras, dit-il. C'est le plus beau! »

Il se frotta les mains et reprit:

« Nous aurons besoin d'acteurs et de comparses. Tu auras demain la distribution des rôles, et tu choisiras ton monde à l'estaminet de *l'Épi-Scié*.

— Entendu, patron.

— Tu as, en outre, le tirage des billets : quatre millions, au moins.

— Entendu.

— Et M. Bruneau.... surtout M. Bruneau !

— Celui-là, patron, dit Trois-Pattes bonnement, je vous promets de ne le pas plus quitter que mon ombre. »

TROISIÈME PARTIE

LA FORÊT DE PARIS

TROISIÈME PARTIE.

LA FORÊT DE PARIS.

I

Traité des origines et le chemin des amoureux.

Chaque chose, grande ou petite, garde le cachet de son origine. Le feu lui-même sourit dans le foyer heureux où flambe le bois qui coûte cher, le feu se refrogne et brûle rouge dans la grille économique bourrée de coke, le feu languit sans lumière ni chaleur dans l'âtre où la tourbe des pauvres se consume lentement sous la cendre.

Le bois vient des forêts splendides, le coke fut extrait d'une cave, la tourbe sort d'un cloaque.

Londres fut bâti dans un triste marécage; Paris s'élança du sein merveilleux d'une forêt : Londres brûle noir, Paris flambe et petille.

On ne bâtira plus aucun Paris dans l'ancien monde. Paris est le dernier mot de nos civilisations. Mais des prophètes de malheur ont entrevu des présages sombres et je ne sais quel fantôme de forêt revenant à pas de loup, après des siècles, pour reconquérir son antique domaine. Des chênes, des chênes! Le reflux du progrès incertain, la marée montante des fatales barbaries : des chênes crevant la voûte de Notre-Dame, des chênes faisant aux ruines du Louvre une autre colonnade ; des chênes partout où le chêne peut pousser, et dans l'aridité du quartier pédant, des chardons.

Alors, quelque satrape des barbaries parvenues, un proconsul envoyé de Mysore ou de Pékin pour tâter le pouls chétif de cette vieille Europe à l'agonie, s'étonnera de trouver ici les animaux sauvages qui manqueront dans sa patrie. Un Cuvier de sa domesticité mesurera le squelette de l'éléphant Kiouni, mort au jardin des Plantes, pendant que l'historiographe de l'expédition comptera les piliers tronqués de la Bourse. Deux livres naîtront de là, dont l'un prouvera que la race disparue des éléphants était originaire des contrées Mouffetard, et l'autre qu'au temps lointain où florissait la France, il existait déjà une religion....

On bâtira Paris ailleurs, et ce sera le suprême caprice de l'histoire.

Là bas, à mesure qu'on s'approche du soleil, tout est plus vaste, les arbres, malgré leurs lourds manteaux de lianes, s'élancent à des hauteurs inconnues; les fleuves sont des mers, les gazons des taillis; il faut vingt hommes pour embrasser un tronc autour duquel le serpent impossible enroule et déroule ses magnifiques anneaux; les lézards s'appellent des caïmans, les fourmis ressemblent à des homards et ce sont des noix grosses comme des melons qui se balancent à la cime des palmiers colosses. Quelle ville ce sera que le Paris intertropical! Chaque chose, nous l'avons dit, garde l'empreinte et la fatalité de son origine. Comparez l'œuf d'autruche à la graine du bouvreuil. Ce qui doit sortir de ces vierges forêts écrase l'imagination.

Tout exigu qu'il est de nos jours, et si mince que, du haut des buttes Montmartre, un regard myope l'enveloppe aisément, Paris peut passer pour une jolie ville. Il le sait. Le Parisien est fier de lui-même comme l'Esquimau et le Samoyède s'enorgueillissent de leur rang dans l'échelle des peuples. Il soudoie un grand nombre d'écrivains, chargés sans cesse de lui dire qu'il a seul de l'esprit, de l'honneur et de la beauté. Il est reconnu que, dans Paris, tout homme tenant une plume peut gagner paisiblement sa vie en écrivant chaque matin cette phrase : les Parisiennes sont les plus élégantes femmes du globe; à Londres, il est vrai, on dit cela des Anglaises, à Berlin des Prussiennes, à la Haye des Hollandaises. Je connais assez la littérature courante du Céleste-Empire pour affirmer qu'à Pékin, les mandarines ne lisent point les livres qui omettent de célébrer l'infirmité de leurs pieds. Paris, à cet égard, est partout.

Mais partout n'est pas Paris. Quand mon vil intérêt ne serait point de le proclamer pour glaner çà et là quelques lectrices, il faudrait bien reconnaître que tous les pays de l'univers viennent chercher Paris à Paris. Les autres capitales se vantent; Paris ne fait que se rendre justice. Il est Paris, il s'amuse de tout et tout s'amuse chez lui, même la scolastique qui ne sait ailleurs que moisir. Je ne voudrais pas calomnier ces vénérables druides et ces solennelles prêtresses qui habitaient avant nous les boulevards et les quais, mais l'air de Paris contient le gaz gaudriolique en dissolution, et déjà, du temps de la forêt, on y devait rire.

Non, ce ne fut point chez nous, dans la futaie Saint-Honoré ou dans les taillis d'Antin que se passèrent les funestes tragédies qu'on chante ou qu'on déclame. La Vestale parisienne eut une moins ennuyeuse histoire, et au coin de ces bocages, où devait s'élever le théâtre du Vaudeville, en face de la maison des agents de change, tout, jusqu'aux sacrifices humains, avait, certes, une bonne odeur de gaieté. On exécute encore les gens dans l'un et l'autre de ces sanctuaires : pleure-t-on pour cela?

Je me figure les brigands eux-mêmes et les loups aussi sous une apparence aimable. César ne cite, il est vrai, aucun calembour de bandit, aucun coq-à-l'âne de brocanteur, mais sa plume sourit en traçant le nom de Lutèce, qui pourtant signifie fange. Il y avait déjà des paillettes dans cette boue, et César y rencontra peut-être le premier ange du Paradis des femmes.

La première *Biche*.... voyez, cependant, combien profondément on est resté forêt! une ville qui serait guérêt, grève ou prairie, aurait trouvé un autre mot pour désigner cette intolérable et souriante rougeole qui la démange. Les biches ne sont qu'à Paris; on les y vient chercher du Midi et du Nord, de l'Orient et de l'Occident; elles se reproduisent là, sans culture et sans soins, providentiellement, comme les truffes en Périgord, comme les marrons à Lyon, comme la sardine sur nos côtes de l'Ouest. C'est la richesse de la contrée. Les sociétés d'acclimatation ont essayé de les transplanter en divers pays; impossible.

Il faut la forêt, la forêt de Paris. N'apercevez-vous pas la filiation historique et sacrée? Elles descendent, ces poupées dont le nom presque obscène s'étonne de figurer dans un traité si grave, elles descendent directement de Velléda, qui assassinait déjà les jeunes fils de famille avec une arme d'or !

Quant aux cerfs.... Molière est mort et la langue

n'en peut plus ; convenez cependant que ces rudes plaisanteries, si chères à nos aïeux, criaient à plein gosier leur origine silvestre. Les faunes restent, longtemps après le bois coupé. Mercure, critique ou chroniqueur, saurait dire encore, le malin compère, les fourrés propices où, malgré les puissantes trouées, œuvre de nos édiles, Sémélé, duchesse ou grisette, ferme son ombrelle pour ne pas perdre une goutte de l'averse dorée.

Ils ont beau faire, nos édiles ! *Est in secessu longo locus*.... Les boulevards, il est vrai, vont et viennent, faisant de notre forêt le plus merveilleux pays de chasse qui soit au monde. Chasseurs et gibiers s'y courent mutuellement sous la loyale lumière du gaz. Mais il y a encore, il y aura toujours des halliers, des ravins et des cavernes pour les pauvres gens qui ont des raisons légitimes de n'aimer point le grand jour. Il faut, dit le proverbe, que tout le monde vive.

Existe-t-il encore des vieillards à qui l'on puisse parler du Paris d'il y a vingt ans, sans s'exposer aux sourires qui accueillent les récits de l'autre monde ?

Il y avait, en 1842, une ruelle commençant au faubourg Saint-Martin et courant tortueusement, à travers une sorte de banlieue, jusqu'à l'endroit où Pasdeloup enseigne au peuple les extases de la grande musique, vers l'angle de la rue Ménilmontant : plus d'un kilomètre ; la partie du boulevard qui s'ouvre maintenant pour laisser voir la blanche rotonde du Cirque Napoléon, s'appelait alors *la Galiote* ; c'était une succursale des barrières. A partir de ce point jusqu'à la place de la Bastille, le boulevard, bordé d'un seul côté par des échoppes, alignait, de l'autre, une étroite promenade humide et triste, dominant la rue Amelot. Les messageries aquatiques et terrestres qui avaient baptisé « *la Galiote* » n'existaient plus, mais, par souvenir, l'entreprise des bateaux-poste de l'Ourcq avait là un petit bureau à la devanture duquel on voyait le portrait de *l'Aigle de Meaux n° 2*, traîné par un prodigieux attelage. Les maisons voisines étaient des guinguettes, et sur le terre-plein quelques baraques de saltimbanques s'élevaient.

A la place même où est l'entrée du cirque, et derrière les bâtiments de *la Galiote*, était l'embouchure étranglée de cette ruelle qui rejoignait, après d'innombrables détours, la rue du Faubourg-Saint-Martin. Cette ruelle avait mauvaise réputation; on la nommait dans le quartier : *Le Chemin des Amoureux*.

L'entrée sombre et masquée par une porte de chantier sans battants, avait la nuit une lanterne jaunâtre où se lisait l'enseigne du café-estaminet de *l'Épi-Scié* avec cette mention, tracée en caractères provocants: *On joue la poule*. Au-dessus de la lanterne, on pouvait admirer, le jour, un tableau qui, ajoutant le rébus au calembour, montrait un gigantesque épi scié par une faucille colossale et rectifiait ainsi l'orthographe de la chose : au café-estaminet de *l'Épicier*.

Sur une longueur de cinquante à soixante pas, la ruelle, fangeuse et bordée de masures impossibles, s'enfonçait parallèlement à la rue Ménilmontant. Elle rencontrait là le café-estaminet, monument d'une entière laideur, mais assez considérable et qui avait dû être usine autrefois. La ruelle le contournait, et lui servant deux fois d'avenue, au midi et à l'ouest, poursuivait sa course, perpendiculaire à elle-même, vers la rue de Crussol. Elle coupait la rue de Crussol, puis le passage des Deux-Boules, et s'engageait entre les chantiers occupant l'emplacement de l'ancien prieuré de Malte, derrière les bâtiments du Gaz parisien. Un instant, elle s'appelait ici la rue du Haut-Moulin, puis, côtoyant le premier cirque, bâti par les frères Franconi, faubourg du Temple, n° 16, elle franchissait cette grande voie pour entrer dans un passage borgne, non loin du restaurant Passoir.

Dès lors, l'aspect changeait. Le chemin des Amoureux méritait presque son nom. Il longeait d'un côté des maisons, tristes comme les villas en forme de tombes qui égayent certains environs de Paris, et toutes bâties en contre-haut; de l'autre, une haie, une véritable haie de sureaux malades, soutenus par des piquets vermoulus. La haie défendait des terrains vagues où il y avait des chèvres, des chardons ou des choux. Les amoureux y venaient. Ils avaient la tournure qu'il fallait pour animer et compléter le paysage.

Au mois de janvier 1833, un amoureux, le bijoutier Lassusse, jeune homme de vingt-deux ans, maladif et contrefait, fut assassiné à coups de barre de fer et enterré de l'autre côté de la haie, non loin de l'entrepôt actuel de la douane. Sa fiancée demeurait rue Fontaine-au-Roi, et il regagnait son domicile, situé passage de l'Industrie, quand le meurtre eut lieu, — *à quatre heures du soir !*

Le chemin des Amoureux, bizarrement calibré, avait en son parcours de très-variables largeurs. La plupart du temps, deux hommes y marchaient difficilement de front, et plusieurs de ses défilés eussent pu être défendus mieux que les Thermopyles. Il était cependant carrossable en deux endroits : aux environs de la rue de Lancry et dans la partie qui, sous le nom de rue du Haut-Moulin, remontait du faubourg du Temple aux chantiers de Malte.

Dans la nuit du mardi au mercredi, c'est-à-dire un peu plus de quarante-huit heures après cette soirée du dimanche dont nous avons raconté l'histoire, un coupé fermé stationnait à l'entrée de la ruelle à vingt-cinq pas environ du faubourg vers lequel la tête du cheval restait tournée. Il pouvait être quatre heures du matin. Le cocher, enveloppé dans son manteau, dormait.

Ce coupé mérite attention, non pas seulement à cause du lieu et de l'heure.

Il était arrivé depuis vingt minutes. Une femme en était descendue, ordonnant au cocher de tourner son cheval et de l'attendre. Elle semblait jeune sous son voile. Sa mise était d'une élégante simplicité. Elle avait pris la ruelle à pied et disparu au tournant voisin.

Quelques secondes auparavant, à l'instant où le coupé sortait du faubourg pour entrer dans la ruelle, un homme, qui n'était pas un valet de pied, avait sauté lestement du siége de derrière sur le pavé.

Cet homme, depuis lors, caché à l'angle de la ruelle, semblait guetter le cocher.

Celui-ci s'étant arrangé pour sommeiller, car le voisinage d'une grande voie de communication éloignait de lui toute crainte, l'autre s'approcha du coupé avec précaution, ouvrit sans bruit la portière et fit usage d'une extrême adresse pour se glisser à l'intérieur sans produire aucun choc. Une fois maître de la place, il referma doucement la portière. Tout redevint silencieux et immobile.

Vers ce même instant, à l'extrémité opposée de la ruelle, une lueur rougeâtre brillait, malgré l'heure nocturne, à la fenêtre d'une pauvre forge, voisine de ce fameux estaminet de *l'Épi-Scié*, qui ne dormait pas non plus, car ses contrevents clos laissaient sourdre des murmures confus, dominés par le bruit sec et discret des deux billes qui se choquent sur le tapis où l'on joue la poule.

La porte de la forge s'ouvrit; un couple sortit, qui

s'éclaira un instant aux lueurs venant de la croisée. Nous eussions reconnu du premier coup d'œil la pâle beauté d'Edmée Leber et cette figure de bronze, M. Bruneau, le marchand d'habits de la rue Notre-Dame-de-Nazareth.

M. Bruneau dit :

« Ma fille, nous allons nous séparer ici. »

Il lui remit en même temps un objet assez volumineux, qui sonnait le métal sous l'étoffe qui l'enveloppait.

« Avant la fin de la journée, reprit-il, ceci vous sera acheté si vous consentez à le vendre. Si vous refusez de le vendre, il vous sera volé.

— Et qu'ai-je à faire? demanda la jeune fille.

— Rien.... attendre. Le piége est tendu désormais; le loup s'y prendra.

— Il n'y a aucun danger pour ma pauvre bonne mère? demanda encore Edmée.

— Aucun, » répondit M. Bruneau.

Il la prit par la main et l'attira contre lui, achevant avec une grave émotion :

« Vous serez la femme de Michel, et la mémoire de votre père sera vengée. »

Il la quitta, dirigeant son pas calme et solide vers le faubourg du Temple.

Edmée le suivit un instant des yeux, puis elle longea l'estaminet pour gagner *la Galiote* et le boulevard. Le monde de pensées qui était dans son cerveau lui sauvait la frayeur.

Cependant la jeune femme du coupé et M. Bruneau devaient se rencontrer.

C'était un rendez-vous. A la hauteur du passage des Deux-Boules, ils se trouvèrent face à face. La jeune femme souleva son voile et M. Bruneau lui mit un baiser sur le front. Le réverbère voisin éclaira le visage charmant, mais pâle de la comtesse Corona.

II

La comtesse Corona.

C'est le mystère de cette histoire, racontée, Dieu merci, sans malices de métier, ni faciles surprises : mystère pour le lecteur, mystère aussi pour l'écrivain peut-être, car celui-ci n'a rien inventé. Étonné un jour au récit de ces aventures inachevées, il a traduit ses étonnements dans ce drame.

Les événements viennent comme ils peuvent, c'est-à-dire comme ils vinrent. On n'a pas pris souci de tracer des *caractères* d'occasion ; les caractères, s'il y en a, passent là dedans tels qu'ils furent.

La source où l'auteur puise est singulière et curieuse par elle-même. L'indiquer, serait faire le plus inattendu de tous les romans. Mais la délicatesse et aussi la prudence le défendent.

Je ne sais rien, pour ma part, de si attrayant que les choses incomplètes, et sans comparer le pauvre procès-verbal dont je suis le greffier bénévole à la Vénus de Milo, ce pur chef-d'œuvre, je risque cette opinion que la Vénus de Milo, entière, eût éprouvé quelque déchet sur la vogue universelle dont elle jouit.

Pour chaque chose créée, il est avantageux d'avoir un coin ou un bout que puisse achever le rêve de chacun. Le poëte, le peintre ou le sculpteur, se concilie ainsi la collaboration commune.

Je suppose que ce livre soit pris en statue, statue d'argile, pétrie à la diable par le premier venu, le bout qui manque, la mutilation, le mystère, c'est la comtesse Corona.

Les autres personnages apparaissent suffisamment distincts. Le colonel lui-même, l'Habit Noir, n'a pas sur son visage, vivant ou mort, un voile plus épais que les romanesques conventions ne le permettent. On le voit glisser dans l'ombre des maquis ou mener sa barque corsaire dans les eaux de Londres et de Paris; on le voit, on le devine, du moins. Il a d'autres allures que les modèles connus, mais Fra Diavolo, devenu vieux, peut bien craindre le rhume et s'habiller de flanelle.

M. Bruneau sera expliqué, Trois-Pattes aussi; tous deux abondamment. Ils sont le torse même de la poupée, et notre faible pour la mutilation ne peut aller jusqu'à supprimer le corps de l'action pour en servir seulement les abattis.

Mais la comtesse Corona, cette fillette de Sartènes avec ses grands cheveux ébouriffés autour d'un maigre visage et ses yeux énormes sous la ligne nette et fine de ses sourcils noirs; Fanchette, la petite sauvage qui porta la première parole de Julie à André, au péril de sa vie; Fanchette, le dernier amour du bandit ossifié et déjà défunt; Fanchette, l'ennemie de Toulonnais-l'Amitié, que nous vîmes un jour opérer ce miracle enfantin : la résurrection d'André Maynotte....

Qu'était-elle ? d'où cet attrait instinctif et profond pour André, attrait né avec elle-même en quelque sorte et qui n'empêchait point une passion tout autre de lui emplir, de lui briser le cœur? que faisait-elle à Paris, enveloppée par la criminelle association dont les souillures semblaient ne la point atteindre? quel rôle jouait-elle? était-elle un agent de mal, sans le savoir? neutralisait-elle, au contraire, dans la mesure de ses forces, le pouvoir occulte qui l'entourait?

Parfois, ces filles des ardeurs méridionales ont en elles une réponse aux questions les plus diverses. Leur sang bout ; il y a du feu dans leurs veines.

L'histoire telle qu'elle est ne dit pas cela. Elle est plus éloignée encore de le nier.

L'histoire montre une étrange, une belle créature qui passe, comme je laisse passer la comtesse Corona dans ces pages.

La femme légitime d'un bandit, du plus abandonné de tous les bandits, convives de cette ténébreuse Table-Ronde, le plus vicieux, le plus misérable, parce qu'il était tombé de plus haut : la comtesse était cela ; pourquoi ? Comment cette fillette hardie et presque héroïque avait-elle donné sa main au valet de Toulonnais-l'Amitié qu'elle mettait si audacieusement sous ses pieds ?

A l'époque où notre petite Fanchette devint une admirable femme, le comte Corona était jeune encore et très-beau. Il ne reculait devant rien. Et M. Lecoq avait plus d'un talent.

Il y eut un système de perdition, organisé savamment. Fanchette n'avait ni famille ni conseils. Quand elle retrouva le seul homme vers qui son cœur d'enfant se fût élancé avec force, elle était la comtesse Corona.

Plus tard, on jouait chez elle, et Michel, adolescent.... mais que nous importe ? Le hasard a ses lamentables victimes.

Laissons un lambeau de voile à cette fière et mélancolique beauté.

Et que l'ombre, ce bénéfice des fugitives visions, l'enveloppe....

C'était une nuit d'équinoxe, chaude mais tourmentée. De grands nuages rapides passaient sur la lune qui allait élargissant à l'horizon son disque, entamé par le déclin. L'aube n'était pas loin, et cependant l'obscurité devenait de plus en plus complète.

La partie du chemin des Amoureux, classée sous le nom de rue du Haut-Moulin, avait deux ou trois lanternes, mais toute lumière cessait au bout d'une cinquantaine de pas, et la ruelle sombre courait alors en zigzag entre les chantiers. Ce fut de ce côté que M. Bruneau et la comtesse Corona se dirigèrent. La ruelle était déserte comme les rues environnantes. A cette heure qui précède immédiatement son réveil, Paris est une silencieuse solitude.

M. Bruneau et la comtesse Corona marchèrent un instant côte à côte sans se parler; dans l'ombre épaisse où ils allaient s'enfonçant, la robuste taille du Normand perdait son apparence pacifique et lourde pour prendre une hardiesse cavalière. Sa tête se portait haut et sa poitrine semblait élargie.

« Vous êtes jeune, dit, le premier, Bruneau. La France n'a rien qui puisse vous retenir. Le monde est grand.

— J'ai songé à cela, répliqua la comtesse avec une tristesse si morne que son compagnon eut froid dans le cœur.

— Nous trouverons bien un endroit où vous serez heureuse, dit-il, pourtant.

— Heureuse ! » répéta-t-elle.

M. Bruneau, qui lui tendait la main, y sentit tomber une larme.

« J'ai été à l'église, dit-elle, mais Dieu ne se laisse pas prier comme cela, quand on apporte dans sa maison un cœur tout plein des choses de l'enfer. Je n'ai jamais pensé à Dieu si souvent qu'aujourd'hui. Je n'ai plus la force de vivre et j'ai peur de mourir ! »

Ses deux mains froides étaient dans celles de M. Bruneau. Elle reprit d'un accent étrange :

« André Maynotte, l'heure qui approche et qui va vous venger, vous donne-t-elle beaucoup de joie?

— Voilà bien des années que je l'attends, murmura son compagnon, dont la tête, malgré lui, s'inclina.

— Vous êtes triste, dit-elle encore. Je comprends cela. Votre amour est plus fort que votre haine. »

Puis, avec une soudaine explosion de pleurs:

« Je ne sais pas même si j'ai eu jamais la pureté des enfants. Le démon habitait ce grand château dont le souvenir me poursuit. Je doute de mon père et je doute de cette pauvre femme que je vois toujours agenouillée : ma mère. Ils étaient là dedans; ils sont morts là dedans. Je ne peux pas songer à mes premiers jeux sans que la perversité même se dresse devant moi sous les traits de Toulonnais. Et ce vieillard qui m'aimait, le seul peut-être qui m'ait aimée, mon aïeul.... Puis-je me réfugier dans son souvenir?

— Rien n'entame le diamant, dit André Maynotte qui l'attira contre sa poitrine en un baiser paternel. Vous avez gardé votre cœur, Fanchette. »

Elle se dégagea d'un brusque mouvement et son rire sec éclata dans la nuit.

« Mon cœur! fit-elle avec une amertume profonde. Ma plaie où tous ont retourné le couteau ! ceux que je déteste et ceux que j'aime ! Vous allez vous venger, vous, André ; moi, je n'ai même pas la vengeance. Vous avez été deux fois mon malheur et je donnerais tout mon sang pour vous !

« Est-ce que je puis les haïr, s'interrompit-elle, ces deux femmes, mes rivales? Car j'ai été vaincue deux fois, près du père, près du fils.... et c'est justice ! Quel bonheur puis-je donner, moi qui suis le malheur? Je ne peux pas les haïr, puisque vous les aimez. Je suis ainsi: j'ai la dévotion et le dévouement du bandit. Je ressemble aux assassins de mon pays qui font l'aumône!

— C'est vrai, dit André gravement, vous m'avez fait l'aumône, madame. »

Elle lui jeta ses deux bras autour du cou et s'y tint suspendue.

« Je ne vous reproche rien ! s'écria-t-elle. Je suis à vous, c'était ma destinée. Mon âme d'enfant s'élança vers vous. Je fus jalouse de Giovanna dès le premier jour. Et quelle était belle dans ses larmes ! Mais l'amour eût fait de moi un bon cœur, Andréa, je le jure ! Si vous saviez quels sont mes rêves quand je me demande ce qui se peut donner à l'homme adoré !

« Laissez-moi dire ! Qui sait si vous m'écouterez deux fois désormais ? Il me semble que je souffrirai moins quand j'aurai confessé ma souffrance. J'ignorais qu'il était votre fils, mais je vous aimai en lui. C'est la vérité : je vous reconnus. Pourquoi m'envoyâtes-vous à cette mort, André, André, n'avais-je pas assez d'un martyre ?

« C'était vous, plus jeune, plus beau, et libre.

« Car il ne l'aimait peut-être pas encore, cette jeune fille. C'est elle qui a forcé son amour par la puissance même du sien. Je ne la hais pas : elle a ce que je ne puis donner à mon Michel....

« Mon Michel ! ma folie ! pourquoi m'avez-vous jetée en proie à ce lion, plus timide et plus doux qu'un agneau ? Il vous fallait un œil ouvert sur lui ! charge-t-on le salpêtre de surveiller la flamme ? Je l'aimai mille fois plus que vous.... Non ! mais autrement, plus ardemment, plus follement, avec mon âge brûlant, avec ma triste science ; je l'entourai de séductions ; je tombai jusqu'à ce point d'être un jour la complice de Lecoq qui, lui aussi, l'entraînait vers l'abîme. Je me disais : je serai sur le bord et je le sauverai.... ou bien il m'entraînera ! »

Elle tremblait dans les bras d'André, qui déposa un froid baiser sur son front.

Au contact de ces lèvres glacées, elle se dégagea d'un effort violent.

« Vous ne me maudissez pas, dit-elle, blessée dans la misère de son cœur, parce que vous me savez dédaignée. Il ne faut pas me braver. André ! en Corse, les femmes poignardent les femmes ! »

Ils arrivaient au coin de la rue de Crussol. La lueur d'un lointain réverbère éclairait vaguement les traits bouleversés de la comtesse. André la regardait avec admiration, car elle était ainsi merveilleusement belle.

« Dieu vous a fait une famille, madame, dit-il. Je suis votre père, et il est votre frère. »

Elle eut presque un sourire.

« Ma mère et ma sœur ! murmura-t-elle doucement. Elles ont aussi bien souffert toutes les deux ! Je n'avais pas encore eu ce rêve. »

Quelques pas plus loin ils aperçurent la basse façade du café-estaminet de *l'Épi-Scié* qui barrait le fond de la ruelle.

« Vous sortiez de là ? demanda Fanchette.

— Non, répondit André. Dans quelques heures, j'y entrerai.

— Vous ! fit-elle, comme si elle eût parlé de profanation, vous, parmi ces hommes ! »

Puis, tournant le dos et reprenant sa marche en sens contraire :

« Mais vos minutes sont précieuses, André, poursuivit-elle, et ce n'est pas pour vous parler de moi que je suis venue. Il y a eu explication entre le baron Schwartz et sa femme.

— Ah ! fit André Maynotte, qui devint plus attentif.

— Le départ est fixé à demain jeudi.

— Le bal aura lieu, ce soir?

— Le bal sera splendide. On veut tromper Lecoq.

— Ils sont d'accord tous deux?

— La baronne commande. Elle impose son fils.

— Sera-t-il du voyage?

— Il y aura deux camps. Le baron part au petit jour, avec les valeurs, en poste. La famille prend le chemin de fer. Blanche sait qu'elle a un frère.

— M. Schwartz a donc de sérieux motifs de craindre? » pensa tout haut André.

La comtesse ne répondit point; mais l'instant d'après elle dit :

« Le colonel a dû le compromettre de façon ou d'autre. Depuis dix-sept ans, il élevait ces millions-là à la brochette. Le baron sait d'ailleurs ce dont Lecoq est capable.

— Je vous demande, reprit André, précisant sa question, si M. Schwartz, selon vous, fut complice à un moment, à un degré quelconques, du colonel ou de Lecoq. J'ai grand intérêt à savoir cela.

— Votre jugement est porté, répliqua la comtesse, mais je répondrai puisque vous le voulez. Pour le passé, il n'y a rien au delà des mille francs reçus, et quand M. Schwartz reçut ces mille francs, il ignorait le crime. Pour le présent, le colonel en était arrivé à prendre au sérieux le prétendu fils de Louis XVII, le duc, qui fait partie des Douze, il le disait, du moins. M. Schwartz n'a pas refusé de donner sa fille à un prince. Les hommes comme lui sont romanesques à leur manière. Leur vie a été un songe d'or; ils croient au merveilleux. »

Le sourire d'André exprima un contentement mélangé de dédain.

« Et Blanche? interrogea-t-il encore.

— Blanche aime son cousin Maurice ; vous savez cela mieux que moi.

— Amour d'enfant!

— Elle est la fille de sa mère. Elle ne croyait pas plus que les autres au mariage Lecoq. Elle était entre deux romans : les noces princières et la fuite avec Maurice. Elle a une moitié de son sang qui est corse.

— Et, demanda encore André, il n'est pas question d'Edmée dans tout cela? »

La tête de la comtesse se pencha sur sa poitrine.

« Est-elle donc de beaucoup plus belle que moi?» murmura-t-elle.

Puis, faisant un effort et relevant son noble front:

« Je ne la hais pas, sur Dieu et sur la Vierge en la miséricorde de qui je mets tout mon espoir ! Je l'aurais tuée s'il eût hésité entre nous deux. Il n'a pas hésité : que mon sort s'accomplisse ! Celle-là sera heureuse; elle a pleuré sa dernière larme. La voiture de Mme Schwartz ira la chercher pour la ramener au bal.

— Ah! fit pour la seconde fois André, les choses ont marché. »

Il réfléchissait, et le sujet de sa réflexion se trahit ainsi:

« M. Lecoq sait-il cela ?

— Il sait tout, repartit la comtesse. Avec lui ne croyez jamais avoir gagné sur table.

— Je tiens mon jeu! dit l'autre non sans orgueil. La caisse Schwartz a-t-elle pu réaliser en si peu de temps?

— Sans difficulté aucune. Ces gens-là sont les rois de la place.

— A-t-on pris du papier sur Londres?

— Pas un shilling. Tout billets de banque.

— Ce Lecoq avait raison ! murmura André.

— Je ne sais pas en quoi, dit la comtesse, mais si c'est comme devin, il a toujours raison. »

André sourit encore.

Ils allaient dans la partie de la ruelle qui bordait les chantiers. La comtesse mit son bras sous celui d'André et le pressa doucement.

« Je suis bien malheureuse, reprit-elle de sa pauvre voix qui tremblait, bien lasse et bien bourrelée. Tant que je suis avec vous, André, tant que je le vois, lui pour qui je donnerais ma part des joies éternelles, je ne peux pas chercher le repos dans la religion. La religion repousse celles qui ne veulent point se repentir. Et pourtant je n'ai pas d'autre refuge, André, il me faut le silence, la solitude, la mort.... »

Elle frissonna en prononçant ce mot.

« Si j'allais mourir comme lui, sans confession ! » fit-elle avec horreur.

Puis, suivant le caprice de sa pensée, elle lâcha le bras d'André pour entr'ouvrir vivement les revers de sa robe, sous lesquels elle prit un cordon.

« Voilà pourquoi ils veulent me tuer ! dit-elle, tandis que ses dents se choquaient.

— Vous tuer, Fanchette ! » répéta son compagnon.

Elle se haussa sur la pointe des pieds, et lui passa autour du cou le cordon qu'elle tenait à la main.

« Avec cela, murmura-t-elle non sans une certaine emphase, si j'avais du courage et de l'espoir, je pourrais me défendre, car toute la ténébreuse association que vous combattez obéit à ce signe.

— C'est le scapulaire ! s'écria André vivement.

— C'est le scapulaire de la Merci ! dit la comtesse avec lenteur, le souverain secret des Habits

Noirs et la marque du commandement dans les Camorres. »

Il faisait trop sombre pour voir. Les doigts d'André palpèrent curieusement les deux carrés d'étoffe attachés au cordon, et dont chacun contenait un objet dur.

« Avez-vous décousu l'étoffe pour connaître le secret? demanda André.

— Hier encore, je voulais lutter, répliqua-t-elle. Je me disais : on se fait aimer parfois à force d'or et de puissance. Je rêvais talismans, enchantements, féeries. Tantôt ma baguette imaginaire brisait celle dont le bonheur me fait si misérable, tantôt je l'épargnais pour avoir un triomphe plus cruel et plus complet. Je la voulais témoin à cette heure où Michel ramperait à mes genoux. Oui, j'ai décousu l'étoffe. Et je comprends qu'un meurtre ne leur coûterait rien pour ressaisir cet héritage.

— Voilà deux fois que vous parlez de meurtre, » dit André, qui la rapprocha de lui avec une véritable sollicitude.

Elle garda un instant le silence, puis elle prononça ces deux mots, tout bas :

« Mon mari!... »

Puis encore :

« Ils savent que j'ai eu la dernière parole du Père. Toulonnais-l'Amitié est maintenant le Maître : depuis dimanche, la main du comte Corona est sur moi.

— Je ne vous quitterai plus ! » s'écria André.

Elle lui tendit son beau front, ses yeux étaient pleins de larmes.

« Merci! balbutia-t-elle avec effort. Vous êtes bon, vous avez pitié de moi. Mais vos moments sont comptés et mes craintes sont folles. Je suis entourée d'amis dévoués ; Battista, mon cocher, qui m'attend là-bas, m'a vue toute petite et se ferait tuer pour moi ; les gens de ma maison m'aiment : j'ai fait de mon mieux pour être une bonne maîtresse. Ils me garderont bien pendant les quelques heures qui vous séparent encore du but de votre vie, André, et quand vous aurez atteint votre but, tout sera dit entre le monde et moi. Où vous reverrai-je?

— Ce soir, au bal de Mme la baronne Schwartz, répondit André.

— Vous à ce bal! murmura la jeune femme étonnée.

— J'aurai besoin là de tous ceux qui m'aiment, dit André.

— A ce soir, donc. Ne venez pas plus loin, mais restez ici et veillez jusqu'à ce que je sois en sûreté dans ma voiture. »

Par un mouvement rapide, elle porta la main d'André à ses lèvres et s'éloigna en courant.

Dans cette ombre, et à voir cette gracieuse jeune femme, fuyant d'un pas léger, vous eussiez dit la fin d'un rendez-vous d'amour.

Entre le coude de la ruelle où André demeurait immobile, et le coin du faubourg, il n'y avait pas plus d'une cinquantaine de pas. André put entendre la portière s'ouvrir et voir la comtesse disparaître en jetant un ordre au cocher :

« A l'hôtel ! »

Aucun mouvement suspect ne donna raison pour lui aux craintes de la jeune femme.

La voiture partit au grand trot. A cet instant seulement, André crut ouïr un cri étouffé parmi le bruit des roues.

Il pressa le pas, le cœur serré dans une vague inquiétude. Quand il sortit de la ruelle, le coupé, lancé au galop, atteignait déjà les boulevards.

André continua sa course jusqu'au boulevard. On n'apercevait plus le coupé dont le roulement sourd s'entendait encore au lointain de la nuit.

André s'arrêta sous une lanterne et trancha, à l'aide de son couteau, les fils qui cousaient les deux carrés d'étoffe formant le scapulaire.

III

Découverte de la vaccine.

Ce fut l'Anglais Ed. Jenner qui dota le monde de ce curieux et homœopathique préservatif. Le Parlement lui décerna une récompense nationale de vingt mille livres sterling, et ce n'était pas trop cher racheter, au prix d'un demi-million de francs, la vie de tant d'hommes et la beauté de tant de femmes.

Pour la même découverte, Échalot, inventeur, et Similor, son collègue, n'eurent droit rigoureusement qu'à trois francs cinquante centimes. Avec cela on ne peut pas s'assurer un avenir.

Trahis sans cesse par la fortune ennemie et ne pouvant arriver à commettre aucun de ces crimes qui procurent, au théâtre, aux gens adroits et dissimulés, des richesses immenses et le respect mal placé de leur quartier, ces deux braves garçons se creusaient incessamment la cervelle : Similor dans un but d'ambition égoïste, Échalot pour Similor et surtout pour cette tendre créature, Saladin, dont il était la mère de lait.

Un instant, l'espoir était entré dans leurs cœurs;

l'espoir suivi de tout son cortége de beaux rêves. Ils avaient entrevu la possibilité de *tuer la femme!*

Les deux jeunes gens, leurs voisins, mordus par le théâtre à un autre point de vue, avaient eu la cruauté de rire de leurs modestes prétentions; car, croyez-le bien, Échalot et Similor n'auraient pas pris cher pour *tuer la femme.* Et cela leur eût coûté, parce qu'ils avaient l'âme sensible!

Depuis lors, ils voyaient la vie en noir. Il faut se raisonner pour arriver à vouloir tuer la femme. Quand on a fait ce travail d'esprit et de cœur et que, la résolution une fois prise, vaillamment, sérieusement, à fond, la femme manque, le vide de l'existence apparaît tout à coup; on voit, à n'en pouvoir douter, que la vie est un monstrueux tas d'illusions, et qu'il n'y a rien de vrai ici-bas, sinon la misère.

Tel était le cas d'Échalot et de Similor. Ils avaient passé la nuit du dimanche au lundi à dormir un sommeil fiévreux, plein d'aspirations impossibles : Similor se vautrant avec l'emportement de sa riche nature au sein des orgies les plus touffues, Échalot rangeant un petit ménage imaginaire et plaçant à la caisse d'épargne le prix du carnage, accompli dans des conditions respectables.

Pour l'un, c'était la barrière, ce vineux paradis des bouteilles cassées, des femmes débraillées, la « danse des salons », les rivaux boxés, l'odeur enivrante de la cuisine, la fumée des pipes : le tremblement, quoi! comme chantait le délire de sa belle imagination. Il ne voyait là dedans que lui seul. Rien pour l'ami fidèle, rien pour l'innocent rejeton. Ces viveurs sont ainsi.

Pour l'autre, c'était le chez soi, des draps dans le berceau, deux litres flanquant sur la table un plat copieux de petit-salé, un peu de feu dans un bon poêle, deux onces de caporal au fond d'un pot et une pincée de pièces blanches dans le gousset : Similor heureux, Saladin endormi, ou souriant de toute la largeur de sa pauvre grande bouche, barbouillée de lait maigre.

Voyez la différence qui peut exister entre deux organisations simples, formées à l'école du malheur!

Le point de départ était le même : la femme tuée; mais quel usage opposé Échalot et Similor faisaient de leurs légitimes bénéfices!

Au réveil, Échalot revit la mansarde nue. Saladin criait dans sa bourriche. Similor, en rouvrant les yeux, constata qu'il n'y avait là ni bouteilles ni femmes. Ce sont d'amers instants.

La toilette de nos deux amis n'était pas généralement une opération compliquée. Similor avait de la coquetterie, mais cette vertu, chez lui, n'allait jamais jusqu'aux ablutions. Il démêlait ses cheveux à l'aide d'un atroce fragment de peigne et fatiguait ses loques à force de les brosser, voilà tout. Échalot, foncièrement propre, époussetait son tablier et raclait ses mains avec une vieille lame de couteau qui servait aussi à l'entretien de sa chaussure. On n'est pas maître de cela : l'eau fait horreur.

Inutile d'ajouter qu'ils dormaient en grands costumes, sauf le chapeau gris et le chapeau de paille qui chômaient pendant la nuit.

« Allons! dit Similor avec un soupir profond, j'en ai fait de crânes songes!

— Mais ils fuient au réveil comme une vapeur légère! répliqua Échalot, doucement résigné.

— La coquine l'a encore échappé! » gronda l'ancien maître à danser.

Il s'agissait, bien entendu, de la femme à tuer.

Échalot se mit sur ses jambes pour aller aux cris de Saladin.

« En voilà une qui a la vie dure! soupira-t-il. Do, do, l'enfant do!

— Allonge-lui une calotte! conseilla Similor.

— Allonge plutôt un sou pour lui acheter du lait, Amédée. Il n'est pas l'auteur que nous éprouvons des tortures. »

Similor ne daigna pas répondre. Il essaya de se rendormir, mais son estomac faisait comme Saladin, il criait. De guerre lasse, il se leva à son tour et chercha dans les coins d'un œil sournois pour trouver quelque chose à vendre.

C'était la centième fois qu'il opérait vainement pareille recherche. Il gronda et jura; Échalot essaya de le calmer par des paroles pleines d'aménité. C'était bien un ménage, cette bizarre association : un père et une mère. Échalot était la mère, douce, résignée, active, gardant héroïquement la maison misérable; Similor était le père, bruyamment gai quand le ventre est plein, bourru, brutal, lugubre quand le foin manque au râtelier; le père, tel que le font les redoutables sauvageries de notre civilisation, le père bon enfant, gourmand, fainéant, nuisible, idole de la pauvre mère battue; le père, orgueil et fatalité de cette indigence qu'il gangrène et dont il ne meurt jamais.

Échalot était la mère, c'est-à-dire l'amour, le dévouement, la vertu. Il y a une vertu tout au fond de ces invraisemblances effrayantes et grotesques qui sont la vérité même. Ce n'est pas la vertu des régions possibles, et telle qu'elle est, elle va son étrange chemin, enguenillée dans les loques d'un lamentable carnaval, mais c'est une vertu. Cela travaille, cela souffre, cela sert. Depuis que le monde est, les diverses lois morales n'ont jamais demandé mieux. Seulement, il faut s'entendre sur le sens du mot *travailler*.

Et encore soyez sûrs que, s'il avait à choisir, Échalot aimerait mieux faire l'escompte que tuer la femme.

Échalot était la mère ; il aimait d'une tendresse égale Similor et Saladin. Il supportait sans se plaindre la vicieuse inutilité de « l'artiste ; » il était fier de son esprit, de ses grâces, de sa beauté ; il se tenait, comme doit faire toute épouse modèle, dans un état d'infériorité relative ; il avait en outre toutes les modesties de son sexe d'adoption, mais aussi toutes les jalousies, et quand Similor ne se comportait pas bien avec l'enfant, il devenait lionne, ce mouton.

Similor mit son chapeau gris de travers sur ses cheveux plats et dit :

« Je vas faire un tour aux queues, car il faut toujours que je me démanche, moi, pendant que tu te dorlotes avec le petit.

— C'est vrai, que je la passe douce ! » murmura Échalot avec une petite pointe d'amertume.

L'ancien maître de danse haussa les épaules et se dirigea vers la porte en mordillant un bout de cigare qu'il ne pouvait plus allumer.

« Amédée, dit Échalot, si tu trouves quelque chose aux queues, rapporte un sou de lait, au nom de tout ce qu'il y a de sacré, bonhomme ! Saladin a besoin. Et viens l'embrasser avant de partir, car le baiser d'un père est un baume pour son enfant ! »

Similor s'approcha de mauvaise grâce et mit ses lèvres barbues sur le front terreux de l'enfant qui hurla, piqué par les rudes poils de cette brosse.

« Vilain oiseau ! » grommela-t-il.

Les larmes vinrent aux yeux d'Échalot, qui prit Saladin dans ses bras et le berça.

Faire un tour aux queues est une industrie qu'aucun de nos lecteurs n'a peut-être exercée. Pour s'y livrer, un diplôme n'est pas indispensable.

C'est après le départ de la queue, le soir, la nuit, ou même le lendemain matin qu'on *fait un tour*. Deux ou trois mille francs de menue monnaie, en moyenne, sont entrés et sortis par les deux guichets. Quelques gouttes de cette rosée ont pu tomber, et par le fait, les employés qui enlèvent les balustrades trouvent fréquemment sur le pavé des sous et des pièces blanches. Ceux-là sont les moissonneurs.

Après eux, les glaneurs viennent; au temps où le boulevard du Crime florissait, le tour des queues commençait à la Porte-Saint-Martin et finissait au Petit-Lazari. Les rôdeurs allaient comme des fourmis, à la file, longeant toutes ces maisons dramatiques, et personne ne verra jamais procession plus piteuse! Tous les gens qui ramassent les bouts de cigare étaient là, les femelles de Hurons, les enfants errants, les beaux de la fashion souterraine. Certains ont fait pendant dix ans cette célèbre tournée sans trouver un liard vaillant, mais des prédestinés sont tombés sur une pièce de cinquante centimes.

On sait cela. C'est la légende. La chance peut venir. *La place est bonne.*

Échalot, resté seul, se mit à bercer Saladin qui avait appétit et ne se payait point de caresses. Il était dur comme une pierre, ce malheureux bambin, mais l'abstinence a des bornes. Saladin criait comme un enragé; des convulsions secouaient son petit corps étique. Tout ce qui lui restait de sang était à ses joues, et il faisait une grimace véritablement diabolique.

« Do, do, l'enfant do! disait Échalot avec son admirable patience. Il est beau, le petit à sa mémère! Papa va lui apporter du lolo. Dodo! »

C'était précisément ce que voulait Saladin, et tout de suite : du lolo.

Combien de fois les vœux d'Échalot n'avaient-ils pas appelé ce miracle : un changement de sexe! Combien de fois, trompé par un songe sublime, ne s'était-il pas vu entr'ouvrant sa veste de pharmacien, pour donner le sein au petit! Dans les promenades, il regardait les nourrices avec envie. Et par une attendrissante association d'idées, il contemplait aussi les militaires avec plaisir, parce que ces braves sont l'amusement des nourrices. Sublime! avons-nous dit, en parlant d'Échalot qui voulait se faire brigand et qui ne pouvait pas! Sur le bûcher, nous maintiendrions le mot. Échalot était sublime!

Et vous ne trouverez, en aucun coin du globe, des bêtes aussi curieuses que celles de la forêt de Paris!

« Do, do! l'enfant do! Papa Amédée est brusque comme ça, quand les affaires va mal, mais il a bon cœur, biribi, bibi, bibi, bibi, ah! mon ami chéri, carabi, oui! »

Il élevait Saladin au-dessus de sa tête et le faisait redescendre vivement. C'est un joli jeu pour les enfants repus. Saladin, tout mièvre qu'il était, avait un creux solide. Il vociférait avec une abondance nouvelle, et les oreilles du triste Échalot tintaient.

Ce fut seulement au bout d'une bonne demi-heure qu'il se fâcha.

« Petit filou, dit-il en le déposant par terre, je vas m'asseoir dessus toi, parole d'honneur! Ça m'énerve de t'entendre! puisqu'on t'en fait le serment qu'on n'a rien dans les mains, rien dans les poches, tu vas taire ton bec! une fois.... deux fois!... »

Saladin n'en hurlait que mieux.

« Eh bien! s'écria Échalot, renonçant à l'idée de

l'étouffer, tant pis, si l'autorité me punit! Je vas me rabaisser jusqu'à demander l'aumône! »

Il sortit en proie à une indicible émotion, car il avait le cœur haut, et la pensée de tendre la main l'humiliait jusqu'à la détresse. Heureusement, il n'eut pas besoin d'en arriver là. Le déjeuner d'une voisine, confié à la probité publique, était sur le pas d'une porte. Échalot le *chippa*, pour employer ce terme caressant qui attife et relève l'idée du vol. Il fut tenté de crier comme au théâtre : « Seigneur, c'est pour mon enfant! »

Mais l'orgueil du métier naissait en lui, et il se dit en regagnant sa tanière :

« Tout de même, on se fait la main! Je vas narrer la chose à Amédée.

— Comme quoi, poursuivit-il en abreuvant maître Saladin, qui se tut aussitôt que la nourriture eut touché son *bec*, puisqu'on est réduit à la ficelle, tu sauras t'en servir avec adresse, pas vrai, trésor? Avale-t-il! mais avale-t-il! Tu vas t'étrangler, farceur! Ça fait du bien par où ça passe, dis donc, fiston? »

Il était radieux, et toute sa passion maternelle brillait dans son regard.

« Quoique ça, murmura-t-il, attristé tout à coup, la voisine n'est pas riche! Et je comptais élever mon Saladin dans les sentiers de l'honneur avec le poil à gratter. Mais bah! on rendra le sou de lait de la voisine sur la première affaire. Et l'enfant ne saura pas par quelles manigances on lui aura fait sa fortune, dont il jouira plus tard. »

Il avait faim; néanmoins, il versa religieusement dans la bouteille le reste du repas de Saladin, qui dormait déjà comme un loir.

Un bonheur ne vient jamais seul. La voix prétentieuse et fausse de Similor exécuta des roulades dans l'escalier. Un violent espoir serra le cœur d'Échalot, qui pensa :

« Ceux du quatrième lui ont peut-être reparlé pour la femme ! »

Similor entra d'un air vainqueur et jeta sur la table une poignée de gros sous.

« A la queue? demanda Échalot ébloui.

— Si nous ne m'avions pas, dit Similor au lieu de répondre, la maison tomberait. »

Les narines de l'ex-pharmacien se dilatèrent avec une soupçonneuse volupté.

« On a bu de l'eau-de-vie, Amédée, prononça-t-il tout bas.

— Eh bien! après?

— Il a été juré qu'on ne prendrait rien soi seul, en cachette.

— La paix, Bibi! Pour faire des affaires, faut s'entretenir avec la personne, pas vrai?

— Oui, Amédée, dit la ménagère d'un ton radouci. Quelle personne?

— Pour s'entretenir avec la personne, on entre dans un café, estaminet, billard....

— Quand on a de quoi, Amédée.

— Si c'est l'étranger qui offre la consommation?

— Tu es rond, parole sacrée! s'écria Échalot avec admiration et envie.

— Trois poissons à deux n'obtiendraient pas ce résultat sur un homme dans la force de mon âge, répliqua Similor majestueusement. Prends ton chapeau, nous saurons bientôt de quoi il retourne dans tous leurs mystères de *fera-t-il jour demain?* et autres. Je paye deux saucisses et l'arrosage.

— Merci, mon Dieu! murmura Échalot. Les jours heureux vont-ils enfin luire pour nous! »

Similor approuva cette exclamation, qui lui rappelait plus d'un cinquième acte. La conscience qu'il avait de ses moyens le mettait en belle humeur.

« Il y a un Être suprême pour le vulgaire, dit-il, ça ne fait pas de doute, mais celui qui a de l'atout sait se mettre au-dessus par son audace. L'honnêteté, c'est des bêtises; on s'y laisse pourrir toute sa vie dans le besoin. Si on n'avait pas eu la faiblesse de tenir à l'honneur dans le principe, je n'aurais pas manqué les diverses occasions et je pourrais chasser au loin l'indigence qui nous oppose de faire des affaires; car, si tu es pauvre, on aura l'injustice de te mépriser, dans l'ordre social; au contraire, que si tu t'es procuré l'aisance par des infidélités, le quartier t'ôtera son chapeau. Est-ce vrai?

— C'est vrai! » fit Échalot qui pêchait sous le lit des petites loques impossibles à décrire et qui les mettait en tas.

Similor avait sa pose d'orateur. Il ne ressemblait pas à l'archange déchu, haranguant le lieutenant de son infernale cohorte, mais le naïf orgueil des révoltés éclairait son front bas et faisait cligner ses yeux malades. Il y avait sur sa pauvre figure hétéroclite de l'esprit, un peu de ce leste esprit parisien, gaieté vive et native que le flux montant des stupidités enseignées ne peut pas entièrement noyer. Similor n'était pas du peuple : le peuple travaille; il appartenait à ces vagues catégories dont le dangereux et burlesque ensemble se désigne sous le nom de « la bohême » : une maladie de peau qui démange la grande ville et que des poëtes charmants ont chantée. Je vous préviens qu'un dénombrement de la bohême, établi avec soin, épouvanterait Paris. Qu'elle soit vernie ou crottée, politique, financière, littéraire, artistique, philosophique, religieuse,

— car il y a la bohême religieuse, et son représentant fait parler de lui dans le monde, — qu'elle se glisse dans les salons, qu'elle scandalise les parlottes ou qu'elle patauge tout uniment dans le ruisseau, la bohême est la bohême : une lèpre. Du haut en bas de sa désorganisation, le propre de la bohême est de se croire futée et d'être niaise à l'excès. Elle nie tout, sauf cette vérité primordiale que les vessies sont des lanternes.

Elle ne croit à rien, sinon à l'absurde, qui est son palladium et son saint-sacrement. Les lettrés de la bande appellent cette idole : le paradoxe. Les autres n'y vont pas par quatre chemins et font de cette prose sans le savoir.

Tous ont un langage à part, un argot, composé de lambeaux littéraires ajustés selon le système des tailleurs d'Arlequin. C'est ce langage même qui les trahit et qui dénonce l'origine littéraire de leur indisposition. Vous ne trouverez pas un seul bohême qui n'ait été empoisonné par des phrases.

Il y en a qui récitent Voltaire, d'autres qui travestissent Bossuet. Dévalant ainsi l'échelle des intelligences, ces malheureux superposent leurs innombrables couches dont les dernières radotent l'opposition des almanachs, l'esprit des vaudevilles et le sentiment des mélodrames.

De telle sorte qu'en creusant ce baroque sujet, on arrive à cette conviction inattendue que M. Prud'homme est un bohême et que tous les bohêmes sont des Prud'hommes.

« Conséquemment, reprit Similor, compulsant l'opulent répertoire de ses souvenirs, la société française est composée d'imbéciles et de finassiers qui sait tirer son épingle du jeu avec adresse. Les premiers sont la dupe des autres, comme de juste, toujours gémissant sous l'oppression de l'hypocrite, qui a fait son beurre et qui dit : C'est à moi, je ne veux plus qu'on y touche! Ça, c'est la loi, ouvrage de celui qu'a bourré ses poches le premier. Alors, veux-tu rester dans l'opprobre de la gêne de ne jamais avoir de quoi te repasser aucun plaisir?

— Non, non, répliqua Échalot qui faisait un paquet de ses loques. On a déjà convenu qu'on dédaignerait les vains préjugés de l'honneur!

— Allume, alors! s'écria Similor, on profitera au moins de ses crimes. Qu'est-ce que tu veux faire de ces mouchoirs-là?

— C'est ma lessive, Amédée! Je vas laver les affaires de Saladin dans le canal. »

Hélas! hélas! l'histoire de ce tendre Échalot pourrait aussi s'intituler : *la Chute d'un Ange!*

Il prit son paquet, il prit Saladin et la bouteille. L'idée de manger une saucisse entourait son front de rayons. Similor, nature plus mondaine, avait un peu honte du paquet et beaucoup de l'enfant. Dans sa pensée, l'innocente créature nuisait à ses succès auprès des dames.

Certes, la misère n'a rien de comique, surtout quand elle pousse une bonne âme vers l'abîme. Nous éprouvons une sorte de pudeur à peindre cette mâle famille circulant dans Paris : Échalot, chargé de son triple fardeau, empruntant quelque chose de doux et de modeste à ses fonctions de femme; Similor, toujours beau, toujours fier, marchant le jarret tendu, la pointe en dehors, cambrant son paletot jaune, portant son chapeau gris sur l'oreille, lançant des œillades assassines à travers les devantures des magasins, et s'éloignant volontiers de son compagnon, pour faire croire qu'il était célibataire.

Ils prirent place dans une gargote austère, devant une table de sapin, noire comme de l'encre, où reposaient une salière et un moutardier. Saladin, le paquet et la bouteille furent suspendus à la muraille à 'aide d'un clou, faisant office de patère. Une vieille femme qui devait expier là de bien impardonnables forfaits, vint les servir avec défiance.

« La chose de notre avenir assuré dans la carrière du crime, dit Similor d'un ton d'affaires, te sera communiquée avec la manière de se servir de *fera-t-il jour demain?* et autres. C'est Piquepuce qui a régalé ce matin.

— Monsieur Piquepuce ! s'écria Échalot émerveillé.

— Parle avec prudence. Ces machines-là n'a pas coutume de s'égosiller à haute et intelligible voix, et d'ailleurs, tous les hommes sont égaux. J'ai vu Piquepuce dans le besoin comme nous y sommes.

— Pour ça, oui, confessa l'ancien pharmacien. Elle est fameuse, la saucisse !

— Passable ; un temps qui sera, on fera d'autres extras plus coûteux, mais pour en revenir au mystère que nous allons y coopérer, il n'est que pour mercredi.

— Qu'est-ce que c'est? » demanda Échalot.

Ainsi se représente-t-on la jeune Psyché interrogeant étourdiment l'Amour.

Similor mit un doigt sur sa bouche.

« C'est donc encore deux grands jours à vivre de nos propres ressources, reprit-il. Je ne veux plus manquer de rien, toi non plus. C'est à nous de faire appel à notre astuce pour résoudre le problème. »

Il emplit le verre d'Échalot qui caressait du regard le demi-setier surmonté d'une mousse violâtre.

« Avec vingt-cinq francs, poursuivit Similor, penses-tu qu'on pourrait aller jusqu'à mercredi? »

Échalot passa le revers de sa main sur ses lèvres. Quarante-huit heures d'opulence !

« Eh bien ! acheva Similor, j'ai trouvé un truc : il faut sauver le noyé ; ça donnera vingt-cinq francs de prime. Pas plus malaisé que ça ! »

Échalot le regarda d'un air hébété.

« Tu as un noyé ? demanda-t-il.

— Oui, Bibi ; c'est toi le noyé, comme de juste, et c'est moi le sauveur : est-ce un truc, celui-là ! »

Au point de vue moral, Échalot n'en avait que plus de mérite à laver de temps en temps au canal la demi-douzaine de mouchoirs terribles qui formaient la layette de Saladin. L'eau lui faisait dégoût à ce point qu'il négligeait, par crainte de l'eau, son talent de pêcheur à la ligne. L'idée de Similor était bien simple : il voulait jeter Échalot dans l'écluse et puis le repêcher.

Seulement, Échalot ne voulait pas.

« Tu ne sais pas nager, dis donc, l'ancien ! protesta ce dernier qui frissonna de tous ses membres et repoussa son assiette. Je trouve que c'est des vilains jeux.

— Vas-tu caponner ? demanda Similor déjà menaçant.

— Je fais toujours tout ce que tu veux, mais l'eau, ça n'entre pas dans mes idées.

— Et tu dis que cette créature-là t'est chère ! s'écria Similor en levant ses deux bras vers Saladin endormi qui pendait à son clou. Mange, propre à rien ! A quoi ça sert-il d'opérer des inventions nouvelles ! Mange ! mange ! mange ! »

Mais Échalot n'avait plus faim. On lui avait gâté son déjeuner.

« Amédée, dit-il avec tristesse, tu m'offenses dans mes sentiments les plus sacrés !

— Il n'y a pas d'Amédée ! tu arrêtes une entreprise !

— J'aimerais mieux n'importe quoi que l'écluse.

— As-tu un autre moyen de gagner vingt-cinq francs sans travailler?

— On peut chercher...

— Il y a trente-cinq ans que tu cherches. Tu n'es pas digne de faire partie de mon association! »

Ce disant, Similor, qui avait expédié sa saucisse, attira vers lui l'assiette de l'ex-pharmacien et se remit à la besogne.

« Écoute, dit Échalot, sans se plaindre de cette spoliation, qui lui déchirait secrètement le cœur, c'est profond, l'écluse.

— Oui, riposta Similor, mais c'est pas large.

— Eh bien! jette-toi dedans, je te donne ma parole sacrée que je te r'aurai! »

Similor le foudroya du regard.

« Avec ça, répliqua-t-il en achevant le demi-setier, qu'un bain après le repas, c'est la mort subite de ton ami! »

Échalot eut la délicatesse de ne pas rétorquer l'argument. Jamais il n'abusait de ses avantages, et c'est ce qui rendait son commerce si agréable. On se remit à chercher des *trucs*. C'est pour cette race subtile et qui, sincèrement, se regarde comme la plus ingénieuse de l'univers une occupation pleine de charme. Cela vaut presque le rêve des poëtes. Et bien véritablement ce sont des poëtes, vivant d'illusions au milieu des plus repoussantes réalités.

Une chasse au *truc*, en collaboration, n'a pas moins de séductions qu'une battue au mélodrame. Toutes deux, du reste, sont en quelque sorte spéciales à la forêt de Paris : non point qu'il n'y ait ailleurs des adeptes de l'industrie transcendantale et des dévots de la *Ficelle*, cette dixième muse, mais Paris est le centre des arts et le restant de l'univers n'a que ses rebuts.

On va, on vient, on flaire, on furète, on bat les taillis enchantés de la fantaisie. Il y a des idées en suspension dans cette atmosphère féconde : idées de drames pour Étienne et Maurice, idées de *trucs* pour Échalot et Similor. C'est un sol californien où chaque pas peut fouler une fortune. On calcule, on bavarde, on extravague : c'est dans l'extravagance que se trouve parfois le gros lot.

Puis les souvenirs arrivent, les imaginations abandonnées refleurissent, on se grise sans boire ou en buvant, selon l'état de la bourse, l'esprit bout, le caprice chante, on tue la femme....

Et certes, c'est le cas d'éditer ici ce poëme gracieux, cette idylle attendrissante et toute parisienne : la naissance de Saladin, enfant de théâtre et de carton, appelé peut-être dans l'avenir à dompter des lions, à dévorer des sabres ou à jouer les utilités avec quelque éclat sur la scène de l'Ambigu-Comique.

Le chapeau gris de Similor était plus jeune de trois ans. Échalot balayait une pharmacie borgne de la rue de Vaugirard. Similor, aimable et fait pour plaire, donnait encore des leçons de danse à la barrière du Montparnasse.

Ida Corbeau, dite Joue-d'Argent, invalide de la conquête d'Alger, vendait des citrons, des sucres d'orge et de la limonade en face du Dôme. Elle était vénérée dans le quartier et connue pour avoir de nombreuses intrigues avec les débris de nos gloires.

Ida Corbeau, ancienne vivandière de haute taille, était osseuse, déjetée, coiffée de cheveux grisâtres et mâlement moustachue. L'origine de la joue postiche qu'elle portait du côté droit et qui donnait quelque chose d'imprévu à son aspect restait un mystère.

Jusqu'alors, Échalot et Similor, se suffisant l'un à

l'autre, n'avaient pas aimé. Ils virent Ida, un soir qu'elle prenait abondamment le rogome à la barrière, entourée d'une cour nombreuse et choisie. Ce feu dont parle la Lesbienne Sapho, en ses vers immortels, circula aussitôt dans leurs veines. L'air leur parut plus tiède, la brise plus parfumée; ils comprirent le printemps, le chant des oiseaux, le sourire des fleurs.

Ida entonna un couplet patriotique. Elle dansa avec un cavalier qui avait deux jambes de bois; le destin de nos deux amis fut fixé; mais Échalot devait jouer ici comme toujours le beau rôle de l'ami qui se sacrifie. Similor, peu délicat, n'était pas jaloux des autres; Échalot seul lui faisait ombrage. Qui sondera les bizarreries du cœur humain!

Échalot se drapa dans son abnégation. C'est à cette époque qu'il apprit l'art de fabriquer le poil à gratter.

Au bout de quelques mois, passés dans ce jardin d'Armide, à la porte duquel restait le mélancolique Échalot, Similor éprouva une grande joie et un grand orgueil.

Elle était mère!

A dater de ce jour, Ida Corbeau ne sortit plus de la boisson. Similor permit alors à Échalot de lui payer quelques douceurs. On passait de longues journées à imbiber Ida qui songeait sérieusement à se ranger plus tard.

Ce fut Échalot qui trouva ce nom de Saladin, non pas par un sentiment turc, mais parce que Joue-d'argent aimait tendrement la salade. Échalot eût brillé par sa gaieté douce dans bien des sociétés chantantes.

Un soir, Ida voulut faire un extra, mais c'était impossible. Une goutte fait déborder le vase plein. Elle rendît l'âme au moment où Saladin entrait dans ce monde. Le petit coquin naquit ivre. Échalot jura de faire son éducation. Similor, inconsolable, désira sauver au moins la joue qu'il avait tant aimée ; ce fut un chagrin de plus ; la défunte l'avait trompée : la joue était en étain.

Ainsi finit cette femme intempérante. Elle est maintenant oubliée. Seul, Échalot va de temps en temps porter quelques fleurs des champs sur sa tombe modeste....

Vers midi, Mme Eustache, la maîtresse du cabaret, voyant qu'on ne consommait plus, mit nos deux amis à la porte. Échalot et Similor étaient de ceux qui peuvent battre douze heures durant, sans fatigue ni rancune, le pavé de la métropole. Ils aimaient prendre le frais sous les ponts ou, selon la température, se réchauffer en faisant espalier le long des murs qui emprisonnent la Seine. La recherche incessante du *truc* animait leur entretien, et j'étonnerais les personnes qui s'occupent d'esthétique si les bornes de cette étude me permettaient de rapporter *in extenso* leur devis. Similor était plus éclatant, plus audacieux, plus romantique, Échalot avait plus de sens pratique, plus d'aménité, plus de charme, mais en somme, ils étaient Arcadiens tous deux et Virgile aux écoutes eût traduit leurs dialogues en concerts.

Encore, les bergers de Virgile se privaient habituellement de ce suave élément qui parfume et sanctifie l'églogue moderne : l'enfant, le fruit d'amour, la vivante promesse d'avenir. Échalot avait Saladin sous son bras ; il l'oubliait rarement au coin des bornes, et quand il lui arrivait de l'étouffer en gesticulant, un seul cri de la tendre créature suffisait à réveiller son attention maternelle. Alors, il le prenait par les pieds et le faisait volter avec une caressante adresse ; après deux ou trois tours, il replaçait sa tête en haut, ce dont

Saladin le payait par une grimace bizarre qui était son sourire. Échalot le contemplait; il trouvait dans ces traits ébauchés à la cuillère de chères et vagues ressemblances avec les profils mâles d'Ida Corbeau, la Vénus invalide.

Pourquoi les champs, toujours les champs? Pensez-vous que le paysage parisien soit sans attrait ni poésie? Le *farniente* est doux aussi sur le trottoir; la brise s'imprègne aux devantures des rôtisseurs comme dans les parterres de roses; on cueille en passant des sourires qui valent bien les fleurs et il faudrait des milliers d'oiseaux savants pour remplacer les trémolos de *Guillaume Tell*, exécutés par les orgues de Barbarie.

Au fond des campagnes solitaires, trouverez-vous ces bardes enrhumés qui détonnent la chanson populaire, ces filles hardiment tannées, qui sautent sur la corde, ces hommes puissants qui lancent des pavés en l'air à la force de la mâchoire, et ce bâtonniste surtout, ce bien-aimé bâtonniste, rattrapant une pile de gros sous dans la poche béante de son gilet?

Échalot et Similor étaient des enfants de Paris, ils sentaient profondément ces beautés de leur illustre berceau, suivant la différence de leurs natures : Similor préférait le bâtonniste, Échalot était attiré par la vielle organisée; Similor aimait les bruyants carrefours, Échalot se plaisait à voir les pêcheurs à la ligne. Que de spectacles divers! Autant de goûts, autant de satisfactions! Car il y a encore les bêtes du jardin des Plantes, Guignol, les joueurs de boules, les écluses, la Morgue et le canon du Palais-Royal!

Jusqu'au soir, ils se promenèrent lentement en zigzag, traînant leurs semelles dans la poudre et souhaitant tout ce qu'ils voyaient comme des enfants. Ils trouvèrent une quantité considérable de trucs ingénieux, mais qui ne pouvaient pas servir. Tuer la femme eût été si simple ! Ils eurent des imaginations gaies ; Similor, qui avait de l'agrément dans l'esprit, proposa de mettre Saladin au mont-de-piété : histoire de rire ; Échalot n'eût pas souffert qu'on agitât la question sérieusement.

Vers huit heures, ils avaient fait huit lieues et aucun *truc* utile n'était sorti de leur collaboration. L'appétit grandissait : l'odeur des gargotes devenait de plus en plus attrayante ; ils se mirent à causer gourmandises et à bâtir le menu du repas de corps qu'ils devaient s'offrir le surlendemain, après « l'affaire. » Rien ne creuse l'estomac comme ce dangereux passe-temps : chaque plat évoqué surgit avec son fumet particulier ; sur cette pente, l'homme le plus sobre peut arriver à la fringale. La pensée d'un bœuf à la mode, présenté imprudemment par Similor, mit des larmes dans les yeux d'Échalot.

Il répondit fricandeau sans dissimuler son émotion. Il y a des mots qui vont à l'âme. Similor, tout voltairien qu'il était, ne put retenir un sanglot.

Ils étaient auprès de la rotonde du Temple ; la vue de tant de richesses, pendues entre les piliers : vieilles bottes, habits râpés, blouses bleues balancées par la brise, mouchoirs à carreaux, pelles à feu, balais, marmites et shakos d'uniforme pouvaient les porter à quelque extrémité, lorsque leurs yeux tombèrent simultanément sur une affiche collée à hauteur d'homme.

Qui eut l'idée du truc ? Échalot ou Similor ? Tous deux ensemble et d'une seule voix ils s'écrièrent :

« Voilà un *boni* de trois francs cinquante ! »

Ils avaient découvert la vaccine.

L'affiche portait en substance :

« Mairie du sixième arrondissement. Vaccinations gratuites de dix heures à midi, hôpital Saint-Louis. La prime est fixée à trois francs cinquante centimes, pour les parents munis d'un certificat d'indigence. »

Saladin n'était pas vacciné.

Un instant, Échalot et Similor restèrent sans paroles. La découverte du truc produit la joie qui étouffe. Il y avait pourtant un obstacle : c'était le certificat d'indigence.

« Parbleu! décida Similor qui ne cherchait jamais longtemps, tu iras le demander tout seul.

— C'est toi le père naturel! » objecta Échalot.

On conçoit l'horreur instinctive de nos deux amis pour les lieux où se délivrent les certificats.

Échalot, cependant, avait son idée. Il s'approcha de l'affiche et la décolla d'un seul temps sans la déchirer. C'est un art; il y a de nombreuses familles qui en vivent. Aux interrogations de Similor il répondit :

« Amédée, on poussera ces trois francs cinquante jusqu'au double et triple par mon adresse ; en plus, on en épargnera la douleur à ton enfant de subir les tortures de la lancette ! »

Il y a quelque chose de supérieur à l'argent, c'est le crédit. Et que faut-il pour établir le crédit? Un titre. L'affiche était un titre : elle constatait que Saladin valait trois francs cinquante, parce qu'il n'était pas vacciné. Une fois vacciné, Saladin ne valait plus rien. Munis de l'affiche et de Saladin, Échalot et Similor commencèrent une triomphante tournée. Partout on leur ouvrit un crédit de dix sous sur leur gage vivant. Pendant vingt-quatre heures, roulant de cabaret en cabaret, ils connurent l'abondance, — et Saladin fut sauvé de la vaccine !

Avions-nous tort de comparer Échalot à Jenner?

Le lendemain soir, las de volupté et bourrés comme des canons, ils se reposèrent sur un banc du boulevard du Temple. Saladin avait eu sa part de l'orgie, il était un peu incommodé ; on le mit au frais, sous le banc, et l'on causa. On avait, Dieu merci, causé abondamment, depuis la première bouteille vidée, et toujours sur le même sujet : L'avenir doré que *la chose des mystères* et M. Piquepuce promettaient. C'était un thème inépuisable, grâce aux combinaisons diverses que présentait à leur esprit le répertoire du boulevard du crime. Cent mélodrames les entouraient ; ils n'avaient qu'à choisir.

Du banc où ils s'asseyaient, ils pouvaient voir *La Galiote* et l'entrée du couloir étroit qui conduisait à l'estaminet de *l'Épi-Scié.* C'était la terre promise ; mieux que cela : le paradis ! A Paris, le fait seul de fréquenter certains cafés communique la gloire contagieuse. Le *café Anglais,* Tortoni, Riche, sont des lieux illustres qui posent un jeune homme.

A *l'Épi-Scié,* c'était *la Haute,* il y avait des mois, peut-être des années, qu'Échalot et Similor nourrissaient l'ambition de franchir ce respectable seuil. Ils n'osaient pas.

La bonne chère enhardit le cœur que le succès relève.

« Quoique ça que le rendez-vous est fixé à demain, dit Échalot, d'ordinaire si timide, on ne nous avalerait pas là dedans, ce soir, pas vrai, Amédée ? »

Le désir de Similor n'était pas moindre, mais il avait conscience de l'énorme supériorité de M. Piquepuce.

« Il est avec tous fashionnables, répondit-il, faiseurs d'embarras comme M. Cocotte et peut-être même encore plus huppés. Faudrait le prétexte d'avoir là une connaissance à voir ou comme qui dirait l'occasion de leur apprendre en entrant : Voilà ce qui vient de paraître !

En ce moment, un homme en costume quasi-militaire se dirigea de *La Galiote* vers l'estaminet de *l'Épi-Scié* et passa sous la lanterne fumeuse qui jeta un vague rayon à son visage.

Les grandes résolutions sont rapides comme l'éclair. Les parents de Saladin se levèrent en même temps tous les deux.

« Tu l'as remis, celui-là? demanda solennellement Similor.

— C'est M. Patu, le capitaine de *l'Aigle de Meaux*, n° 2, répondit Échalot, sur le canal.

— Comme quoi, dit Similor, j'ai eu des raisons suffisantes avec ce conducteur qui m'a insolenté dans sa gabare. L'honneur commande une tripotée, qu'est le prétexte cherché. Allume ! »

Échalot aussi appréciait les exigences de l'honneur. Concentrant en lui-même ses émotions, il suivit son ami qui descendait vers la ruelle d'un air crâne. Saladin resta sous le banc.

Que dire de plus ? nous connaissons l'âme d'Échalot. Au lieu de nous livrer à une analyse longue et pénible du trouble qui le dominait, nous constatons ce seul fait : il oublia Saladin !

Avant d'entrer, Similor s'épousseta du haut en bas et tapa son chapeau gris sur l'oreille, mais son aplomb était entamé déjà. Il y a des seuils qui font battre le cœur. Il poussa la porte, cependant ; Échalot se glissa derrière lui, ôtant d'instinct son couvre-chef, comme un chrétien qui pénètre dans une église.

C'était une salle assez vaste, basse d'étage et puissamment enfumée où une quarantaine de consommateurs buvaient dans un nuage. Pour ceux qui parcourent ces lignes et qui ne sont pas familiarisés avec la *chose du truc*, aucune majestueuse impression ne se fût dégagée de cette buvette vulgaire qui n'était pas même tout à fait un bouge, mais un sentiment que nous qualifierons religieux serrait la poitrine de nos deux amis. Ces brûleurs de pipes et ces joueurs de dominos, ressemblant à des petits bourgeois, étaient peut-être, étaient certainement des gaillards qui *en mangeaient!*

Échalot resta tout uniment écrasé sous la pensée de son néant, vis-à-vis de ces talents notoires et arrivés. Similor, moins sensible et plus fanfaron, réagit contre son embarras et marcha droit au comptoir où une grosse femme, violette en couleurs, accueillait justement le capitaine Patu avec un tendre sourire.

« Conducteur ! » appela Similor d'une voix retentissante.

Le marin d'eau douce se retourna en tressaillant au milieu de son compliment d'arrivée.

« Sois calme, Amédée! glissa Échalot.

— Comme quoi, reprit Similor avec éclat, vous devez reconnaître un jeune homme qu'a eu à se plaindre de vous dans l'exercice de vos fonctions de batelier de deux sous, et qu'a promis de vous casser une aile ou deux, sans se fâcher, à pied comme à cheval, contrepointe, canne, baïonnette ou simplement chausson français, rien dans les mains, rien dans les poches! »

Un éclat de rire bruyant et rauque accueillit la conclusion de ce discours, qui enleva évidemment l'approbation générale.

Échalot regarda Similor d'en bas et le trouva grandi de trente coudées.

Par tous pays, le mari de la reine est entouré de jaloux. Le capitaine Patu n'échappait pas à ces inconvénients du bonheur. Quand la dame et maîtresse de *l'Épi-Scié* parla de faire jeter Similor à la porte, il y eut un murmure.

« Les mendiants ne sont pas reçus dans une maison honnête ! voulut insister aigrement la souveraine, qui répondait au gai nom de madame Lampion.

— Et si on vous cousait le bec avec un mot d'amitié, ma grosse nounoute? demanda Similor qui reprenait plante. Si on vous disait à l'oreille : Fera-t-il jour...? »

Il n'acheva pas. Son nez, sa bouche et son menton disparurent dans son chapeau gris, brusquement enfoncé d'un coup de poing appliqué de main de maître.

Tonnerre de gaieté dans la salle. Échalot eut le réveil du lion. Il retroussa les manches de sa veste, trempa ses deux mains dans la poussière et prit, à la grande joie de la galerie, la garde du boxeur français, mais, au lieu de frapper, il se tira gauchement une mèche de cheveux et balbutia :

« Bonsoir, monsieur Piquepuce; salut, monsieur Cocotte; votre serviteur, papa Rabot. »

M. Piquepuce alla au comptoir, et dit à l'oreille de la reine Lampion :

« C'est les agneaux de Toulonnais-L'Amitié. Pas de bêtise ! »

Et comme elle ouvrait la bouche pour répliquer, Piquepuce ajouta :

« Ils ne dureront que jusqu'à demain soir. »

Quelques minutes après, Similor et son fidèle Échalot étaient attablés dans le troisième ciel, c'est-à-dire au milieu de quinze ou vingt artistes, qui tous *en mangeaient*.

Ce fut une nuit enchantée; on fit la poule; on ne parla pas affaires. Nos deux amis se sentaient transformés par le frottement de cette auguste compagnie. Leur rêve était désormais une réalité.

Il est des enivrements si naturels qu'on n'a pas la force de les stigmatiser d'une parole sévère. D'ailleurs, combien de fois déjà Saladin n'avait-il pas été oublié soit sous un meuble, soit à un clou, sans danger pour sa santé? C'est l'avantage des enfants de mélodrame. Le punch était roide, le vin chaud épicé à la papa, on faisait des calembours mémorables entre les blocs fumants, et on racontait des trucs qui eussent réveillé les morts!

Vers quatre heures du matin, un mouvement se fit. Un personnage qui semblait de première importance entra mystérieusement par la porte qui donnait sur le chemin des Amoureux. Ce personnage, coiffé d'une chevelure noire, portant de gros favoris de la même couleur et muni de lunettes bleues, éveilla chez nos deux amis une vague réminiscence. Ils ne firent, du reste, que l'entrevoir, et ils avaient l'œil un peu troublé par le trop de bonnes choses qu'ils avaient goûtées.

M. Lecoq n'avait ni favoris noirs, ni lunettes bleues.

Piquepuce leur dit, au moment où ils cherchaient à rassembler leurs souvenirs :

« A la niche, mes biches! le rendez-vous tient à onze heures du matin, ici; vous verrez le maître à tous, M. Mathieu....

— Trois-Pattes est le maître à tous! s'écria Échalot, stupéfait. »

Et Similor, moins facile à étonner :

« Je m'en avais toujours douté que l'éclopé participait aux manigances ! »

Il faisait encore nuit noire quand ils reprirent l'allée qui menait aux boulevards. Similor allait en avant, la poitrine élargie et le cœur agrandi.

« Comme quoi, dit-il, exhalant la pure joie de son triomphe, tu vois reluire à l'horizon prochain tout l'éclat de notre avenir ! »

Échalot, dont le cœur était plein, sans parler de son estomac, se précipita sur lui et le serra dans ses bras en murmurant :

« Le petit aura donc un sort ! »

Mais cette phrase se termina par un cri douloureux. Il s'arracha des bras de Similor pour tâter ses deux aisselles et son dos ; places ordinaires de Saladin. Saladin n'y était pas ; par un instinct touchant et comique il fouilla dans ses poches : point de Saladin.

La mémoire lui revenait. Il poussa un bêlement plaintif et s'élança comme un trait vers *La Galiote*.

« Parbleu ! disait ce stoïque Similor, pas de danger qu'on le vole ! »

Nous avons dû exprimer déjà ce regret. Similor, orné de tant de qualités, n'était pas un bon père.

Il pressa le pas, parce qu'une clameur sourde arriva jusqu'à lui. Un homme fuyait, traversant la chaussée, et bientôt une voiture, arrêtée de l'autre côté du boulevard, s'éloigna au galop.

« On a tué la femme ! râlait cependant Échalot agenouillé près du banc. On a tué deux femmes ! »

Il y avait, en effet, deux femmes couchées en tas au pied du banc dans une mare sanglante. Le réverbère voisin éclairait la tête de la comtesse Corona, appuyée contre le tas de poussière où dormait Saladin, et le visage d'albâtre d'Edmée Leber, encadré dans les masses mêlées de ses grands cheveux blonds.

IV

La chose de tuer la femme.

Quoique l'institution des sergents de ville et tout ce qui regarde la police urbaine aient progressé admirablement depuis l'époque où se passe notre histoire, il est certain qu'un acte de violence, commis en plein boulevard, même à ces heures de nuit où le boulevard est un désert, était alors comme aujourd'hui une chose excessive et très-rare.

Dès ce temps, il fallait que le drame nocturne fût hardiment et prestement mené, car si les gardiens de notre sécurité étaient moins nombreux et tenus à une vigilance moins sévère, ils existaient, et les bêtes fauves de la forêt se plaignaient déjà de la dureté des affaires.

Il y avait eu deux actes de violence commis, dans l'espace de quelques minutes, sur deux points très-différents, quoique nous trouvions les deux « corps de délit » réunis sur le même banc du boulevard.

Les événements avaient marché pendant ces deux jours, comme le disait tout à l'heure la comtesse Corona. La portion de notre sujet, qui est la comédie de famille entre M. le baron Schwartz et sa femme, touchait presque à son dénoûment, et tout ce qui dépendait de cette lutte allait être réglé dans le sens des volontés de la baronne, à moins qu'une influence étrangère et plus forte ne fît verser la balance à la dernière heure.

M. Schwartz, tout entier à la suprême partie qu'il jouait avec une sombre résolution, laissait aller tout le reste. Il y avait dix à parier contre un que ces jeunes amours, qui sont, dans cette histoire de voleurs, un très-modeste accessoire : le roman de Michel et d'Edmée, le roman aussi de Blanche et de Maurice, allaient se dénouer le plus simplement du monde par une double union que rien désormais ne traverserait.

Mais était-ce bien la volonté de M. Schwartz ou même celle de la baronne, qui tenait lieu de destin dans ce petit monde où s'agitent nos personnages?...

Edmée avait passé une journée heureuse, mais pleine de fièvre, car sa santé, à peine remise, se brisait sous ces émotions. Blanche et sa mère étaient venues dans la pauvre retraite de Mme Leber. Un long, un suave baiser avait servi d'explication entre la baronne et Edmée. Une toilette de bal fraîche et charmante s'étalait sur la simple couchette.

Étienne, notre Étienne, dont nous n'avons pas le loisir de suivre, comme nous le voudrions, les travaux dramatiques, aurait senti là une aimable odeur de quatrième acte (le tableau d'intérieur!) préparant le dénoûment heureux.

Pourtant, quelqu'un manquait. Michel n'assistait pas à cette douce fête.

Longtemps après le départ de ses hôtes, Edmée, qui l'attendait, s'était jetée tout habillée sur son lit, où l'engourdissement de la fatigue l'avait prise. A une heure qu'elle n'eût point su préciser, on frappa doucement à sa porte. Elle se leva, joyeuse, et croyant que c'était enfin Michel. Il faisait nuit; la lampe baissait, prête à s'éteindre.

Ce fut M. Bruneau qui entra.

« Michel ne viendra pas, » dit-il, répondant à l'expression de désappointement qui était dans le regard de la jeune fille.

Puis il ajouta :

« On peut bien prendre quarante-huit heures de l'existence d'un homme pour lui sauvegarder toute une vie heureuse.

— J'ai confiance en vous, murmura Edmée avec une sorte de craintif respect, confiance absolue. Je vous dois la vérité : Michel ne vous aime pas. »

M. Bruneau se mit à sourire, ce qui rarement lui arrivait.

« Je crois bien ! répondit-il ; chaque fois qu'il veut se rompre le cou, je le gêne ! »

Il reprit le ton sérieux, et demanda :

« Votre bonne mère dort-elle ? »

Sur la réponse affirmative d'Edmée, il remonta la lampe, et pénétra dans la chambre à coucher de la vieille dame. Edmée le suivit et le vit avec étonnement qui enlevait le voile de gaze couvrant le brassard ciselé. En même temps, son regard s'étant tourné vers la fenêtre, elle remarqua que toutes les lumières de la maison étaient éteintes.

« Il est donc bien tard ? » murmura-t-elle.

La pendule d'un voisin sonna trois heures.

« Je ne choisis pas mes moments, dit M. Bruneau avec sa tranquillité froide. D'ailleurs, il faut que la bonne dame retrouve ceci à son réveil. Demain, on lui en offrira une belle somme.

— Qu'en voulez-vous faire ? demanda Edmée, voyant qu'il plaçait le brassard sous sa houppelande.

— Vous allez le voir, ma fille, car vous m'accompagnerez, répliqua M. Bruneau. Il manque quelque chose à ce joujou-là, qui vous doit un peu de bien pour tant de mal qu'il vous a fait. Nous nous rendons ici près, à la forge d'un vieil ami à moi ; dans une heure, vous rapporterez le brassard. Venez. »

Edmée se coiffa aussitôt et jeta son mantelet sur ses épaules.

La forge, voisine de l'estaminet de *l'Épi-Scié*, était tout allumée, et un ouvrier attendait.

On sait comment étaient fabriqués ces gantelets pleins que nous nommons des brassards. La carapace des crustacés dut en fournir la première idée. M. Bruneau, dont Edmée ne soupçonnait pas l'habileté, démonta la pièce en un tour de main et l'ouvrit comme on dépèce un homard. Le forgeron avait préparé trois séries ou franges, formées de tiges aiguisées. M. Bruneau les riva à l'intérieur en tournant leurs pointes libres, inclinées légèrement, par rapport au plan des anneaux, vers la poignée du gantelet.

Puis il remonta la pièce aussi lestement qu'il l'avait désarticulée.

Ce fut tout. Nous savons comme Edmée et lui se séparèrent.

Edmée allait d'un pas pénible et las, suivant le trottoir méridional du boulevard. Elle n'éprouvait point de frayeur dans cette solitude. L'accès de fièvre était venu. Elle se sentait la tête vide et cherchait à saisir de vagues pensées qui semblaient se jouer d'elle.

A la hauteur du Café turc, un homme la croisa. C'est à peine si elle fit attention à lui.

Il n'en fut pas de même de l'homme par rapport à elle. Aussitôt qu'il l'eut dépassée, il fit un geste de vif étonnement et s'arrêta court, la regardant s'éloigner.

Cet homme semblait entre deux âges. Il était vêtu d'un vaste paletot dont le collet se relevait jusqu'à ses oreilles. Il avait de larges favoris noirs et des lunettes bleues.

Prenant une brusque détermination, et sans mot dire, il revint sur ses pas, affectant l'allure chancelante d'un ivrogne. Il atteignit Edmée, et, la saisissant par la taille avec brutalité, il balbutia d'une voix avinée :

« Nous cherchons donc comme ça des mignonnes aventures toute seule, la nuit, dans les rues, mon petit amour? »

Edmée, éveillée de sa torpeur en sursaut, esquiva son étreinte et recula de plusieurs pas en chancelant.

L'homme aux lunettes bleues avait senti le brassard sous son mantelet. Si ce n'était pousser l'invraisemblance jusqu'à l'absurde, nous penserions que le brassard était précisément l'objet convoité par son audacieuse galanterie, car il resta un instant comme stupéfait de cette découverte.

Et, en réalité, s'il connaissait Edmée Leber, il pouvait bien connaître le brassard.

Son hésitation fut de courte durée.

Il bondit en avant, donnant à sa voix les accents oxidés et rauques de la complète ivresse :

« Oh! tu fais des manières, mademoiselle! s'écria-t-il, titubant sur ses jambes et agitant ses bras en des gestes extravagants. Tu dédaignes un simple citoyen, parce qu'il n'a pas de carrosse, mademoiselle! Vas-tu finir! C'est un Français qui t'offrait son cœur, mademoiselle! A bas les gendarmes, mademoiselle! Vive la ligne, mademoiselle! On va te faire un sort malgré toi, mademoiselle! »

C'était de l'ivresse à la Frédérick-Lemaître : un peu trop bien faite.

Mais notre pauvre Edmée n'était pas expert-juré en fait d'ivresses. En outre, elle n'avait pas le sang-froid qu'il fallait pour juger.

Elle fut prise de cette instinctive épouvante qui étreint la poitrine des enfants à l'aspect d'un danger inconnu ; elle poussa des cris étouffés, continus, des cris de folle, et s'enfuit sans savoir où elle allait.

L'homme aux lunettes bleues la suivit, sans plus se soucier de son rôle d'ivrogne. Il savait de science certaine qu'elle ne se retournerait pas. D'ailleurs il avait une autre préoccupation ; son regard perçant passait par-dessus ses besicles et interrogeait le lointain du boulevard pour voir si nul garde-chasse ne menaçait son courre.

Le boulevard était solitaire aussi loin que l'œil pouvait se porter, et les pauvres cris d'Edmée s'étouffaient de plus en plus.

Elle traversa la chaussée. Peut-être avait-elle vaguement l'idée de revenir à son point de départ pour trouver la protection de M. Bruneau.

Quant à l'homme aux lunettes bleues, son plan n'avait rien d'incertain. Il voulait pousser son gibier vers les terrains vagues qui bordaient le nouveau boulevard Beaumarchais, bien sûr que là il serait maître absolu de la situation.

Il n'eut pas besoin de faire une si longue route. Edmée trébucha une première fois en traversant le pavé, puis elle s'affaissa bientôt après, privée de sentiment, sur le trottoir, aux abords de *La Galiote* Charitablement, l'homme aux lunettes bleues la souleva dans ses bras, qui étaient robustes, et la transporta sur le banc le plus voisin.

Il l'y laissa, sans s'inquiéter autrement de l'état où elle pouvait être, et s'éloigna d'un bon pas, emportant le brassard sous sa redingote.

Ce fut ainsi qu'il arriva à l'estaminet de *l'Épi-Scié*, où sa venue fut le signal de la retraite de nos amis Échalot et Similor.

Quand ceux-ci furent dehors et qu'on eut prudemment refermé les portes du sanctuaire, l'homme ôta ses lunettes bleues d'abord, puis ses larges favoris noirs, découvrant ainsi la mine effrontément résolue de ce grand M. Lecoq.

« Voilà une histoire! dit-il en exhibant son butin. J'avais pris la peine de crocheter moi-même, comme un simple guerrier, la porte d'une voisine pour me procurer ce joujou-là.

— Voyons voir! fit la galerie avec un empressement respectueux. »

Et Cocotte ajouta d'un ton caressant :

« Voilà ce qui fait le charme de M. Toulonnais-l'Amitié, c'est qu'il met la main à la pâte et qu'il ne joue jamais à cache-cache avec nous.

— Qu'est-ce que c'est que ça, patron? demandèrent quelques voix curieuses.

— Ça, répondit M. Lecoq, c'est quatre millions en billets de la Banque de France à partager entre les bibis. »

Tous les yeux s'écarquillèrent.

« Mes petits amours, reprit M. Lecoq, on ne peut pas m'accuser d'avoir peur de me compromettre avec vous, hé? Le colonel était de l'ancienne école, moi je suis de la nouvelle : se faire adorer, voilà la meilleure cuirasse.

— Et tenir un nœud coulant au cou des chéris, riposta Piquepuce. »

M. Lecoq lui adressa un signe de tête approbateur et répliqua en riant :

« Tu sais ce que parler veut dire, toi, bonhomme! »

Tout en causant, il examinait minutieusement le brassard, qu'il tournait et retournait dans tous les sens.

« Régner à la fois par la force et par l'affection, voilà le programme de la nouvelle école, dit-il. Chacun de vous sait bien qu'il n'y a pas mèche de faire tort à papa ; mais, quand même la chose serait loisible, on ne trouverait pas un seul Judas dans l'honorable société, hé ! les amours ? »

Une bruyante acclamation ponctua cette harangue courte, mais éloquente.

« Corona n'est pas encore venu ? » demanda M. Lecoq en remettant sous son paletot le brassard en apparence intact.

Sur la réponse négative qui lui fut donnée, son regard fit le tour de la galerie.

« Toujours propre et bien couvert, Cocotte ! reprit-il. Avance ici. Connais-tu M. Bruneau, le marchand d'habits?

— Parbleu ! fit notre élégant voyageur de la voiture de Montfermeil.

— Tu vas sortir et aller jusqu'au boulevard. Sur le premier banc, tu trouveras une jeune demoiselle évanouie. Tu lui porteras les secours que l'humanité commande, puis tu la reconduiras chez elle galamment, sans te permettre aucune familiarité inconvenante. Elle habite la maison même où je respire. En chemin, tu t'arrangeras de manière à rencontrer un agent quelconque de l'autorité ; ça se trouve quand on y met du soin et de l'adresse. La jeune personne racontera son cas avec la candeur particulière à son sexe et à son âge. Toi, tu témoigneras que tu es arrivé au moment où le voleur s'évanouissait dans l'ombre, et tu fourniras le propre signalement de M. Bruneau : Les quatre doigts et le pouce !

— M. Bruneau *en mange*, fit observer Piquepuce, qui fronça le sourcil.

— Il fait mieux, répliqua M. Lecoq, il est de la grande table. N'essaye pas de voir plus loin que le bout de ton nez, bonhomme, eh! Je t'annonce que ton rapport sur l'entre-sol de l'hôtel Schwartz te vaudra dix mille livres de rente, c'est réglé. Toi, Cocotte, en route! tes empreintes seront payées juste le même prix. »

Nous avons laissé la voiture de la comtesse Corona galopant vers la porte Saint-Martin. On était en train d'opérer de grands travaux vis-à-vis du théâtre, à cet endroit qui est la honte du boulevard, et que la gaieté populaire désigne plaisamment sous le nom de « l'écluse Saint-Martin. » Le cocher Battista, beau gaillard, brun comme un sang mêlé, n'avait pas entendu ce cri qui avait précipité la course de M. Bruneau dans le faubourg du Temple. A moitié endormi qu'il était, à la hauteur du Banquet d'Anacréon, au moment où les obstacles accumulés sur la voie ralentissaient forcément la marche du coupé, il fut éveillé en sursaut par une violente oscillation imprimée à sa voiture.

Il se retourna. La portière était ouverte, et un homme fuyait vers le boulevard du Temple.

Battista appela sa maîtresse; elle ne répondit pas.

Il descendit de son siége et trouva dans le coupé la comtesse Corona, qui était étendue en travers — et morte.

C'était un fidèle serviteur; instinctivement, il remonta sur son siége et poussa son cheval à la poursuite du fugitif, qui, sans nul doute, devait être l'assassin. Celui-ci avait disparu. Après une course désordonnée de quelques minutes, en droite ligne, l'idée vint à Battista qu'un secours était encore possible peut-être. Il arrêta sa voiture en face de *la Galiote* et retira de la caisse le cadavre de la comtesse.

Il le porta jusqu'au banc voisin où déjà Edmée Leber était couchée.

La vue de cette autre morte porta au comble le désarroi de sa pensée. Il eut peur. Malgré son innocence dans l'occasion présente, peut-être n'avait-il pas une conscience bien nette ; au premier bruit de pas, il prit la fuite.

Il faut renoncer à peindre la confusion qui emplit la cervelle du malheureux Échalot à la vue de cette scène de carnage. Tuer la femme lui avait semblé longtemps la chose du monde la plus simple et la plus naturelle. L'aspect de ces deux cadavres, car il prenait aussi Edmée Leber pour une morte, dissipa instantanément les fumées du punch et remplaça son ivresse par une sorte d'atonie. De grosses larmes lui vinrent aux yeux; il tomba sur ses deux genoux et joignit les mains en répétant :

« On a tué la femme! on a tué deux femmes! »

Similor pressa le pas. Il croyait à une plaisanterie.

« Tiens! dit-il en arrivant! la petite marchande de musique! »

Puis, apercevant la comtesse :

« Cré coquin! la belle robe! »

Échalot avait dégagé Saladin et le pressait convulsivement contre son cœur.

« C'était une riche, murmura-t-il. Ah! elle est dans son pauvre sang... Ça a peut-être un petit enfant à la maison! »

Il sanglotait.

Similor s'efforçait de faire le crâne, mais il avait la poitrine serrée.

« Faut être bien méchant tout de même! murmura-t-il, sans savoir qu'il parlait.

— Les sans-cœur! gémit Échalot. Regarde donc ces belles petites mains-là. Est-ce doux, ces cheveux! »

Il lança par terre Saladin, qui n'en pouvait mais et qui protesta par une clameur désespérée.

Mais Échalot ne l'écoutait pas. Il retroussait ses manches, promenant autour de lui un regard chevaleresque.

« Comme quoi, dit-il, je jure ma parole sacrée que je vas descendre le maladroit qu'a commis cet épouvantable forfait !

— En voici une qui se récupère ! » s'écria joyeusement Similor, en soulevant la tête d'Edmée, qui venait de pousser un soupir.

Echalot mit ses mains sur son cœur, et dit du fond de l'âme :

« Si on pouvait leur sauver la vie, au prix de notre salut éternel ! »

Allez ! le ridicule n'y fait rien, et c'étaient de belles larmes que le pauvre grotesque avait sur la joue.

Deux hommes venaient de se rencontrer non loin de là et se cachaient à l'angle de la maison qui terminait le boulevard au lieu dit : *la Galiote*.

L'un d'eux était Cocotte ; l'autre était l'assassin que nous avons vu s'introduire dans le coupé de la comtesse Corona, pendant que le cocher Battista dormait.

Celui-là était un grand jeune homme pâle, à la tournure élégante, au visage admirablement beau, mais ruiné et comme dégradé par une profonde chute morale.

« Ma femme était forte, dit-il à son compagnon, qui sortait de *l'Épi-Scié*. Je me suis donné beaucoup de mal pour rien : elle n'avait pas le scapulaire. »

Cocotte tremblait : ce n'était pas un meurtrier.

« Tu sais, reprit le comte qui réparait froidement le désordre de sa toilette : affaire de jalousie, au fond.... je me suis vengé.... Ce sont ces deux-là qui auront fait le coup. »

Il montrait Échalot et Similor.

« Impossible! répliqua Cocotte.

— Parce que?

— Ils *en mangent!*

— Après? Quand il s'agit d'un maître....

— Et ce sont les *agneaux* de Toulonnais-l'Amitié pour la grande affaire, acheva Cocotte.

— Alors, dit le comte, je vais voyager pour ma santé. Que le diable emporte l'Amitié! »

Il tourna l'angle de *la Galiote* et disparut dans la rue des Fossés-du-Temple.

Au moment où Cocotte s'approchait du banc, Edmée reprenait ses sens. Échalot riait parmi ses larmes à voir la vie colorer lentement ces pauvres joues; il donnait à l'enfant de carton des baisers convulsifs. Similor, dont l'émotion également sincère était moins profonde, sentait s'éveiller en lui de coupables pensées. C'était, ce Similor, sous son costume fait pour déplaire, une étonnante incarnation de ce Christ de l'enfer, que les poëtes ont baptisé don Juan. Ravagé par le besoin de séduire, il donnait déjà à ses mollets la pose la plus avantageuse et repassait un choix d'insanités cueillies au paradis des Folies-Dramatiques.

La vue de Cocotte fut un coup de théâtre. Similor craignit en lui un rival; Échalot était prêt à défendre la victime jusqu'à la mort. Seulement, la *chose des mystères* avait sur eux une si magique influence, qu'aux premiers mots de Cocotte ils obéirent, chargeant le corps de la comtesse sur leurs épaules.

Préalablement, Cocotte s'était assuré du décès, non sans prendre à la morte sa broche, sa montre et ses pendants d'oreilles.

« Danger de trahir la mécanique! prononça-t-il en guise d'explication avec une terrible emphase. Elle *en mangeait!* »

Il n'est pas superflu de faire observer que ces divers événements, si longs à raconter, furent en réalité très-rapides, et que le banc du boulevard n'eut pas son funèbre fardeau pendant plus de dix minutes.

Selon l'habitude, dès que la trace du crime eut disparu, une patrouille de garde nationale, représentant la vigilance publique, passa, composée d'honnêtes gens qui radotaient l'esprit des petits journaux et ressassaient des vieux calembours.

Cocotte remit Edmée Leber entre les mains loyales de ces gardiens de la cité. Il raconta qu'il était arrivé trop tard pour s'opposer à la fuite du malfaiteur, et, corrigeant les souvenirs confus de la jeune fille, il dessina un signalement complet de M. Bruneau, le marchand d'habits.

« Voilà un bien honnête garçon, déclara le caporal.

— Il n'y a plus que des apôtres dans les rues de Paris, appuya un grenadier intelligent.

— Et l'ordre règne à Varsovie! ajouta l'officier. En avant, marche! si c'est un effet de votre complaisance. »

Ma foi, il faut bien arriver à le dire, Échalot et Similor étaient pendant cela au bord du canal. Cette pauvre belle comtesse Corona glissa sous l'eau avec un pavé au cou.

« Danger de trahir la mécanique! dit Similor avec un énorme soupir. Pas de bêtises!

— N'empêche, murmura Échalot regardant d'un œil mélancolique l'eau qui allait se calmant, n'empêche que ni toi ni moi, Amédée, nous n'avons trempé nos mains innocentes dans les bijoux du cadavre. Saladin est trop petit pour garder la mémoire de ces instants.

— C'était une belle brune! exclama Amédée. Je la reverrai bien souvent dans mes rêves. »

Échalot jeta Saladin sous son bras gauche, et médita tout haut :

« Il y aurait un moyen d'échapper à l'association infernale dont la honte de l'échafaud nous attend peut-être au bout : c'est de s'engager avec courage dans la gendarmerie départementale ! »

V

Les funérailles d'un juste.

Le soleil rallume sa torche, comme si de rien n'était, après l'horreur de ces nuits. Les gais oiseaux de la forêt s'éveillent au moment précis où les bêtes fauves cessent d'errer pour rentrer dans leurs tanières. Il y avait au matin, sur le banc fatal, trois belles petites grisettes qui cassaient des noix avec leurs dents saines et dures. L'une d'elles disait, en apercevant quelques gouttes de sang dans la poussière :

« C'est peut-être mon oncle qui a donné du raisiné à ma tante. »

Ceci n'est pas de l'argot, mais bien le ramage un peu rauque des fauvettes de la forêt. Dans les ménages silvestres, *donner le raisiné*, c'est écraser amicalement, d'un coup de poing, le nez d'une compagne coupable ou acariâtre.

On n'est pas de bois.

Les balayeurs des deux sexes, étalant le pittoresque sans-gêne de leurs costumes, soulevaient des flots de poudre; les tapis montraient aux fenêtres ouvertes leurs nuances éclatantes, tandis qu'aux balcons voisins les mères de famille, en carmagnoles blanches, humaient le café matinal. Un chiffonnier attardé rentrait, balançant sa lanterne éteinte, le petit vin blanc coulait dans tous les cabarets; les fiacres prenaient la file le long des trottoirs; et Bobêche, entr'ouvrant la toile de son wigwam, montrait les sordides noirceurs de son gynécée.

Il était neuf heures du matin. On carambolait déjà au *café Turc*, pendant que les estaminets spéciaux des théâtres fermaient l'œil comme des hiboux qu'ils sont. Les dames appartenant à cette catégorie que les écrivains à la mode de la saison passée appellent « des études » glissaient dans des coupés de louage ou regagnaient pédestrement le sanctuaire de leur intérieur après la nocturne journée.

Les commis, ces fleurs animées, formaient tout le long du boulevard un parterre trottant de gilets printaniers et de cravates tendres. Ils couraient à la chiourme commerciale en becquetant l'heureux pain d'un sou; les polissons perdaient leur décime au bouchon; les cochers d'omnibus échangeaient un courtois salut en se croisant pour la première fois, et le génie de la colonne de Juillet, tout neuf, brisait ses chaînes d'or : emblème étrange de la Liberté stylite, condamnée à se tenir éternellement sur un seul pied.

Quoi donc encore? des boîtes au lait sous les portes, des ânesses portant dans leurs mamelles quelques semaines de répit à la phthisie, des charretées de bouquets, de pommes, de maquereaux, — et cet homme puissant qui porte sa publicité sur son dos : une pyramide, une montagne de paniers!

Tout cela riant, tout cela chantant la chanson des rues de Paris, faite de cris bizarres et d'extravagantes modulations, tout cela vivant, grouillant, pêchant aux centimes ou aux louis d'or....

Certes, nos belles petites grisettes avaient raison de casser des noix et de n'aller pas songer à un crime. Elles avaient tort seulement de ne se point assez laver les mains. Un crime ! à quel propos ? C'est bon la nuit, à l'heure des cauchemars. Les crimes appartiennent tous à l'époque de *la Tour de Nesle* où les rues étaient étroites et privées de gaz. Depuis lors, les crimes sont renfermés, comme des bêtes farouches, dans ces ménageries de mauvaise mine, enfumées, honteuses, tristes, dès qu'elles n'ont plus leurs bordures de lampions : les théâtres.

Le jour, la forêt est au soleil, à la joie, aux chansons. L'entrée même des cavernes se dissimule derrière de souriantes broussailles.

Vers dix heures, les passants devinrent plus nombreux; à dix heures et demie, il y avait foule. La foule est un filet humain qui s'arrête elle-même au passage. Cette opération produit le carré de la foule, qui est la cohue, souverain plaisir de Paris.

A onze heures, la cohue s'étouffait joyeusement de la porte Saint-Denis à la Bastille.

La cohue ne sait pas toujours bien pourquoi elle s'est massée. Elle se masse d'abord, elle s'informe ensuite, comme l'émeute sa cousine qui gagne des batailles à l'aveuglette et demande aux vaincus la route à prendre le lendemain, pour sortir de la victoire.

Ici, on savait quelque chose, et c'était déjà beaucoup, on savait que le convoi du colonel allait passer.

Qui était ce colonel? le colonel Bozzo. Après ? un gros bonnet. En fait de quoi? champ libre. Selon les jours, le temps qu'il fait, l'air qui circule, le convoi d'un colonel, gros bonnet en fait de n'importe quoi peut attirer un maigre millier de curieux ou vingt mille spectateurs. Cela dépend de la façon dont s'opère la boule de neige.

Il faisait beau ; le premier noyau s'était massé comme il faut; il y avait en outre des gens qui semblaient groupés de parti pris, — quelque chose enfin. La cohue moussait magnifiquement. Le convoi promettait d'être aimable, gai, gaillard et méritant la compagnie des amateurs.

Vers onze heures et un quart, on entendit la musique militaire, ce que la foule expliqua en rappelant que le défunt était millionnaire. Voilà un grade que tout le monde connaît.

Quand la musique fit silence, des environs du *café Turc* où nous sommes, on pouvait apercevoir déjà un char empanaché comme le dais de la Fête-Dieu et traîné par des chevaux qui semblaient fiers d'appartenir aux pompes funèbres.

De temps en temps, la marche lente et processionnelle était coupée par un son de tambour unique, sourd, lugubre, rendu par les peaux d'âne, recouvertes d'un crêpe.

Dans la foule, ces observations remarquables allaient et venaient :

« On dit qu'il avait cent sept ans !

— Comme le rhum du père Lathuille !

— Encore un débris de nos vieilles gloires qui s'en va !

— Il n'avait jamais entendu le son du canon.

— C'était un colonel de cosaques !

— Béranger est dans le cortége.

— J'aime mieux Désaugiers, souvenez-vous-en, souvenez-vous-en !

— Mâtin ! rien que ça de clergé !

— Et de la troupe ! A bas le chapeau, vous !.... C'est pour prier monsieur d'avoir l'obligeance de se découvrir.

— Tiens, voilà Gillouet. Eh ! Gillouet ! ici ! J'ai ma femme.

— Sophie, je n'aime pas les rassemblements, il y a des gens trop maladroits.

— Ou trop adroits !

— Allez la musique ! »

Le char passa, haut comme une de ces glorieuses charretées de foin qui sont l'orgueil de la Normandie. Les cordons étaient tenus par des personnages connus et respectables : M. Élysée Léotard, le philanthrope européen; M. Cotentin de la Lourdeville, dont le nom, chez nous, peut se passer d'une laudative épithète; le savant et bien-aimé docteur Lunat; et Savinien Larcin, jeune encore, mais déjà si haut placé dans les lettres !

Derrière le char, quelques sénateurs des pompes funèbres, tous anciens vaudevillistes, avaient revêtu l'imposant costume de l'institution et remplissaient ce rôle de pleureuses dont l'origine se perd dans la nuit des cérémonies antiques.

Puis c'était la voiture du clergé, puis un groupe de six personnes, à pied, en grand deuil, parmi lesquelles nous eussions reconnu M. Lecoq et toutes les figures que nous vîmes pour la première fois autour du lit de mort du colonel.

Derrière encore, un long et large cortége où toutes les classes de la société étaient représentées, et qui allait dans le recueillement. MM. Cocotte et Piquepuce étaient là; aussi le père Rabot, concierge de la maison du bon Dieu, aussi beaucoup des habitués de l'estaminet de *l'Épi-Scié*. Échalot s'y trouvait, portant sur son visage les traces d'une vie agitée et Saladin sous son bras; on y remarquait Similor, supérieur aux circonstances et déjà remis des secousses de sa nuit.

Derrière enfin, entre deux haies de soldats, une immense file d'équipages lentement roulait, terminée, car partout le comique se glisse, par le panier de Trois-Pattes, que traînait un chien de boucher.

Les morts ont maintenant le boulevard du Prince-Eugène, bien commode pour aller tout droit au Père-Lachaise. En ce temps-là, il fallait faire le grand tour et prendre la rue de la Roquette à la Bastille. Nous avons à reproduire quelques-uns des entretiens qui égayèrent ce long voyage.

Dans la septième voiture de deuil, qui venait avant l'équipage vide de M. le baron Schwartz, deux hommes de grave apparence étaient réunis, tous deux ayant passé le milieu de la vie. Le premier était l'ancien commissaire de police Schwartz, père de Maurice, présentement chef de division à la préfecture; le second, M. Roland, père d'Étienne, conseiller à la cour royale de Paris.

Leur présence à cette cérémonie et leur réunion dans la même voiture ne devaient point être attribuées au hasard dont le roman abuse. Ils étaient convoqués par un souvenir et rassemblés par une volonté mystérieuse. Ils ne s'étaient pas rencontrés depuis dix-sept ans.

Au moment de quitter l'église, un homme de deuil les avait pris et avait refermé sur eux la portière de la voiture.

M. le conseiller Roland disait, comme le cortége passait devant les théâtres :

« Je n'ai même pas besoin de me réfugier dans ma conscience ; mon savoir et mon expérience me l'affirment. Cet André Maynotte était coupable.

— Et pourtant, répliqua l'ancien commissaire de police, ces souvenirs vous agitent.... »

M. Roland garda le silence. Il était, en effet, visiblement ému.

L'ancien commissaire de police reprit :

« Je n'ai pas beaucoup de savoir, mais je crois posséder une grande expérience. Eh bien! je suis du même avis que vous : André Maynotte était coupable.

— Oui, certes, oui, mille fois oui, prononça le conseiller avec effort; coupable! manifestement coupable. Et voulez-vous que je vous dise? nous sommes entourés par un effort occulte. Il y a conspiration contre cet arrêt.

— Je le crois; j'ai reçu des lettres....

— J'ai vu un homme....

— Moi aussi, fit le conseiller qui pâlit.

— Et n'est-ce pas une chose bien étrange, murmura M. Schwartz, que la rencontre de nos deux enfants dans cette même idée?

— Quelle idée? demanda vivement le magistrat,

— Ignorez-vous qu'ils font un drame?

— Il y a tant de jeunes fous dans le même cas!

— Un drame intitulé : *les Habits Noirs?*

— Ah! laissa échapper M. Roland.

— Et dont le sujet est l'histoire de ce Maynotte!

— Étrange, en effet! balbutia le magistrat.

— Mais, reprit-il, ce sujet leur a été fourni. Toujours ce même effort occulte....

— Cette même conspiration....

— Devant Dieu, pour moi, ce malheureux était coupable!

— Pour moi aussi, devant Dieu! »

Après un silence, M. Roland poursuivit :

« On parle vaguement d'une très-grave affaire de police.

— Je ne puis rien vous apprendre, répondit M. Schwartz; M. le préfet va et vient, mais il garde, vis-à-vis de nous, un secret absolu.

— L'homme à qui vous faisiez allusion est un mendiant estropié? »

M. Schwartz eut un mouvement de tête affirmatif.

« Et vous êtes convoqué pour cette nuit?

— Comme vous, sans doute, au bal du baron Schwartz.

— Vous irez?

— J'irai. »

La voiture qui suivait l'équipage vide de M. Schwartz contenait également deux interlocuteurs, dont la conversation très-animée avait peu de rapport avec le pompeux et suprême voyage du colonel Bozzo Corona. L'un était M. le marquis de Gaillardbois ; nous tairons les titres ainsi que le nom du second personnage, et, bravant le ridicule attaché à cette formule, nous oserons l'appeler l'Inconnu.

L'Inconnu disait :

« L'opinion publique est déjà troublée. J'ajoute une foi médiocre à ces immenses associations de malfaiteurs. De tous les romans qu'on jette en pâture aux bavards de la Cité, il est le plus facile à faire.

— Cependant.... objecta Gaillardbois.

— Je ne nie pas, je doute. Pouvez-vous me montrer le duc en question? »

Gaillardbois se pencha aussitôt à la portière de la voiture, et regarda en avant.

« C'est celui qui marche à côté de Lecoq, » dit-il en se rasseyant.

L'Inconnu regarda à son tour longtemps et attentivement. Il pouvait voir par derrière seulement une tête élégante de jeune homme aux profils réellement bourboniens. Quand il se rassit, il dit :

« De tous les animaux nuisibles qui sont à Paris, ce Lecoq est, sans comparaison, le plus dangereux.

— Il vous sert, pourtant?

— Le premier chien fut un loup dressé.... mais il devait mordre.

— Que décidez-vous pour la razzia des Habits Noirs?» demanda le marquis.

L'Inconnu haussa les épaules avec dédain.

« Rien, dit-il. En fermant la main, nous ne saisirions que du vent. L'affaire du fils de Louis XVII est bien autrement jolie.

— Jolie! » répéta le marquis.

L'autre était un véritable amateur. Ce mot *joli* le prouve. Il souriait et caressait avec distraction la chaîne de sa montre.

« C'est absurde, au fond, reprit-il, mais le roi l'a écouté.

— Ah! s'écria Gaillardbois, Lecoq a vu le roi!

— Est-ce qu'il ne vous a pas payé son entrée? Oui, il a vu le roi : une audience, une entrevue, un commérage, ce que vous voudrez, qui a duré deux grandes heures d'horloge.

— Qu'a dit le roi?

— Heu! heu! le roi parle à côté, vous savez. Il paraît qu'il y a des malles pleines de preuves, de titres, d'actes de notoriété, de témoignages. Richemond, Naundorf, Mathurin Bruneau ne sont rien auprès de ce Dauphin-là! Il y a des lettres du pape, de Louis XVIII, de la duchesse d'Angoulême, des lettres de Péthion, des lettres du roi d'Angleterre et de l'empereur de toutes les Russies, des lettres de Bourrienne, aussi, et des lettres de Charette! C'est tout bonnement éblouissant!

— Qu'est devenu son père? demanda le marquis.

— C'est le secret de M. Lecoq.

— Et quel avantage le roi pourrait-il retirer?... »

L'Inconnu l'interrompit d'un regard.

— Ah çà! murmura-t-il, vous ne savez donc rien, vous!

— C'est moi qui ai apporté l'affaire, répliqua le marquis d'un air piqué.

— Oui, comme le facteur apporte une lettre cachetée. Je m'intéresse à vous, mon très-cher. Il faut voir plus loin que le bout de son nez, dans nos bureaux. Le roi pourrait tirer un avantage.... Vous allez comprendre que ce misérable Lecoq est tout uniment une tête politique. Admettez que toute cette histoire de Dauphin soit établie judiciairement, et il a trois fois plus de preuves qu'il n'en faut pour cela, si la bonne volonté s'en mêle : voilà un roi légitime....

— Précieux résultat !

— Tâchez de suivre : Ce roi-là étant légitime, l'autre roi légitime tombe à l'eau ; Henri V devient un pur factieux. Et voulez-vous me dire ce qui manque aux cinq-sixièmes et demi des respectables têtes composant votre parti pour tourner casaque à leur foi ? car vous ne vous flattez pas d'être le seul de votre espèce, je suppose.... Vous avez tourné casaque....

— Il manque, dit Gaillardbois qui rougit, un prétexte.

— Le voici ; le prétexte ! Voici mieux qu'un prétexte ! Voici une nécessité qui fait crier le principe même sur lequel votre ancien parti perche comme un perroquet sur son bâton. La branche aînée n'est plus que la branche d'Artois....

— Mais ce nouveau prétendant vous gêne autant que l'autre !

— Pas fort ! Lecoq vous envelopperait dans son mouchoir de poche. Ce nouveau prétendant est un gentil garçon qui se contente du titre de premier prince du sang, avec plus ou moins de millions de revenus, un château royal pour résidence, un palais pour hôtel, Charles-Quint, moins le froc : un roi douairier....

— Il abdique ! s'écria le marquis, frappé enfin du corps que prenait l'idée.

— Parbleu! en notre faveur. Et la famille de Charles X reste avec quelques entêtés voltigeurs de Louis XV, dont le faubourg Saint-Germain converti rit à gorge déployée !

— Le diable m'emporte, dit Gaillardbois, c'est une combinaison! cela se fera-t-il?

— Si je veux, repartit l'Inconnu.

— Et s'il a des fonds, » ajouta le marquis.

L'Inconnu répliqua non sans un certain respect emphatique :

« Ce Lecoq se fait fort pour quatre ou cinq millions.

— Où pêchera-t-il cela? grommela Gaillarbois.

— Si vraiment il y avait l'armée des Habits Noirs....» pensa tout haut l'Inconnu qui du doigt pointa son front rêveur.

Le cortége dépassait la rue des Filles-du-Calvaire.

Étienne, mêlé à la foule, mais non pas pour suivre le convoi, tenait sous le bras un de ces bonshommes peu lavés, mal peignés, habillés de choses prétentieuses à bon marché, burlesques de la tête aux pieds, en haut par leur chapeau, en bas par leur chaussure, entre deux par la naïve vanité qui déborde par tous leurs pores, un de ces pitres de notre civilisation qu'on appelle des « artistes » aux environs des théâtres et que la langue vulgaire des autres quartiers intitule des *cabotins*. Étienne l'avait à lui tout seul. Étienne le possédait, Étienne ne l'eût pas lâché pour un empire!

Étienne parlait; il ne savait pas que le mort passait; il disait son drame à ce pauvre diable qui était *utilité* je ne sais où, et se conciliait sa protection à force d'éloquence. L'*artiste* faisait des yeux saugrenus aux femmes qui passaient. Les grisettes le trouvaient bel homme, parce qu'il avait une cravate amarante et des cols de chemise en papier.

« Je suis seul, disait Étienne : mon collaborateur se marie et abandonne le métier. C'était un garçon intelligent, mais qui n'aurait pas réussi. Mon cher Oscar, je veux vous coller un rôle de cinq cents, là dedans, si vous chauffez votre directeur.

— Mon directeur est un âne, répondit le cher Oscar avec franchise.

— Le fait est que, pour n'avoir pas encore confié un rôle de pièce à un jeune homme de votre force....

— Que payez-vous, Fanfan?

— Ce que vous voudrez. »

Pour séduire ce puissant Oscar dont le directeur n'aurait pas voulu pour cirer ses bottes, Étienne eût donné sa jeunesse. Oscar exigea du vin chaud.

« Mon collaborateur avait trop de prétentions littéraires, reprit Étienne quand on fut assis dans un de ces *cafés d'acteurs* où vont les figurants et qui bordent les bas boulevards. Ils me font rire! Nous avons marché depuis Corneille! Ce qu'il faut, c'est le cadre....

— Et le tabac, ajouta Oscar.

— Garçon! du tabac.... J'ai le cadre, un cadre plus carré que celui de *Victorine, ou la nuit porte conseil...*. c'est vif, brillant, brûlant.

— Du feu! ordonna Oscar.

— Garçon! du feu!... Qu'est-ce que c'est que le cadre de *Victorine?* un rêve! »

Oscar dit en allumant sa pipe :

« Merci, Seigneur ! ce n'était qu'une illusion funeste!

— C'est vieux comme Hérode, un rêve. Je ne voudrais pas me servir du rêve quand on me garantirait cent représentations à trois mille.

— Moi, murmura Oscar, une croûte à casser ne me serait pas intolérable.

— Garçon ! de la viande froide !... A la place du rêve, je mets, devinez quoi?

— Un songe, devina aussitôt Oscar qui bâilla, puis mangea.

— Vous n'y êtes pas !

— Ça m'est égal.

— Je croyais que vous me portiez de l'intérêt....

— Énormément !... mais je sèche pour une sardine à l'huile.

— Une sardine à l'huile, garçon !... Au lieu du rêve, je mets une collaboration : saisissez-vous?

— Non, répliqua Oscar, je vous en fais trois liées à six francs, en trente, si ça vous va.... veux-tu qu'on se tutoie, petit!

— Je crois bien ! répliqua Étienne, honoré jusque dans la moelle de ses os !

— Alors, procure un foie gras, pas trop éventé : je l'aime !

— Garçon, un foie gras, première tranche.... Voici comment j'entends que la collaboration remplace le rêve. Les deux auteurs sont en plein dans l'action. Ils croient inventer le drame, et c'est le drame....

— Qui les invente? l'interrompit Oscar, la bouche pleine.

— Non.... je veux dire que le drame inventé par eux se trouve être une réalité, vous saisissez?

— Je le crois, ma vieille.

— Et qu'en dites-vous?

— Du cognac !

— Du cognac, garçon ! Il y a une polissonne de cassette qui joue un rôle....

— Est-ce le mien?

— Vous êtes drôles, vous autres. La cassette est à Olympe Verdier. »

Oscar se leva.

« N'entrons pas encore dans les détails, dit-il superbement. Je désire contracter avec toi une dette d'honneur de cinq francs.... et reviens m'attendre demain à la même place. Je te payerai encore à déjeuner. »

Évidemment, la fortune souriait aux débuts d'Étienne. Il avait acheté l'influence d'Oscar.

A cet instant, on descendait de voiture à la porte du Père-Lachaise. M. Schwartz, l'ancien commissaire de police, et M. Roland saluèrent respectueusement l'Inconnu.

Sur la tombe ouverte, M. Cotentin de la Lourdeville prononça le discours obligé. Il parla des torts de l'ancien régime, des excès de la Révolution, des batailles de l'Empire; ça, ça et ça; il montra son client (se peut-il que les morts aient besoin de ces avocats!) renonçant à la carrière des armes et se livrant exclusivement à la philanthropie. » Le goût du jeu, une certaine ardeur juvénile, les passions, enfin, s'il faut prononcer le mot, rendaient plus héroïque l'apostolat de l'homme éminent que nous regrettons tous. Ces grands cœurs peuvent contenir ça et ça; la fleur du bien, le germe du mal....

« .... Certes, on ne peut pas dire qu'il fut enlevé dès son printemps, car sa centième année allait s'accomplir, mais la vigueur de son tempérament lui promettait encore une longue carrière. Il lisait sans lunettes ! »

Un murmure flatteur accueillit ce mouvement oratoire. Cotentin déclara son chagrin de ne pouvoir s'étendre sur ça et ça, et ça encore, surtout les voyages de son noble ami dans les diverses capitales de l'Europe, voyages si profitables à l'humanité; mais il pouvait, du moins, constater, les larmes aux yeux, que ce grand citoyen avait adouci les mœurs de toute une contrée et allumé le flambeau de la civilisation au fond des maquis de la Corse.

« Adieu, colonel Bozzo-Corona! termina-t-il; adieu, notre vénérable ami! Du haut des cieux, votre suprême asile (*demeure dernière* avait déjà été galvaudé par M. Scribe), abaissez vos regards sur cette foule immense qui va emporter, dans chacun de ses cinquante mille cœurs, la sainte relique de votre souvenir!!! »

Il y avait une chose singulière. Des mots passaient dans cette foule, composée de cinquante mille cœurs. Pour ne point imiter M. Cotentin dans ses exagérations, nous dirons que ces mots semblaient destinés seulement à quelques centaines de paires d'oreilles. ÇA BRULE! avait-il été dit d'abord. — Puis on avait fait circuler cette phrase sans verbe : *à midi, la poule*, puis des noms, et ces noms semblaient être un triage, car différents groupes s'étaient formés.

M. Cotentin, entouré de chaudes félicitations, répondait avec modestie :

« Il fallait glisser sur ça et ça.... »

Pendant que la foule s'écoulait, un homme en costume d'ouvrier s'approcha de l'Inconnu qui franchissait le marchepied de sa voiture et lui dit tout bas :

« Ça brûle. Il fera jour à midi, à l'estaminet de *l'Épi-Scié*. On joue la poule! »

VI

Petit comité.

Les géographes objecteront à l'auteur de ces récits qu'il n'y a pas de place rue Thérèse pour placer un grand jardin, et que jamais hôtel princier, comme devait l'être celui de ce puissant baron Schwartz, ne fut bâti dans la rue d'Enghien. Mais d'autres, au contraire, ont reproché à ce même auteur de prétendues transparences qui semblaient écrire au revers de ses masques quelques noms de personnages ayant réellement existé.

Les géographes ont raison : il n'y a point de grand jardin rue Thérèse, et l'hôtel du baron Schwartz n'était pas au lieu où nous l'avons mis. Les autres se trompent.

Prenez donc ce nom d'Enghien, appliqué à la rue Schwartz, pour un pseudonyme, et entrez avec nous dans le palais de ce laconique financier. Ne craignez point ici de navrante description ; notre roman est désormais trop avancé pour que nous songions à vous jouer ce tour ; représentez-vous n'importe quel palais, édifié par un cacique de la Bourse : il y en a cinq cents à choisir dans cet heureux Paris. Mais prenez le plus beau.

La seule chose qu'il importe de savoir, pour l'intelligence du drame, c'est que les bureaux occupaient le rez-de-chaussée et l'entre-sol, sur le devant, le reste du bâtiment sur la rue servant de communs administratifs, — et que l'hôtel proprement dit s'élevait brillant et coquet, sur le derrière, entre la magnifique cour et le jardin splendide. Des deux côtés de la cour, les écuries et remises à droite, les offices à gauche, les uns et les autres surmontés d'étages à galeries reliant les deux bâtiments principaux.

Ce fameux mercredi, vers le milieu de la journée, les bureaux fonctionnaient comme si de rien n'eût été; M. Champion faisait sa caisse courante à l'entre-sol, un peu formalisé de ce que le patron eût pris la peine, depuis trois jours, de se mettre à son lieu et place pour des rentrées de fonds très-considérables dont le remploi était pour lui un mystère. Il avait dit le matin même à sa femme, en ce moment d'expansion qui suit le réveil :

« Il était bon, le poisson de dimanche, hein, Céleste ? »

Et sur la réponse affirmative de Mme Champion, il avait ajouté :

« On a des envieux dans toutes les parties. Je ne suppose pas que les cachotteries du patron soient l'aurore d'un remercîment, car la maison Schwartz ne peut se passer d'un homme tel que moi. Nonobstant, c'est cocasse. Monsieur m'a repris les clefs de la grande caisse qui doit contenir des réalisations tout à fait inusitées. Ce ne peut pas être un coup de Bourse, car il peut toujours opérer à découvert, dans la position qu'il a. J'ai songé à un emprunt non classé. Cet homme-là sera ministre.... Mais tu ne saurais croire, Céleste, les jaloux que m'attire mon succès à la ligne.

— Il n'y a pas beaucoup de pêcheurs de ta force, » répondit Céleste, qui gardait, en accumulant des lâchetés, la paix de son ménage.

Elle se faisait une formidable toilette pour le bal du soir, auquel devait assister maître Léonide Denis, notaire. Entre Léonide et Céleste, attachée pourtant à ses devoirs et fière de son Champion, brûlait depuis vingt-sept ans une de ces flammes platoniques qui ne s'éteignent qu'avec la vie.

Tout était sens dessus dessous à l'hôtel proprement dit. Les Godillot, de 1842, s'étaient emparés des appartements et les ravageaient de fond en comble. Le maître ni la maîtresse de la maison ne prenaient, bien entendu, aucune part à ce forcené travail, et c'est à peine si le ménage Éliacin donnait aux préparatifs un coup d'œil languissant. Aucun pressentiment d'une péripétie prochaine n'existait pourtant. Les domestiques allaient et venaient d'un air libre, et le puissant Domergue lui-même avait sa physionomie de tous les jours.

Mais Mme Sicard, la camériste tirée à trente-deux épingles, qui rapportait de ses visites à sa marraine une bonne odeur de cigare, était inquiète. Sa curiosité, violemment excitée, la rendait malade. Au lieu de s'occuper de sa toilette comme cela se devait, Mme la baronne restait enfermée chez elle avec des petites gens dont Mme Sicard n'eût pas donné un verre du cassis qu'elle buvait en cachette.

La baronne Schwartz était dans sa chambre à coucher, tête nue et vêtue seulement d'un peignoir. Il y avait bien de la fatigue sur ses traits, bien de la pâleur à sa joue, mais sa triomphante beauté empruntait à ces signes de l'angoisse je ne sais quel attrait nouveau. Sans briller moins, elle était plus touchante, et les deux enfants qui se pressaient là contre elle, subjugués et collant leurs lèvres filiales à l'albâtre de ses mains, la contemplaient avec un superstitieux amour.

Ces deux enfants ne lui appartenaient pas par les liens du sang, et pourtant ils étaient à elle de tout l'ardent dévouement de leurs cœurs. Ils l'écoutaient :

Maurice Schwartz debout, pâle comme elle et les yeux ardents, Edmée Leber, assise à ses pieds sur un coussin et gardant à son front attendri la sensation d'un baiser maternel.

Edmée avait la paupière mouillée : c'était la mère de Michel qui venait de parler. Maurice avait l'émotion de son vrai cœur, excellent et tout jeune, unie par une sorte d'adultère mélange à l'autre émotion factice qui pousse dans cet autre cœur, poche banale, particulière au genre auteur, où les choses sincères tombent et s'élaborent pour produire chimiquement les fâcheuses tirades, les exagérations et le pathos.

Mais Maurice, hâtons-nous de le dire, présentait un cas très-bénin de choléra théâtral. L'épidémie l'avait touché à peine; il restait digne d'admirer, de comprendre, de souffrir le vaillant effort, les héroïques calculs, la navrante douleur de cette noble et belle créature qui avait péché peut-être, mais qui se réhabilitait dans le martyre d'une immense expiation.

Elle ne parlait plus; Edmée et Maurice l'écoutaient encore.

Elle avait parlé longtemps les yeux secs, mais le cœur déchiré par de poignants souvenirs.

« J'ai tout dit, reprit-elle après avoir partagé un muet baiser entre ces deux têtes filiales. Blanche ne devait pas m'entendre, car, sans le vouloir, j'accusais son père, et peut-être eussé-je éprouvé trop de peine à me confesser devant Michel. J'ai tout dit à celle qui doit être la femme de mon fils, à celui qui doit aimer et protéger ma fille. Ils avaient droit de savoir quelle terrible misère se cache sous notre richesse.

« Ma faute est d'avoir eu peur et d'avoir cru trop vite à l'abandon de Dieu. La mort d'André me brisait le cœur : je n'étais plus moi-même. La pensée d'aller en prison me rendait folle, et c'était lui, si tendre, si dévoué, si généreux, qui avait exalté en moi cette épouvante.

« J'étais seule ; je pensais être seule, mais une influence invisible m'entourait et me poussait. Ce mariage me sembla une barrière entre moi et l'objet de mes terreurs. J'entrai dans cette union comme en un asile, et j'y trouvai, sinon le bonheur, du moins une sorte de repos, jusqu'au jour où la découverte des lettres d'André m'éveilla terriblement.

« Je vous ai résumé le contenu de ces lettres qui sont en ce moment peut-être au pouvoir de notre ennemi mortel. Chacun de vous deux, ce matin, m'a apporté sa mauvaise nouvelle, comme si toutes les heures de tous les jours devaient grossir le faisceau des menaces qui barrent ma route : Maurice m'a appris l'enlèvement de la cassette, Edmée le vol du brassard. Les deux coups partent de la même main. Tout ce que j'ai fait depuis dix-sept ans est inutile. La loi est à ma porte, comme au lendemain du jour où, pour la première fois, le malheur nous frappa.

« Mais les choses ont bien changé, mes enfants : je n'ai plus peur.

« S'il y a encore du froid dans mes veines, c'est à la pensée de ma fille. Pour ce qui est de moi, je suis résignée, et je suis prête.... »

Le cœur d'Edmée parlait dans ses beaux yeux mouillés de larmes. Elle prit la main de la baronne et l'effleura de ses lèvres.

Maurice dit :

« Mon père s'est trompé comme tant d'autres au début de cette infernale affaire. Mon père est un homme intègre et bon. Si j'allais vers mon père ? »

Le regard triste et résolu de la baronne l'arrêta.

« Il ne nous est pas même permis de nous défendre,

ii—18

prononça-t-elle avec lenteur. Vous pouvez tout pour l'avenir de ma fille, qui va vous être confié, Maurice; pour moi, vous ne pouvez rien, personne ne peut rien, sinon celui qui a droit de choisir un flambeau pour éclairer cette nuit; celui qui a souffert plus que nous, pour nous; celui que j'ai pleuré avec des larmes de sang, et dont la résurrection m'apporte une joie empoisonnée, car, entre nous deux, il y a un abîme.

— Il vit? » murmura Edmée.

Maurice avait déjà ressuscité celui-là dans le drame. Le drame le poursuivait, grandi à la taille d'une prophétie.

La main pâle de la baronne pressa son front qui brûlait.

« Je le sentais autour de moi, dit-elle. Bien souvent je réprimais l'élan de mon cœur comme on écarte une superstition : qu'elle soit espoir ou crainte. Mais j'avais beau faire : le pressentiment était le plus fort; il devenait certitude et il me semblait que ce fantôme bien-aimé, ignorant le châtiment de ma vie et le fond de mon cœur, s'appelait désormais la vengeance.

« Je ne me trompais pas : j'ai été un instant condamnée par sa justice.

« J'en ai fini avec le passé, mes enfants; reste le présent. Encore une fois, vous avez le droit de tout savoir. »

La baronne tira de son sein une lettre qui semblait froissée et humide.

Elle dit avec un triste sourire, faisant allusion à cette apparence de vétusté :

« Elle est d'aujourd'hui, pourtant!

« Elle est de mon mari, reprit-elle en affermissant sa voix par un effort violent : de celui qui reste mon mari devant Dieu. Vous êtes bien jeunes tous deux, mais vous mesurerez plus tard dans toute son étendue le sacrifice de la pauvre femme qui a éclairé pour vous, sans rien réserver, sans rien cacher, l'abîme de sa honte et de son malheur. »

Edmée et Maurice se levèrent d'un commun mouvement, et tous les trois restèrent un instant embrassés.

« André Maynotte, poursuivit la baronne en un sanglot, était à dix pas de moi, dans l'église Saint-Roch, quand je donnai cette main qui ne m'appartenait pas, à M. le baron Schwartz. Il quitta la France, pour ne pas me perdre, après avoir fait une longue maladie. Une main qui jamais n'eut pitié était sur lui. L'arme qui déjà l'avait poignardé redoubla son coup. Il fut condamné à être pendu, pour vol, à Londres.

« Pour vol, deux fois condamné pour vol ! Lui, l'honneur incarné !

« Il s'évada des prisons de Londres, comme il avait brisé sa chaîne à Caen, car vis-à-vis des démons qui le poursuivent, Dieu lève le doigt parfois, et il y a comme une timide Providence qui arrête la torture au moment où elle va devenir mortelle.

« Ces lignes, à demi effacées par mes larmes, racontent quinze années de sa vie. Et c'est un cruel miracle, ce qu'on peut souffrir sans mourir !

« André vivait pour son fils. Moi, il ne m'aimait plus.

« Et comment m'eût-il aimée !

« Il vivait aussi pour se venger. Il est Corse.

« Il s'était glissé jusque dans le camp ennemi. Deux condamnations : l'une à vingt ans de travaux forcés, l'autre à mort lui donnaient un horrible droit. A ces profondeurs, il y a des lois faites pour combattre la loi. Je vous ai dit ce que sont les Habits Noirs : les maîtres du premier degré eux-mêmes ne pouvaient plus rien contre André, sacré par l'apparence de son double crime.

« Ils pouvaient seulement le tromper; ils le firent, égarant sa volonté vengeresse en dirigeant ses colères contre un innocent, innocent, du moins, au point de vue du crime qui fut notre malheur commun, mon Edmée chérie.

« Pendant des années, André crut que M. le baron Schwartz était l'auteur du vol, commis à Caen, au préjudice de votre infortuné père, dans la nuit du 14 juin 1825.

« Il y avait d'étranges témoignages à l'appui de cette erreur. Et dès le temps où André était prisonnier à Caen, il m'écrivait, rappelant la venue de ce Schwartz, pauvre et sans ressources, dans notre magasin, rappelant ce hasard qui le plaça dans la même diligence que moi quand je m'enfuis à Paris, rappelant les paroles du cabaretier Lambert, complice du vol : « L'Ha« bit Noir a fait d'une pierre deux coups; il en tenait « pour la petite marchande de ferrailles ! »

« Et André me retrouvait, mariée à ce mendiant d'autrefois, qui maniait maintenant des centaines de mille francs, et qui avait supprimé le message à lui confié dans l'île de Jersey!

« Ce qui a sauvé le baron Schwartz, c'est une autre erreur : André a cru que je l'aimais.

« Et André est le plus grand cœur qui soit au monde!

« Il était juge; il s'était fait juge. Il n'agit pas comme ceux qui l'avaient condamné, lui qui n'avait pourtant ni le frein de la loi, ni la lumière des débats, ni les témoignages rendus sous la foi du serment. Il avait le temps de s'éclairer. Sa vie s'était donnée à cette œuvre. Il attendit, il chercha, il trouva. »

La baronne déplia la lettre et l'ouvrit, sautant les

deux premières pages, chargées d'une écriture fine et serrée.

« Tout ceci est là dedans, dit-elle, portant le papier à ses lèvres d'un geste involontaire et presque religieux. Le reste doit vous être lu, parce qu'il contient notre ligne de conduite.

« .... L'homme qui me vendit le brassard est mort;
« celui qui se servit du brassard existe. Vous le con-
« naissez, Julie, depuis plus longtemps que moi, car il
« fut cause de notre départ de Corse. J'ai la main sur
« lui, comme il eut si longtemps la main sur moi.
« Dans vingt-quatre heures, l'association des Habits
« Noirs sera brisée.

« Je sais tout. Dieu m'a permis de lire dans votre
« cœur comme en un livre. Le passé ne peut pas re-
« naître, et cependant j'ai eu bien de la joie à l'heure
« où mon regard a pu plonger jusqu'au fond de votre
« pensée. Vous avez dit vrai; sur l'échafaud, vous
« m'eussiez suivi.... Mais la vie avec la honte est un
« plus rude supplice.

« Je n'ai rien à vous pardonner. Je donnerais pour
« vous plus que mon sang.

« M. Schwartz, sans être coupable dans les mesures de
« mes premiers soupçons, a mérité un châtiment. Il sera
« puni dans la juste mesure de son péché : rien de plus .
« il est le père d'une douce enfant dont vous êtes la mère.

« Les choses sont prévues et réglées autour de vous,
« indépendamment de vous; n'oubliez pas cela. Ceux
« qui s'approchent imprudemment de certains rouages,
« mis en mouvement par la vapeur, peuvent être en-
« traînés et broyés. Vous êtes, pour quelques heures,
« entourés de mystérieux engrenages, mus par une
« puissance plus violente que la vapeur. Ne bougez
« pas, c'est un conseil, et c'est un ordre.

« Quoi qu'il puisse arriver du côté de Michel, de
« Blanche, de Maurice, d'Edmée, je les connais tous
« et je les aime, ne bougez pas. Je suis là, je veille, je
« réponds de tout, sauf du mouvement imprudent qui
« livrerait un de vos membres aux dents de la méca-
« nique.

« Ne vous inquiétez pas de Michel surtout. C'est
« un lion, celui-là. Il a fallu l'enchaîner et le mu-
« seler.

« Vous me verrez cette nuit.... »

La baronne Schwartz s'arrêta parce qu'une discussion bruyante avait lieu dans son antichambre. La porte s'ouvrit et Michel entra, le visage rougi par une course forcée, et les cheveux baignés de sueur.

« Je savais bien que je trouverais tout le monde ici ! s'écria-t-il. On ne voulait pas me laisser passer, mais rien ne me résiste aujourd'hui.... te voilà installé toi, fiancé ? »

Il adressa un signe de tête souriant à Maurice, baisa la main de sa mère et toucha de ses lèvres le front d'Edmée.

La baronne ne put retenir un sourire, tant cela ressemblait à une famille.

« Blanche ne nous manquera plus demain ! pensa-t-elle tout haut.

— Je vous dérange ? reprit Michel. Je ne suis pas de vos secrets. Je vais vous dire les miens : je sors de prison.

— De prison ! répétèrent la baronne et Edmée.

— Sainte-Pélagie, où j'avais été inséré de très-bonne heure par les soins de ce bon M. Bruneau et de sa digne associée, Mme la comtesse Corona. Que leur ai-je fait à ces deux-là, le savez-vous, ma mère?

— Non, répondit la baronne ; je l'ignore. »

Elle rêvait, et je ne sais quelle frayeur la prenait.

Sans avoir aucune idée de ce qui allait se passer, elle prévoyait une violente catastrophe, et André, en parlant de Michel, le voulait *enchaîné* et *muselé*.

André qui menait tout, André, le destin de cette heure suprême !

« Il fait bon avoir des amis, poursuivit Michel. Le temps d'écrire un mot à Lecoq et de recevoir la réponse, ma lettre de change était soldée. Et fouette, cocher ! Savez-vous ce que j'apprends chez moi ? La cassette enlevée ! Entre parenthèses, si elle contenait des bijoux ou des valeurs, vous pouvez être tranquille, ma mère. Le brigand n'aura pas eu le temps d'en faire usage.

— Quel brigand ? demanda la baronne de plus en plus inquiète.

— Vous allez voir ; j'ai mon idée depuis longtemps. L'escalier a été redescendu quatre à quatre, et j'ai voulu en avoir le cœur net... Une occasion, vraiment ! les gens de police étaient en bas, donnant le signalement d'un quidam qui était mon homme, et s'informant....

— Je t'en prie, » de qui parles-tu ? murmura madame Schwartz.

Et Edmée, avec autorité :

« Dites le nom, Michel !

— Le nom ? voilà que je l'oublie, le nom ! mais c'est un des noms que prend ce Bruneau, quand il fait un mauvais coup....

— Et pourquoi le cherchait-on ? demanda Maurice.

— Pas pour le prix de vertu, mon beau-frère. Je trouverai le nom. En tous cas, j'ai mis les chiens sur la piste, la maison a été cernée, et le commissaire, nouant son écharpe, a monté les escaliers de ce Bruneau.... Qu'est-ce que vous avez donc ? »

Autour de lui régnait un grand silence, et tout le monde était pâle.

« Je cherche ce diable de nom, reprit-il; attendez... Maynotte, parbleu ! André Maynotte ! »

La baronne se leva toute droite, et Michel recula devant son regard épouvanté.

En ce moment, Mme Sicard, heureuse de faire du zèle, entra tout effarée.

« M. le baron ! s'écria-t-elle. M. le baron qui veut venir dans la chambre de Madame !

— Faites entrer, » dit Julie machinalement.

M. le baron Schwartz parut presque aussitôt derrière la camériste. Ces trois dernières journées l'avaient beaucoup changé et vieilli, mais il affectait un grand calme.

« Nouvelles ! dit-il en promenant un regard morne, mais sourdement inquiet sur les quatre personnes qui étaient là. Singulières ! Enterrement superbe. Comtesse Corona assassinée cette nuit.

— La comtesse Corona ! assassinée ! répéta la baronne, comme si sa cervelle ébranlée avait peine à saisir le sens des mots.

— Jolie femme ! malheureux ! » dit M. Schwartz.

Il ajouta, avec une évidente intention de porter coup et sans ellipse, cette fois :

« M. le préfet a été charmant pour nous. Il viendra ce soir. »

Et à l'oreille de sa femme :

« Nous cédons à une panique. Je suis plus fort que jamais !

— Et pour la comtesse Corona, commença Julie, sait-on ?...

— Habits Noirs, interrompit le banquier, reprenant sa sténologie. Maison cernée, rue Sainte-Élisabeth.

— Du côté de la rue Saint-Martin ? demanda Michel vivement.

— Juste! répondit M. Schwartz, qui pirouetta et se dirigea vers la porte. Un nommé Bruneau.

— Ce serait ce coquin! » s'écria Michel en suivant, malgré lui, le banquier.

Edmée et Maurice avaient saisi les mains de la baronne qui défaillait.

Michel dit encore :

« Le hasard a voulu... J'ai donné aux agents des indications....

— Bonnes! fit M. Schwartz, passant le seuil sans se retourner; traquenard organisé. Pas un chat sorti des deux maisons qui se touchent, sauf cette créature, Trois-Pattes. M. Mathieu. »

Michel revint vers sa mère et la vit qui chancelait entre les bras de Maurice et d'Edmée. Comme il s'approchait, elle le repoussa de la main avec une sorte d'horreur.

« André Maynotte est ton père! » balbutia-t-elle en fermant les yeux.

Michel resta un instant foudroyé ; puis, sans mot dire, il s'élança dehors.

Il allait par les rues, courant comme un furieux et ne sachant certes pas quel extravagant moyen il essayerait pour rompre la ligne d'assiégeants qui entourait son père, lorsqu'à la hauteur de la Porte-Sainte-Martin il s'entendit appeler par son nom.

Trois-Pattes passait dans son panier, traîné par un chien de boucher. Il semblait être en belle humeur. Sa figure, immobile comme un masque, avait presque un sourire dans le fourré de poils hérissés qui l'encadrait.

« Je viens de chez vous, monsieur Michel, dit-il, pour vous donner des nouvelles du voisin Bruneau. Si on s'inquiète de lui quelque part, allez-y et dites que tous les rendez-vous tiennent pour ce soir. Dites aussi que la cassette est en bonnes mains, la cassette que vous n'aviez pas su garder. Je vous salue, jeune homme; en prison, vous auriez été bien tranquille. Mais, puisque vous voilà dehors, regardez à vos pieds en vous promenant : il y a des trappes ! »

VII

On joue la poule.

La reine Lampion était une belle femme : aucun historien ne dira le contraire; Sophie Piston, amante de Piquepuce, et la sensible Sapajou, dame des pensées de Cocotte, avaient de doux charmes et buvaient l'absinthe comme des anges du ciel ; il y avait encore Riquette, qui levait le pied proprement ; Caporal, qui fumait mieux qu'un poêle, et Rebecca, toujours enceinte des paquets qu'elle volait dans les magasins de nouveautés : c'étaient de chères filles qui avaient à la fois la beauté, présent des dieux, et le talent, qui s'acquiert par l'étude. Mais, de même que le soleil est supérieur aux astres de la nuit, de même Mazagran éclipsait toutes ses rivales.

Mazagran avait la vogue. Au fond des halliers les plus abandonnés de la forêt de Paris, sa gloire florissait. Son nom historique éveillait les échos de ces sombres carrefours où les bêtes farouches s'entre-mordaient pour un de ses sourires.

Elle était chauve par suite de maladie, mais il lui

restait plusieurs dents, et, quand une violente couche de rouge minéral enluminait sa joue tannée, elle vous retournait le cœur comme un gant.

Telle fut l'enchanteresse qui tendit ses lacs amoureux dans les sentiers de l'ardent Similor.

Que n'avons-nous ici l'espace et le loisir pour chanter dignement l'idylle de ces sacrés bocages!

Mais le drame nous pousse, nécessité funeste. Nous n'aurons de Mazagran qu'un sourire, et c'est une scène austère qui se déroulera pour nous dans ce lieu de délices : l'estaminet de *l'Épi-Scié*.

Les personnages à qui on avait fait passer ces mots : au cimetière : *A midi la poule*, étaient à leur poste, debout autour du billard ou assis sur les banquettes paillées, siéges ordinaires de « la galerie. »

Échalot, tel que vous le connaissez « fumait un bloc » comme feu le secrétaire d'État Chamillart. En quelque endroit du billard qu'il vous plût de le caser, il vous faisait directement, au doublé, par la bricole, selon son intérêt ou son caprice. A chaque instant, chez ces natures modestes, on découvre un nouveau talent, et c'est leur charme.

Échalot n'ôtait jamais son habit, à cause de sa chemise, que la blanchisseuse gardait en gage, mais il retroussait ses manches, relevait son tablier de pharmacien et confiait Saladin à son clou. Alors, libre de ses mouvements, il *beurrait* sa queue et *enfilait des perles* avec enthousiasme.

Au plus beau moment de la poule, la reine Lampion montra sa face rubiconde à la porte du billard et dit :

« M. Mathieu vous espère ! »

Les queues allèrent au râtelier, la galerie se leva, Échalot, pour employer sa propre expression, se recolla

Saladin, et Similor lui-même, jetant à Mazagran l'incendie d'un dernier regard, vint à l'ordre.

M. Mathieu n'aimait pas à attendre.

Il était seul dans une des salles de l'estaminet, assis sur une table et appuyé au mur. Au dire de tous ces messieurs, quand on le voyait ainsi à hauteur d'homme, les jambes par devant, il avait l'air de quelque chose, et il fallait qu'il eût « de ça » pour soutenir, malgré ses infirmités, la jolie position qu'il avait dans la mécanique. On le craignait et on l'admirait; ce Richelieu mutilé d'une royauté ténébreuse inspirait aux bas officiers et aux soldats de l'armée un superstitieux respect.

L'entrée se fit en silence. Chacun regarda d'un œil oblique cette tête de pierre, encadrée de poils révoltés. Les femmes seules osèrent approcher, risquant à l'endroit de sa galanterie bien connue une attaque à la fois effrontée et timide.

M. Mathieu chérissait le beau sexe, et ce qu'on racontait de ses bonnes fortunes impossibles ne contribuait pas peu à sa gloire.

Il répondit aux agaceries de ces dames par le sourire du cynisme pétrifié. Il y a de ces têtes chez Guignol, mais une marionnette de grandeur naturelle ferait peur.

« La Fanchette a avalé son eustache, ce matin, dit-il d'un ton morne.

— Il a le mot pour rire! murmura-t-on dans les rangs.

— Est-ce vrai, mon petit Trois-Pattes, demanda Sophie Piston avec caresse, que tu étais le bon ami de cette comtesse-là? »

Un tic nerveux agita pendant une seconde la face de l'estropié qui répliqua d'un ton de lugubre fatuité:

« Les femmes ne manquent pas! »

Puis il ajouta, en dépliant une feuille de papier :

« Tout le monde est ici?

— Tout le monde, fut-il répondu.

— *Il fait jour !* prononça solennellement M. Mathieu.

Cette proposition n'avait en soi rien d'invraisemblable, puisqu'il était midi et demi ; néanmoins l'assemblée entière l'accueillit comme une grande nouvelle. Hommes et femmes répliquèrent joyeusement :

« Causez, Habit-Noir ! »

Les portes étaient closes. Nous ne pouvons dissimuler ce fait qu'en présence d'une si remarquable mise en scène, Similor était ému. Quant à Échalot, les mystères d'Isis, d'Éleusis et du Grand-Orient de France, l'auraient impressionné moins terriblement. La chose de tuer la femme n'était que de la Saint-Jean auprès de ce qui allait se passer dans ces grottes. Saladin, heureusement, n'avait pas l'âge de comprendre.

M. Mathieu dit :

« Décision du premier degré, conduite de Toulonnais-l'Amitié, surveillance du duc et du docteur. Valeur quatre millions en billets de la Banque de France. »

Un long murmure d'allégresse emplit la salle.

« La paix ! ordonna sèchement M. Mathieu. »

Il ajouta, en jetant les yeux sur le papier qu'il tenait à la main :

« On va régler l'ordre. »

Le papier contenait seulement la liste des personnes présentes, avec des signes hiéroglyphiques, rapprochés des divers noms. Pour les détails, on s'était reposé sur l'excellente mémoire de Trois-Pattes.

« C'est une affaire de longueur, reprit-il. Grand spectacle, figuration, changement et le reste. Toulonnais n'a jamais rien mitonné de pareil. Numéro 1, Rifflard ! »

Un gros garçon joufflu sortit des rangs.

« Tu es le neveu du concierge de l'hôtel Schwartz?

— Un peu....

— Tais-toi! Tu seras sur la porte de l'hôtel Schwartz, ce soir, et tu regarderas entrer. Les noms qu'il faut faire remarquer sont ceux-ci : Note-les.

— Je me souviendrai bien....

— Note-les: M. Maurice Schwartz, M. Etienne Roland, M. Michel tout court.... M. Bruneau.... Et tu diras : Comment se fait-il qu'un oiseau pareil entre chez nous ? »

Quelques voix murmurèrent, comme on l'avait fait la nuit précédente, à propos de ce même M. Bruneau :

« Mais *il en mange !*

— La paix! fit de nouveau Trois-Pattes, c'est réglé. »

Et l'on se tut. Trois-Pattes appela quatre autres noms d'hommes et deux de femmes.

« Même rôle que Rifflard, dit-il ; se placer en dehors de la porte parmi les curieux et faire des témoins dans la masse.

— Faire des témoins ! prononça à l'oreille d'Échalot Similor, étouffé d'admiration. »

Échalot soupira et répondit :

« C'est l'adresse infernale des traîtres.

— Numéro 8, Échalot ! appela M. Mathieu.

— Présent! répliqua le pauvre diable, qui sortit de l'ombre avec Saladin sur son dos. »

Il y eut quelques quolibets; mais Échalot déclama noblement:

« C'est rapport à cette tendre créature que je participe à vos ténèbres, étant né honnête en sortant des mains de la nature.

— Tu connais M. Champion? interrompit Trois-Pattes.

— Assez.... pour lui avoir vendu trois francs de goujons.

— Il sait que tu vas pêcher sur le canal ?

— Oui, à preuve....

— Onze heures. Arriver chez M. Champion ; lui dire qu'en revenant de la pêche, tu as vu les pompiers courir à Livry, et qu'on répétait le long du chemin : c'est la campagne du caissier de M. Schwartz qui brûle !

— Ah bien ! s'écria Échalot, ça va durement l'inquiéter pour ses lignes !

— Faut l'excuser, dit Similor. J'ai beau faire, je ne peux pas lui donner le fil. »

On riait, Échalot se redressa offensé.

« Je remplirai mon devoir avec astuce et fidélité, affirma-t-il. Je ne repousse que l'homicide volontaire de répandre le sang de mes semblables ! »

Ce disant, il fit tourner Saladin comme une giberne et l'approcha hurlant de son sein gauche, d'où sortait le goulot de la bouteille. Ce geste produisit une telle illusion que l'assemblée entière battit des mains, criant :

« Bravo, la nounoute !

— Similor, n° 9 ! appela M. Mathieu. »

Port noble, sourire aimable, démarche élégante, Similor avait tout cela.

« Pas vrai ? dit-il en se produisant, on ne peut pas renier un camarade parce qu'il n'a pas vos bonnes manières. Il m'a déjà produit des coups de soleil dans les sociétés.

— Te souviendras-tu bien du nom de M. Léonide Denis ? lui demanda Trois-Pattes.

— Parbleu ! ne vous gênez pas, monsieur Mathieu, vous pouvez me donner le plus compliqué de tous les rôles. J'ai l'instruction voulue, la parole aisée et le truc pour se présenter avantageusement.... .

— Tais-toi ; onze heures et demie ; Rifflard t'aidera à entrer. Tu demanderas Mme Champion.

— La femme du précédent?

— Un mot de plus je te casse ! Son mari est parti pour sauver ses lignes; cela l'empêche d'aller au bal. Tu lui dis: « M. Léonide Denis, notaire royal à Ver-
« sailles, est à l'article de la mort. Il est des choses
« qu'on ne peut confier au papier. Vous n'avez que le
« temps, si vous voulez recueillir son dernier sou-
« pir.... »

— Non d'un chien ! murmura Échalot qui essuya ses yeux à la dérobée. C'est fichant tout de même !

— Répète! ordonna M. Mathieu. »

Similor répéta en jetant sur le fond les broderies de son style.

« Pas mal, approuva l'estropié. Tu auras une voiture à la porte. Tu y conduiras la bonne dame, et le cocher se chargera du reste. »

Le n° 10 était le cocher.

« N° 11, Mazagran ! »

En passant, ce libertin de Similor lui serra furtivement la main.

« N° 12, M. Ernest ! »

Ce M. Ernest était pour le moins aussi flambant que Cocotte. Vous voyez qu'on l'appelait *Monsieur*. L'égalité n'existe pas sur cette terre.

Ernest avait eu un petit emploi chez M. Schwartz. Il connaissait le garçon de caisse de Champion ; il avait été choisi précisément pour cela.

Rendons justice à qui de droit. M. Lecoq était un homme énorme. Il n'ignorait rien, pas même la flamme vertueuse et platonique qu'entretenaient M. Léonide Denis, notaire à Versailles, et Céleste Champion.

Vous n'avez pas l'idée, j'en suis bien sûr, des talents

qu'il faut dans cette carrière généralement peu estimée.

Depuis trois jours on manœuvrait autour du garçon de caisse. Une intrigue galante était nouée. Rendez-vous était pris, qui devenait radicalement impossible par l'absence de M. Champion et de sa femme. Mais M. Ernest arrivait au bon moment et offrait de monter la garde du garçon.

Ces choses s'acceptent entre camarades. Une heure d'amour, puis le devoir. Mazagran était chargée d'allonger l'heure.

N° 13, n° 15, n° 16, etc., des cochers, des valets de pied, pour plusieurs équipages armoiriés qui devaient stationner le long du trottoir, prêts à partir, rapides comme la foudre.

Nos 20 et suivants, des invités chargés de *faire des témoins* à l'intérieur, comme d'autres à l'extérieur: l'association avait, nous le savons, des comédiens pour tous les costumes. Et il fallait peu de chose pour réveiller les rancunes de MM. Touban et Alavoy, de Savinien Larcin, de Ça-et-ça lui-même. Michel, Étienne mieux que les nos 20 et suivants, utilités habiles, étaient chargés de leur faire à point nommé et à voix basse, d'insignifiantes communications et de les habiller de mystères.

Il fallait que cette expédition merveilleusement combinée réalisât du même coup la fortune, non pas de l'association, comme bientôt nous pourrons le voir, mais la fortune de M. Lecoq et sa complète sécurité, en livrant à la justice ceux qui, mêlés de près ou de loin à son passé, gênaient son avenir.

Nos trois jeunes gens, la famille Leber et M. Bruneau étaient condamnés sans appel.

M. Mathieu lui-même ne savait peut-être pas tout, car c'était un abîme diplomatique que ce Lecoq. Mais, du moins, M. Mathieu était-il plus avancé que tous les autres dans la confiance du grand homme.

Et nous voyons qu'il le servait de bon cœur.

« Numéros 30 à 40 ! »

Il y avait des voisins à occuper, des avenues à garder. C'étaient là des rôles inférieurs, si vous voulez; mais malheur à qui méprise cette humble infanterie !

Et tenez ! les numéros 40 à 50, — des messieurs et des dames, — étaient chargés spécialement d'organiser une dispute, voire une véritable bagarre, à un moment donné, si quelque bruit de mauvais augure tombait de l'entresol.

D'autres numéros... Écoutez ! Nous ne pouvons pas entrer dans les menus détails. Ce serait un trop long poëme. Disons en bloc que M. Mathieu, après avoir fait de nobles personnages, des bourgeois, des employés, des laquais, fit aussi des mendiants, des baisseurs de marchepied, des bouquetières, et peut-être même ce joueur d'orgue imité de l'affaire Fualdès...

La tradition profite dans chaque art. Le joueur d'orgue est ici plus célèbre que l'assassin lui-même et que la victime. Et ne trouvez-vous point que ces mots, lancés dans la nuit sur la plaintive mélopée que vous connaissez tous, semblent faits pour servir de signal en un instant suprême : « Lanterne magique ! pièce curieuse ! »

Soixante numéros sont casés, ajoutons-en quarante, car il n'y a point de bonne mise en scène sans comparses. Tout est prévu désormais. Il y a (*infandum*) jusqu'à de faux sergents de ville : une demi douzaine d'athlètes chargés de mettre le désordre dans l'ordre et d'enlever les trop clairvoyants.

M. Mathieu agita sa sonnette et demanda un verre de rhum. La séance publique était levée; on allait se concentrer en comité secret. Échalot dit à Similor :

« Étant maintenant de la chose, tu pourrais demander une somme pour r'habiller l'enfant que je porte.

— Ida était d'une conduite légère, répondit Similor en s'élançant sur les pas de Mazagran. On ne peut pas savoir...

— Ça veut dire, pensa Échalot atterré, qu'il a des doutes sur ses liens du sang avec le petit. Aie pas peur, Saladin! Je t'adopte devant l'Éternel, dans la position que je viens d'acquérir. »

Cinq ou six gros bonnets seulement restaient autour de M. Mathieu, qui avait ordonné que la porte fût refermée.

Piquepuce et Cocotte, dont l'un avait procuré le plan authentique des lieux, et l'autre les empreintes, faisaient naturellement partie de cette réunion d'élite.

« Mes petits, leur dit M. Mathieu, à vous l'honneur! Toute cette racaille est pour la bagatelle de la porte. C'est vous qui allez jouer la vraie comédie, et vous serez payés en conséquence. Le patron veut que cette affaire-là soit son cadeau de joyeux avénement; il ne garde rien pour lui; votre part en sera meilleure.

— Oh! oh! murmura Piquepuce avec défiance, Toulonnais ne garde rien pour lui!

— Peu de chose, du moins, répliqua Trois-Pattes, dont le masque immobile eut son sourire sinistre. Arrangeons d'abord la petite histoire des *agneaux*.

— Combien y a-t-il d'*agneaux?* fut-il demandé.

— Rien que deux : cet Échalot et ce Similor. Il faut qu'ils restent au fond du filet, parce qu'ils sont voisins des jeunes gens et qu'ils leur ont servi de domestiques. En outre, ils rattacheront le Bruneau à l'affaire de la comtesse Corona. Les pauvres diables nous seront bien utiles. »

Deux des assistants se chargèrent expressément de faire arrêter en temps opportun Échalot et Similor.

« Comme cela, reprit M. Mathieu, nos derrières sont assurés. La justice a son dû, et tous les anciens comptes de l'affaire de Caen se trouvent à jour. A la caisse ! »

Il prit dans sa poche deux billets de banque, des clés et deux cartes d'invitation portant, au cachet qui fermait leur enveloppe, le timbre fastueux de la maison Schwartz.

Les clés étaient toutes neuves et sortaient évidemment de la forge.

« Voici pour entrer, continua Trois-Pattes en donnant à Piquepuce et à Cocotte les deux cartes d'invitation, et voici pour travailler.

Il leur présenta les clés.

« Quant à ceci, acheva-t-il en leur offrant les billets de banque, c'est la toilette et l'argent de poche. »

Cocotte et Piquepuce acceptèrent le tout sans remercier. Leur gaîté fanfaronne était partie.

« Il y a encore autre chose, dirent-ils en même temps.

— Nous avons l'air de ne pas être à notre aise, ricana Trois-Pattes en approchant son verre de rhum de ses lèvres. Avons-nous peur des griffes du coffre-fort?

— Le brassard... commença Cocotte. »

Et Piquepuce compléta résolument :

« Nous ne travaillons pas sans le brassard ! »

M. Mathieu prit une mine sérieuse et répondit :

« Vous ne serez pas seuls, mes petits. Le magot est trop gras pour qu'on vous laisse en tête à tête avec lui. Toulonnais-l'Amitié est de la noce, et c'est lui qui vous donnera le brassard avec la manière de s'en servir.

VIII

Bal d'argent.

Ces nuits-là, le petit Paris ne se couche pas. Dans toute forêt, il y a les oisillons, les mouches, les scarabées, et toutes ces menues bêtes que la Providence de Dieu n'a certes pas créées en vain, mais qui, en apparence, ne servent pas beaucoup, si elles ne sont pas hautement nuisibles. Aucune forêt n'est plus abondamment habitée que celle de Paris : nous n'essaierons même pas de nombrer les têtes d'insignifiant bétail qu'elle abrite et nourrit sans y prendre garde.

Ces nuits-là, ce petit monde veille, avide de voir et d'entendre, curieux de flairer un parfum, de saisir au passage le feu d'un diamant ou l'éclair d'un regard, empressé à espionner les toilettes, désireux jusqu'à la fièvre d'approcher le plus près possible de ces joies vides et vaines, qui lui semblent enviables entre toutes, et dont il désespère de pouvoir se rassasier jamais.

Le quartier Schwartz vivait en émoi comme un soir de feu d'artifice. Ces Schwartz, au fond, n'étaient ni aimés ni détestés : on ne leur en voulait guère que d'être si riches. Il n'y avait contre eux aucune de ces haines personnelles qui liguent la mansarde avec la boutique et font naître des malédictions sous le pas des chevaux, quand la fière famille glisse, comme une apparition royale, vers les latitudes où le million se promène. M. Schwartz était trop intelligent pour n'avoir pas rendu beaucoup de services, et Mme Schwartz, faisant le bien par nature, eût été universellement bénie, sans cette atmosphère de répulsion qui entoure, chez nous, les palais-champignons qu'on a vus pousser en une nuit.

Le quartier pardonnait presque aux Schwartz leur prospérité immense. C'était généreux de la part du quartier, et cela prouvait singulièrement en faveur des Schwartz. Il y avait Blanche, la chère enfant, qui planait au-dessus de ce coffre-fort. La prescription existe aussi pour le crime de bonheur. On excusait Blanche, parce qu'elle était née dans ce velours frangé d'or; osons dire le mot : parce qu'elle n'était pour rien dans la conquête de la fortune.

Faites des livres après cela et alignez de grands mots pour honorer dignement les fils de leurs œuvres. Le petit Paris vous approuvera, — mais il clignera son œil malin en regardant de côté votre héros et dira : ça n'a pas toujours roulé carrosse!

Les Espagnols ont concentré en un seul mot tout un traité de morale mondaine, toute une satire de l'humanité, toute une amère et profonde comédie. *Hidalgo*, disent-ils, ce qui signifie : FILS DE QUELQUE CHOSE. Il faut être fils de quelque chose. Notre siècle, il est vrai, s'époumonne à nier cela, mais ses actes démentent incessamment ses paroles. A chaque instant, il se prend à compter les quartiers, comme un armorial, il cueille tous ses souverains aux branches des arbres généalogiques, et le pays de Thémistocle lui-même se garde de chercher un roi hors de l'almanach de Gotha!

Blanche était fille de quelque chose; elle était la seconde génération à qui l'on pardonne la conquête; elle avait droit d'être belle, noble, secourable, et d'éblouir comme un souriant rayon.

Nous ne voulons pas avancer que le quartier, ameuté

au dehors, se privât de médire ; on médisait bien en dedans des portes du salon, mais nous affirmons que ces humbles invités de l'extérieur, faisant foule autour de la porte cochère, comme les petits Savoyards qui dînent de la fumée de Véfour, n'en disaient pas plus long que les hôtes privilégiés de M. le baron.

Ils venaient du faubourg Poissonnière et du faubourg Saint-Denis, concierges infidèles, gens de service déserteurs, commis de magasins, grisettes, flaneurs et curieux de toute espèce, parmi lesquels allaient et venaient ces philosophes qui sont au-dessus des passions humaines, les gardiens de la cité.

Devant la porte, discrètement illuminée, deux soldats de la garde municipale à cheval se contemplaient mutuellement comme deux statues équestres.

L'ambition du quartier était de darder un regard à l'intérieur de la cour ; chose difficile, à cause de l'incessante procession des équipages et de la ténacité du premier rang des curieux qui, ayant acquis ces bonnes places, au prix d'une heure ou deux d'attente, les eût défendues jusqu'à la mort.

Il est superflu d'ajouter que toute la rue d'Enghien était aux fenêtres depuis l'entresol jusqu'aux combles.

Aux fenêtres, on se disait de ces choses :

« Le roi a envoyé ses fils avec bien des compliments.

— Il y a pour cent vingt mille francs, rien qu'en arbustes et guirlandes.

— Le jardin est couvert en cristal ; ça coûte cinquante mille francs.

— La file des équipages commence à la Madeleine.

— Il avait pourtant une échoppe aux halles.

— Elle courait le cachet pour trente sous.

— Quoi ! Il y en a qui ont de la chance ! »

Je pense que la file des équipages n'allait pas si loin

que cela, mais depuis onze heures les équipages passaient, passaient toujours, entrant dans cette cour fleurie, versant sous l'admirable marquise du perron leur contenu de femmes, de diamants, de fleurs, et ressortant pour faire place à d'autres équipages.

Les curieux se tordaient le cou. De temps en temps, un nom célèbre dans l'art, dans la politique ou dans la finance était prononcé.

Alors il se faisait une petite convulsion dans la cohue. Personne ne voyait, mais chacun disait son avis sur cette figure devinée.

Parmi ces innocents et ces oisifs, cependant, un mystérieux travail se faisait, le travail préparé par Trois-Pattes à l'estaminet de l'Épi-Scié. Un homme vint à pied au bal de M. le baron Schwartz, le seul peut-être, et son nom prononcé par Rifflard mit en émoi jusqu'aux sergents de ville qui dépêchèrent un exprès à la Préfecture.

Rifflard, neveu du concierge de l'hôtel, était à son poste. Il dit comme c'était son devoir :

« C'est drôle de voir un oiseau pareil entrer chez les maîtres ! »

Et, dans la rue, les n°ˢ de 2 à 8, hommes et femmes, répétèrent le nom de M. Bruneau, expliquèrent son humble position sociale et s'étonnèrent à grand bruit.

Sans bruit, au contraire et à la faveur de quelque fluctuation dans la foule, le même Rifflard avait déjà introduit pour M. Champion, Échalot qui laissa Saladin dans l'armoire de la concierge, puis, pour Mme Champion, Similor, muni d'un costume honorable, faisant valoir ses dons naturels, puis les n°ˢ 11 et 12, M. Ernest et Mlle Mazagran, chargés du garçon de caisse, après le départ des deux vieux époux.

Tout allait. On avait amplement parlé de Michel,

d'Étienne et de Maurice ; ces cancans intéressaient assez les badauds pour que ces mêmes badauds fissent à l'heure donnée d'excellents témoins; les invités de Trois-Pattes étaient entrés (n^{os} de 20 à 30) et un bonhomme qui portait sur son dos une boîte de lanterne magique, avait eu déjà deux ou trois disputes à cause de l'incommodité de son instrument. Les n°s 30 à 40, vous savez qu'ils étaient aux fenêtres.

Tout allait donc au dehors. Au dedans.... soyez tranquilles! vous n'aurez pas beaucoup de descriptions. Nous sauterons par dessus les merveilles de l'escalier et nous ne ferons que mentionner les enchantements des salons. Ce n'est pas clémence de notre part, c'est que, en réalité, dans la maison Schwartz, il n'y avait pas grand'chose à peindre. Le million, pris isolément, n'est pas à l'abri d'avoir de ces imaginations burlesques ou lourdement cossues, destinées à écraser ceux qui ne sont pas millions. Mais d'abord, il y avait Mme Schwartz, dont le tact exquis était ici une sauvegarde, ensuite, le poète Sensitive, expert blond et crochu qui fait métier, voici plus de trente ans, de vendre du goût courant aux profanes, comblés par l'aveugle fortune.

Sensitive a un goût marchand qu'il tire au nombre voulu d'exemplaires. Ce goût, irréprochable d'ailleurs, tue du même coup les délicates originalités de Mme Schwartz et les grossiers solécismes de M. Schwartz. C'est un goût qui s'apprend et sert à brocanter l'art au cours du jour; il produit des choses qui ne se décrivent point, parce qu'elles sont à tout le monde.

Mais c'est toujours charmant, ces vastes salons qui ont pour plafonds des ciels pleins d'Amours et de roses; ces lambris blancs, zébrés de grêles filets d'or; ces glaces énormes, reflétant la cohue splendide et mêlant, mouvantes girandoles, les mille étincelles que le lustre arrache aux pierreries des femmes, aux crachats des hommes, aux foyers des yeux. C'est toujours beau, cette nef harmonieuse, où la gaze tourbillonne, étoilée de diamants, dans la tiède atmosphère des sourires; il y a là de l'ivresse sincère, malgré l'habitude qui blase et la satiété fatiguée.

Ces regards parlent; ils aiment, ne fût-ce que pour un instant. On prend le vent de ces fleurs pour le parfum des haleines; on suit avec caresses les spirales de cette valse enchantée qu'enroule amoureusement la pensée de Weber ou de Beethoven; c'est un bain de langueurs éblouies où les jeunes s'enivrent, où les autres, hélas! essaient de raviver des enthousiasmes défunts. Mensonges, dira-t-on, car l'ennui bâille derrière cette merveilleuse apparence, la féerie a des dessous hideux; les fleurs sont fanées, les femmes sont fardées....

Je ne sais. Ceux qui ont le don d'apercevoir une pièce anatomique sous l'adorable et vivant satin, enveloppe d'un corps de vingt ans m'inspirent une admiration épouvantée. Je ne vois jamais les dessous qu'aux heures détestées du travail, et si la nuit, passant sur un bouquet cueilli le soir, a flétri déjà quelques corolles, mon regard les écarte pour saluer, au matin, le fier calice qui résiste, réjouissant la vue avec l'odorat et rehaussant pour moi l'honneur de la gerbe entière.

Que parlez-vous de mensonges? Voici des jeunes filles! voici ces parisiennes à la démarche exquise pour qui Phidias ressuscité amenderait le style de ses reliefs. Voici l'accent perlé des vierges de l'Athènes moderne, le doux esprit français, la grâce, l'incomparable élégance de ces femmes dont le caprice fait la mode des cinq parties du monde. Vous avez lu trop de livres, écrits par don Juan réformé, bafoué, vaincu, trop d'*Études*, comme ils disent. Vous n'avez pas assez regardé. Est-il sage, cependant, quand on a de bons yeux, d'ajouter foi aux rancunes envenimées d'une paire de bésicles? Pourquoi tant de chères perfections cacheraient-elles toujours un misérable abîme?

Non. Elles sont jeunes, elles sont divinement belles; ne croyez pas aux calomnies qui rampent derrière la jeunesse et la beauté, comme se traînaient à la suite du char triomphal, dans les ovations de Rome antique, ces squalides goujats de l'armée, vociférant des injures contre la couronne du vainqueur.

Elles sont jeunes. Il y a là des cœurs qui battent la fièvre céleste de la passion. Aimez, si vous pouvez, ou regardez aimer. Le mensonge, c'est la haine. Et si par cas il se trouve en cette gerbe de sourires un sourire flétri, une *Étude* déjà trop éditée, pardonnez-lui et regardez ailleurs.

Le bal était splendide. Le Tout-Paris des chroniqueurs y assistait en masse. Le million n'est pauvre que dans son intimité; aux jours solennels, à moins qu'il n'ait trop hardiment traîné sa robe nuptiale, il voit son hospitalité acceptée. Parfois cela lui coûte beaucoup, mais ce n'est jamais trop cher. Une foule de gens, d'ailleurs, dont on ne soupçonne point les appétits d'affaires, ont besoin de lui. Les salons du baron Schwartz étaient littéralement émaillés de grands noms: la cour y était représentée; le faubourg Saint-Germain, et j'entends parler du plus pur, y avait envoyé une suffisante députation; les lettres, les arts, l'argent, trois royautés, y foisonnaient, couronnes en tête; l'armée, la magistrature, la diplomatie tressaient le long des fastueux lambris une guirlande de générales, de présidentes et d'ambassadrices. Guebwiller, *alma mater* de cette prodigieuse dynastie des Schwartz, eût été bien fière de voir ainsi l'Europe civilisée, que dis-je? l'Europe illustre, académique, officielle, entourer ce million qu'elle avait allaité petit sou.

C'était sous la pluie ruisselante de ces clartés qu'elle était souverainement belle, Mme la baronne Schwartz, — Giovanna-Maria Reni des comtes Bozzo, — avec son teint d'Italienne, mat et puissant, avec la royale noblesse de sa taille, avec la correction suprême de ses traits, encadrés comme ceux de la femme du Titien dans la gloire prodigue de ses cheveux noirs. Elle échappait justement, par le nom de sa famille, que nous avons à dessein rappelé, à la seule infériorité possible : à la protection de ses hôtes illustres. Elle était ici le pavillon éclatant qui couvrait de ses plis le blason pour rire servant de poulaine au riche vaisseau Schwartz.

Debout à son poste de maîtresse de maison, le visage éclairé par un digne et courtois sourire, je ne sais pourquoi vous eussiez dit qu'elle était assise sur un trône.

Il y a de ces prédestinées qui règnent partout et toujours.

On l'admirait, on l'enviait; le baron Schwartz et d'autres peut-être l'adoraient.

Je n'ai pas dit : on la respectait. Elle était million. Chez nous, personne, y compris les dévots du veau d'or eux-mêmes, personne ne respecte le million. Cela tient à plusieurs causes, dont aucune ne fait honneur ni au million ni à nous.

Le bal du baron Schwartz, nous le savons, n'avait pas été donné pour la danse. Nous n'y sommes pas non plus pour voir danser. Ce qui nous importe, c'est d'y suivre notre aventure, qui semble attardée un instant au milieu de ces joies, mais qui hâte sa course, au contraire, et se précipite vers le dénoûment.

Le *steeple-chase* de nos mystérieux parieurs passait

inaperçu au travers de la fête, et cependant leur effort occulte produisait amplement son effet. Des bruits allaient et venaient dont personne n'aurait su dire la source. On s'occupait outre mesure de Maurice et de Blanche, qui seule, peut-être, s'amusait de tout son cœur : Un couple ravissant! disaient les personnes qui ont l'adjectif facile.

Après tout, ce petit homme était le fils d'un chef de division. On peut avoir besoin de la préfecture.

Ces choses se disaient dans une chapelle assez bien composée :

« Chère madame, cet ange blond aura deux ou trois fois la dot de la reine des Belges.

— On avait parlé d'un M. Lecoq de la Pierrière pour elle.

— Un gaillard bien étonnant! Avez-vous eu vent des absurdités qui se racontent au sujet de ce pauvre bon vieux colonel Bozzo Corona?

— Il paraît certain que la comtesse, sa petite-fille, a été assassinée en plein Paris!

— La nuit, madame, sur un banc du boulevard.... Et quel boulevard!

— C'est au moins une conduite étrange.

— Celle du meurtrier?

— On le connaît, monsieur; c'est l'Habit-Noir.

— Gaillardbois me disait que ces coquins-là étaient plus de dix mille dans Paris!

— Et sait-on ce que la pauvre comtesse allait faire sur ce banc de boulevard? »

Dans une autre chapelle, qualité inférieure.

« Ah çà! ce jeune Michel tient donc à M. Schwartz par des liens?...

— Alors, pourquoi cette éclipse?

— La baronne.... Vous comprenez!

— Il a été loin, un moment....

— Jusqu'à Sainte-Pélagie, oui! »

Troisième chapelle : mêlée :

« Les convenances.... Le baron est bien aise d'avoir avec lui un homme qui a fait partie de plusieurs assemblées. Ça et ça.... et ça !

— Vous saviez de quoi il retournait entre lui et le colonel ?

— Voyons, monsieur Cotentin, est-ce une mauvaise plaisanterie, l'histoire de ces Habits-Noirs ?

— Il y a de ça.... et de ça. Mes hautes relations me mettaient à même.... Mais il ne m'est pas permis d'être indiscret. »

Quatrième chapelle, dessus du panier :

« On est bien aise de voir ce monde-là de près.

— Une fois en sa vie. C'est curieux.

— Mais c'est un succès. J'ai aperçu la marquise.

— Et la vicomtesse, et tout l'hôtel de X !

— C'est un succès !

— Seulement, il y a trop de gens de la cour citoyenne.

— On les souffre bien au théâtre ! »

Cinquième chapelle, petit coin humble et venimeux :

« Quoiqu'il ne soit pas aimé dans ce pays-ci, j'ai cru devoir accepter l'invitation.

— Mon pauvre Blot, lui, avait poursuivi plus d'un billet. Vous verrez que ça finira mal tous ces embarras qu'il fait : dépenser des cent mille francs pour souhaiter la fête d'une petite fille !

— On colporte déjà des histoires.

— C'est tous brigands, maintenant! Vous ai-je dit que dimanche, dans la voiture, j'en ai été pour ma tabatière, mon foulard et mon porte-monnaie?... Ah! »

Ceci était un cri. Mme Blot, rentière, avait cru reconnaître au milieu d'un groupe le voyageur éloquent qui l'avait tant intéressée en comparant Paris à une forêt. Ce fut l'affaire d'un instant. Mme Blot s'était trompée, comme bien vous pensez.

Mais, parmi tous ces riens qui faisaient vivoter les conversations, un vague mouvement de curiosité se glissait, augmentant à chaque minute, sans que personne pût dire où il prenait naissance. Les noms du colonel Bozzo et de la comtesse Corona revenaient à chaque instant; on racontait avec mille détails la mort de celle-ci, et le nom de son meurtrier circulait, acquérant ainsi une célébrité funeste. Au bout de la première heure, nul n'ignorait plus ce nom de Bruneau, le marchand d'habits de la rue Sainte-Élisabeth. La comtesse Corona, nous l'avons dit, touchait de très-près aux deux grands mondes qui divisaient alors la haute vie parisienne. Sa mort donnait tout à coup une effrayante réalité à cette légende des Habits-Noirs, jusque-là entourée d'un nuage. Elle appuyait surtout d'une façon inopinée et frappante cette opinion dès longtemps répandue parmi les crédules, que la mystérieuse association, enfonçant ses racines jusqu'aux plus bas niveaux de nos misères sociales, atteignait, par ses hautes branches, au sommet où la noble richesse semble à l'abri de tout soupçon. Qui eût pensé jamais que le colonel Bozzo-Corona?...

Il y avait une énigme. La comtesse, dont l'existence avait toujours présenté des côtés romanesques et obscurs, était-elle affiliée à l'association?

Le drame dont elle était la victime avait une physionomie de châtiment ou de vengeance.

Son mari.... autre mystère.

Et, certes, la pente que prenait la préoccupation générale n'aurait point d'elle-même porté l'attention vers les trois jeunes gens dont un seul, Michel, avait une ombre de notoriété. Cependant, on parlait d'Étienne et de Maurice en même temps que de Michel. Ils étaient, disait-on, les voisins de ce Bruneau. Ils faisaient — qui avait mis sur le tapis cet insignifiant bavardage? — ils faisaient un drame avec l'affaire Maynotte.

Nul ne connaissait l'affaire Maynotte, et pourtant, on racontait l'histoire de la nuit du 14 juin 1825, à Caen. Qui donc prenait tant de peine?

Des personnes complaisantes. On ignorait leurs noms : c'étaient des invités. Dans un bal comme celui où nous sommes, je mets en fait qu'il y a toujours, au bas mot, un demi-cent de seigneurs que nul n'a présentés et sur le visage desquels le maître de la maison lui-même ne saurait pas écrire un nom.

Ceux-là, quels qu'ils fussent, ne manquaient point au bal de M. le baron Schwartz. Ils parlaient, et jamais les nouvellistes innocents ne font défaut pour colporter les paroles.

Edmée, cette délicieuse créature, avait sa part des cancans. On l'avait vue maîtresse de piano; on la retrouvait parée simplement, mais d'une façon si charmante! avec Mme Schwartz, elle avait les honneurs de ce succès qui consiste à concentrer sur soi toutes les jalousies éparses. Était-elle de la famille? Alors, ces Schwartz tenaient par tous les bouts au roman sombre qui confusément se racontait, car une jeune fille avait été trouvée sur le même banc que la comtesse Corona, une jeune fille évanouie, la nuit, seule. Des voix inconnues avaient prononcé le nom d'Edmée. Il y avait des liaisons entre elle et ce Bruneau, et elle habitait la maison des « Trois jeunes gens, » et.... que sais-je!

Maintenant, croyait-on à tout cela?

Paris, vous le savez bien, croit et ne croit pas; il se connaît; il a conscience d'être la forêt aux miracles. Il bavarde froidement, colportant ces impossibilités qui le lendemain deviennent de l'histoire. Il n'y croit pas, non. Seulement, quand la chose est une fois arrivée, la chose absurde, invraisemblable, impossible, il cligne l'œil de Voltaire et vous demande avec la bonne foi de Beaumarchais : ne vous l'avais-je pas bien dit?

On ne croyait pas, mais on regardait passer le baron Schwartz, digne et courtois, sous son embonpoint conquis. On l'écoutait dire aux dames avec l'accent de cette langue d'or, parlée par les israélites :

« Aimable au dernier point, madame la comtesse. Reconnaissant de la grâce que vous nous faites, monsieur le duc. Véritable honneur pour nous, madame la marquise.... »

En ayant soin, malgré ses habitudes laconiques, de ne jamais oublier un titre. Il allait, comme c'était son devoir, à tous ceux qui avaient droit. Non-seulement il n'y avait sur son visage ni inquiétude ni abattement, mais les observateurs croyaient y lire une allégresse intime ou le travail d'un grand espoir.

La passion, une passion vraie, jeune, il faudrait presque dire naïve, allumait sa prunelle, quand son regard rencontrait la radieuse beauté de sa femme.

M. Lecoq lui avait glissé quelques mots en passant. M. Lecoq de la Perrière marchait accompagné d'un adolescent de haute taille, très-beau, quoique un peu lourd, et remarquable par son profil bourbonien.

Le mariage de Blanche avec ce jeune fou de Maurice n'était pas encore accompli. Chacun pouvait voir comme M. de la Perrière était bien conservé, et pour tant faire que de céder la place, lui qui avait été le fiancé officiel.... Écoutez! Là était peut-être la raison de ce triomphe contenu qui rehaussait la tête du baron Schwartz. Il y avait de quoi. On savait que M. Lecoq avait été reçu aux Tuileries, et plus d'une noble dame contemplait les traits de son jeune compagnon avec une émotion pieuse.

Le duc ! ainsi l'appelait-on. Point de nom pour remplacer celui de Bourbon, auquel il avait droit et qu'il ne lui était pas encore permis de porter.

Paris croit et ne croit pas. Ce jeune homme occupait bien des pensées.

Une entrée qui produisit une énorme sensation, non dépourvue de connexité avec la présence du prétendu petit-fils de Louis XVI, fut celle du personnage haut placé dans l'administration, que nous avons désigné, dans le récit des obsèques du colonel, sous le nom de l'Inconnu. M. le marquis de Gaillardbois le suivait toujours comme son ombre. L'inconnu salua M. Lecoq et son jeune compagnon avec distinction.

Mais si vous saviez comme Edmée et Michel, d'un côté, Maurice et Blanche, de l'autre, étaient loin de tout cela et à quelle hauteur ils planaient au-dessus de ces brouillards !

Maurice, pourtant, venait de rencontrer son père, l'ancien commissaire de police, qui lui avait dit en serrant sa main gravement :

« Je suis content que vous soyez rentré chez M. le baron. »

Même scène entre M. Roland et Étienne qui n'avait pas d'amour, celui-là, mais qui respirait dans cette atmosphère enfiévrée les propres essences de son drame. Étienne n'était pas comme ceux qui, de ces vagues rumeurs en prennent et en laissent. Il prenait tout, ne s'apercevant pas qu'on le faisait acteur dans la pièce. Il sentait violemment ces menaces de catastrophes avec lesquelles d'autre jouaient. C'était sa proie ; il la guettait.

Vers une heure du matin, MM. Roland et Schwartz, de la préfecture, se réunirent dans une embrasure.

« Il paraît que c'est pour cette nuit, dit l'ancien commissaire de police qui essaya de railler. On va nous prouver que, pendant dix-sept ans, nous avons eu tort de dormir sur nos deux oreilles. »

Le magistrat répéta gravement :

« Il paraît que c'est pour cette nuit. On va nous prouver cela. »

Un homme que ni l'un ni l'autre ne connaissait s'approcha d'eux, les salua, et leur dit à voix basse :

« Messieurs, tenez-vous prêts. Le signal sera : *La justice est infaillible.* »

Ils tressaillirent tous deux, et le rouge de la colère monta aux joues du magistrat.

Mais l'homme avait salué de nouveau avec une froide courtoisie. Ce n'était qu'un messager portant des paroles dont le sens lui échappait sans doute. M. Roland et M. Schwartz, de la préfecture, échangeant un regard silencieux, le laissèrent se perdre dans la fête.

IX

Amour qui expie.

Ce beau Michel aurait été soucieux si Edmée Leber, petillante de bonheur, ne l'eût enveloppé dans les mille rêts de sa joie. Nous vous l'avions bien dit que celle-là savait sourire. Ce soir, vous eussiez juré que ses beaux yeux jamais n'avaient pleuré. Elle retenait Michel qui avait conscience de son inutilité en ces heures difficiles et qui s'en indignait ; elle enlaçait notre pauvre héros, condamné à sentir tout autour de lui les soubresauts du roman dont il était le centre ; elle le charmait, frémissant qu'il était et possédé par le généreux désir de combattre : elle lui faisait oublier le temps.

Quelqu'un avait dit à Edmée : Il ne faut pas que Michel bouge !

Mais s'il ne faisait rien, on s'occupait de lui. Je ne sais si les indiscrétions du puissant Domergue, parties de l'antichambre, avaient monté jusqu'au salon ou si quelque autre origine devait être attribuée aux bruits qui couraient, mais il est certain que tout le monde cherchait une ressemblance entre la mâle beauté de Michel et la figure de belette engraissée de M. le baron Schwartz. Il n'y avait pas à s'y méprendre : c'était le jour et la nuit ; mais la nuit est sœur du jour et « l'air de famille » sautait aux yeux.

Ce grand et noble garçon était fils d'un péché de jeunesse. On se souvenait de ses prodigalités d'un instant et du rang qu'il avait tenu parmi l'adolescence dorée. Sa disgrâce elle-même avait physionomie de châtiment paternel, et puis Mme la baronne avait dû travailler contre lui : mère d'une fille unique, c'était son droit et son rôle.

Vous voyez bien que Paris ne croyait pas au fantastique, puisqu'il épluchait avec soin ces bourgeoises réalités.

Vous ne voyez rien. Paris fait tout à la fois. Prêtez l'oreille encore un peu.

« Vous m'accorderez, madame la marquise, que M. le préfet de police n'est pas ici pour le roi de Prusse?

— Tout le monde est ici, comte. Nous y sommes bien !

— La bombe éclatera, je vous le prédis. Gaillardbois, parlant à ma personne, m'a dit que ce M. Lecoq de la Perrière avait des accointances.... Je m'entends !

— Un sorcier, ce Lecoq !

— Enfin, il y avait dans Paris, aujourd'hui, cinquante mille bouches toutes pleines de ce mot : les Habits-Noirs.

— Et *le Messager* de ce soir se moque des gobe-mouches qui croient à ces fables.

— Ah ! dit la marquise, c'est bien différent. Du moment que le gouvernement nie....

— Je propose une gageure : ce Lecoq entrera au cabinet !

— Sous quel prétexte ?

— Sous ce prétexte que M. le baron doublera bien la dote promise pour être le beau-père d'un prince du sang.

— Nous revenons à la plaisanterie de Louis XVII ! Charmant !

— Il n'y a pas eu encore un seul faux Louis XVII, possédant le nerf de la guerre.... Si le bal était précisément donné pour ce fils de saint Louis? Tenez plutôt !

voilà qu'on le présente en toute cérémonie à la baronne Schwartz.

— Cette femme est supérieurement belle !

— Il y a quelque chose entre elle et ce Lecoq !

— Et voilà que M. le duc.... de Bourbon invite solennellement la petite mademoiselle Schwartz....

— Solennellement, ma parole !

— Où donc a-t-il trouvé ce profil ?

— Je suppose maintenant que toute cette machine des Habits-Noirs soit une conspiration à l'italienne.... cela s'est vu....

—M. Lecoq vient de parler bas à la baronne Schwartz, qui a pâli.

— Après tout, sous un régime pareil, il n'y a plus d'absurde !

— Mon avis, dit dans le coin humble l'adjoint de Livry à Mme Blot, rentière, c'est que la présence d'un particulier si riche dans ce pays-ci ne fait pas de mal. »

Il léchait son sixième sorbet avec plaisir.

La rentière répliqua d'un ton mystérieux :

« Savez-vous ce qu'on chuchote ? La maison est pleine de mouchards. Mon pauvre Blot avait des opinions : il les sentait d'un quart de lieue ! Il paraît que l'assassin de cette comtesse Corona est dans la fête ! »

Celui que nous avons nommé l'Inconnu sortit à ce moment avec quelque précipitation. M. le marquis de Gaillardbois resta. Il avait l'air soucieux.

Comme l'orchestre frappait le dernier accord du quadrille, une voix lointaine, et néanmoins distincte, monta par les fenêtres ouvertes. Elle apportait le cri plaintif, mais joyeux, aux oreilles enfantines, que les joueurs d'orgue lancent dans la nuit :

« Lanterne magique ! pièce curieuse ! »

« Où donc est ce fameux M. Lecoq? demanda, l'instant d'après, la marquise.

— Disparu.... le préfet de police aussi.

— Est-ce qu'il y aurait vraiment quelque chose? »

La baronne avait pourtant des sourires si charmants et si tranquilles !

Et le baron Schwartz était si bourgeoisement beau dans son rôle de maître de maison dont la fête est un succès !

Presque au même instant, la personne qui avait parlé bas à M. Roland et au chef de division de la préfecture, s'approcha de la baronne et la salua. La baronne avait incliné, ce soir, sa tête charmante, devant bien des invités inconnus.

Celui-ci, avant de se redresser, laissa tomber ces mots qu'elle seule put entendre :

« Il vous attend dans votre chambre à coucher. »

Elle ne perdit point son sourire, mais un cercle s'assombrit autour de ses yeux.

Le messager passa. Elle se leva au bout de quelques secondes et prit le bras de Michel qui lui demanda d'un accent effrayé :

« Qu'avez-vous, ma mère? »

Car il sentait, au travers des dentelles, son bras plus froid qu'un marbre.

De loin, le baron les vit qui allaient à pas lents.

Dans le salon voisin, la baronne congédia Michel, disant :

« Je vais revenir. »

Et, comme il insistait pour savoir la cause de son trouble, elle ajouta :

« Retourne près d'Edmée : je le veux. »

Elle prit, toujours sereine en apparence, l'escalier conduisant aux appartements de famille.

Mais son cœur bondissait et blessait les parois de sa poitrine. Elle se demandait, plus folle qu'une jeune fille à son premier rendez-vous :

« Va-t-il m'appeler Julie! »

Ce serait chose banale que de chercher ce qu'il peut y avoir d'angoisse douloureuse ou de furieux espoirs sous le calme sourire d'une femme. Depuis trois longues heures, Julie souriait et se taisait; Julie qui avait des cris dans l'âme et des sanglots plein le cœur; Julie ravivée et ressuscitée, car ce jour avait supprimé dix-sept ans de sa vie; Julie, jeune, ardente, anxieuse, curieuse, passionnée et femme, plus femme mille fois qu'elle ne l'était jadis. Depuis trois heures, Julie dissimulait, à l'aide de cet effort surhumain qui est un jeu pour elles toutes, un bonheur qui allait jusqu'à l'ivresse, une souffrance qui atteignait au martyre, des craintes poignantes, des espérances délicieuses, un monde de troubles violents, d'émotions épuisantes, de pensées fraîches comme l'éveil des seize ans.

A dater de cette soirée du mois de juin 1825, où elle avait murmuré l'adieu, en pleurant, penchée à la portière de la diligence qui l'emportait vers Paris, heure lointaine et toujours présente, pas une autre heure de son existence ne s'était écoulée sans qu'elle eût appelé ou redouté l'instant présent, l'instant suprême....

Combien de fois, éveillée ou rêvant, n'avait-elle pas entendu avec des tressaillements de fièvre cette parole impossible :

« Il est là! il vous attend ! »

André! L'homme qu'elle aimait, l'homme qu'elle se reprochait si amèrement de n'avoir pas assez aimé!

Je sais bien que vous avez jugé, tous, tant que vous êtes, jugé sévèrement et sans appel; mais ils avaient jugé aussi là-bas, à Caen, sans appel et sévèrement.

Vous vous êtes dit : Cette femme manque de courage, il y eut dans son fait égoïsme et faiblesse.

Moi, je vous réponds : C'est vrai, mais ne jugez pas.

A la cour d'assises de Caen, ils se trompèrent purement et simplement. Vous, vous ne vous trompez point. Cependant, ne jugez pas.

Elle avait été lente à se développer, la merveilleuse beauté de ce corps ; aucune floraison hâtive n'avait escompté sa splendeur. L'âme était née tard dans cette enveloppe où Dieu avait pris son temps pour polir un chef-d'œuvre. Ne jugez pas ; l'âme était née enfin, une belle âme, brûlant à de magnifiques profondeurs. Il y avait ici, entendez-le, une femme vaillante et ardente, tressaillant à la passion dans toutes les parties de son être comme ces cordes sonores que le génie fait chanter ou gémir ; il y avait là un amour résolu, franc, sans bornes, élargi et sanctifié dans de navrantes veilles, un amour jeune et vivant, une chasteté de feu, une folie, une destinée.

Les jours passés ne comptent pas. La voici vierge, enfant, et si adorablement belle !

« Va-t-il m'appeler Julie ? »

Elle songeait à cela. Je vous dis qu'elle était enfant. Mais son sein battait, mais sa paupière tremblait, secouant des larmes. Dans cette route si courte qui la séparait de sa chambre à coucher, elle eut tous les souvenirs, toutes les aspirations, tous les désirs, toutes les terreurs qui avaient éprouvé les longues années de l'exil. L'idée de son crime l'écrasait ; mais André avait tant de miséricorde ! et il aimait si bien autrefois !

Que de changements en lui ! on disait que ses cheveux étaient tout blancs. N'importe : elle le voyait beau. Comme elle allait reconnaître son sourire !

Mon Dieu! mon Dieu! elle s'assit défaillante sur la dernière marche de l'escalier.

Personne n'était là pour épier cette étrange maladie. Il y avait eu sans doute des précautions prises. Elle ne rencontra ni Domergue, l'inévitable, ni Mme Sicard qui, d'ordinaire, était partout où on ne la voulait point. Les bruits du bal venaient jusque dans ces escaliers et ces corridors, discrètement éclairés. Julie avait peur, et ces accords lointains lui serraient la poitrine.

Vous souvient-il de la clairière dans le grand bois de Bourguebus? Le ruisseau invisible chantait, les oiseaux riaient, le vent répandait dans les cimes de larges murmures. Et l'atmosphère tiède était pleine de langueurs embaumées.

Julie revit cela : son mari, son amant, ce martyr, ce noble jeune homme; elle le vit. Le soleil, tamisé par les feuilles, jouait dans les boucles noires qui couronnaient son beau front. Oh! certes, en ce temps-là, elle l'aimait de tout son cœur. Ce n'était pas assez. Son cœur avait grandi.

Il était là, à quelques pas d'elle; pourquoi tarder? pourquoi perdre une minute? Elle se leva brusquement et marcha d'un pas rapide vers la porte de sa chambre. La porte était entr'ouverte. Avant de la pousser, ses deux mains froides étreignirent la brûlure de son front.

Elle entra enfin, mais un voile était sur son regard. Ses yeux incertains firent le tour de sa chambre, qui lui sembla déserte.

Tout à coup, un cri s'étrangla dans sa gorge. Elle venait d'apercevoir, presque au ras du sol et non loin de la porte qui conduisait aux appartements de Blanche, une tête bizarre et bien connue, un masque glacé, immobile, effrayant, au milieu d'une forêt de poils hirsutes : la figure de Trois-Pattes, l'estropié de la cour du *Plat-d'Étain.*

Elle recula, chancelante, et balbutia :

« Ce n'est pas lui ! »

En ce moment, il n'y avait qu'un point lucide dans son cerveau douloureusement exalté. Le voir : telle était son unique pensée. Elle avait tout oublié, hormis cela. Elle n'était, il faut l'exprimer nettement, ni la femme du baron Schwartz, ni la mère de Blanche; elle était seule, elle était libre; l'égoïsme de la passion victorieuse la tenait; toutes les imprudences, elle les eût commises; toutes les menaces, elle les eût bravées; il n'y avait rien au monde, rien de terrible ou de sacré qui pût faire obstacle à son élan. Si son premier regard lui eût montré, au lieu de ce misérable, André, je dis André vieillard, lépreux, criminel, déjà elle eût été dans ses bras !

Ce n'était pas lui ! Son premier mouvement fut de s'enfuir.

« Je viens de sa part ! » dit une voix morne qui l'arrêta comme si une lourde main se fût posée sur son épaule nue.

Jamais le mendiant de la cour du *Plat-d'Etain* n'avait parlé en sa présence; d'un autre côté, cette voix ne ressemblait nullement à celle qui vibrait dans son souvenir, et pourtant cette voix la fit tressaillir de la tête aux pieds.

« Pourquoi n'est-il pas venu? murmura-t-elle sans avoir conscience de ses paroles.

— Parce qu'aujourd'hui comme autrefois, lui fut-il répondu, il est accusé, c'est-à-dire condamné.

— Ah ! fit-elle en reportant malgré elle ses yeux sur l'estropié, car cette voix inconnue la troublait et la tourmentait plus cruellement, s'il est possible, que les paroles prononcées, il est accusé, c'est vrai ! encore accusé ! »

M. Mathieu fixait sur elle son regard, brillant et froid comme un reflet de cristal. Elle s'appuya à l'une des colonnes de son lit qui jetait des lueurs pâles et bleuâtres sous les plis nuageux des draperies, revêtue qu'elle était du haut en bas de nacre de perle. Sa pose abandonnée et découragée formait un étrange contraste avec sa toilette éblouissante et les richesses qui l'entouraient.

Elle avait cet œil inquiet de la créature aux abois, qu'elle soit bête fauve ou femme. La paupière de M. Mathieu se baissa.

Il n'avait pas pitié pourtant, car son accent glacé se fit entendre de nouveau, disant :

« Je suis ici pour le remplacer, et il faut m'écouter, madame.

— Parlez-moi de lui ! supplia-t-elle.

— Dans cette maison, dit M. Mathieu, au lieu de répondre, vous êtes entourée d'événements qui vont, qui se pressent et vous enveloppent. Tous ceux que vous aimez sont menacés....

— Je n'aime que lui, » balbutia Julie, qui s'affaissa sur l'édredon en tordant ses mains au devant de son visage.

Elle se reprit avec une sorte d'horreur et sanglota :

« Oh ! mes enfants ! mes enfants ! mon Michel qui est son fils ! ma petite Blanche chérie ! »

Ses doigts vibraient, sa voix se déchirait. Pourtant, elle ajouta, étreinte par une passion dont la peinture nous fait peur :

« Je vous en prie, parlez-moi de lui ! »

Le regard métallique de Trois-Pattes glissa entre ses paupières comme un rayon tranchant et rapide. La pâleur de ses traits changeait de ton et un cercle profond s'estompait au-dessous de ses yeux.

« Vous lui aviez dit, prononça-t-il à voix basse : « Il n'y a au monde que toi pour moi. La toute-puissance de Dieu elle-même ne pourrait me donner à un autre qu'à toi... »

Elle se leva toute droite, du fond de son affaissement. Sa beauté voilée se ralluma comme un incendie. Elle fit un pas; toute son âme était dans ses yeux.

Mais son regard se choqua contre ce masque morne, plus inerte qu'une pierre. Une médaille, effacée par le travail des siècles, garde, du moins, quelques traces frustes qui trahissent pour la science son âge et son origine.

Ici, rien.

Comment cet homme savait-il? Julie dévorait l'énigme insoluble.

C'était une lionne. Son sein battait superbement; le sang, rappelé avec violence, brûlait d'un rouge vif les contours de sa joue; ses cheveux, dénoués par un de ces robustes mouvements qui échappent à la passion, ondoyaient en tumulte sur sa gorge et sur ses épaules. Elle cherchait. Depuis que les savants cherchent, il n'y eut jamais dans la science de regard si puissant que le sien.

Mais jamais, non plus, jamais, devant un regard, il n'y eut de médaille plus muette.

Rien. Nulle trace. André avait-il raconté à ce bizarre confident les intimes secrets de sa torture?

Les fenêtres de la chambre à coucher donnaient sur la cour, où, depuis longtemps, le va-et-vient des voitures avait cessé. Un son d'orgue arrivait par l'une des croisées entr'ouvertes. Quand l'orgue se tut, une voix éclata, criant :

« Lanterne magique! pièce curieuse! »

C'était la seconde fois. Le regard de M. Mathieu se tourna vivement vers la pendule.

Il prononça d'un ton froid et dur :

« Dans dix minutes, il faut que tout soit fini entre nous, madame! »

Ces paroles allaient contre la volonté de celui qui les prononçait; elles n'étaient point d'un envoyé, mais d'un maître. Julie n'entendait, Julie ne comprenait des choses que le côté qui flattait la folie de son espoir. Elle fit encore un pas, mais son regard inquisiteur, quittant ce visage, effrayant d'immobilité, interrogea le buste, puis les jambes.

André, pour elle, était la force; quand elle fermait les yeux, elle voyait la vaillante statue de la jeunesse.

Une angoisse aiguë se retourna dans son cœur, et sa poitrine rendit un gémissement. Ce n'était pas lui, Dieu bon! Elle ne voulait plus que ce fût lui! Elle s'arrêta et retomba dans cette stupeur qui naguère l'engourdissait. Le sang opprimait son cerveau, car toujours quelques phénomènes morbides viennent compliquer les grandes angoisses de l'âme. Elle fut obligée de s'accouder au marbre de la cheminée, parce que la mosaïque du parquet tournoyait sous ses pieds, et sa pauvre tête lourde s'affaissa dans ses mains.

Là-bas, dans le salon, elle avait dépensé tant d'héroïsme à sourire!

Pendant qu'elle restait ainsi atterrée et brisée, les paupières de Trois-Pattes encore une fois s'entr'ouvrirent.

« M'écoutez-vous? » demanda-t-il brusquement.

Le corps de la baronne eut un ressaut.

Elle ne répondit pas. Elle avait entendu, pourtant, et

compris. Elle songeait. Dans ces brumes où la pensée se noie et qui ressemblent à un délire imparfait, il surnage une étrange faculté de percevoir certaines combinaisons, frivoles ou naïves. Elle songeait, se disant : Parfois, ces excès de rudesse servent de voile à une immense pitié qui craint de se trahir....

Le roman est le dernier refuge des condamnés.

« Je dois partir demain, s'écria-t-elle. Je veux le voir cette nuit. Je risquerai ma vie pour le voir, ne fût-ce qu'un instant. Où est-il? J'irai. »

Les sourcils de M. Mathieu se froncèrent. Elle lui sourit comme les enfants qui veulent conjurer un courroux avec une caresse.

« Je sais, je sais, dit-elle doucement, vous avez hâte. Vous n'êtes pas venu pour moi. Il ne m'aime plus, et n'est-ce pas là une juste peine? Mais vous êtes bon, puisqu'il vous a dit son secret. Devinez-vous comme je souffre? Monsieur.... pauvre monsieur.... allez! vous n'avez pas besoin de dix minutes pour me parler comme on commande à une esclave. Vous venez de sa part : tout ce que vous voudrez, je le ferai....

— Il n'y a plus que cinq minutes, dit l'estropié, dont la voix, toujours rude, avait des intonations plus rauques.

— C'est trop pour obéir, fit-elle, abandonnant l'appui de la cheminée, chancelante qu'elle était. Pour dire un mot il ne faut qu'une seconde. Et pour parler de lui, moi, je n'ai plus que cet instant si court. Oh! regardez-moi, j'ai les mains jointes! S'il me voyait, il aurait grand'pitié.... J'ai été folle, tout à l'heure.... un instant, j'ai cru que c'était vous.... J'ai demandé à mon cœur ce qu'il aurait d'adoration pour lui, ainsi brisé, torturé, terrassé.... comme vous l'êtes.... pauvre monsieur.... »

Elle ne marchait pas, et cependant la distance diminuait entre eux.

Et certes, il y avait ici un fait inexplicable. La rudesse de cet homme avait porté à faux constamment.

Pourquoi ne prononçait-il pas le mot qui devait trancher l'entretien?

Là-bas, dans l'antre de Lecoq, il s'était vanté d'aimer les femmes. Et Lecoq avait souri en philosophe qui regarde tranquillement les plus hideuses excentricités. Sommes-nous en présence d'un satyre ou d'un vampire, buvant le sang d'une agonie?...

Certains auraient cru cela, car de mystérieux tressaillements trahissaient parfois la vie dans cette masse de chair pétrifiée.

Julie poursuivait :

« Pauvre monsieur.... plus brisé, plus broyé encore que vous ne l'êtes.... et mon cœur répondait : je l'aimerais ainsi.... je l'aimerais cent fois, mille fois plus que la parole ne sait le dire.... Ayez compassion, je suis folle, sans doute.... et je parle malgré moi.... j'ai pensé à tout, même à l'échafaud! Je l'aimerais sur l'échafaud! Je l'aimerais victime.... Je l'aimerais bourreau! »

Ce dernier mot jaillit de ses lèvres frémissantes comme le cri d'une idolâtrie suprême.

La respiration de l'estropié devint courte, mais il ne bougea pas.

Julie reprit, rejetant en arrière à pleines mains le voile importun de sa chevelure :

« Je suis belle; Dieu m'a gardé cela pour lui. Si vous saviez comme il m'aimait autrefois. Moi.... Oh! j'ignorais mon propre cœur.... C'était lui qui m'avait dit : Ne va pas en prison.... Maintenant, s'il me disait : Ne viens pas en enfer!...

« Vos yeux ont brillé! s'interrompit-elle avec un

éclat de joie.... Si c'était vous!... Mais non.... vous auriez pitié! »

Elle se pencha comme si une force irrésistible l'eût attirée. Il rouvrit ses yeux tout grands : deux prunelles glacées, puis sa paupière retomba bientôt, pendant qu'il disait :

« Le temps passe!

— Dites-lui cela, murmura-t-elle avec une tendresse que nulle parole ne saurait rendre ; je ramperais comme vous.... comme lui, pour que mes lèvres fussent auprès de ses baisers.... je mendierais, s'il est mendiant.... dites-lui cela.... et qu'il ne croie pas que j'ai oublié ma fille et mon fils.... ma fille est à moi : elle viendrait avec nous.... mon fils est à lui....' dites-lui cela... dites-lui que vous avez vu une misérable femme.... sa femme! qui l'aime, comme il aimait! Et davantage! une femme qui est à lui, malgré lui-même, une femme qui mourrait heureuse pour acheter un mot de pardon.... »

Elle reprit haleine par ses narines gonflées, et, traduisant d'avance l'énergie de ses paroles par un geste sublime, elle acheva :

« Une femme qui ouvrirait sa poitrine pour lui donner son cœur! »

L'estropié gardait ses paupières obstinément baissées, mais la force humaine a des bornes. De larges gouttes de sueur commencèrent à couler de son front. Les muscles de sa face éprouvaient des frémissements, et sous la ligne de plomb qui encerclait ses yeux, il y avait des marques tour à tour ardentes et livides.

Julie se prosterna. Ce fut en se traînant sur ses genoux qu'elle alla vers lui.

Un grand soupir souleva la poitrine de l'estropié qui la sentait venir.

Quand elle fut tout près de lui, ses yeux rayonnaient de larmes et ses lèvres avaient ce sourire des bien-aimées qui enveloppe l'âme comme un céleste embrassement.

« André ! » murmura-t-elle.

Il ne pouvait plus pâlir, mais sa tête s'inclina sur son sein.

Julie étendit ses deux bras et balbutia dans l'ivresse de sa joie :

« André, mon André chéri ! c'est toi ! je sais que c'est toi ! »

Mais ses bras retombèrent tout à coup et la parole s'étouffa dans sa gorge, tandis que ses yeux, élargis par l'épouvante, démesurément s'ouvraient.

La porte qui était derrière l'estropié, sans défense, venait de s'entre-bâiller à l'improviste, montrant le visage bouleversé du baron Schwartz.

X

Tête à perruque.

Le baron Schwartz était un homme dans la force de l'âge, énergique et robuste. Les gens de sa sorte commencent ordinairement par être très-paisibles : le flegme est une des qualités qu'on apporte de Guebwiller. Mais ce flegme est un outil : on le jette parfois, quand est finie la campagne de travail. Chose singulière, ces prédestinés de la conquête sont doux et patients tant qu'ils sont maigres, aigus, avides ; le sang leur vient avec l'embonpoint, dès qu'ils deviennent beaux joueurs et bons vivants. Si vous les voyez en colère, dites-vous bien que leur affaire est faite.

En sa vie, M. le baron Schwartz avait eu peu d'occasions de recourir à la violence; il n'était pas méchant, et cependant ses rares colères s'étaient passées sur plus faibles que lui, sauf un ou deux cas où il avait payé très-honnêtement de sa personne. On savait cela dans le monde où il vivait, et son courage avait encore été pour lui une bonne affaire.

Ceux qui le connaissaient bien avaient pensé de tout temps que si on l'attaquait jamais dans l'amour qu'il portait à sa femme, M. Schwartz deviendrait un homme terrible.

Depuis quelques jours, M. le baron Schwartz vivait de fièvre. Ses craintes comme ses espoirs participaient à cet état nouveau pour lui, car la fièvre dont nous parlons n'était plus cette simple accélération du pouls qui accompagne le travail quotidien du million et qui tue lentement, comme l'opium ou l'absinthe : c'était une fièvre profonde, douloureuse, capable de détraquer cet instrument de précision qui était son cerveau, capable de l'arracher au calcul pour le lancer dans les aventures.

Il en était à faire fond sur ce roman usé jusqu'à la corde, et qui se présentait néanmoins dans des conditions originales de vraisemblance et de réussite : l'existence d'un petit-fils de Louis XVI. M. Lecoq le tenait, comme cette main de fer, magie des modernes industries, qui emprisonnait les voleurs, essayant de forcer les fameuses caisses à secret de la maison Berthier et Ce.

M. Schwartz avait violé la fortune. Et, à un certain moment, quand le triomphe n'était même plus douteux, ce démoniaque mécanisme avait joué : M. Lecoq!

Dans l'affaire du prétendu fils de Louis XVI, M. Schwartz, aux abois, cherchait un refuge, une parade, quelque chose comme ce fameux brassard ciselé que les pillards de la caisse Bancelle avaient laissé entre les griffes de la mécanique, la nuit du 14 juin 1825.

Il n'avait rien volé; mais souvenons-nous de la navrante conviction qui terrassa André Maynotte innocent, au lendemain de ce crime. La main qui avait serré jadis la gorge d'André Maynotte était désormais autour du cou de M. Schwartz : la même main !

André Maynotte n'était, en ce temps-là, qu'un pauvre enfant amoureux, et ce furent les précautions mêmes prises pour sauvegarder Julie, son trésor adoré, qui couronnèrent et complétèrent ce fatal monceau d'apparences, sous lequel la justice ne sut point découvrir la vérité cachée.

M. Schwartz était, au contraire, un homme, un habile homme; les ressources de toute sorte abondaient autour de lui, et sa fortune lui faisait une armure. — Cependant il suffoquait sous la pression de cette main, qui mesurait la puissance d'étranglement à la force de la victime. Il râlait déjà, parce que, pour compléter l'étonnante parité de situation, un grand amour aussi pesait sur lui : une femme était là qui paralysait sa défense, une femme adorée, la même femme !

Je n'ai pas dit le même amour. M. le baron Schwartz et André Maynotte n'aiment jamais de la même façon; mais qu'importe? La passion engourdie dans le bonheur devient féroce à l'heure où l'on souffre. Au milieu de cette immense bataille des intérêts qui s'agitaient au tour de M. Schwartz, sa grande affaire était sa femme.

Sa femme le gênait, le garrottait, l'absorbait. Il l'aimait avec fureur, depuis qu'elle n'était plus à lui. Il l'aimait à cet horrible point qu'il avait songé un instant à la broyer sous cet arrêt de la cour de Caen qui pesait toujours sur sa tête!

Il l'aimait jusqu'à pleurer, lui, le baron Schwartz, quand il était tout seul et entouré de terreurs dans son cabinet où tant d'or avait ruisselé. Les menaces, les accusations, à de certains moments, se dressaient autour de lui comme un cercle infranchissable : il était bigame; il était, de par un mensonge que soudait fatalement un atome de vérité, le caissier, le complice d'une association de bandits; seize années de labeurs intelligents, probes dans la mesure des candeurs industrielles, rigoureusement irréprochables, selon la morale d'or, quinze années de conceptions qui n'étaient ni sans utilité pour son pays, ni sans grandeur au point de vue du progrès matériel de tout un peuple, pouvaient être transformées, comme le lait de nos fermiers parisiens, pur aussi devant la clémence des inspecteurs, tourne et se corrompt au contact empoisonné d'un acide, transformées en cinq lustres de méfaits, couronnés par un succès impudent. Une fois attaché le grelot qui tinte le glas de la confiance publique, malheur au triomphant d'hier! Ses vertus deviennent crimes en un tour de main, ses vaillances félonies; il y a une meute pour lui courir sus, une meute de chiens qui n'est pas sans mélange de loups, et vous savez l'histoire de la maison de jeu, l'histoire éternelle où le triste grec, pris la main dans le sac, est obligé de rendre à l'honnête assemblée tout ce qu'il a gagné avec tout ce qu'elle n'a point perdu!

Le baron Schwartz avait vu bien des exécutions de ce genre, il savait son époque, il connaissait son Paris d'argent, aucune illusion ne fardait pour lui le danger, et cependant il eût passé franc, tête haute, brandissant son crédit comme une massue, si la femme qu'il aimait n'eût barré son chemin.

Il se perdait pour la sauver. Il faisait comme André Maynotte : au moment de la lutte, ses bras, au lieu de le défendre, serraient convulsivement son trésor.

Il se dévouait ardemment et à la fois de parti pris, non pas, cependant, comme André, à la femme qu'il aimait, mais à l'amour qu'il avait pour la femme.

Il se déterminait à fuir, mais avec elle.

Il faisait une folie, il se passait un monstrueux caprice, il perdait, au jeu de sa passion conjugale, de quoi acheter tout l'amour de Paris....

Tel était l'homme qui, sans doute, avait entendu les dernières paroles de Julie, et qui montrait à l'entrebâillement de la porte sa tête ravagée, derrière l'estropié sans défense et sans défiance.

Julie n'eut pas un instant de doute au sujet de ce qui allait se passer.

Elle vit le meurtre commis distinctement et comme si le couteau que le banquier tenait à la main eût été planté déjà entre les deux épaules d'André Maynotte.

Elle connaissait admirablement cet homme, bourreau, mais victime; elle savait ce qu'il y avait en lui de bon et de mauvais. Ici, le mauvais et le bon ne devaient point se combattre, mais bien se réunir et s'additionner pour frapper un de ces coups qui font disparaître l'arme entière dans la blessure.

Elle voulut crier, mais sa voix resta dans sa gorge.

Elle voulut s'élancer, elle crut bondir : elle était paralysée.

Trois-Pattes vit cela. Il n'eut pas le temps de se retourner.

Ce fut, en effet, rapide plus que l'éclair, et le banquier n'hésita pas la centième partie d'une seconde.

Et nous tardons cependant quand il ne faudrait qu'un mot, le plus vif de tous, pour exprimer une action qui fut absolument instantanée.

Nous tardons, parce que notre barque de conteur frôle ici un dangereux écueil. Un couteau dans la main de M. Schwartz, c'est déjà un excès, quoique le couteau fût une de ces armes curieuses jetées pêle-mêle en quantité sur les étagères et que ses doigts crispés se fussent noués autour du manche en passant, d'instinct et comme on ramasse une pierre pour écraser une couleuvre.

Ce n'est pas cela qui nous arrête, parlant trop, au bord du fossé qu'il faut franchir. Le couteau ne servit à rien.

Il y a des accidents d'un comique offensant que le narrateur évite. Les conditions d'être de ce procès-verbal nous amènent en face d'une action burlesque, mais terrible, qui effraye tout uniment notre tact de romancier vétéran. On pouvait passer, il est vrai, à droite ou à gauche, mais il nous plaît d'aller droit notre chemin, à tout risque.

Le baron Schwartz voulait tuer, ceci est certain. Le feu rouge de ses yeux le disait, la grimace de sa bouche le criait; le meurtre était dans la livide pâleur de ses lèvres et jusque dans les caresses de ses doigts, voluptueusement cordés autour du poignard.

Il était ivre, il était tigre; et songez qu'il avait entrevu déjà l'idée du suicide....

Mais étant même admises, l'ivresse de sang et la férocité montant au cerveau comme un transport, un banquier d'habitudes paisibles ne frappe pas comme un expert assassin. Il peut y avoir, jusque dans le crime, des maladresses et des enfantillages. On fait mieux la seconde fois. Ce qui se présentait à M. Schwartz, issant, comme dirait le blason, de la porte entr'ouverte, c'était la tête poilue de cette misérable créature. Trois-Pattes, vautré sur le tapis et dont il ne voyait point le visage. Ses deux mains avides (et il grognait de plaisir enragé, comme une bête affamée qui mange), se plongèrent dans cette forêt de crins, et sans quitter le couteau, tirèrent à lui avec une extravagante violence. Il voulait renverser avant d'égorger et fouler aux pieds le corps mort à la face de cette femme qui venait de dire tant de fois : je t'aime!...

La crinière vint. Voilà ce qui nous faisait peur. La perruque, pour employer dans notre confession le plus humiliant des mots, resta avec la barbe postiche entre les mains frémissantes de M. Schwartz, qui recula d'un grand pas, et demeura bouche béante.

Trois-Pattes s'était retourné, calme comme un homme sans peur, mais d'un mouvement viril et vif. C'était M. Bruneau, sans son masque de vulgaire bonhomie. C'était un visage jeune encore et remarquablement beau, couronné par une chevelure de neige.

M. Schwartz balbutia :

« L'homme de Jersey ! »

Puis il regarda l'objet grotesque qui pendait à ses mains et où le couteau se perdait. Ses yeux se ternirent, son cou s'allongea en avant, et il sembla que sa pensée s'éteignait.

Julie avait poussé un long cri. Un flux de vie l'inondait. La poitrine du banquier rendit un gémissement rauque, parce qu'elle se prit à aller vers André, les mains tendues et balbutiant des sons inarticulés comme le langage des jeunes mères qui s'enivrent de caresses.

Ce n'était ni cruauté ni audace ; elle ne savait plus que M. Schwartz était là. Elle jeta ses deux bras autour du cou d'André ; elle se serra tout contre lui, si gracieuse et si belle que le malheureux spectateur de cette scène eut deux larmes de sang.

Il chancelait. Il avait le couteau. Un sourire d'agonisant essaya de naître sur son visage, vieilli de dix années en une minute.

« Mon mari ! mon mari ! mon mari ! dit par trois fois Julie, qui exhalait son âme en un baiser.

— Son mari ! » répéta M. Schwartz.

Il se redressa de toute sa hauteur. Un rire convulsif, aigu et court, le secoua de la tête aux pieds, puis il tomba comme une masse et ne bougea plus.

Le bruit de sa chute éveilla Julie. Dans le silence morne qui suivit, les lointains accents de l'orchestre parlèrent.

Pour la troisième fois, le cri du joueur d'orgue monta du dehors :

« Lanterne magique, pièce curieuse ! »

Le banquier gisait en travers de la porte. André et Julie restaient à se regarder : Julie défaillante et prise de terreur. André froid.

Il rompit le premier le silence.

« L'appartement de M. le baron Schwartz, dit-il avec un calme qui arrêta les battements du cœur de Julie, communique avec ses bureaux, je le sais, et je vous prie de m'enseigner le chemin de la caisse.

— Je vous y conduirai, s'écria-t-elle sans hésitation ni soupçon.

— Non, répondit-il ; je vous demande le chemin et la clef : je suis en retard. »

Elle voulut répliquer, il l'interrompit, ordonnant :

« La clef, je vous prie, madame. »

Julie enjamba le corps de M. Schwartz pour entrer dans l'appartement de ce dernier.

« Il est vengé ! » pensa-t-elle du fond de sa détresse, en jetant sur lui un regard de tardive pitié.

Quand elle revint avec la clef, il n'y avait plus de Trois-Pattes. André était debout et ferme sur ses pieds. Le regard suppliant de Julie implorait une parole.

Il prit la clef et reçut les indications nécessaires sans mot dire. Julie pleurait en parlant. Dès qu'elle eut achevé, il lui tendit la main de lui-même ; mais, comme elle voulut la baiser, il la repoussa doucement.

« Adieu, dit-il, nous ne nous verrons plus. Je vous ai pardonné.... pardonné sincèrement. Secourez votre mari, comme c'est votre devoir. »

Julie se laissa glisser à deux genoux. Il s'éloigna sans détourner la tête.

Julie s'accroupit comme une pauvre folle, écoutant le bruit déjà lointain de ses pas. Son cœur était broyé, sa tête vide. Est-il besoin d'exprimer qu'elle ne se demanda point pourquoi André prenait seul le chemin de la caisse ? A supposer même que son cerveau gardât en ce moment la faculté de formuler une pensée qui n'eût point trait directement à son malheur, aucun doute ne serait né, aucun soupçon vulgaire.

A cette heure de la punition, André, pour elle, était grand comme un juge.

Il n'y avait rien en elle qu'un respect immense, religieux, docile. Précipitée des sommets de son espoir, condamnée à l'heure même où sa passion avait rêvé je ne sais quel dénoûment triomphant et radieux à des difficultés insolubles, condamnée en dernière instance, cette fois, sans recours ni appel, Julie ne se révoltait point.

Il avait droit, tel était le cri de son absolu repentir.

Il était juste. Ce qui l'étonnait, c'était l'extravagance de son rêve. Ses remords ameutés étouffaient violemment cet espoir, qui tout à l'heure éblouissait sa pensée.

André avait dit : Secourez votre mari. Elle n'eut pas d'autre soin. Elle alla jusqu'au baron et souleva sa tête, qu'elle mit sur ses genoux.

C'était son mari. Contre la double consécration de la religion et de la loi, elle se fût peut-être révoltée. Mais André l'avait dit : c'était son mari.

André avait droit. Il était le seul magistrat et le seul prêtre.

Elle n'avait plus de larmes. Elle regardait cette tête livide du père de sa fille, sans haine et sans amour. Quand il rouvrit les yeux, elle essaya de lui sourire.

C'était un coup de massue qui avait écrasé ce malheureux homme. En la voyant sourire, il crut rêver ; elle lui dit :

« Le moyen de vous venger, le voici : André Maynotte et Julie Maynotte, qui était sa femme, sont deux condamnés. Dénoncez-les à la justice. »

Elle était assise par terre, avec sa merveilleuse beauté. On voit de ces groupes, après les bals de l'Opéra, dans la lassitude de l'orgie. Justement, l'orchestre s'en donnait à cœur joie : c'était le bon moment de la fête.

Le baron, affaissé sur le tapis, l'avait écoutée avec une attention stupide. Il cacha son visage dans les plis soyeux de la robe, comme font les enfants jouant avec leur mère.

Et ils restèrent ainsi.

Le rez-de-chaussée de l'hôtel Schwartz, auquel on

arrivait par un perron de douze marches, communiquait de plain-pied avec l'entre-sol des bâtiments accessoires donnant sur la rue. Un escalier privé conduisait des appartements du baron à la galerie qui joignait les bureaux à l'hôtel.

André Maynotte descendit les premières marches de cet escalier d'un pas ferme et rapide. Mais ici personne n'était témoin. Avant d'atteindre la galerie, il s'arrêta, comme s'il eût eu besoin de reprendre haleine, à mi-chemin d'une montagne escarpée. Une de ses mains saisit la rampe, tandis que l'autre étreignait son cœur, dont les battements le blessaient. Un long soupir souleva sa poitrine.

Ce fut tout.

En bas de l'escalier, deux hommes attendaient.

La lampe qui pendait au plafond de l'étroit vestibule éclairait leurs visages graves, mais inquiets. L'un était M. Schwartz, ancien commissaire de police à Caen; l'autre, M. le conseiller Roland.

Tous deux tressaillirent à la vue d'André Maynotte, qui descendait les marches tête haute. Tous deux l'avaient reconnu du premier coup d'œil. Il ne prononça point le mot d'ordre annoncé.

« Monsieur, lui dit le conseiller Roland, qui était un homme d'énergie, nous avons cédé à des sollicitations dont le caractère nous a frappés. Je m'attendais, pour ma part, à quelque chose d'étrange où vous deviez être mêlé; mais je ne m'attendais pas à vous voir. Nous sommes fonctionnaires....

— Vous êtes gens d'honneur, l'interrompit André. Votre conscience a des doutes, car celle qu'on nomme à présent la baronne Schwartz est libre, et vos deux fils, messieurs, ont fait partie de cette maison, qui est la sienne.

— J'affirme.... » commença M. Roland.

André l'arrêta d'un geste.

« Vous êtes gens d'honneur, répéta-t-il, et il me plaît d'être encore une fois entre vos mains. J'ai bien souffert pour attendre l'heure qui sonne à l'horloge de la justice divine. Vous ne pouvez rien pour moi. Je n'attends de vous qu'un témoignage muet ; témoignage qui n'ira point devant un tribunal, car aucun tribunal, présidé par un homme, ne me verra jamais vivant. J'ai parlé de vos consciences ; nous voici trois consciences : c'est aussi un tribunal. Suivez-moi, écoutez, voyez et jugez. »

XI

Chambre noire.

« Les banquiers, dit Échalot, dont la douce gaieté brillait d'un plus vif éclat quand une bouteille ou deux de mauvais vin cuvait dans son estomac habitué à la sobriété forcée, les banquiers, c'est tous filous, pas vrai, Saladin, trésor ?

— Comme quoi, répliqua Similor, l'enfant n'est pas d'âge à te répondre que les progrès de la société est faite pour supprimer les inégalités de la fortune, dont les banquiers de la Bourse c'est la sangsue insatiable toujours altérée de nos sueurs.... Allume, bibi !... Es-tu satisfait d'appartenir à cette entreprise-là ? »

Ah ! je crois bien qu'il était content, ce bon, ce sensible Échalot ! La terrible aventure de la femme tuée avait jeté un instant du sombre dans sa vie, mais Similor, plus homme du monde, lui avait fait sentir aisément que c'était là un des accidents inséparables du mystère, et que, toutes fois et quantes un jeune homme ne plongeait pas lui-même ses doigts dans le sang, sa délicatesse n'avait pas à souffler mot.

La lumière jaillit de la discussion, conduite avec bonne foi. La formule trouvée, la loi proclamée à l'unanimité par ces deux natures sincèrement bienveillantes, quoiqu'à des degrés différents, était celle-ci : « Tuer, c'est des bêtises ; ça laisse des remords cuisants ; faut se borner à la ficelle, qui ne fait de mal à personne. »

Notez qu'ils ne parlaient jamais de vol, ces euphémistes ! Échalot avait eu des scrupules de conscience pour avoir emprunté le pot au lait de la voisine. L'idée d'introduire leurs mains dans la poche d'autrui les eût positivement révoltés. Mais la Ficelle ! jouer la comédie ! remplir un rôle ! déployer du talent ! briller parmi des *artistes !* conquérir un grade parmi les habitués de ce bureau d'esprit : l'estaminet de l'*Épi-Scié*, et gagner de l'or à ce délicieux métier !

Certes, certes, Échalot était bien heureux d'appartenir à cette entreprise-là !

Et combien il faut peu de temps parfois pour changer la destinée des hommes ! Du jour au lendemain nos deux amis avaient conquis une position sociale. Ce n'étaient plus les premiers venus, des fantaisistes aspirants à la Ficelle, comme notre Étienne rêvait la gloire dramatique. Ils étaient assis, ils étaient casés, ils étaient arrivés.

Et ils en avaient l'air ! Au premier aspect, désormais, un observateur aurait reconnu qu'il avait affaire à des gens établis. Leur mine était rehaussée par la conscience nouvelle qu'ils avaient de leur valeur. Leurs costumes, sans atteindre encore à la somptuosité, dénonçaient des propensions naturelles à l'élégance : un peu frivole chez Similor, cossue chez Échalot. Ils avaient tous deux des souliers abondamment ressemelés, des casquettes d'occasion, des redingotes décrochées à la rotonde du Temple et chacun une chemise. Saladin, participant à ce bien-être, était enveloppé dans un torchon tout neuf, qui, ourlé pour un autre usage, écorchait sa jeune peau. Il criait, mais Échalot lui versait dans le *bec* des gouttes de café parfumé d'eau-de-vie. Ils présentaient à eux trois un tableau touchant et agréable.

Et ce n'était pas un bien-être passager que le dieu de bohême répandait sur cette famille. Les grades que l'on acquiert dans l'art ne sont point, comme les emplois publics et les vulgaires honneurs, révocables à la volonté des tyrans. Le champ de la Ficelle est libre aussi bien qu'immense. Point de népotisme dans cette Arcadie ; le mérite seul y établit des distinctions entre les travailleurs, et le travail n'y manque jamais.

Le soir venu, nos deux amis, contents d'eux-mêmes et bienveillants à l'égard de l'univers entier, achetèrent chacun une contremarque et s'étalèrent aux avant-scènes du quatrième étage au Théâtre national de Merci-mon-Dieu ! Ils écoutèrent avec un voluptueux recueillement un drame *populaire* dont les scènes se développaient ingénûment tantôt au bagne, tantôt sous les ponts, tantôt dans les égouts de Paris, qu'on dit être fort proprement tenus. C'est là que les auteurs « populaires » placent toujours « leur peuple. » Au ciel ne plaise que nous fassions hisser aucun idiot à la lanterne ! Mais le peuple aurait un rude compte à régler avec les auteurs populaires.

Quoique gens de goût, Échalot et Similor aimaient cela. Ils furent heureux, car on noya le traître dans la mare de Montfaucon, au moment où il allait mettre le feu à la « maison isolée, » où la fille de l'officier avait trouvé un asile.

Noyé par qui? Vous l'avez peut-être deviné. C'ÉTAIT LUI!

Pendant les douze actes, les voisins engagèrent plusieurs fois nos amis à s'asseoir sur Saladin, rendu bruyant par le café; Similor, honteux, le renia; mais quelques-uns ayant cru reconnaître en lui l'enfant de carton du prologue, le vent tourna, et le Paradis réconcilié battit des mains avec fureur.

« C'est à moi! s'écria, pour le coup, Similor. Et mon ami n'en est que le précepteur! »

Ils sortirent, entourés de la faveur générale, dès que le premier rôle, surnommé le chien de Terre-Neuve parce qu'il sauve toujours quelqu'un, eut mis la main du jeune avocat dans celle de la fille de l'officier en prononçant des paroles abondamment connues.

« L'heure a sonné! dit Similor, dès qu'ils furent sur le boulevard.

— C'est vrai que c'est l'instant solennel! » répliqua Échalot.

Ils avaient du talent, ou plutôt ce talent est l'atmosphère même qu'on respire dans notre forêt enchantée. Tout en gagnant la rue d'Enghien, ils firent une petite répétition de leurs rôles. Échalot entra le premier et déposa Saladin dans un bas d'armoire. M. Champion, à la vue de son persécuteur, crut d'abord à une nouvelle exaction; mais, aux premiers mots d'incendie, il perdit la tête. Ses lignes! il avait cinq cent vingt-deux numéros dans sa collection! Il s'élança dans la chambre de Mme Champion et lui dit:

« Une catastrophe nous frappe. Je pars pour la conjurer. Veille jusqu'à mon retour! »

Et il partit. Le soin de retarder son retour appartenait à l'entreprise.

Céleste, tout habillée pour le bal, cherchait encore le mot de cette énigme, lorsque Similor fit son entrée, semblable au page de Malbrouk. Il fut distingué, adroit, mystérieux et touchant. Maître Léonide Denis, couché sur son lit de douleur, à Versailles, voulait voir encore une fois, avant de rendre l'âme, la femme, la fée, l'ange....

Ah ! comme Céleste trouvait cela naturel !

Céleste jeta une mante sombre sur sa toilette de bal, car, dans ce récit, tout le monde aime l'effet, jusqu'à Céleste elle-même ! Vous pouvez bien vous figurer l'attrait qu'une toilette de bal ajoute à une dernière entrevue. Elle appela le garçon de caisse; elle lui dit ce qu'elle voulut : excusez-la : entre elle et le notaire, il n'y avait eu que d'antiques soupirs. Le garçon de caisse fut chargé spécialement de veiller jusqu'à la mort.

C'était au tour de Mazagran, la séduisante. Rifflard, infidèle neveu du concierge, fit entrer Mazagran et son complice, M. Ernest, comme il avait introduit déjà Échalot et Similor. Le garçon de caisse était honnête, mais sensible. Un quart d'heure après, le logis de M. Champion était à la garde de M. Ernest. La bergerie appartenait au loup.

Il est superflu d'ajouter que l'entreprise avait fait le nécessaire chez les voisins. Il ne restait personne à l'entre-sol.

Ce fut alors que le joueur d'orgue annonça pour la première fois sa lanterne magique. Il pouvait être une heure après minuit, quand M. Lecoq de la Perrière, obéissant à ce signal, quitta la salle de danse.

Deux autres appels du joueur d'orgue avaient eu lieu depuis lors et une demi-heure s'était écoulée.

De toutes les choses que nous avons racontées, ici et au précédent chapitre, rien n'avait transpiré, dans le bal, où le plaisir, au contraire, dominant de vagues préoccupations, prenait franchement le dessus.

Nous ne prétendons apprendre à personne qu'après une certaine heure et une fois franchi un certain degré dans l'échelle d'opulence, une fête ne s'aperçoit absolument pas de l'absence des maîtres de la maison. Cinq conviés sur dix, normalement, sont destinés à ne pas les entrevoir de toute la nuit.

La porte du couloir conduisant des appartements de M. Schwartz aux bureaux, en passant par le logis de M. Champion, était ouverte. André Maynotte en passa le seuil le premier. L'ancien commissaire de police et le magistrat suivirent.

Les lampes qui d'ordinaire éclairaient ce corridor étaient éteintes.

Une lueur faible venait seulement derrière eux par la porte du vestibule.

Ils marchaient tous les trois en silence. Le couloir avait toute la longueur de la cour. Arrivé à moitié chemin, André s'arrêta et dit :

« Vous faites trop de bruit, messieurs, celui qui est là ne parlera point, s'il me sait accompagné.

— Où nous menez-vous? demanda le conseiller dont la voix était calme.

— Je dois vous prévenir que je suis armé, ajouta non sans émotion l'ancien commissaire de police.

— Moi, je suis sans armes, » dit André.

Il poursuivit, répondant au conseiller :

« Je vous mène à la connaissance de la vérité, touchant un crime que vous eûtes à juger autrefois, et un autre crime que vous aurez à juger demain, le vol de la caisse Bancelle, le meurtre de la comtesse Corona.

— Vous fûtes condamné pour l'un, vous êtes accusé de l'autre, murmura le magistrat.

— L'hôtel Schwartz est cerné par vos agents, prononça lentement André. Je n'ai ni le pouvoir ni la volonté de fuir. »

On ne répliqua point. Il continua sa route. Ses deux compagnons étouffèrent le bruit de leurs pas.

Nous avons dû dire quelque part que les somptueux bureaux de M. le baron Schwartz, établis au rez-de-chaussée des bâtiments considérables qui donnaient sur la rue d'Enghien, avaient leurs caisses de recettes et dépenses courantes, parlant au pluriel, car la maison centralisait plusieurs entreprises distinctes. La fameuse caisse de l'entre-sol, dite principale et centrale, était comme l'âme universelle de ce grand corps et agglomérait accidentellement les fonds des diverses compagnies.

C'étaient les finances de la maison Schwartz, proprement dites, placées sous la garantie immédiate d'un homme capable et tout particulièrement sûr, M. Champion. Capacité ne signifie pas du tout intelligence; c'est un mot qui renferme toujours une réserve de spécialisme quelconque. Sur la place de Paris, il n'y avait pas de comptable mieux accrédité que M. Champion.

Dans la circonstance où nous sommes, c'était la caisse principale qui avait reçu les énormes réalisations opérées par le banquier dans ces derniers jours et dont le motif restait un mystère pour M. Champion lui-même.

Le couloir où nos trois personnages sont engagés, aboutissait à une double porte très-parfaitement close, mais dont M. Champion n'avait pas fait mention dans son poëme descriptif, récité aux voyageurs de la patache, parce que cette porte était à l'usage exclusif de M. le baron Schwartz. André Maynotte avait les clefs des deux serrures qu'il ouvrit successivement avec précaution. Aucun bruit ne témoigna qu'on l'eût entendu de l'intérieur.

Il entra, toujours suivi de ses deux compagnons, et les battants étant retombés d'eux-mêmes, tous les trois se trouvèrent plongés dans une obscurité complète.

Je dis complète, car M. Champion nous a appris que les fenêtres de l'entre-sol avaient des fermetures de magasin.

Cette nuit profonde, cependant, ne devait pas durer depuis longtemps : une odeur de bougie éteinte flottait dans l'air et dénonçait la présence d'un être humain.

Pour André Maynotte, du moins, c'était là un signe certain. Il chercha et trouva la main de ses compagnons qu'il pressa en silence, indiquant par un mouvement expressif qu'ils avaient assez marché. Puis il continua d'avancer seul.

La porte du corridor s'ouvrait dans la pièce même, décrite par M. Champion et dans laquelle se trouvait la fameuse caisse à défense, que jamais nous n'avons vue, mais qui joua un rôle si important au début de ce récit ; seulement, cette porte s'ouvrait en dehors de la grille, qui avait été installée autrefois, lors de la naissance d'une compagnie célèbre dont les actions, recherchées avec fougue, réclamèrent cette fortification supplémentaire.

La pièce était très-vaste, quoique basse d'étage. Elle servait de chambre à coucher au garçon, séduit par les charmes de Mazagran et dont le lit se dressait chaque soir en travers du coffe-fort. A droite et à gauche étaient situées les chambres de M. et Mme Champion.

En tâtonnant, André trouva l'ouverture de la grille. Il la franchit, et, repoussant les deux battants du même coup, il la ferma.

Ce bruit de ferraille retentit fortement dans le silence.

« Bon ! dit André à demi-voix, j'ai laissé retomber la trappe. Il fait noir comme dans un four ! »

C'était l'accent de Trois-Pattes et le ton d'un homme qui se parle à lui-même.

L'ancien commissaire de police et le conseiller restèrent immobiles auprès de l'entrée. Ils ne reconnaissaient plus la voix de celui qui venait de leur parler.

Trois-Pattes toussa, tâtonna et reprit brusquement :

« Dites donc, si vous êtes là, ne faites pas le mort ! Je ne suis pas venu pour jouer à cache-cache, patron !

— Je suis là, gronda une voix sourde vers le fond de la pièce, et que le diable nous brûle tous ! Je suis pris au piége comme un loup !

— Quel piége ? demanda Trois-Pattes. Vous n'aviez donc pas le brassard ? »

Pour être attentifs, nos deux témoins invisibles et muets n'avaient certes pas besoin d'excitation. Cependant ce dernier mot, « le brassard, » les heurta du même choc, et malgré eux ils firent un pas en avant.

« J'ai entendu quelque chose, » dit la voix du fond avec une subite inquiétude.

Mais déjà on pouvait ouïr distinctement le frôlement d'un corps rampant sur le parquet. Trois-Pattes était en route.

La voix du fond reprit :

« J'ai le brassard, mais c'est le brassard qui m'a pris.... ce scélérat de Bruneau creusait une contre-mine. C'est lui qui aura aposté la jeune fille sur mon chemin. Le drôle est forgeron ; il a mis un attrape-nigaud dans le brassard.... et chaque fois que je veux retirer mon bras je m'enfonce un cent d'aiguilles jusqu'à l'os !

— Tiens, tiens ! fit Trois-Pattes qui marchait toujours, alors, c'est vous le nigaud ! »

Il n'eut pour réponse qu'un juron, exprimant énergiquement la souffrance et la colère.

« Tout le reste marche comme sur des roulettes, reprit l'estropié. On danse là-bas que c'est une bénédiction, et les histoires en question circulent.... Vous savez, les brûlots ?

— Si je pouvais, je me couperais le bras ! grinça Lecoq.

— Faut un homme du métier pour cela, dit Trois-Pattes froidement, et un bon outil.... Notre mécanique roule au dedans comme au dehors : la jeune Edmée Leber, nos trois jeunes gens.... enfin tout !

— Sais-tu quelque chose de Bruneau ?. demanda Lecoq.

— Néant. Celui-là, vous auriez peut-être mieux fait de l'acheter, coûte que coûte.

— C'est toi qui étais chargé de le surveiller.... c'est toi qui es cause....

— Mon bon monsieur Lecoq, interrompit Trois-Pattes, moi je suis de votre bord ; mais quand les camarades vont venir, s'ils vous trouvent là, gare aux couteaux ! Ils devineront bien que vous avez voulu faire tort à l'association.

— Je suis le Maître, » dit Lecoq.

Puis il ajouta :

« Peux-tu te hisser jusqu'à moi pour essayer de démonter le brassard ?

— Nenni-dà ! vous n'êtes pas le Maître ! répliqua l'estropié. Je vais tâcher de vous tirer d'affaire tout de même. Pour sûr, vous n'êtes pas à la noce, ici ! »

Le pied de M. Lecoq, qui tâtonnait comme une antenne dans l'obscurité, rencontra en ce moment le flanc de Trois-Pattes.

La gymnastique des yeux, qui s'habituent à l'ombre, ne pouvait rien contre cette nuit complète. M. Lecoq reprit d'un ton bonhomme et caressant :

« Tu es mon ami, et tu sais bien que j'ai toujours eu l'intention de faire ta fortune.... Lève-toi.

— Ma fortune ! répéta Mathieu. Hum ! hum ! patron ; avec vous, mieux vaut tenir que courir.... On dit ça. »

Une sorte de gémissement annonça l'effort qu'il faisait pour se redresser.

« Passe de l'autre côté, fit Lecoq. Il me reste un bras pour t'aider. »

Trois-Pattes, accroché à ses vêtements, se halait comme un nageur qui, le corps dans l'eau, veut gravir une berge escarpée. Il semblait y aller de bon cœur.

M. Lecoq, dès qu'il put le saisir par le drap de sa redingote, l'enleva d'une puissante impulsion.

« Vous êtes fièrement fort, patron ! dit l'estropié avec admiration.

— Tu n'as pas ta veste de velours.... murmura Lecoq d'un ton soupçonneux.

— Pour aller en société.... commença Trois-Pattes bonnement.

— Tu as pu t'introduire à l'hôtel ?

— Vous savez, on passe un peu partout.... »

Il souffla bruyamment et acheva comme étouffé par un spasme de brutale exaltation.

« Ah ! ah !... ah ! dame !... Le cœur n'est pas paralysé, patron. Ça se déshabille bien, vos dames honnêtes. Celles qui ne sont pas honnêtes ne m'ont jamais montré tant de peau blanche et rose !

— Farceur ! dit M. Lecoq. Vas-tu t'en donner quand

tu seras riche ! N'appuie pas sur mon bras droit, malheureux !... Mais pourquoi as-tu dit tout à l'heure : « Nenni-dà, vous n'êtes pas le Maître ! »

—. Parce que le MAITRE, répliqua Trois-Pattes, est celui qui possède le scapulaire et le secret.

— J'ai les deux.

— Vous n'avez ni l'un ni l'autre, patron.... La comtesse était une belle femme.

— Tu me gardes rancune pour ce coup-là, hé ? »

Trois-Pattes répondit évasivement :

« Que vaut une belle femme morte ! »

Et il toussa, comme s'il eût voulu ponctuer pour ses compagnons invisibles le premier aveu de M. Lecoq.

« Seulement, reprit-il, ce coup-là ne vous a servi en rien. Un autre a le scapulaire et le secret.

— Qui, cet autre ?

— Dites donc, patron, s'écria subitement l'estropié, la caisse est ouverte, et, en avançant la main, je viens de sentir les liasses de billets. C'est doux. Il y en aurait qui vous planteraient là et qui s'en iraient riches ! »

M. Lecoq eut un rire rauque.

« Te crois-tu donc libre ? » murmura-t-il.

Les reins de Trois-Pattes sentirent la vigoureuse pression de sa main.

« Patron, ne serrez pas trop fort ! intercéda-t-il. Je suis une pauvre créature. »

Mais il ajouta d'un accent étrange :

« Quoique un homme robuste, dans votre position, ne vaille pas un écloppé comme moi Raisonnons : vous n'avez qu'une main ; si vous ne me lâchez pas, je peux vous poignarder à mon aise, et, si vous me lâchez, bonsoir les voisins ! »

La respiration oppressée de Lecoq siffla dans sa poitrine.

« En sommes-nous là, bonhomme, hé! gronda-t-il; tu oublies une troisième alternative : au premier mouvement que tu fais, je te soulève et je te brise le crâne contre le fer de la caisse !

— Et puis vous attendez, l'arme au bras, on peut le dire, riposta Trois-Pattes en ricanant, l'arrivée des camarades d'un côté, l'entrée des corbeaux de l'autre.... Car ce diable de Bruneau a dû fouiller en long et en large son chemin de taupe. On vous regardait là-bas, dans le bal, surtout le chef de division Schwartz et le conseiller Roland, comme s'ils avaient su que vous aviez la bonté de vous occuper d'Étienne Roland et de Maurice Schwartz, leurs fils, en même temps que de M. Michel et de la jeune Edmée Leber.

— Tu veux celle-là ! » s'écria Lecoq avec rage.

Trois-Pattes répondit :

« J'aime les femmes ! »

XII

Le brassard ciselé.

Un instant, la tête de Lecoq resta penchée sur sa poitrine. La conscience de son impuissance le tenait comme une main de fer qui lui eût serré la gorge. Il pouvait tuer, il le croyait, du moins, mais il ne pouvait pas se sauver. Et la venue de cet auxiliaire ambigu ressemblait à une suprême menace.

« Tu es le plus fort, dit-il, comptons. Que veux-tu?

— Oh! répliqua Trois-Pattes, nous nous arrangerons toujours bien ensemble.

— Je t'offre deux cent mille francs du premier coup.... Mais je veux savoir.

— Deux cent mille francs! Jamais je n'ai vu tant d'argent! Savoir, quoi?

— Comment es-tu ici?

— J'ai mes petits moyens. J'ai pris les clefs dans la chambre de M. le baron Schwartz.

— Et pourquoi es-tu venu?

— J'ai trouvé que vous étiez trop longtemps à la besogne.

— Tu es seul?

— Vous savez bien que je ne mêle jamais.

— Veux-tu me délivrer?

— C'est mon devoir et mon intérêt.

— Tu dois être adroit....

— Comme un singe, parbleu!

— Tu es assez haut pour agir?

— Je suis supérieurement placé.

— Tâte ma poche.

— Voilà! dit Trois-Pattes en avançant la main.

— Pas celle-ci! s'écria vivement M. Lecoq.

— Ah! fit Trois-Pattes, il y a donc quelque chose de bon dans celle-ci?

— Mon tournevis est dans l'autre.

— Nous ne voyageons pas sans nos trousses, patron! à la bonne heure!

— L'as-tu?

— Je l'ai; ne bougez pas. C'est drôle tout de même l'histoire de ce brassard! André Maynotte rirait bien s'il était ici à ma place. »

Il s'interrompit pour demander:

« Vous souvenez-vous, patron, vous m'avez dit une fois: Sans ce Bruneau, je t'étranglerais. L'idée vous avait poussé que j'étais André Maynotte, pas vrai? Si vous n'aviez pas éteint votre lanterne, on verrait à faire mordre le tournevis.... Ah bon ! voilà !

— Vous me faites mal! gronda Lecoq avec angoisse.
— Patience ! ne bougez pas. J'y suis! »

L'acier grinça. Il y eut un silence. Trois-Pattes travaillait, soutenu toujours par la main de M. Lecoq qui allait se fatiguant. Les deux témoins de cette scène invisible, mais dont la parole avait fait jusqu'alors deviner les moindres détails, restaient immobiles et muets.

« On danse toujours là-bas, reprit Trois-Pattes; voilà une vis d'arrachée. Combien y en a-t-il? Onze! Cela durera du temps.

— Il ne faut pas que cela dure, s'écria Lecoq, sans cacher son martyre ; hâtez-vous, au nom du diable!

— Je me hâte, patron. Avez-vous pu faire l'échange des faux billets contre les bons?

— Non, les faux billets sont à mes pieds.
— Voulez-vous que j'opère la substitution?
— Non.... continuez votre besogne! »

La voix de Lecoq, brève et dure, annonçait une fièvre intense.

Il reprit, dans le besoin qu'il avait de parler :

« Quand je vous ai entendu entrer, j'allais faire ce que vous êtes en train d'essayer. Mais vous n'allez pas! Donnez-moi cela!

— Seconde vis arrachée! » fit Trois-Pattes.

Un soupir souleva la poitrine de Lecoq.

« J'ai éteint ma lanterne à tout hasard, reprit-il, ne sachant pas qui pouvait ainsi venir.

— Vous êtes un homme prudent, patron, et avisé. Voici la troisième vis. On dirait que j'ai fait ce métier-là toute ma vie!... Elle est bonne, dites donc, l'idée de cet André Maynotte : avoir mis des hameçons plein le brassard ! La chose vous avait si bien réussi là-bas à

Caen.... Il savait donc aussi que M. Schwartz avait acheté la caisse Bancelle?

— Voilà dix-sept ans qu'il me suit comme un sauvage suit la piste d'un ennemi! gronda Lecoq. La quatrième vis tient donc bien dur, bonhomme? »

Pour la seconde fois, Trois-Pattes toussa. Il y avait un second aveu, à tout le moins implicite. Lecoq ne protestait point contre ces mots : « La chose vous avait si bien réussi, là-bas à Caen! »

« Des fois, dit Trois-Pattes, un peu de rouille.... J'ai idée que ce coquin-là s'était glissé dans l'association, non pas pour voler, mais pour vous approcher de plus près.

— Sans Fanchette.... » commença Lecoq, dont les dents grinçaient.

Il ajouta :

« Dépêche, garçon! le colonel était le Maître, et le colonel ne voyait que par les yeux de la comtesse Corona.

— Oui, oui. Il a fait sa dernière affaire, le pauvre brave homme, mais ce n'est pas lui qui se serait laissé prendre par la patte! Quand on s'est servi une fois d'une recette.... Vous lâchez la main, patron!

— Je ne t'aurais jamais cru si lourd que cela! dit Lecoq.

— Tenez bon! voici la cinquième vis.... et dire qu'ils avaient exposé l'objet chez la mère de la jeune Edmée, comme une relique!

— Tu m'impatientes quand tu prononces ce nom-là!

— Juste en face de votre fenêtre! acheva l'estropié. Tout exprès pour vous tenter! Vous bougez, et voilà une goutte de votre sueur froide qui me tombe sur le front.... Voulez-vous vous reposer un petit peu? »

Un son argentin vibra dans la nuit. La pendule invisible tintait une demie.

« Non ! répliqua Lecoq d'une voix farouche. Marche !

— Alors, tenez bon ! Je bavarde pour vous amuser un petit peu, savez-vous ? Les arracheurs de dents font comme cela.... Je comprends bien pourquoi vous m'avez fait arranger notre mécanique, là-bas, à l'*Épi-Scié*, de manière à mettre la police sur les talons de ce Bruneau. Ah ! quel coquin ! comme il vous a roulé ! Je comprends bien aussi pourquoi vous voulez englober les Leber. Je ne dis plus la jeune Edmée, puisque cela vous crispe les nerfs. Je comprends même le Michel, s'il est le fils d'André Maynotte.... Mais pourquoi perdre les deux autres blancs-becs ? Étienne et Maurice ?

— La vraisemblance, répondit Lecoq. Ils ont fait partie de la maison Schwartz : ils doivent connaître les êtres. La réunion de ces six personnes : André Maynotte, les deux Leber, Michel, Étienne et Maurice, était un trait de génie. A des degrés divers et pour des causes différentes, il y a présomption contre eux tous : la loi mathématique de l'association des Habits Noirs est ici rigoureusement observée. C'était plus fort que le procès de Caen ! »

Trois-Pattes riait bonnement, et cela le fit tousser pour la troisième fois.

« Oui, oui, dit-il. Tenez bon, nous sommes au septième clou. A l'école de droit, les Habits Noirs auraient la médaille. Seulement, il y a le cent d'aiguilles.... Et si c'est André Maynotte qui vous a joué ce bon tour-là, il aura bien pu pousser une pointe jusqu'à la préfecture et dénoncer l'association.

— Je n'en peux plus ! » fit Lecoq avec un gémissement.

Trois-Pattes s'accrocha à ses habits comme si, n'étant plus soutenu, il eût eu frayeur de tomber, M. Lecoq étira et secoua le bras qu'il avait libre.

« André Maynotte, répondit-il, en étanchant la sueur

de son front, a deux ou trois licous autour de la gorge. Sans cela, le colonel aurait eu beau dire et beau faire, André Maynotte serait depuis longtemps au fond du canal.... Reprends ta besogne, je tiens bon; auquel en es-tu?

— Au neuvième.

— Attends ! »

Il y eut un moment d'arrêt, et Trois-Pattes demanda tout bas :

« Est-ce que vous avez entendu quelque chose, patron?»

M. Lecoq avait tressailli de la tête aux pieds.

« Non, répondit-il d'une voix profondément altérée; mais....

— Mais quoi? »

Trois-Pattes, toujours accroché, sentit la main de son compagnon passer rapide et tremblante sur son crâne et sur ses joues.

M. Lecoq acheva d'un accent épouvanté :

« Qui êtes-vous ? »

L'estropié saisit sa main en éclatant de rire.

« Pas de bêtises, patron ! s'écria-t-il. Voilà que vous avez idée de jouer du couteau !

— Qui es-tu? » répéta Lecoq, faisant effort pour dégager sa main.

Trois-Pattes, tout en luttant, riait comme malgré lui.

« Il n'est donc pas permis de se rapproprier pour aller dans le monde? dit-il. Je me suis fait raser et tondre, patron ; nous avons perdu cinq minutes. »

Lecoq reprit sa position première en grondant sourdement et dit :

« Tu as raison. Marche !

— Vous savez pourtant bien que c'est moi, patron ! fit l'estropié qui recommença aussitôt sa besogne.

— Je donnerais vingt-cinq sous, bonhomme, répliqua

Lecoq essayant de railler, pour te voir ainsi tondu et rasé ! Tu dois être drôle !

— Ça pourra venir, patron. Nous sommes au dixième clou. Moi qui ne suis pas si riche que vous, je donnerais moitié : douze sous et demi, pour connaître les trois licous que ce coquin de Bruneau a autour de la gorge. Ne bougez pas et tenez bon !

— Le premier, répliqua complaisamment Lecoq, le dernier par ordre de dates, c'est l'accident de la comtesse Corona.... va ! ton Bruneau serait bien reçu à la préfecture ! Le second, c'est sa condamnation de Caen qui pèse sur lui comme au premier jour ; le troisième enfin, et le meilleur des trois, c'est la condamnation de sa femme....

— Bah ! l'interrompit Trois-Pattes. La baronne Schwartz n'est plus sa femme !

— Il n'a jamais cessé de l'aimer.

— Vous croyez ? Baissez un peu le coude.

— J'en suis sûr.

— Depuis dix-sept ans ! Quelle constance !

— Il y a des troubadours ! » fit M. Lecoq.

Sa voix changea pendant qu'il prononçait ces mots.

Et presque aussitôt après, comme s'il se fût complu désormais à parler, il ajouta :

— Sans l'idée que nous eûmes, le colonel et moi, de lui donner le change en dirigeant ses soupçons sur le Schwartz, qui sait ce qu'il eût tenté contre nous ? C'est un mâle, après tout. Il a su éviter la potence à Londres comme le bagne en France. Mais, contre deux lapins comme moi et le colonel, il faut plus qu'un mâle. Sans l'approcher, nous fîmes tomber une charretée de sable dans ses yeux : le baron Schwartz était à Caen la nuit du vol, Maynotte le savait ; le baron Schwartz, un an après, avait quatre cent mille francs quand il épousa

Julie. D'un autre côté, ce mariage était la sauvegarde de Julie. Julie avait une fille. Elle aimait peut-être son nouveau mari....

— Vertuchoux! cette raison-là m'aurait brûlé le sang, à moi!

— Il y a des chiens de Terre-Neuve, des prix Montyon.... des imbéciles! »

Certes, M. Lecoq n'était pas un imbécile ; il avait fait ses preuves comme comédien, mais à de certaines heures l'émotion victorieuse dompte les habitudes diplomatiques les plus invétérées.

Les paroles prononcées par M. Lecoq étaient bonnes et bien choisies pour dissimuler la suprême agitation qui le poignait. Seulement, il les prononçait mal et les tressaillements de ses muscles démentaient sa tranquille loquacité.

Sa voix chevrotait, pendant qu'il parlait trop ; il y avait en toute sa manière d'être depuis une minute environ une fièvre qui n'était plus celle de l'impatience, et, malgré l'obscurité impénétrable, une menace terrible se dégageait de lui.

Trois-Pattes semblait ne point percevoir ces signes d'une tempête prochaine. Il travaillait consciencieusement et toujours.

Mais pourquoi cette tempête menaçait-elle ?

Depuis une minute, le bras libre de M. Lecoq ne se fatiguait plus. Sa main robuste serrait toujours les reins de l'estropié, mais le sens de son effort avait changé, de telle sorte que cet effort devenait impuissant à soutenir Trois-Pattes. Cette transformation s'était opérée graduellement et de parti-pris. C'était une épreuve.

Et l'estropié qui n'était plus soutenu, l'estropié qui aurait dû s'affaisser sur ses jambes mortes, restait debout !

Voilà pourquoi M. Lecoq parlait beaucoup, comme tous ceux qui éprouvent un grand trouble.

Et voilà pourquoi, tandis qu'il parlait, sa voix altérée tremblait.

Qui était cet homme? Pour quelle lutte atroce et aveugle cet homme lui rendait-il son bras prisonnier?

C'était peut-être un ami, car, de la part d'un ennemi, le travail accompli par Trois-Pattes eût été un acte de pure folie. Mais ce n'est pas la philosophie de tout le monde qui guide les gens comme M. Lecoq, et dans le doute ils ne s'abstiennent pas.

D'ailleurs, un éclair venait de luire à l'esprit de M. Lecoq. Il y a des fantômes qu'on voit partout, et, parmi ces ténèbres épaisses, le fantôme d'André Maynotte avait ébloui les yeux de Toulonnais-l'Amitié.

Trois-Pattes, sentant toujours à ses reins la pression de cette main robuste, ne devinait peut-être pas. Il toussa encore, comme s'il eût voulu souligner le dernier aveu, puis il dit :

« Patron, donnez pour boire, la besogne est achevée! »

L'ancien commissaire de police et le magistrat entendirent en effet le son métallique du brassard, qui grinça en s'ouvrant.

Puis, tout de suite après, une voix étranglée par la rage, cria :

« Tiens! voici pour boire ! »

Malgré la promesse qu'ils avaient faite, les deux témoins de cette scène s'élancèrent vers la porte de la grille et tentèrent de l'ouvrir. Ils avaient vu, non point avec leurs yeux aveuglés par la nuit, mais avec leur instinct, aiguisé par la longue attente, ils *avaient vu* Lecoq, profitant de sa délivrance pour poignarder André Maynotte.

Et ils ne s'étaient point trompés.

D'un mouvement rapide comme l'éclair, Lecoq, après avoir lâché les reins de son libérateur, lui planta un coup de couteau à la hauteur de la poitrine. Son couteau rencontra le vide, pendant qu'il prononçait les paroles que nous venons d'écrire, et la voix de l'estropié répondit au ras du sol.

« Patron ! vous m'avez laissé tomber. »

Lecoq, guidé par le son, se jeta sur lui à corps perdu.

« Eh bien ! eh bien ! dit encore la voix calme de Trois-Pattes à plusieurs mètres de distance, est-ce ainsi que vous me remerciez, patron ! »

M. Roland secoua la porte qui résista. M. Lecoq ouït le bruit et bondit de ce côté. Il vint, dans sa fureur, se heurter contre le grillage où il croyait trouver sa victime.

« Ici, fit alors Trois-Pattes comme on parle à un chien. Ici, Toulonnais-l'Amitié ! on t'attend ! »

Cette fois, la voix sortait à hauteur d'homme.

M. Lecoq bondit de nouveau en poussant un rugissement rauque. Le prétendu Trois-Pattes le reçut de pied ferme ; il y eut un choc sourd, puis le bruit d'une lutte violente.

Foudroyante, devrions-nous dire, car elle ne dura qu'un instant.

Un râle passa dans les ténèbres.

« Est-ce vous, monsieur Maynotte ? demanda le conseiller malgré lui. Êtes-vous blessé ?

— C'était donc bien lui ! grinça celui qui râlait.

— C'est moi qui ai le pied sur la gorge du coquin, répondit André, donnant toute la mâle ampleur de sa voix. Soyez sans inquiétude. »

M. Roland reprit après un silence :

« Ne le tuez pas : cela regarde la justice. »

Et André Maynotte répondit :

« Je n'ai pas confiance en votre justice, mais je ne tuerai pas. »

La pendule invisible sonna deux heures. C'était l'instant fixé par M. Mathieu pour l'entrée en scène de ses deux premiers sujets : Cocotte et Pique-Puce.

Un faible grattement se fit à la porte principale qui s'ouvrit aussitôt. Les fausses clefs étaient bonnes et l'on s'en servait comme il faut.

« Fera-t-il jour demain ? fut-il demandé tout bas.

— S'il plaît à Dieu, répondit-on de même.

— Est-ce vous, patron ? »

Il n'y eut point de réplique, mais deux cris s'étouffèrent sous le bâillon, pendant qu'un flot de lumière inondait le logis de M. Champion. Cette lueur soudaine montra Pique-Puce et Cocotte déjà garrottés. Leurs visages étonnés disaient clairement qu'ils ne s'attendaient pas à ce funeste accueil. Derrière eux, des têtes d'agents moutonnaient dans le salon de M. Champion et se tendaient curieusement en avant.

Parmi ces braves têtes vous eussiez reconnu sans doute deux ou trois profils de nos joueurs de poule. Comme tous les endroits où l'on conspire, l'estaminet de l'*Épi-Scié* contenait sa quote-part de loups apprivoisés.

Mais ceci est le détail. La lumière éclairait des visages et des choses qui nous importent bien autrement.

D'abord la caisse Schwartz, l'ancienne caisse Bancelle, énorme et lourde armoire de fer que nous voyons pour la première fois, quoiqu'elle ait servi de pivot à notre récit. Sa porte grande ouverte présentait une épaisseur métallique de quatre doigts et semblait faite pour défier le canon. Un luxe surabondant de gigantesques serrures, dont l'acier poli brillait, formait saillie au revers du battant et croisait en tous sens ses pènes aux arêtes tranchantes. A l'extérieur, immédiatement au-dessus des trois plaques de cuivre doré qui servaient au jeu de la « combinaison », un système de griffes articulées qui, à l'état normal, devaient être contenues et cachées dans l'épaisseur du panneau, sortait d'un pertuis carré et soutenait encore le brassard ciselé, éventré dans sa longueur comme la carapace d'un homard, fendu par un coutelas expert.

Méprisant un instant les lois de la perspective, nous nous approcherons du brassard pour examiner de près le mystérieux travail opéré par André Maynotte, à la forge voisine de l'estaminet de l'*Épi-Scié*, la nuit précédente.

Le brassard, monté sur cuir de Cordoue, formant doublure et coussin à l'intérieur, avait été déjà dévissé, cette nuit-là, et muni, dans la partie qui protégeait l'avant-bras, d'un triple collier de tiges d'acier, libres et ouvrant avec le plan intérieur du gantelet un angle peu considérable. Au moment où le bras entrait, ces tiges, sollicitées dans le sens de leur pose, se couchaient; mais si le bras voulait sortir, au contraire, ces tiges, prises à rebrousse poil hérissaient leurs pointes acérées et mordaient : chaque effort les relevant d'autant et creusant à la fois les cent piqûres.

M. Lecoq avait fait des efforts, car le parquet, immédiatement au-dessous de cet étrange appareil, était baigné de sang.

Dans le sang et autour du sang, quatre liasses de billets de banque français de mille francs, grosses chacune deux fois comme un exemplaire du monumental *Almanach Bottin*, gisaient.

C'étaient les billets faux, destinés à devenir la proie de l'association des Habits Noirs, après l'enlèvement des vrais billets par M. Lecoq seul; cet homme ingénieux s'attribuait ainsi la part du lion, tout en ayant l'air d'abandonner à ses frères comme don de joyeux avénement, la totalité de la capture.

Et cette pierre portait deux coups, selon le dogme fondamental de la Merci. Chaque billet faux devenait entre les mains des affiliés un lambeau de la robe de Nessus.

L'intérêt de Lecoq, riche désormais et désireux de monter à des niveaux supérieurs, était d'anéantir l'association des Habits Noirs.

Il faisait sauter le navire, après s'être mis au large.

L'intérieur de la caisse était bourré de billets : ceux-là sincères et qui devaient hisser M. Lecoq au rang de protecteur d'un prince.

Notez que, sans l'intervention de Trois-Pattes, Lecoq eût accompli d'emblée ce vol hardi et merveilleusement combiné. La maison Schwartz, la police et les Habits Noirs eux-mêmes n'y auraient vu que du feu. Les soupçons, habilement détournés, se seraient portés sur ceux qu'il avait marqués d'avance pour payer à la loi cette nouvelle dette, et le brassard, faux témoin pour la seconde fois, eût fourni un pendant aux débats de la cour d'assises de Caen.

Toutes les mesures étaient prises; il savait par cœur cette caisse qu'il avait deux fois brocantée, et qui était son cheval de Troie; il avait le temps; il était passé maître en fait de serrurerie, et il eût été loin déjà, c'est-à-dire se pavanant dans les salons Schwartz, au coup de deux heures, fixé pour l'attaque de Cocotte et de Pique-Puce.

Quant au baron, il ne devait s'occuper de sa caisse qu'au moment de partir, c'est-à-dire après le bal.

Et pourquoi partir? M. Lecoq avait fait naître la panique dans un but qui se trouvait atteint. La maison

Schwartz possédait d'immenses ressources; l'abandon de son chef pouvait la tuer, mais non un déficit de quatre millions. Lecoq était là pour ressusciter le courage qu'il avait brisé. L'alliance était signée, un avenir nouveau s'ouvrait.

Pendant qu'un inextricable procès allait s'entamer, englobant à la fois les Habits Noirs et tous ceux que M. Lecoq voulait perdre, M. Lecoq, dominant cette obscure mêlée à des hauteurs héroïques, manœuvrait sa grande affaire politique et se réservait d'apparaître à quelque solennel instant comme le *Deus ex machinâ*.

Il est de justice qu'une certaine latitude soit accordée à quiconque plonge dans les profondeurs du gouffre social pour rendre à la civilisation un signalé service. M. Lecoq, une fois posé en audacieux chevalier errant, s'étant donné mission d'étouffer dans une terrible étreinte l'association des Habits Noirs, avait conquis évidemment ce privilége des Curtius qui ne sont point jugés selon la loi commune. Qui veut la fin veut les moyens. Pour combattre les bandits, il faut entrer dans la forêt.

Et Curtius, croyez-moi, portant l'auréole de son dévouement romanesque, est, à l'heure où il sort vainqueur de son gouffre, précisément l'homme qu'il faut pour patroner telle impossibilité qui va tourner en évidence.

Curtius avait vu le roi; l'opinion commune riait encore de cela, mais elle s'émouvait et parlait; Curtius avait quatre millions de plus qu'hier; Curtius tenait dans sa main la gorge du chef d'une gigantesque maison qu'il pouvait à son gré étrangler ou relever; Curtius planait à cent coudées au-dessus de son dangereux passé, et le jeune duc, au profil bourbonnien, arrivant sous son aile, muni de titres capables de faire chanceler la plus robuste incrédulité, possédant des fidèles au faubourg Saint-Germain, ayant pour lui l'hésitation d'un parti, le prestige d'une tradition, le caprice d'un souverain : tout cela doublé d'or, car Lecoq et le baron Schwartz allaient être d'accord pour jouer leur va-tout sur cette chance féerique ; ce jeune duc, disons-nous, comparse en notre drame à cent personnages, était sur le point de passer grand rôle tout d'un coup et d'avoir, en vérité, sa page dans cet autre drame qu'on feuillette avec respect parce qu'il s'appelle l'histoire....

Seulement, le pied de Curtius avait glissé en remontant de l'abîme où l'on gagne l'auréole ; Curtius n'était pas Curtius ; il avait nom M. Lecoq comme devant ; moins que cela, il avait nom Toulonnais-l'Amitié ; ce n'était qu'un vulgaire coquin, puisqu'il n'avait pas réussi, et la lueur pénétrant dans le bureau montrait son visage noir de sang, tandis qu'il se débattait vainement sous le talon d'André Maynotte, appuyé contre sa gorge.

XIII

La caisse Bancelle.

André Maynotte était debout, tenant à la main le couteau qu'il avait arraché aux doigts crispés de Lecoq. Celui-ci, doué de la vigueur et de l'agilité que nous connaissons, et de plus, armé du long stylet corse, avait dû être terrassé par une puissance physique bien terrible, car il gisait sur le parquet comme une masse inerte. Sa face congestionnée, marbrée de noir et de livide, était effrayante à voir. Ce n'était plus ce *faiseur* fanfaron, moqueur, effronté, rondement cynique, et ne manquant même point d'une certaine gaieté brutale. Le masque avait glissé sur le visage de l'Ajax des Habits Noirs. Le masque tombé laissait voir l'épilepsie enragée d'un scélérat vaincu.

Son poignet droit portait les traces sanglantes du brassard; sa chemise déchirée montrait à son cou les deux énormes meurtrissures qui l'avaient jeté bas après une lutte de quelques secondes. Il ne bougeait plus; ses mains convulsives semblaient adhérer au parquet où ses ongles s'enfonçaient; le souffle sortait pénible et sifflant de sa poitrine. Ses yeux demi-fermés disparaissaient dans l'ombre de ses sourcils violemment rapprochés, laissant sourdre par intervalles une lueur rougeâtre.

Le pied d'André le tenait cloué au sol.

La série des événements que nous venons de raconter s'était déroulée avec une rapidité si grande, qu'au moment où nous montrons l'intérieur du bureau de M. Champion, éclairé par les lumières venant du salon de ce même pêcheur remarquable, les vibrations de la pendule qui avait sonné deux heures étaient encore dans l'air.

André jeta un regard vers la porte ouverte, au delà de laquelle des têtes curieuses se penchaient avidement; il ramena ses yeux sur Lecoq, immobile comme un mort; André se méfiait et veillait.

« Ayez un flambeau, » dit-il.

M. Roland prit lui-même une lampe des mains de l'agent le plus proche.

« Que cette porte soit fermée ! ajouta André. Vos agents doivent éteindre leurs lumières et attendre en silence : d'autres malfaiteurs viendront se prendre au piége. »

Un imperceptible mouvement agita les lèvres de Lecoq. Était-ce une lueur d'espoir qui rentrait en lui?

L'ancien commissaire de police obéit comme avait fait le conseiller. On eût dit qu'André Maynotte était ici pour donner des ordres.

Il se tenait droit, et, sans le savoir, il gardait en effet l'attitude du commandement : ses yeux brillaient d'un éclat tranquille ; sa joue était pâle ; ses narines de lion se gonflaient au souffle d'un mystérieux orgueil.

Ce n'était pas André Maynotte d'autrefois. Dix-sept années de souffrance avaient ennobli la populaire et mâle beauté de ce front. Il y avait là un complet épanouissement de virile puissance, et il y avait aussi la douce empreinte du sacrifice.

C'était encore moins, comme on peut le penser, le masque pétrifié de Trois-Pattes ; encore moins, s'il est possible, la paisible et matérielle expression du marchand d'habits normand, M. Bruneau.

C'était tout cela, pourtant, mais tout cela relevé, éclairé, si l'on peut ainsi dire, et dépouillé du déguisement moral que cette implacable volonté avait subi pendant si longtemps.

Il y avait autant de différence entre ce visage jeune, hautain, rayonnant, sous son étrange couronne de cheveux blancs, et l'humble physionomie du marchand d'habits, qu'entre ce corps droit, sculpté richement comme un chef-d'œuvre antique, et la misérable carcasse du reptile humain, le commissionnaire paralytique de la cour des Messageries.

Il avait fallu, on le voyait bien maintenant, une incomparable force d'âme pour soutenir pendant des années la torture de ce double mensonge.

Il semblait, en effet, plus fort qu'un homme, et son calme égalait sa force. Aussitôt que la porte fut close, il dit :

« Je n'ai pas le désir de me venger, mais la volonté

de punir : volonté froide, éprouvée, inébranlable. Dieu seul, désormais, pourrait mettre un obstacle entre ma main et le coupable.

« Quelles que soient les apparences, je suis juge. Ici est mon tribunal. Mon arrêt sera prononcé sans passion ni hâte. J'ai le temps. Nul ne viendra du dehors; l'état-major des Habits Noirs a des intelligences partout et doit être averti déjà. Peu importe : le secret dévoilé, l'association mourra. Nul ne viendra de l'intérieur; cette maison est en fête, écoutez! »

L'harmonie lointaine et joyeuse arrivait en effet comme un écho plein de moqueries.

André Maynotte ajouta :

« Cet homme ne se défendra plus. Il a joué son va-tout. Il a perdu. Il est mort. »

L'immobilité complète de Lecoq sembla ratifier cette sentence.

Les deux témoins, le magistrat et le fonctionnaire, étaient, dans toute la force du terme, subjugués par l'intérêt de cette scène étrange. Le chef de division, homme timide et de milieu, cherchait une règle de conduite dans la contenance de M. Roland; celui-ci, plus robuste d'intelligence et plus compromis aussi dans le passé, par l'énergie même de sa nature, subissait une sorte de fascination.

Il y avait dans ce que venait de dire André Maynotte des paroles contre lesquelles tous deux éprouvaient le besoin de protester. Nul n'a le droit, assurément, de se constituer juge, surtout en sa propre cause, et il n'y a pas dans nos mœurs, surtout pour deux hommes tels que M. Roland et M. Schwartz, d'autre tribunal que celui qui délibère en robe rouge ou noire sous le crucifix, en présence de tous ceux qui veulent entrer par les portes grandes ouvertes.

Et Dieu soit loué, puisqu'il en est ainsi. C'est la loi, le recours et la garantie.

Ici, rien de tout cela. Des portes closes et une grille fermée entre les deux seuls témoins qui formaient l'auditoire, et l'arbitre dont le pied foulait la gorge de l'accusé. Pourtant, l'auditoire garda le silence.

C'étaient deux honnêtes cœurs : une vaillante nature et un paisible caractère, esclaves tous deux des formes acceptées, ayant vécu trente ans l'un et l'autre du droit étayé par le fait, de ce qui doit être et de ce qui est. Il ne faut pas chercher Candide l'optimiste chez les magistrats ni chez des préposés à la sûreté publique ; les uns et les autres sont forcés de connaître plus ou moins le terrible envers de nos civilisations, mais il y a des choses qui les étonnent toujours, qui les étonnent d'autant plus, qu'ils sont mieux intéressés à estimer la valeur du rempart social.

Ils étaient frappés violemment par le drame présent et par les circonstances extérieures qui l'agrandissaient dans tous les sens à la taille d'un immense événement judiciaire, mais ils étaient touchés plus profondément encore par cet autre drame lointain dans lequel ils avaient eu des rôles, et qui venait se dénouer ici avec ses deux acteurs principaux, avec les accessoires aussi de sa principale scène : le mot *accessoires* étant pris dans sa signification théâtrale.

La caisse Bancelle et le brassard ciselé avaient cette voix muette des objets matériels qui parle plus haut que la voix des hommes elle-même.

Dans le silence, la parole d'André Maynotte s'éleva de nouveau.

« Le présent vous a-t-il fait deviner le passé ? » demanda-t-il en s'adressant aux deux témoins.

Et comme ils hésitaient tous deux, André ajouta :

« Dans la nuit du 14 juin 1825, cet homme s'introduisait chez moi, place des Acacias, à Caen, et me vola ce brassard, à l'aide duquel il a commis un crime. Cela vous semble-t-il prouvé ?

— Oui, répondirent les deux fonctionnaires à voix basse, cela nous semble prouvé.

— Pour ce crime, continua André Maynotte, la cour d'assises de Caen m'a condamné ; elle a aussi condamné ma femme. Sur ma femme et sur moi cette condamnation pèse toujours.

— Si les efforts de toute une vie.... » s'écrièrent à la fois les deux témoins.

Un geste froid d'André Maynotte les interrompit.

« Il y a des blessures, dit-il, que nul effort ne peut guérir, et je n'ai pas confiance. »

Puis il reprit :

« Dans l'île de Corse, où je suis né, il est un repaire que, sans moi, les gens qui protégent votre société n'auraient jamais trouvé. Avant de mourir, je l'indiquerai du doigt, et j'aurai ainsi rendu à votre société le bien pour le mal, ce qui est un devoir de chrétien.

« L'histoire qui va se terminer ici n'a pas commencé à Caen : c'était dans mon pays, un soir, ce misérable, connu parmi ses pareils sous le nom de Toulonnais-l'Amitié, insulta une noble enfant que j'aimais sans espoir. Je la défendis. De là sa haine. Il n'eut pas alors, il n'a jamais eu la banale excuse de la passion, car cette femme que poursuivait son caprice, il l'a livrée à un autre.

« Cette femme était Giovanna-Maria Reni, des comtes Bozzo, Julie Maynotte, Mme la baronne Schwartz, votre victime, messieurs, car vous l'avez poussée dans un sentier qui n'a d'autre issue que la mort.

« Ne m'interrompez plus. Je sais que vous êtes gens

de bien : c'est parce que je sais cela que vous êtes ici. Vous ferez ce qu'ordonnera votre conscience.

« Mais j'étais homme de bien ; j'avais une femme de bien. La femme est perdue ; l'homme a subi les tourments de l'enfer, parce qu'un tribunal, composé de gens de bien, a jugé en tout honneur et en tout bien, sur le verdict rendu par douze hommes de bien…. Je n'ai pas confiance.

« Je ne veux, pour punir celui que je hais et pour sauvegarder ceux que j'aime, d'autre juge que moi.

« J'ai un fils à qui vous avez fait une bien cruelle jeunesse. Je n'ai plus de femme, quoique Julie Maynotte soit vivante. Je l'aime de toutes les forces de mon cœur ; elle n'a jamais aimé que moi. Entre nous deux, il y a un abîme.

« Elle était jeune. Parmi vos châtiments, il en est qui sont bien plus redoutables que la mort. Est-ce vous qui direz : « Cette voleuse a eu tort de ne pas se réfugier « dans le suicide? »

« On avait reconnu mon cadavre sur une grève ; elle se croyait veuve : est-ce vous qui jetterez la première pierre à cette bigame ?

« Elle est bigame ; elle est voleuse ! elle, Julie, le saint amour de ma jeunesse ! Elles étaient aveugles et sourdes, les idoles païennes. Sous l'œil de Dieu vivant, y a-t-il donc place encore pour l'horrible fatalité !

« Votre loi est sur elle deux fois, comme voleuse et comme bigame. Cet homme qui est là, sous mon pied, savait cela. Il feuillette vos codes aussi souvent que vous. Vos livres sont ses livres. C'est votre loi même qu'il serre comme un carcan autour du cou de ses victimes.

« Cet homme est libre, puissant ; à ne consulter que vos registres, cet homme ne vous doit rien. Sans moi, les quatre millions qui sont dans cette caisse lui appartiendraient ; il serait loin déjà, et une pleine fournée d'innocents, parmi lesquels sont vos fils à tous les deux, tromperait la légitime vengeance de la justice.

« Du moins pensez-vous qu'il a des complices? oh! certes, une armée de complices.

« Alors le partage doit diminuer sa part?

« Point de partage! Ici, dans le sang qui a coulé de son bras, voici, en quatre tomes, la dernière œuvre d'une étrange intelligence. Quatre millions encore : quatre millions de billets faux qui seraient devenus la proie des Habits Noirs, trahis cette fois, et trahis sans danger pour le traître : car cet homme n'avait qu'un seul complice : moi, un débris humain, un pauvre être qu'on tue en posant le pied dessus. Je ne devais pas voir le soleil de demain.

« Demain, loin du bruit éclatant autour de cette affaire, pendant que les innocents et les coupables se débattront sous votre main, celui-ci va marcher tête levée. Il est sûr de ceux-là mêmes qu'il a trahis. Nul ne prononcera son nom, parce qu'il est leur sauvegarde. Jusqu'à la porte du bagne et jusqu'à l'échafaud, ils espéreront en lui, d'autant qu'il a grandi de toute la hauteur de leur chute.

« Il est l'héritier d'une pensée hardie et qui peut-être eût réussi dans les mains de son auteur. Le voilà chez le roi. Il offre un instrument merveilleusement combiné pour couper la tête d'un parti. Son offre répond à un désir passionné! Qui sait où va monter sa fortune!

« Folie, n'est-ce pas? folie, en effet, parce que me voilà!

« Mon instruction criminelle est finie. Voici l'acte d'accusation :

« Cet homme a essayé de m'assassiner en Corse ; il a réussi à me tuer moralement au palais de justice de

Caen; il a tenté de m'achever à Paris, chez lui, rue Gaillon, où je fus sauvé par une chère créature, qui depuis est morte sous ses coups; il m'a hissé au gibet de Londres; hier enfin, il a mis sur moi son dernier crime, le meurtre de cette belle et infortunée comtesse Corona, si bien que je serais encore sous les verrous, si le long apprentissage de la bataille ne m'eût enseigné l'escrime qui pare ses coups.... »

A ce moment, un bruit se fit entendre de l'autre côté de la porte principale, donnant sur le salon de M. Champion. Lecoq tressaillit sous le pied d'André et tendit l'oreille. C'était son premier signe de vie, depuis qu'il avait été terrassé. En même temps, la porte dérobée, communiquant avec l'hôtel, eut un imperceptible mouvement. Un rayon s'alluma dans l'œil de Lecoq.

Les autres ne prirent pas garde.

« C'est la trappe qui tombe sur quelque subalterne, dit André, faisant allusion au bruit venant du salon Champion; cela ne nous importe point, et je continue. Le logis de Bruneau a été cerné après le meurtre de la comtesse. Il n'y avait qu'un mur entre le logis de Bruneau et la mansarde de Trois-Pattes. Ils savaient qui était Bruneau : cela les empêchait de s'inquiéter de Trois-Pattes. Le déguisement était si bon qu'ils avaient chargé Trois-Pattes de surveiller Bruneau !

« Il fallait cela. Il s'agissait de tromper un homme dont le regard perçait tous les masques. L'Habit Noir, le Père, le Mogol, car le chef a ces trois noms dans la bande, était un esprit prudent, subtil et doué d'une adresse diabolique. Il a égaré longtemps mes recherches, faisant pour moi comme il avait fait pour la justice, et s'abritant derrière le baron Schwartz que j'avais tant de motifs de haïr. Il était le maître, celui-ci n'est qu'un valet; il était la pensée, celui-ci n'est que le bras.

Aussi, voyez, dès que Dieu a atteint la pensée, le bras s'est paralysé !

« Je sais, je suis le seul à savoir le vrai nom de celui que vous appeliez le colonel Bozzo Corona. Si Paris entendait ce nom, Paris tout entier viendrait en pèlerinage à sa tombe. C'était un vieux tigre ; il avait choisi pour mourir la seule jungle qui soit en Europe. Le dernier des bandits légendaires avait quitté dès longtemps ces forêts calabraises, où le pillage et le meurtre n'ont qu'un indigent produit. Il chercha un jour, et il trouva la grande forêt, la vraie forêt, la forêt de Paris, où le monde entier passe, caravane incessamment chargée de richesses.

« Ici, à Paris, après des années de victoires, l'ancien héros de grand chemin s'est éteint sous vos yeux, dans son lit, et vos cartes de visite emplissent une corbeille chez le concierge de son hôtel.

« Vous l'aviez sacré philanthrope : nul d'entre vous n'avait reconnu le diable sous sa robe d'ermite. Autour de sa tombe, vous étiez rangés, écoutant des panégyriques.

« Dès son vivant, il avait assisté à son apothéose, et Paris tout entier avait chanté en chœur la légende de ses exploits. Je le vis une fois, en un théâtre subventionné par l'État, assis sur le devant d'une loge illustre, sourire en écoutant la musique d'un membre de l'Institut, adaptée au poëme d'un académicien qui était l'épopée de ses anciennes fredaines. Paris célèbre volontiers les bandits ; aussi les bandits aiment Paris. Paris et le bandit s'applaudissaient, en vérité, l'un et l'autre dans cette élégante salle de l'Opéra-Comique, où celui qui vole et qui violente eut, de tout temps, auprès des charmantes femmes et des hommes intelligents le droit imprescriptible de bafouer la loi, représentée par les gendarmes.

« Ce bandit, que vous avez tous connu, qui s'était baigné dans le sang et qui commandait aux Habits Noirs, après avoir régné sur les Camorres en Italie, avait un sobriquet qui va vous faire tressaillir, et qui restera son nom historique. On l'appelait.... »

Lecoq eut un brusque mouvement, et darda un regard avide sur la porte du couloir de M. le baron Schwartz. La porte avait remué.

« Prenez garde ! » dit le magistrat, qui ne perdait pas de vue le bandit.

André Maynotte avait retiré, en parlant, le pied qui pesait sur la poitrine de Lecoq, et celui-ci restait couché comme une masse. André Maynotte répondit :

« Je n'ai pas à prendre garde. Je vous ai dit : cet homme a le sentiment de son impuissance. Il est vaincu trois fois : par ma loi qui est celle du plus fort, par votre loi à vous et par la sienne propre : la loi des Habits Noirs. »

L'œil sanglant de Lecoq se tourna vers lui à ces derniers mots.

André Maynotte ouvrit les revers de son frac et montra un objet qui tranchait en sautoir sur la blancheur de sa chemise. C'était le scapulaire, légué par le colonel à la comtesse Corona.

André ajouta :

« Je suis le Maître de la Merci ! »

Lecoq laissa retomber ses paupières frémissantes, et reprit son immobilité. En l'espace d'une seconde, sa joue avait été pourpre et livide plusieurs fois.

Chacun put croire qu'André avait raison. Celui-là semblait terrassé pour toujours.

Trois heures sonnèrent à la pendule de M. Champion.

« Le moment d'agir est venu, reprit André Maynotte

en se rapprochant du grillage. J'ai dit tout ce qu'il fallait dire, messieurs, non point pour me venger de vous, mais pour que vous sachiez mesurer l'étendue de votre dette envers celle qui a nom Mme la baronne Schwartz. Nous sommes cinq à connaître son secret, qui peut la tuer comme un coup de poignard au cœur : vous deux, le baron Schwartz, cet homme et moi. Vous deux, avant de savoir, vous avez eu pitié....

— Vous vous trompez, monsieur Maynotte, l'interrompit le conseiller à voix basse ; nous n'avons pas le droit d'avoir pitié. Nous faisions ce qu'il fallait pour changer un doute en certitude.... Dieu vous a suscité à temps.

— Bien, dit André ; maintenant que vous savez, votre devoir me répond de vous. Restent le baron, moi et cet homme. Le baron aime Julie et lui donnerait son sang. Moi.... faut-il parler de moi? Il n'y a que cet homme ! Depuis vingt ans, il plane sur notre vie comme un mauvais destin. Je viens de l'arrêter au moment où il touchait le but; je viens de lui arracher sa proie, sur laquelle sa main avide déjà se refermait. Il est vaincu, il est brisé, il n'espère plus.... Je me trompe ! il espère se venger en mourant, se venger de moi ! il se plongerait tout vivant en enfer pour assouvir sa rage. Or, il sait où est mon cœur, il sait où me frapper : Julie n'est pas encore sauvée.

— En présence de nos témoignages, voulut dire le conseiller, les tribunaux....

— Je n'ai pas confiance ! l'interrompit André avec rudesse. Aujourd'hui comme autrefois, je veux qu'elle soit à l'abri pendant que les tribunaux jugeront.

« Je vous prie de m'excuser, messieurs, reprit-il plus calme. Il s'agit pour moi de sauver Mme la baronne Schwartz, et il ne s'agit que de cela. Si vous avez contracté envers moi quelque dette, quand vous l'aurez sauvée, nous serons quittes. Voulez-vous me servir comme je prétends être servi? »

Les deux fonctionnaires semblèrent se consulter. Ce n'était pas de l'hésitation, car M. Roland répondit d'une voix ferme :

« Nous le voulons, monsieur Maynotte, quand même chacun de nous devrait, pour cela, briser sa carrière publique et chercher dans la vie privée la complète liberté d'agir. »

André leur rendit grâces d'un regard et reprit :

« C'était pour quitter Paris et la France que M. le baron Schwartz avait opéré cette énorme rentrée de fonds. Le misérable que voici avait récemment démasqué ses batteries, et le baron avait eu à choisir entre son amour et son ambition : sa femme était menacée. Quoi qu'on puisse dire contre lui, le baron Schwartz a du cœur; je lui ai pardonné tout le mal qu'il m'a fait. Il faut que, dans une heure, M. Schwartz et sa femme soient loin de Paris. Tout était préparé; le bal servait de couverture à cette fuite; la chaise de poste attend....

— Mais vous? » fut-il objecté.

Car, en conscience, ce n'était pas ainsi, peut-être, que le magistrat et l'ancien commissaire de police avaient entendu la fuite de Mme la baronne Schwartz : il y avait là un grand amour partagé, deux époux qui se retrouvaient....

« Moi, je reste, prononça André lentement. On dit que le blasphème de l'athée est toujours une fanfaronnade et un mensonge. Moi qui blasphème votre justice, parce que votre justice a été aveugle et cruelle envers moi, peut-être suis-je comme l'athée. J'ai un fils; je voudrais lui rendre le nom de mon père. A cause de cela, je n'ai pas écrasé ce serpent quand je l'avais sous mon talon.... je le tuerais, si vous refusiez d'aider à la fuite de Julie, car un mot de lui perdrait Julie. Mais, si elle s'éloigne, le danger sera tout pour moi. Et ce sera moi, moi-même, le condamné de Caen, l'accusé de Paris, qui conduirai à vos juges le voleur de la caisse Bancelle et l'assassin de la comtesse Corona! »

En même temps il fit glisser le verrou qui fermait le grillage. M. Roland lui prit les deux mains et l'attira contre sa poitrine.

« Vous couronnerez ainsi une noble vie, dit-il avec une émotion profonde. Nous serons là. Je vous promets l'honneur, sinon le bonheur. »

L'ancien commissaire de police porta la main à ses yeux où tremblait une larme.

Les quatre paquets de billets de banque qui étaient dans la caisse furent remis aux deux fonctionnaires.

Lecoq restait toujours immobile comme un cadavre.

Le condamné de Caen échangea une accolade avec celui qui l'avait arrêté, avec celui qui avait instruit son procès criminel.

« Je me charge de cet homme, dit-il en refermant la grille. Quand la baronne Schwartz sera partie, envoyez ici votre justice ; elle nous trouvera tous deux.

Il était revenu auprès de Lecoq. Au moment où il prononçait son dernier mot, la porte du couloir tourna brusquement sur ses gonds en même temps qu'une voix de femme, une voix brisée, disait :

« André ! André ! je ne veux pas partir ! »

La baronne Schwartz, échevelée et les yeux brûlants de folie était debout au devant du seuil.

A son cri, un cri de sauvage triomphe répondit de l'autre côté de la grille.

Avant qu'André, ému et surpris, pût tenter un mouvement, Lecoq avait roulé sur lui-même avec une agilité de serpent et traversé ainsi toute la largeur de la pièce. Déjà, il se trouvait à l'autre extrémité, debout et tenant à sa main un pistolet à deux coups.

« Oui! oui! grinça-t-il ivre de fureur et de triomphe, c'était quelque chose de bon qui était dans mon autre poche! Oui, oui, je sais où te frapper, bonhomme! hé? Je sais où est ton cœur, et avant d'aller en enfer, je vas te payer toute ma dette d'un seul coup.... Vois plutôt! »

Son pistolet s'abaissa, visant Julie au sein, et la détonation éclata terriblement dans cet espace étroit.

Mais une forme humaine, glissant hors du couloir ouvert, plus rapide que la pensée, était au devant de Julie. Ce fut le baron Schwartz qui tomba foudroyé.

André Maynotte et Toulonnais-l'Amitié luttaient déjà corps à corps : un lion et un tigre : bataille furibonde et muette.

Ils roulèrent tous deux jusque auprès de la caisse, contre laquelle la tête d'André porta violemment. Lecoq, léchant l'écume de ses lèvres, parvint à dégager sa main qui tenait le pistolet et l'appuya contre la tempe sanglante d'André, en poussant un sourd rugissement de joie, — les témoins s'élançaient; ils seraient arrivés trop tard.

Ce fut Dieu qui frappa.

Lecoq était en dedans de la porte ouverte de la caisse, André en dehors.

Au moment où Lecoq pressait la détente, André put saisir la porte et la poussa dans un instinctif et suprême effort.

Le coup de pistolet partit, mais la balle rencontra le lourd battant qui déjà virait.

Chacun connaît le poids de ces portes massives, chacun sait comme elles tournent libres sur leurs gonds robustes. André avait une force d'athlète, décuplée par la passion du moment. Ce fut une hideuse exécution.

La porte, lancée comme un boulet de canon, renversa Lecoq et se referma net, malgré l'obstacle de sa tête horriblement broyée, qui disparut, laissant un tronc mutilé....

André s'affaissa évanoui.

La baronne Schwartz demanda d'une voix étouffée :

« Est-il mort?

— Non, » répondit M. Roland, qui lui tâtait le cœur.

Elle tendit alors ses deux mains au baron Schwartz, qui mourait, agenouillé à ses pieds et qui dit :

« J'ai bien fait de ne pas me tuer. »

André avait raison : il y avait là un cœur.

Il appuya ses lèvres desséchées contre les belles mains de Julie et put murmurer encore :

« Devant Dieu qui sait comme je vous aimais, je jure que je ne suis pas coupable, mais.... »

Son dernier soupir emporta le restant de sa pensée. La balle avait tranché une artère.

Que Dieu vous garde d'un MAIS, quand votre conscience jettera son cri suprême !

Le bal Schwartz s'achevait en des gaietés charmantes. Quand on danse, on n'entend rien, pas même le tonnerre.

Tout à coup, cependant, une rumeur sinistre courut comme un frisson. Deux hommes venaient d'aborder, la pâleur au front, ce haut personnage à qui nous avons gardé l'incognito.

Puis on entendit ces paroles qui allaient et venaient :

« M. Schwartz est mort. Les Habits Noirs.... »

FIN DE LA TROISIÈME PARTIE.

ÉPILOGUE.

Première représentation des *Habits Noirs*, drame en 5 actes et 12 tableaux, à grand spectacle, avec prologue, épilogue, sept décors nouveaux, changements et danses de caractère.

Introduction.

Tel était à peu près le corps de l'affiche énorme qui portait en outre, dans un carré blanc, ménagé parmi la couleur générale de deuil, répondant au titre :
« Mlle Talma-Rossignol débutera dans le rôle de la comtesse Fra-Diavolo. »

Chacun savait, dans Paris, que le théâtre de Merci-Mon-Dieu jouait son va-tout sur cet important ouvrage. L'habile et intelligent directeur, qui côtoyait imperturbablement la faillite depuis un temps immémorial, avait fait des frais exceptionnels. Outre l'engagement de Mlle Talma-Rossignol, on avait six clowns entièrement inédits, trois sauvages des bords du Rio-Colorado, qui se nourrissaient de la chair de leurs ennemis vaincus, une dame assez adroite pour avaler des sabres et un soprano réformé qui devait dire la « chanson de la Boue. »

Au troisième acte, les banquises des mers polaires, grand panorama mouvant, animé par des ours blancs naturels. — Au quatrième, le ballet des *tueurs de tigres* avec lumière voltaïque et enlèvement d'un ballon. Au septième tableau, embrasement général de la forêt.

Les critiques sérieux pariaient pour un monstrueux succès tout le long du boulevard, en déplorant néanmoins les voies funestes où l'art dramatique s'égare depuis le décès prématuré de Voltaire.

II

Avant le lever du rideau.

A l'orchestre, une société choisie faisait salon bruyamment.

« Je ne sais pas, dit Cabiron le lanceur d'affaires, comment ils ont placé des Indiens anthropophages dans une pièce éminemment parisienne.

— Il y a de tout à Paris, répliqua Alavoy. Quand on pense que nous avons déjeuné vingt fois chez ce colonel!

— Fra-Diavolo! une bourde audacieuse!

— Ma parole d'honneur sacrée! s'écria Cotentin de la Lourdeville, j'ai vu le fameux scapulaire entre les mains de ce cher M. Maynotte. Le nom y était en toutes lettres : Fra-Diavolo. Et les dates des batailles.... ça et ça.... Il avait eu le pape prisonnier dans l'Apennin, ce coquin-là! Son vrai nom était Michel Pozza ou Bozza; il avait déjà été pendu à Naples, comme chef de la Camorre, en 1806. Je ne me repens pas d'avoir prononcé quelques paroles bien senties sur sa tombe, parce que, en définitive, c'est un personnage historique.

— Fra-Diavolo! rue Thérèse! murmura Mme Touban, coiffée de plumages. Comme c'est croyable! »

Sensitive fredonna :

> Voyez sur cette roche,
> Ce brave à l'œil fier et hardi,
> Son mousquet est auprès de lui :
> C'est son meilleur ami.

« Il n'avait pas l'air de ça, dit Alavoy. La rente a fait 76.

— *La Marseillaise!* cria-t-on du paradis.

— Si la maison Schwartz était tombée, dit M. Tourangeau, adjoint, qui occupait avec sa société des places de pourtour, ç'aurait été une mauvaise affaire pour tout ce pays-ci.

— Tombée! s'écria Mme Blot. Pourquoi? Parce que le baron a reçu un coup de pistolet en défendant sa caisse.... à ce qu'on dit, car l'ancien mari de sa femme avait bien des raisons pour lui chercher une querelle d'Allemand....

— La maison, fit observer M. Champion, remarquable par sa bonne mine, semble prendre, au contraire, un plus conséquent essor depuis que M. Michel et M. Maurice y apportent respectivement, dans une direction éclairée, le fruit de leurs études classiques.

— En voilà un qui a fait beau rêve! risqua Céleste timidement, M. Michel! »

Oh! combien celle-ci était déchue depuis le nocturne et sentimental voyage de Versailles! Il faut bien le dire : elle avait trouvé maître Léonide Durant plein de santé, et les yeux de M. Champion s'étaient enfin ouverts. Rendu prudent et adroit par l'habitude de la pêche, M. Champion n'avait point fait d'éclat, mais Céleste était traitée avec rigueur dans l'intérieur de son ménage.

Elle pleurait bien souvent, se disant : « Si encore j'étais coupable ! »

A droite et à gauche, premier étage, il y avait deux loges entièrement grillées qui se faisaient face.

Aux secondes galeries, M. Patu, ancien officier de marine, accompagnait la reine Lampion dont la toilette faisait mal aux yeux.

Par suite du décès de l'entreprise des bateaux-postes, M. Patu était rentré dans la vie privée. Il administrait, en qualité de prince-conjoint, l'estaminet de *l'Épi-Scié*.

Après une petite secousse, causée par une descente de police qui suivit la catastrophe de l'hôtel Schwartz, l'estaminet de *l'Épi-Scié* avait repris le courant de ses affaires, et ce bel établissement était aujourd'hui plus prospère que jamais.

M. Patu et la reine échangeaient de nombreux sourires à la ronde. Le titre de la pièce intéressait leur clientèle qui était amplement représentée à tous les étages de la salle.

Au paradis, vous eussiez reconnu Échalot, seul et sans Similor. Saladin n'était ni sur son dos ni sous son bras. Quelque malheur ! La tête d'Échalot pendait sur sa poitrine, et il avait des larmes plein les yeux.

Il disait à ses voisins, des railleurs qui riaient de sa peine, imitant le chant du coq, gloussant, sifflant, mordant des pommes et humant avec délices les puanteurs asphyxiantes de cette atmosphère, il disait :

« L'enfant n'était pas né viable, gros comme un rat et avant les neuf mois, qu'il fut l'auteur innocent de la mort de sa mère. Il tenait dans ma casquette, qui devint son premier berceau. J'ai fait pour lui l'apprentissage de nourrice, étant fils naturel d'un ami qui n'a pas de soin et qui l'aurait laissé sans boire. Et maintenant qu'à l'âge de sa troisième année, il débute déjà sur la scène française, car c'est le phénomène vivant de la malice, Similor en profite pour avoir ses entrées et les quinze sous d'appointements, qu'on me refuse à la porte sévèrement comme un chien enragé; et que je suis réduit à payer ma place pour jouir de ses débuts de loin, sans pouvoir le presser sur mon cœur au moment du succès ! »

Il fondait en eau et faisait la joie de ses voisins.

Trois coups sont frappés derrière la toile qui frémit; le chef d'orchestre lève son archet comme une épée exécutant la parade de prime. Un redoutable accord mineur éclate : musique imitative qui s'en réfère à la couleur du titre.

« A bas les chapeaux ! crie le parterre.

— Coupe ta tête, milord ! »

Et la claque applaudit pour se faire la main.

II

Prologue. — La Vendetta. — Le Brassard.

1er tableau : la Montagne. — Fra-Diavolo et ses bandits sont campés dans des lieux déserts. Cent figurants, paysans, paysannes, soldats du pape prisonniers, bohémiens, etc., emplissent le décor dû au pinceau de quelqu'un. On a incendié le château. Rodolfo, le lieutenant de Fra-Diavolo, amène la jeune Josepha, fille du seigneur, et jure qu'il l'immolera si elle ne cède pas à sa flamme. Chœur de bandits, musique du chef d'orchestre. Fra-Diavolo entre avec fracas et conseille à ses subordonnés d'allier l'astuce à l'audace. Coup de fusil au lointain. On amène un *étranger* qui doit la vie à la fille de Fra-Diavolo. « Fasse l'enfer, dit Rodolfo, que nous n'ayons pas à nous repentir de notre clémence ! » La nuit vient. L'étranger, qui est forgeron, lime ses chaînes et s'enfuit avec Josepha, la fille du seigneur ; elle est sa fiancée devant Dieu ! Réveil des bandits. Préparatifs de la poursuite. Rodolfo l'avait prévu ! « Si vous voulez réussir dans vos desseins, dit Fra-Diavolo, troublé au milieu de son premier sommeil, unissez, ô mes enfants, la hardiesse à la prudence. »

2ᵉ tableau : l'intérieur de la maison du jeune forgeron à Poitiers (changement demandé par la censure). Paolo (André) et Josepha, l'ancienne fille du seigneur, travaillent, l'un à repriser un brassard, l'autre à raccommoder les langes de son enfant, car leur union a été féconde. Le fruit est dans son berceau. Nous savons si Saladin est capable de remplir comme il faut ce rôle de l'enfant de carton ! Paolo sort pour se rendre chez le plus riche banquier de la ville. Rodolfo entre déguisé en pèlerin. L'*Angelus* sonne. Josepha va chercher la croix de sa mère pour la passer au cou de son enfant. Rodolfo emporte le brassard en disant : « O ma vengeance ! » Rentrée de Paolo joyeux. Projets d'avenir. On compte l'argent de la tirelire. Arrivée des gendarmes. La caisse du plus riche banquier de la ville a été forcée, et le brassard porte témoignage contre Paolo qui est arrêté. « Il me reste au moins mon enfant ! » s'écrie Josepha qui s'évanouit non loin du berceau. Mais Rodolfo entre à pas de loup en murmurant : « O ma vengeance ! » Il fourre Saladin dans sa poche avec la croix de la mère de sa mère, et s'exhale, pendant que l'orchestre exécute un sombre bourdonnement, analogue à cette circonstance fâcheuse.

Nota. On aperçoit, dans la coulisse, la tête orgueilleuse de Similor qui s'avance trop pour suivre des yeux le paquet où est Saladin. Du haut du paradis, Échalot verse des larmes de triomphe sur le parterre en criant :

« Saladin ! mon fils ! si sa malheureuse mère le voyait ! »

On vocifère : « A la porte ! » Quelques oranges circulent, et des voix autorisées proposent déjà : « Orgeat, limonade, bière ! »

Dans la coulisse, Étienne, pâle comme un mort, l'œil hagard, les cheveux hérissés, se promène entre les portants. Personne ne lui parle. Savinien Larcin et son collaborateur, M. Alfred d'Arthur, sont, au contraire, entourés et choyés par les gens du théâtre. L'habile directeur lui-même daigne leur sourire.

3e tableau : la prison. Cellule de l'Habit Noir. Paolo est seul. Rodolfo s'est fait geôlier pour *savourer sa vengeance*. Monologue où Paolo se raconte à lui-même la fuite de Josepha. La fille de Fra-Diavolo (Mlle Talma Rossignol) lui apporte une scie et des consolations. Il coupe ses barreaux et s'élance dans le vide en criant : « Cieux ! protégez l'innocence ! » A ce moment, Rodolfo entre pour lui annoncer qu'il est condamné à mort. Ne le trouvant plus, il jure de se venger.

4e tableau : le Parvis de Saint-Germain l'Auxerrois (changement demandé pour dérouter l'opinion publique et prévenir les allusions); mariage de Josepha, sous le nom d'Olympe, avec le jeune usurier Verdier qui lui a fourni un faux acte de décès de son premier mari. Fra-Diavolo est devenu marguillier de cette paroisse, sous le nom du colonel Toboso. Rodolfo s'appelle maintenant Médoc, et intrigue afin de se venger.

Les cloches sonnent pour le mariage. Procession de jeunes vierges portant des fleurs. Paolo arrive très-fatigué d'un long voyage. Il se raconte derechef à lui-même comment, ne pouvant plus résister à son impatience, il a bravé tous les dangers! Il s'introduit dans l'église. On entend un cri. Paolo revient tomber sur les degrés en disant : « C'est elle! » Rodolfo accourt, l'examine et dit : « C'est lui! » Il l'emballe dans un fiacre. « O ma vengeance! » La noce sort de l'église, et les jeunes filles effeuillent leurs fleurs en souriant.

5ᵉ tableau : la maison du marguillier, rue Thérèse. Fra-Diavolo, fatigué de courir d'affreux dangers, s'est transformé en citoyen paisible. Il feint d'accomplir des bonnes œuvres tout en continuant de commettre une multitude de crimes. C'est chez lui que le fiacre a déposé Paolo évanoui. Rodolfo veut l'immoler tout de suite, expliquant que la vendetta est une habitude corse; Fra-Diavolo objecte qu'il est bon d'unir la fermeté à la circonspection. Pendant cela arrive Fanchette (Mlle Talma-Rossignol, qui peut jouer tous les âges, depuis dix ans jusqu'à soixante ans : tel est son engagement). Fanchette se moque de Rodolfo, caresse le marguillier, et rend la vie à Paolo par un moyen nouveau. Le marguillier sait tout! Il engage Paolo à la prudence, puisque le mariage est accompli, et lui donne les moyens de passer en Angleterre où il le fera pendre. Comment? par son influence. Où la prend-il, son influence? Quoique marguillier, il est le chef des HABITS NOIRS! Au moment où Paolo part, Fanchette entre en berçant le petit enfant dans ses bras.

On voit bien qu'il n'est pas de carton, car il crie et tend ses petits bras vers la porte par où est sorti son père. Tableau touchant. On distingue à son cou le cordon de la croix de sa mère.

III

Entr'acte.

« C'est très-mignon, dit Alavoy, qui ruisselait de sueur.

— C'est absurde ! » répliqua Sensitive, sec comme allumette.

Un critique sérieux se tourna vers lui, le salua et ajouta :

« Monsieur, les tragédies de Corneille étaient écrites avec beaucoup plus de soin.

— Est-ce que l'histoire du faux Louis XVII sera là dedans? demanda Mme Touban.

— La censure ! » fit Sensitive en haussant les épaules.

Au paradis, Échalot se trouvait mal et devenait l'objet des attentions de ses voisins. On lui fourrait des pommes dans la bouche, on lui offrait du tabac sous diverses formes, on l'inondait de bière, on le comblait de quartiers d'oranges.

« Comme il a bien crié ! murmura-t-il quand ces soins intelligents lui eurent rendu le calme. Ça sera un Laferrière avec le temps, ce polisson-là ! »

L'instant d'après, Similor, transformé par la prospérité et ressemblant presque, tant il s'était profondément nettoyé, à un marchand de lorgnettes, parut à l'entrée de l'amphithéâtre avec l'enfant, dont le rôle était achevé. L'enfant passa de main en main jusqu'à Échalot, qui tendait vers lui ses bras tremblants. Saladin n'avait pas grandi; il était mièvre et pointu; sa tête étroite se couronnait de cheveux rudes d'un jaune grisâtre; ses yeux effrontés tenaient toute sa figure. Il y a des singes comme cela, ou bien figurez-vous le diable quand il était tout petit.

« Toi, tu es mon joli! s'écria Échalot en l'étouffant de baisers.

— Ne va pas me l'user, gronda Similor, il vaudra cher! »

Échalot l'éleva au-dessus de sa tête.

« C'est artiste, dit-il, ça va avoir son nom imprimé partout comme Mangin ou la moutarde blanche! »

Il ajouta avec noblesse en s'adressant à Similor :

« Je ne t'en dispute pas le bénéfice pécuniaire, Amédée, mais c'est à moi la moitié de son cœur. »

La société du pourtour écoutait M. Champion qui pérorait ainsi :

« Moi seul peux vous dire la vérité tout entière sur ces sujets délicats. On m'avait intéressé par le danger de mes lignes dont la collection est la première de la capitale. Je me croyais sûr de l'intérieur de ma famille! ajouta-t-il en jetant à Céleste un regard cruel. L'histoire des causes célèbres présente peu d'exemples de vols combinés avec une pareille science. On mit les scellés sur toutes les issues de mon domicile, et je fus obligé de coucher à l'auberge. La caisse ne fut ouverte que le lendemain au jour, en présence de notre sieur Michel, dont on ne connaissait pas encore l'état civil, mais qui avait procuration de Mme la baronne, laquelle, par testament en due forme, était légataire universelle de feu M. le baron, sauf les droits et réserves de Mlle Blanche, présentement épouse de notre sieur Maurice Schwartz. Il y eut des difficultés matérielles pour ouvrir : des lambeaux d'étoffes, des muscles broyés, restaient forcés entre le battant et le seuil du coffre-fort : car vous n'ignorez pas que M. Lecoq, chef présumé de l'association des Habits Noirs, avait été virtuellement guillotiné par la fermeture de la caisse. Les hommes de l'art trouvèrent le fait très-curieux, mais explicable; la caisse, construite pour un autre usage, avait agi, dans ce cas particulier, comme une paire de cisailles : c'est le propre mot des hommes de l'art. Et si vous voulez venir visiter ça, un matin, vous verrez quelle qualité d'acier : les angles tranchent comme des rasoirs; nous nous amuserons à couper, par le même procédé, divers objets de peu de valeur ; j'en ai fait collection en vue des personnes qui désirent se rendre compte. La chose véritablement étonnante, c'est qu'il fut trouvé, sous le cadavre dudit M. Lecoq, quatre liasses de faux billets de banque, imités aux pointes d'asperges! Je les ai tenus dans ma main : c'était à se demander si on avait la berlue. On en saisit là pour quatre millions!

— Quatre millions! » répéta le pourtour.

Adolphe continua :

« Vous souvenez-vous de la soirée du dimanche, trois jours avant l'événement, dans la voiture de Livry, où nous étions, diverses soustractions furent commises?...

— Ma boîte d'argent! s'écria Mme Blot.

— Celle de Mme Champion, qui était fort belle, ayant coûté quatre-vingts francs en fabrique, et mon propre porte-monnaie. Je soupçonnais dès lors....

— C'est bien rare, l'interrompit M. Tourangeau, qu'on signale des voleurs dans ce pays-ci.

— Vous aviez joliment bavardé! ajouta la veuve de l'huissier. Vous aviez défié les Habits Noirs!

— Désormais, bien fin qui connaîtra la couleur de mes paroles! Le poisson est muet, cela fait sa force. C'était pour arriver à vous conter un détail, en preuve de l'adresse diabolique de ces coquins. Vous savez, Médor, le chien qui avait ma confiance. Ça m'étonnait qu'il n'eût pas aboyé. Quand j'allai, le lendemain de l'événement, pour lui porter sa nourriture, je vis qu'on me l'avait changé, contre un animal de la même espèce, mais privé de vie et empaillé.... »

IV

Le drame.

La caverne des bandits. — La chanson de la beue.

« Prrrrr.... houitt!

— Prrrrr.... houitt! »

C'est ainsi que les voleurs s'appellent entre eux dans les mélodrames, afin que nul n'en ignore. Ils ont peur de n'être pas découverts.

Sous l'aqueduc d'Arcueil, construction romaine, il est un profond souterrain. C'est là qu'Édouard, fils de Josepha, a grandi parmi les mauvais exemples. « Prrr.... houitt! »

« Prrr.... houitt! » On le place chez le baron Verdier, dans un dessein coupable. Ses amours avec la comtesse Fra-Diavolo, rôle de genre, confié à Mlle Talma-Rossignol.

Il est chassé de la maison parce que le baron ressent les tourments de la jalousie. Les boutons de diamants. Grande scène à ce propos entre Olympe Verdier, l'ancienne femme de Paolo, et la jeune ingénue Sophie.

Cela fait trois tableaux très-intéressants. Au quatrième, nous sommes sous les ponts, décor dû au pinceau. La comtesse Fra-Diavolo chante la chanson de la boue avec un succès flatteur. Pas de sergents de ville.

Trois-Pattes veille et dissimule, mais dans une intention louable. Il désire se procurer le scapulaire de la Merci. M. Médoc (qui n'est autre que Rodolfo) a la même ambition ; il entasse dans ce but intrigues sur supercheries et entraîne le baron Verdier dans le piége. Tableau d'intérieur : Édouard et Sophie, amour pur. Tic respectable de la vieille mère qui veut donner des à-compte.

Sixième changement à vue : L'Estaminet de *l'Épi-Scié*. Danse de caractère, dix-huit billards, six clowns, trois cannibales. Dame instruite à avaler des sabres. Fra-Diavolo, faux marguillier, est assassiné par ses propres Habits Noirs !

Olympe Verdier retrouve au cou d'Édouard la croix de sa mère !!!

Trois-Pattes surprend le secret des bandits de la montagne !!!!!

« Prrrr.... houitt ! » — L'harmonie du ruisseau. Polka de la poudrette.

V

La salle.

« Le mérite d'une œuvre d'art est dans la simplicité, professa le critique sérieux. L'école de Beaumarchais fut déjà une décadence. Mais il était doué de beaucoup d'esprit naturel.

— Est-ce que nous allons voir la caisse guillotiner ce pauvre Médoc? demanda Mme Touban à Sensitive; ce serait roide!

— La censure, répondit le poëte.

— Ils ont glané ça et ça, fit observer Cotentin, mais c'est châtré, cette machine!

— Mais enfin, dit Céleste, le trésor du colonel? »

Depuis la mort du baron Schwartz, M. Champion, dans les grandes circonstances, imitait son laconisme.

« Descente de police, là-bas, en Corse, répondit-il. Ruines du couvent fouillées. Pas de résultat. Couvent miné, sauté, néant!

— Les Habits Noirs existent donc encore? » demanda l'huissière.

Adolphe haussa les épaules.

« On en a coffré une demi-douzaine, tout au plus : Cocotte, Pique-Puce, le fretin. J'ai vu ces choses-là de près, puisque l'instruction se fit dans ma propre chambre....

— Contez-nous donc l'instruction.

— Eh bien! il y avait deux témoins, car ce M. Bruneau, qu'on nomme ouvertement M. André Maynotte, depuis qu'il y a ordonnance du roi pour sa sauvegarde....

— Le premier mari? dit Mme Blot.

— Le père de notre sieur Michel, oui; ce M. Maynotte, disais-je, avait pris la poste et Mme la baronne l'avait suivi. Je trouvai ça inconvenant, mais la suite a démontré que c'était la nature. Les deux témoins étaient le conseiller Roland et le chef de division Schwartz : Pas de la petite bière! Ils déclarèrent tout d'abord avoir envoyé leur démission à leurs ministres respectifs, ayant désormais à remplir un devoir sacré, incompatible avec leurs fonctions publiques. Ils établirent que M. Schwartz avait été assassiné par M. Lecoq....

— Médoc! ah! le coquin de Rodolfo!

— Et que M. Bruneau, sans malice aucune, avait refermé la porte de la caisse sur ce sanguinaire scélérat qui était en train de décharger dans sa poitrine, à lui M. Bruneau, le second coup de son pistolet....

— Mais comment tout ce monde était-il là? »

VI

Les coulisses.

Le dernier tableau s'achevait. Olympe Verdier, entourée de cadavres, remerciait son Dieu en faisant les grands bras.

Étienne et Maurice tombèrent dans les bras l'un de l'autre derrière la toile de fond.

« Tu t'es donc marié!

— Tu as donc fait recevoir enfin ta pièce!

— Oui, répondit Étienne d'un air sombre, ma pièce!

— Pourquoi ne viens-tu pas nous voir? reprit Maurice; que de choses dans ces deux années!...

— Oui, gronda Étienne, que de choses!

— Olympe Verdier, ma chère et charmante mère, est redevenue Julie Maynotte; M. Bruneau a vu la fin de ses traverses....

— Je ferai une autre pièce avec ça....

— Ah! non! celle-ci suffit.... pour ta fortune et pour ta gloire.

— Pour ma fortune! dit Étienne; sur dix pour cent de droits, j'ai donné quatre pour cent à M. Alfred d'Arthur et quatre pour cen à M. Savinien Larcin....

— Ah! diable! restent deu pour cent, c'est maigre!

— Le directeur s'en est contenté, fit Étienne avec un gros soupir.

— Alors, il ne te reste que la gloire!

— L'auteur! l'auteur! » cria la salle en ce moment. Étienne s'arracha une forte poignée de cheveux.

« Messieurs, annonça le grand comédien chargé du rôle de Trois-Pattes, le drame que nous avons eu l'honneur de représenter devant vous est de MM. Alfred d'Arthur et Savinien Larcin!

— Eh bien! et toi? » demanda Maurice.

VII

Sortie du théâtre.

« Ça ne fera pas le sou! pronostiqua Sensitive.

— En voilà pour deux cents représentations, dit Tourangeau. J'y enverrai tous les gens bien de ce pays-ci.

— Mais on ne révèle pas le fameux secret renfermé dans le scapulaire, fit observer Mme Touban.

— Racine eût fait autrement que cela! déclara le critique sérieux.

— Pour vous finir, dit Adolphe Champion à Mme Blot, l'ancien conseiller et l'ancien commissaire de police travaillent comme des nègres à la révision du procès de Caen. Edmée, Mme Michel, a voulu que tous les créanciers de M. Bancelle fussent payés intégralement et la pauvre vieille Mme Bancelle est morte bien heureuse. Mme Maurice a une jolie petite fille, Mme Michel a un beau petit garçon, la maison va comme un charme. Mme Maynotte est belle à faire trembler.... et moi, je pêche deux fois par semaine.

— Mais, demanda la veuve de l'huissier, cette affaire du faux Louis XVII?...

— Mon cher marquis, disait le puissant ami de Gaillardbois en sortant avec lui d'une loge grillée, ce Lecoq était un mâle! Le roi est de plus en plus amoureux de son cruel faubourg. Retrouvez-nous donc ce petit duc qui a le nez de saint Louis!

— La voiture de M. Maynotte! cria un grand laquais galonné.

— Tiens! dit Gaillardbois, ils étaient dans l'autre loge grillée, en face! »

Avant de monter dans son équipage, le puissant ami du marquis décacheta un pli qu'un homme décent venait de lui remettre.

« C'est un épilogue, murmura-t-il. Le comte Corona vient d'être poignardé dans la campagne de Sartène par le nommé Battista, cocher de sa femme. Une jolie personne. »

Et il ajouta, en s'adressant à ses gens :

« A la Préfecture ! »

VIII

Le café du théâtre.

Des grogs en quantité, quelques bavaroises. Unanimité de cigares.

« La petite Talma n'aura pas la vie dure !

— Laferrière n'a plus que douze ans.... il retourne au catéchisme.

— Étienne! s'écria Savinien Larcin en réponse à une question indiscrète, quel Étienne? Connais pas cet oiseau-là.

— Si la censure avait voulu laisser un peu de liberté, professait Alfred d'Arthur au milieu des complimenteurs, la maison Schwartz aurait bien acheté le manuscrit deux ou trois cent mille francs. Attendons le réveil du peuple!

— Envoyez-moi la brochure, dit le critique sérieux à Savinien. J'ai noté çà et là quelques tournures de phrases qu'on ne trouve pas dans Laharpe. A propos, comment vous excuser auprès du public d'avoir escamoté le fameux secret des Habits-Noirs?

— En annonçant notre prochain drame qui contiendra le mot de l'énigme.

— Quel titre?

— *Le Secret de la Camorra* ou *Fra-Diavolo au couvent de la Merci.* »

FIN.

TABLE DES MATIÈRES.

DEUXIÈME PARTIE.

(SUITE.)

TROIS-PATTES.

Chap.		Pages.
XVI.	Orgie littéraire	3
XVII.	Les mystères de la collaboration	14
XVIII.	Le drame	23
XIX.	Troisième collaborateur	38
XX.	Des tas d'histoires	53
XXI.	Le secret de la pièce	64
XXII.	L'Habit-Noir	77
XXIII.	Le logis de M. Bruneau	89
XXIV.	Le rêve d'Edmée	102
XXV.	Edmée et Michel	112
XXVI.	La cassette	123
XXVII.	Dernière affaire	137
XXVIII.	L'agence	159
XXIX.	Un gentilhomme qui se prête	171
XXX.	M. Lecoq	186
XXXI.	Confrontation	198
XXXII.	On dansera	212

TROISIÈME PARTIE.

LA FORÊT DE PARIS.

I.	Traité des origines et le chemin des amoureux	233
II.	La comtesse Corona	242
III.	Découverte de la vaccine	254

TABLE DES MATIÈRES.

Chap.		Pages.
IV.	La chose de tuer la femme....................	281
V.	Les funérailles d'un juste...................	294
VI.	Petit comité................................	309
VII.	On joue la poule............................	322
VIII.	Bal d'argent................................	333
IX.	Amour qui expie.............................	348
X.	Tête à perruque.............................	362
XI.	Chambre noire...............................	373
XII.	Le brassard ciselé..........................	385
XIII.	La caisse Bancelle..........................	399

ÉPILOGUE.

	Introduction................................	416
I.	Avant le lever du rideau....................	417
II.	Prologue. — La Vendetta. — Le Brassard.......	420
III.	Entr'acte...................................	424
IV.	Le drame....................................	427
V.	La salle....................................	428
VI.	Les coulisses...............................	430
VII.	Sortie du théâtre...........................	431
VIII.	Le café du théâtre..........................	432

FIN DE LA TABLE DU SECOND VOLUME.

Paris.—Imprimerie de Ch. Lahure, rue de Fleurus, 9.

www.ingramcontent.com/pod-product-compliance
Lightning Source LLC
Chambersburg PA
CBHW060929230426
43665CB00015B/1889